工学结合新视野高职高专（食品管理类）“十二五”规划教材

总主编　王宗湖

食品标准与法规

主　编　刘　颖　杜宗绪
副主编　廖洪梅　鲍秀松

对外经济贸易大学出版社
中国·北京

图书在版编目（CIP）数据

食品标准与法规／刘颖，杜宗绪主编．—北京：对外经济贸易大学出版社，2013

工学结合新视野高职高专（食品管理类）“十二五”规划教材

ISBN 978-7-5663-0882-5

Ⅰ．①食… Ⅱ．①刘… ②杜… Ⅲ．①食品标准－中国－高等职业教育－教材②食品卫生法－中国－高等职业教育－教材 Ⅳ．①TS207.2②D922.16

中国版本图书馆CIP数据核字（2013）第251529号

食品标准与法规

刘 颖 杜宗绪 **主编**

责任编辑：汪 洋 史伟明

对外经济贸易大学出版社

北京市朝阳区惠新东街10号 邮政编码：100029

邮购电话：010－64492338 发行部电话：010－64492342

网址：http://www.uibep.com E-mail：uibep@126.com

山东省沂南县汇丰印刷有限公司印装 新华书店北京发行所发行

成品尺寸：185mm×260mm 19.5印张 450千字

2013年11月北京第1版 2013年11月第1次印刷

ISBN 978-7-5663-0882-5

印数：0 001－3 000册 定价：36.00元

总　序

经过十几年的跨越式发展，我国高职教育取得了长足进步，无论是办学数量还是招生规模都占了我国高等教育的半壁江山。但是，我们必须清醒地看到，目前我国经济的飞速发展及结构的重大调整，对高职教育提出了更高的要求。为使高职教育尽快适应新形势，2006 年教育部、财政部联合启动了《国家示范性高等职业院校建设计划》，建设了百余所示范院校。2010 年 7 月教育部再度发布《教育部、财政部关于进一步推进“国家示范性高等职业院校建设计划”实施工作的通知》，新增 100 所左右骨干高职建设院校。两次示范校建设计划的实施，主要目的就是通过示范性建设工程，引领、带动所有高职院校不断提高办学适应能力，提升办学质量和育人水平，增强服务区域经济和社会发展的功能。

最近，国务院颁布的《国家中长期教育改革和发展规划纲要》（2010 - 2020 年）(以下简称“规划纲要”）指出：“职业教育要面向人人、面向社会，着力培养学生的职业道德、职业技能和就业创业能力……”，提出“要把提高质量作为重点；以服务为宗旨，以就业为导向，推进教育教学改革；实行工学结合、校企合作、顶岗实习的人才培养模式”。可见，国家已将提高教育质量作为今后一段时间高职教育教学改革的重点，并将“工学结合、校企合作、顶岗实习”列为人才模式改革的方向，明确提出高等职业教育主要培养具有“职业道德、职业技能和就业创业能力”的人。

教材作为“整个教育系统的软件”，是培养人才的蓝本。客观地讲，经过十几年的探索，我们已经认识到高职教育的培养目标、课程体系、教学模式与普通本科实施的学科教育之间的差异，并进行了多方面的教学改革研究与实践，也试图引进国外先进的课程模式以推动课程改革。但职业教育毕竟与其他高等教育不同，其中，“就业”和“高技能”是其主要的目标指向。因此，职业教育的课程设计应以满足产业发展为宗旨，以新的职业能力内涵为目标构建系统化的课程体系，突出体现“就业导向”的职业能力培养。但目前，我国职业教育教学和管理模式受传统教育思想和教育模式的影响较深，以能力为本位的教育观还未完全形成，课程改革和教材开发还远远满足不了形势发展对高职教育的要求。因此，为更好地适应我国走新型工业化道路，实现经济发展方式转变、产业结构优化升级的需要，高等职业教育必须加快课程体系改革和教材建设的步伐，建立符合时代特征和具有我国特色的职业教育新思维、新模式、新课程体系。

鉴于此，对外经济贸易大学出版社为适应教育发展的新形势，努力推动高职高专院校的教材建设，委托我们组织全国职业院校的教师及具有企业工作经验的业务骨干，编写这套工学结合新视野高职高专“十二五”规划教材。本系列教材暂包括基础课程、国际经贸、工商管理、财会金融、物流管理、连锁经营、电子商务、旅游与酒店管理等八大专业。

为使教材编写尽量适应高职教育的特点及时代发展的新要求，我们在编写教材过程中，尽可能把最新的研究成果吸收渗透到教材中来，在内容安排、教法选择、编写体例等方面也进行了较多的改革，甚至是新尝试。本套丛书具有以下特点：

1. 以“能力培养”和“创新教育”为主线，架构教材总体框架

本套丛书各册教材，在基础理论讲授之后，每篇均加列“技能训练”专章，通过采用典型案例分析、模拟操作等形式，引导学生对本篇的重点、难点内容进行分析、讨论、练习和模拟训练；每章结束后针对本章重点内容设计了“个案分析、学以致用、讨论思考”等项目，以达到强化学生对基础理论和业务环节处理技巧的掌握的目的。这些新增加的关于“能力培养”和“技能训练”等内容，约占整本教材篇幅的1/3，体现了国家对职业教育课程改革的诉求。这种编写体例的运用在目前经济类课程的教材中还较少见，希望这种新的尝试能经日后的教学实践验证，成为一种“能力培养”和“创新教育”的有效方法。

2. 改革人才培养模式，尝试教学模式与教学方法的创新

《规划纲要》要求各高职院校不断创新人才培养模式，“深化教育教学改革，创新教育教学方法，探索多种培养方式”，“倡导启发式、探究式、讨论式、参与式教学，帮助学生学会学习，激发学生的好奇心，培养学生的兴趣爱好，营造独立思考、自由探索的良好环境”。为此，在本套教材的编写过程中，我们注意到国家对高职院校的这种改革要求，在编写方法上尽量运用提示、启发、引导、讨论和模拟等方法，其目的是使学生运用所学知识在进行初步的分析、综合、比较、分类后，达到将知识、技能的抽象概括具体化，提高学生灵活分析问题和解决问题的能力。这样，既与国家对高职教育培养的目标相吻合，又适应学生的学习思维特点，并容易激发学生的学习兴趣，所以，较之传统的教学方法有了较大的改革与突破。

3. 建立综合性、实践性新课程，提高人才培养的针对性、实效性

江泽民同志在第三次全国教育工作会议上指出：“职业教育和成人教育要使学生在掌握必要的文化知识的同时，具有熟练的职业技能和适应职业变化的能力”。可见，现代职业教育呼唤综合型、应用型、技能型新课程的设立。为反映这些要求，我们在每个专业都增设了《综合技能》课程，以此作为经济管理类各专业实践课的应用教材。该科目在内容上以各专业的主要业务为线索，将骨干核心课程的知识高度浓缩，有机串联。将主干课中没有系统讲授而实际工作中必然牵涉到的知识纳入其中，弥补了原来系列教材的欠缺与不足。同时，该系列教材大量采用模拟教学和案例教学，让学生以“业务员、经济师、总经理”的身份参与学习与训练，独自策划交易，进行经济活动等，刻意营造一种仿真情境，让学生在“训练”中学习，在“情景”中增长才干和积累经验，有效地将知识转变为专业性的技能技巧，提高其处理和解决实际问题的综合能力。总之，各专业《综合技能》的设立，是按照国家对教育学科的设置“要多增加综合课”的要求而设立的新型试验科目，其主要目的是通过运用灵活有趣的模拟训练及案例教学等手法，启发诱导学生的立体思维，全面提高其独立操作经济业务的综合实践能力。由于是初次尝试，所以希望大家多加关注，并提出指导性的建议。

本套丛书的编写，得到了有关院校领导和学者、教授的大力支持，并引用了有关作者的部分资料，在此一并表示谢意。

本套丛书无论从体例安排到内容设置，从知识点的归纳到教法的运用，都进行了大胆探索和尝试，意欲为我国财经类高职高专教材的编写与探索尽微薄之力，但由于时间和水平有限，疏漏和不足甚至是错误之处在所难免。希望广大教师、读者多提宝贵意见，以便日后充实与完善。

工学结合新视野高职高专“十二五”规划教材编委会

2012年8月

编者的话

食品是人类赖以生存和发展的基本物质，如今在许多国家的产业链中食品行业已占据了重要地位。对于食品而言，安全性是最基本的要求，是消费者选择食品的首要标准。而食品标准与法规的发展水平直接决定着食品的质量与安全，决定着消费者的身体健康和生命安全，同时也关系到国家经济的发展。《食品标准与法规》编写组成员本着理论性、科学性和实践性相结合的原则，结合个人多年工作及教学经验，甄选相关资料，完成本教材的编写。

本教材紧扣高等职业教育人才培养目标，力求体现以能力培养为本位的职教特色，尽力做到选材面广、内容新颖实用。《食品标准与法规》教材共分五个单元、十三个项目。编写分工情况如下：刘颖编写单元一项目一和项目二，姜新杰编写单元一项目三，许传宾编写单元二项目一，廖洪梅、鲍秀松、夏学超编写单元二项目二和项目三，郑永杰编写单元三，王辉编写单元四，杜宗绪编写单元五；刘颖、杜宗绪担任主编并对全书进行统稿。

本教材在编写过程中，参阅了许多文献、资料，以及网络资源，在此谨向各位作者表示由衷的感谢。

本书力图包含食品标准与法规相关学科的成熟经验，并反映该领域的最新研究成果，但由于编者知识水平和能力有限，书中难免存在疏漏和错误，恳请专家和读者批评指正，不胜感谢。

编　者

目　　录

单元一　食品标准相关知识

项目一　食品标准基础知识

课前准备

【学习目标】

本项目主要介绍了与食品标准相关的基础知识，通过对该项目的学习，使学生了解标准与标准化的概念及标准化的方法原理与原则，明确标准化工作的重要性，熟悉标准与标准化的基本特性，掌握标准的分类，能够对标准进行制定、修订与实施。

【导入案例】

速溶茶氟化物含量过高引起骨骼氟中毒

随着生活节奏的加快，市场上各种各样的速溶茶受到越来越多消费者的青睐。2005年3月，《环球时报-生命周刊》称，“美国一项最新研究发现：许多速溶茶里的氟化物含量超标，过量饮用会引发骨骼氟中毒。”

专家指出：氟是人体所必需的微量元素，它能促进骨骼发育、预防蛀牙。许多城市的自来水中都添加了一定量的氟化物，来促进市民的牙齿健康。但是物极必反，过量的氟化物会使人体骨骼密度过高、骨质变脆，从而导致疼痛、韧带钙化、骨质增生等症状。处于发育期的青少年若过多饮用像速溶茶这样的含氟化物较高的饮料，会影响骨骼发育。虽然目前还不能确定氟化物对成年人的骨骼是否也会造成伤害，但是仍不建议大量饮用速溶茶。

美国环保局规定，饮水中每升所含有的氟化物最多不得超过4ppm，美国食品与药物管理局（FDA）所规定的瓶装水及饮料中每升所含氟化物标准则是不得超过2.4ppm。而市场上销售的某品牌普通型速溶茶的氟化物为每升含6.5ppm，大大超过了以上标准。中国的砖茶中，氟化物的含量也很高。但是，我国的相关标准中还未涉及到氟化物含量的测定。

问题：

通过上述案例，你认为促使速溶茶中氟化物含量过高的原因是什么？如何从根源上杜绝这一现象？

教学内容

任务一 学习标准化基础知识

一、标准与标准化的概念

（一）标准

标准是指为在一定的范围内获得最佳秩序，经协商一致制定并由公认机构批准，共同使用的和重复使用的一种规范性文件。该文件以科学、技术和经验的综合成果为基础，以促进最佳的共同效益为目的。

标准是一种规范性的文件。所谓规范性文件是指为各种活动或其结果提供规则、导则或规定特性的文件。这里所说的“规则、导则”是指提供大家共同遵守的制度、程序、方法等，如技术工作程序、标准结构及编写规则等；“特性”是指产品、过程或服务的性质，产品的特性一般在产品规范中进行规定。需要指出的是规范性文件有多种形式，它是诸如标准、技术规范、规程和法规等文件的通称。标准不同于其他规范性文件的特点是：经协商一致制定并由公认机构批准，只有符合这两点的规范性文件才能称之为标准。

该定义的含义如下：

（1）标准的本质属性是一种“统一规定”。这种统一规定是作为有关各方在某一技术领域中“共同遵守的准则和依据”。

（2）标准的对象是那些“共同使用的和重复使用的活动或其结果”。也就是说，个性的和没有重复使用价值的都不需要制定标准文件，也就不宜作为标准化对象。

（3）制定标准的目的是“为在一定的范围内获得最佳秩序”和“促进最佳的共同效益”。一般所谓的秩序是指有规则、有条理、井然有序的状态，这里所指的秩序主要是指科研秩序、生产秩序、管理秩序、经济秩序等。定义中的“最佳”是目的，是要求，也是标准化工作的一项指导原理（即选优原理）。定义中的“共同效益”可以理解为“社会效益”。

（4）标准产生的客观基础是“科学、技术和实践经验的综合成果”，这就奠定了标准的科学性和先进性。所以说标准既是科学技术成果，又是实践经验的总结，这些成果和经验都是在分析、比较、综合和验证的基础上加以规范化得到的，只有这样制定出来的标准才能具有科学性。

（5）标准要经过协商一致制定并由公认机构批准。协商一致是指有关各界的重要一方对标准中的实质性问题普遍接受，没有坚持反对意见，并不是说所有各方全无异议。为了保证标准的严肃性和权威性，标准需经公认机构批准，这是非常必要的。这里的公认机构一般包括政府主管部门、标准化组织或团体（包括国际组织或区域组织），从事标准化工作的协会或学会等等。

（6）标准文件有其特定格式和制定颁布的程序。标准的编写、印刷、幅面格式和编号、发布的统一，既可保证标准的质量，又便于资料管理，体现了标准文件的严肃性。所以，标准必须“由主管机构批准，以特定形式发布”。标准从制定到批准发布的一整套工作程序和审批制度，是使标准本身具有法规特性的表现。

（二）标准化

标准化是指为了在一定的范围内获得最佳秩序，对现实问题或潜在问题制定共同使用和重复使用的条款的活动。标准化的主要目的在于为了其预期目的改进产品、过程或服务的适用性，防止贸易壁垒，并促进技术合作。

该定义的含义如下：

（1）标准化是一项制定条款的活动，该活动主要包括制定、发布及实施标准的过程，这项活动过程不是一次就完结了，而是一个不断循环、螺旋式上升的运动过程。每完成一个循环，标准水平就提高一步。

这项活动过程在深度上是一个永无止境的循环上升过程，即制定标准、实施标准、在实施中随着科学技术进步对原标准适时进行总结与修订、再实施。每循环一周，标准就上升到一个新的水平，充实新的内容，产生新的效果。

这项活动过程在广度上是一个不断扩展的过程。如过去只制定产品标准、技术标准，现在又要制定管理标准、工作标准；过去标准化工作主要在工农业生产领域，现在已扩展到安全、卫生、环境保护、交通运输、行政管理、信息代码等领域。标准化正随着社会科学技术进步而不断地扩展和深化自己的工作领域。

（2）标准化是“制定共同使用和重复使用条款的活动”。定义中的“条款”是指规范性文件内容的表述方式，一般采取陈述、指示、推荐或要求的形式。陈述是表达信息的条款，指示是表达应执行的行动的条款，推荐是表达建议或指导的条款，要求是表达应遵守的准则的条款。因此，条款按内容可分为两类：一类涉及标准化对象的能力和可能性；另一类涉及标准实施者的行为或行动步骤。而条款的特点则是共同使用和重复使用。

（3）标准化的对象是“现实问题或潜在问题”。

“现实问题或潜在问题”可以理解为产品、过程或服务的质量问题。质量是指“一组固有特性满足要求的程度”。质量定义中的“要求”是指明示和隐含的需求或期望，它与标准化定义中的“现实或潜在”是相互对应的；质量定义中的“特性”与标准化定义中的“适用性、兼容性、互换性、安全性、环境保护”等是相互对应的。在国民经济的各个领域中，凡具有多次重复使用和需要制定标准的具体产品，以及各种定额、规划、要求、方法、概念等，都可称为标准化对象。标准化对象一般可分为两大类：一类是标准化的具体对象，即需要制定标准的具体事物。例如，《茶馆经营服务规范》从制度规范、从业人员的基本条件、职业道德、服务操作、卫生要求等几个方面做出了详细规定，填补了茶馆行业在标准规范上的空白，解决了茶馆行业无标准可依的问题，有利于对茶馆行业进行管理和指导，及茶馆企业进行标准化经营，对推动茶馆行业健康有序发展具有重要意义。另一类是标准化总体对象，即各种具体对象的总和所构成的整体，通过它可以研究各种具体对象的共同属性、本质和普遍规律。

（4）标准化的目的是“为在一定的范围内获得最佳秩序和社会效益”。

“通过制定、发布和实施标准，达到统一”是标准化的实质，而“获得最佳秩序和社会效益”可以说是标准化的总目的。某一个领域需要达到的统一的标准要求，如信息工作标准化，其目的是使文献工作走向标准化、系列化和通用化，达到信息交流和资源共享。为了发展社会主义商品经济，促进技术进步，改进产品质量，对工业产品、规格、质量、等级或者安全卫生等需要有统一的技术要求。

除了上述总目的以外，针对具体的标准化对象，标准化的直接目的通常有：适用性、相互理解、接口、互换性、兼容性、品种控制、安全性、环保性、产品防护等。它们之间可以相互重叠。以“产品”标准为例，标准化的目的可以分为两大类：要通过标准化保证产品能够正常、方便地使用；保证产品或其生产过程不会对环境、人身等造成损害。为了使标准化工作适应社会主义现代化和发展对外经济的需要，对工农业产品的设计、生产、检验、包装、储存、运输、环境保护等方面也需要制定统一的技术标准。

二、标准化的意义

（一）标准化是组织现代化生产的手段

标准化可以规范社会的生产活动，规范市场行为，引领经济社会发展，推动建立最佳秩序，促进相关产品在技术上的相互协调和配合。随着科学技术的发展，生产的社会化程度越来越高，技术要求越来越复杂，生产协作越来越广泛。许多工业产品和工程建设，往往涉及几十个、几百个甚至上万个企业，协作点遍布世界各地。这样一个复杂的生产组合，客观上要求必须在技术上使生产活动保持高度的统一和协调一致。这就必须通过制定和执行许许多多的技术标准、工作标准和管理标准，使各生产部门和企业内部各生产环节有机地联系起来，以保证生产有条不紊地进行。

（二）标准化为科学管理奠定了基础

科学管理就是指依据生产技术的发展规律和客观经济规律对企业进行管理，而各种科学管理制度的形式都是以标准化为基础的。标准化有利于实现科学管理和提高管理效率。现代生产讲的是效率，效率的内涵是效益。现代企业实行自动化、电算化管理的前提也是标准化。

（三）标准化是提高产品质量和保护健康安全的重要保证

标准化可以使资源合理利用，可以简化生产技术，可以实现互换组合，为调整产品结构和产业结构创造了条件。同时，标准化有利于稳定和提高产品、工程和服务的质量，促进企业走质量效益型发展道路，增强企业素质，提高企业竞争力；保护人体健康，保障人身和财产安全，保护人类生态环境，合理利用资源；维护消费者权益。技术标准是衡量产品质量好坏的主要依据，它不仅对产品性能做出具体的规定，而且还对产品的规格、检验方法及包装、储运条件等相应地做出明确规定。严格地按标准进行生产，按标准进行检验、包装、运输和贮存，产品质量就能得到保证。标准的水平标志着产品质量水平，没有高水平的标准，就没有高质量的产品。

（四）标准化是扩大市场的必要手段

生产的目的是为了消费，生产者要找到消费者就要开发市场。标准化不但为扩大生产规模、满足市场需求提供了可能，也为实施售后服务、扩大竞争创造了条件。需要强调的是，由于生产的社会化程度越来越高，各个国家和地区的经济发展已经同全球经济紧密结成一体，标准和标准化不但为世界一体化的市场开辟了道路，也同样为进入这样的市场设置了门槛。

（五）标准化为科学技术转化成生产力提供了平台

科学技术是第一生产力，但是在科学技术没有走出试验室之前，它只在科学技术领域发生影响和作用，是潜在的生产力，还不是现实的生产力。只有通过技术标准提供的统一平台，才能使科学技术迅速快捷地过渡到生产领域，向现实的生产力转化，从而产生应有的经济效益和社会效益。标准化与科技进步有着十分密切的关系，两者相辅相成、互相促进。标准化是科技成果转化为生产力的重要“桥梁”，先进的科技成果可以通过标准化手段，转化为生产力，推动社会的进步。

（六）标准化是推动贸易发展的桥梁和纽带

标准化可以增强世界各国的相互沟通和理解，消除贸易技术壁垒，促进国际间的经贸发展和科学、技术、文化交流与合作。当前世界已经被高度发达的信息和贸易连成一体，贸易全球化、市场一体化的趋势不可阻挡，而真正能够在各个国家和各个地区之间起到联结作用的桥梁和纽带就是技术标准。只有全球按照同一标准组织生产和贸易，市场行为才能够在更大的范围和更广阔的领域发挥应有的作用，人类创造的物质财富和精神财富才有可能在全世界范围内为人类所共享。

三、标准化的方法原理

标准化的基本原理通常是指统一原理、简化原理、协调原理和最优化原理。

（一）简化原理

1. 简化原理概述

简化原理就是指为了经济有效地满足需要，对标准化对象的结构、形式、规格或其他性能进行筛选提炼，剔除其中多余、低效能、可替换的环节，精炼并确定出能够满足全面需要所必要的高效能的环节，保持整体构成精简合理，使之功能效率达到最高。

2. 简化原理的要点

（1）简化的目的：是为了经济，使之更有效地满足需要。

（2）简化的原则：是从全面满足需要出发，保持整体构成精简合理，使之功能效率最高。所谓功能效率系指功能满足全面需要的能力。

（3）简化的基本方法：对处于自然存在状态的对象进行科学的筛选提炼，剔除其中多余、低效能、可替换的环节，精炼出高效能的能满足全面需要所必需的环节。

（4）简化的实质：不是简单化而是精炼化，其结果不是以少替多，而是以少胜多。

3. 简化必须把握的两个界限

（1）简化的必要性界限：在事后简化的情况下，只有“当多样性的发展规模超出了必要的范围时”，就应该（或才允许）简化。

（2）简化的合理性界限：就是通过简化应达到“总体功能最佳”的目标。

（二）统一原理

1. 统一原理概述

统一原理就是为了保证事物发展所必需的秩序和效率，对事物的形成、功能或其他特性，确定适合于一定时期和一定条件的一致规范，并使这种一致规范与被取代的对象在功能上达到等效。

2. 统一原理的要点

（1）统一是为了确定一组对象的一致规范，其目的是保证事物所必需的秩序和效率。

（2）统一的原则是功能等效，从一组对象中选择确定一致规范，应能包含被取代对象所具备的必要功能。

（3）统一是相对的。确定的一致规范，只适用于一定时期和一定条件，随着时间的推移和条件的改变，旧的统一就要由新的统一所代替。

3. 统一原理的基本思想

（1）统一化的目的是确立一致性；

（2）经统一而确立的一致性适用于一定时期；

（3）统一的前提是等效。

（三）协调原理

1. 协调原理概述

协调原理就是为了使标准系统的整体功能达到最佳，并产生实际效果，必须通过有效的方式协调好系统内外相关因素之间的关系，确定为建立和保持相互一致，适应或平衡关系所必需具备的条件。

2. 协调原理的要点

（1）协调的目的在于使标准系统的整体功能达到最佳并产生实际效果；

（2）协调对象是系统内相关因素的关系以及系统与外部相关因素的关系；

（3）相关因素之间需要建立相互一致关系（连接尺寸），相互适应关系（供需交接条件），相互平衡关系（技术经济招标平衡，有关各方利益矛盾的平衡），为此必须确立条件；

（4）协调的有效方式有：有关各方面的协商一致，多因素的综合效果最优化，多因素矛盾的综合平衡等。

（四）最优化原理

1. 最优化原理概述

最优化原理是指按照特定的目标，在一定的限制条件下，对标准系统的构成因素及其关系进行选择、设计或调整，使之达到最理想的效果。

2. 最优化的一般程序

（1）确定目标

（2）收集资料

（3）建立数学模型

（4）计算

(5) 评价和决策

3. 最优化的方法

对于较为复杂的标准化课题，要应用包括计算机在内的最优化技术；对于较为简单的方案的优选，可运用技术经济分析的方法求解。

任务二　食品标准分类与食品标准体系

一、食品标准的分类

(一) 依据级别分类

根据《中华人民共和国标准化法》第六条规定，我国标准可划分为国家标准、行业标准、地方标准和企业标准四级。

1. 国家标准

国家标准是指对全国经济技术发展有重大意义，需要在全国范围内统一的技术要求所制定的标准。国家标准在全国范围内适用，其他各级标准不得与之相抵触。国家标准由国务院标准化行政主管部门组织编制、统一审批、编号和发布，是四级标准体系中的主体。

国家标准制定的对象范围如下：

(1) 互换配合、通用技术语言要求；

(2) 保障人体健康和人身、财产安全的技术要求，包括产品的安全、卫生要求，生产、储存和使用中的安全、卫生要求，工程建设的安全、卫生要求，以及环境保护的技术要求；

(3) 基本原料、燃料和材料的技术要求；

(4) 通用基础件的技术要求；

(5) 通用的试验、检验方法；

(6) 通用的管理技术要求

(7) 工程建设的重要技术要求；

(8) 国家需要控制的其他重要产品的通用技术要求。

2. 行业标准

行业标准是指对没有国家标准而又需要在全国某个行业范围内统一的技术要求所制定的标准。行业标准是对国家标准的补充，是专业性、技术性较强的标准。行业标准的制定不得与国家标准相抵触，国家标准公布实施以后，相应的行业标准即行废止。

行业标准制定的对象范围如下：

(1) 技术术语、符号、代号（含代码）、文件格式、制图方法等通用技术语言；

(2) 工、农业产品的品种、规格、性能参数、质量指标、试验方法以及安全、卫生要求；

(3) 工、农业产品的设计、生产、检验、包装、储存、运输、使用、维修方法以及生产、储运、运输过程中的安全、卫生要求；

（4）运用零部件的技术要求；

（5）产品结构要素和互换配合要求；

（6）工程建设的勘察、规划、设计施工及验收的技术要求和方法；

（7）信息、能源、资源、交通运输的技术要求极其管理技术等要求。

3. 地方标准

地方标准是指对没有国家标准和行业标准而又需要在省、自治区、直辖市范围内统一工业产品的安全、卫生要求所制定的标准。地方标准由省级标准化行政主管部门负责制定和审批，在本行政区域内适用，不得与国家标准和标业标准相抵触。相应的国家标准、行业标准公布实施以后，该项地方标准即行废止。

地方标准制定的对象范围如下：

（1）工业产品的安全、卫生要求；

（2）药品、兽药、食品卫生、环境保护、节约能源、种子等法律、法规的要求；

（3）其他法律、法规规定的要求。

4. 企业标准

企业标准是指企业所制定的产品标准和在企业内需要协调、统一的技术要求和管理、工作要求所制定的标准。企业标准由企业制定，并进行统一管理，是企业组织生产、经营活动的依据。

企业标准的制定范围如下：

（1）企业生产的产品没有国家标准、行业标准和地方标准的应制定企业产品标准；

（2）企业为提高产品质量、促进技术进步，可以制定严于国家标准、行业标准和地方标准的企业产品标准；

（3）对国家标准、行业标准的选择或补充的标准；

（4）针对设计、采购、工艺、工装、半成品等方面的技术标准；

（5）针对生产、经营过程中的管理标准和工作标准。

（二）依据标准的约束性分类

根据标准的约束性可将标准划分为强制性标准和推荐性标准。强制性标准是必须执行的标准，推荐性标准是可参考执行的标准。其中，强制性标准主要是对一些涉及安全、卫生方面的产品规定了限制性的检验标准，以保障人体健康和人身、财产的安全。推荐性标准不具有强制性，任何单位均有权决定是否采用，违反这类标准，不会构成经济或法律方面的责任。

国家强制性标准的代号是“GB”，国家推荐性标准的代号是“GB/T”，字母 GB 是“国标”两字汉语拼音首字母的大写，字母 T 表示“推荐”的意思。

1. 强制性标准

强制性标准是国家通过法律的形式明确要求对于一些标准所规定的技术内容和要求必须执行，不允许以任何理由或方式加以违反、变更，这样的标准称之为强制性标准，包括强制性的国家标准、行业标准和地方标准。强制性标准具有法律属性，一经颁布必须贯彻执行，对违反强制性标准的，国家将依法追究当事人法律责任。强制性标准可分为全文强制和条文强制两种形式：当标准的全部技术内容需要强制时，为全文强制形式；当标准中部分技术内容需要强制时，为条文强制形式。

我国《标准化法》规定强制性标准的范围包括保障人体健康、人身财产安全的标准和法律，行政法规规定强制执行的标准，具体表现为以下几方面：

(1) 有关国家安全的技术要求；

(2) 保障人体健康和人身、财产安全的要求；

(3) 产品及产品生产、储运和使用中的安全、卫生、环境保护要求及国家需要控制的工程建设的其他要求；

(4) 工程建设的质量、安全、卫生、环境保护按要求及国家需要控制的工程建设的其他要求；

(5) 污染物排放限值和环境质量要求；

(6) 保护动植物生命安全和健康要求；

(7) 防止欺骗、保护消费者利益的要求；

(8) 国家需要控制的重要产品的技术要求。

省、自治区、直辖市政府标准化行政主管部门制定的工业产品的安全、卫生要求的地方标准，在本行政区域内是强制性标准。

2. 推荐性标准

推荐性标准是指国家鼓励自愿采用的具有指导作用而又不宜强制执行的标准，即标准所规定的技术内容和要求具有普遍的指导作用，允许使用单位结合自己的实际情况，灵活加以选用，又称为非强制性标准或自愿性标准。

推荐性标准本身不是强制实施的，但是在一定条件下可以转化为强制性标准，转化条件如下：

(1) 法律法规引用的推荐性标准，在法律法规规定的范围内必须执行；

(2) 强制性标准引用的推荐性标准，在强制性标准适用的范围内必须执行；

(3) 企业使用的推荐性标准，在企业范围内必须执行；

(4) 经济合同中引用的推荐性标准，在合同约定的范围内必须执行；

(5) 在产品或其包装上标注的推荐性标准，则产品必须符合；

(6) 获得认证并标示认证标志销售的产品，必须符合认证标准。

(三) 依据标准的性质分类

按照标准的性质，通常把标准分为技术标准、管理标准和工作标准三大类。

1. 技术标准

技术标准是指对标准化领域中需要协调统一的技术事项所制定的标准。技术标准的分类方法很多，按其标准化对象的特征和作用，可分为基础标准、产品标准、方法标准、安全卫生与环境保护标准等；按其标准化对象在生产流程中的作用，可分为零部件标准、原材料与毛坯标准、工装标准、设备维修保养标准及检查标准等；按标准的强制程度，可分为强制性与推荐性标准；按标准在企业中的适用范围，又可分为公司标准、工用标准和科室标准等。技术标准在企业标准化体系中占据主导地位，是企业组织生产、经营及管理的技术依据。

2. 管理标准

管理标准是指对标准化领域中需要协调统一的管理事项（管理目标、管理项目、管理程序及管理组织）所制定的标准。管理标准按其对象可分为技术管理标准、生产组织标准、经济管理标准、行政管理标准、业务管理标准和工作标准等。制定管理标准的目的是为合理组织、利用和发展生产力，正确处理生产、交换、分配和消费中的相互关系及科学地行使计划、监督、指挥、调整、控制等行政与管理机构的职能。

3. 工作标准

工作标准是指对标准化领域中需要协调统一各类工作人员的工作事项所制定的标准，具体来说就是针对工作的责任、权利、范围、质量要求、程序、效果、检查方法、考核办法等所制定的标准。包括通用工作标准、专用工作标准和工作程序标准，是用来衡量工作质量的依据和准则。

（四）依据标准的表达形式分类

标准按照表达形式可以划分为标准文件和实物标准两大类。

标准文件是指用文字叙述来表达的标准，是具体提出要求或作出规定，作为某一领域的共同准则。而实物标准则是指利用具体的实物（如各类计量器具、标准物质、标准样品等）作为质量检验、鉴定的对比依据，测量设备鉴定、校准的依据，以及作为判断测试数据准确性和精确度的依据。

（五）依据在标准化系统中的作用分类

按照标准在标准化系统中的作用可以划分为一般标准和基础标准。基础标准是指具有广泛的适用范围或包含一个特定领域的通用条款的标准。相对于基础标准的其他各类标准统称为一般标准。

基础标准在一定范围内可以直接应用，也可以作为其他标准的依据和基础，具有普遍的指导意义。这里的一定范围是指特定领域，如企业、专业、国家等。也就是说，基础标准既存在于国家标准、专业标准中，也存在于企业标准中。在某领域中基础标准是覆盖面最大的标准，它是该领域中所有标准的共同基础。

基础标准主要包括以下几类：

（1）技术通则类：如“电子工业技术标准制修订工作有关规定和要求”，“设计文件编制规则”等。这些技术工作和标准化工作规定是需要全行业共同遵守的。

（2）通用技术语言类：如制图规则、术语、符号、代号、代码等。这类标准的作用是使技术语言达到统一、准确和简化。

（3）结构要素和互换互连类：如公差配合、表面质量要求、标准尺寸、螺纹、齿轮模数、标准锥度、接口标准等。这类标准对保证零部件互换性和产品间的互连互通、减化品种、改善加工性能等都具有重要作用。

（4）参数系列类：如优先数系、尺寸配合系列、产品参数、系列型谱等。这类标准对于合理确定产品品种规格，做到以最少品种满足多方面需要，以及规划产品发展方向，加强各类产品尺寸参数间的协调等具有重要作用。

（5）环境适应性、可靠性、安全性类：这类标准对保证产品适应性和工作寿命以及人身和设备安全具有重要作用。

（6）通用方法类：如试验、分析、抽样、统计、计算、测定等各种方法标准。这类标准对各有关方法的优化、严密化和统一化等具有重要作用。

二、标准体系

（一）标准体系

标准体系是指在一定范围内的标准按其内在联系形成的科学的有机整体，也可以说标准体系是一种由标准组成的系统。

标准体系内部标准应按照一定的结构进行逻辑组合，而不是杂乱无序的堆积。由于标准化对象的复杂性，体系内不同的标准子系统的逻辑结构便呈现出不同的表现形式。主要有以下两种：

1. 层次结构

层次结构是表达标准化对象内部上级与下级、共性与个性等关系的良好的表达形式。层次结构类似树结构，父节点层次所在的标准相较子节点层次的标准，更能够反映标准化对象的抽象性和共性；反之，子节点层次的标准能更多地反映事物的具体性和个性。

层级深度如何也体现了对标准化对象的管理精度。标准层次结构的完备性，标志着标准体系的灵活与弹性，是标准体系适应现实多样性的一个重要方面，如档案著录标准子系统、交换格式子系统等都可以用层次结构来进行表达。

2. 线性结构

线性结构又称为程序结构，是指各标准按照过程的内在联系和顺序关系进行结合的形式。该结构主要体现了标准化对象在活动流程中的时间性，比如档案数据库的设计过程、档案数据库应用系统的开发都有比较严格的流程控制，它们都是由若干阶段前后相继完成的，前一阶段的标准是后续阶段标准得以实施的前提，如档案数据库设计过程中需求标准与逻辑设计规范之间就是线性结构。

（二）标准体系表

标准体系表是一定范围内的标准按其内在联系排列起来的图表。标准体系表用以表达标准体系的构思、设想、整体规划，是表达标准体系概念的模型。

1. 标准体系表的作用

（1）描绘出标准化活动的发展蓝图，明确努力方向和工作重点。

（2）系统了解国际、国外标准，为采用国际标准和国外先进标准提供了全面情报。

（3）指导标准制、修订计划的编制。由于标准体系表反映了全局，找到了与国际、国外的差距和自己体系中的空白，因而可以抓住主攻方向，安排好轻重缓急，避免计划的盲目性和重复劳动，节省人力、物力、财力，加快标准的制定速度。

（4）改造和健全现有的标准体系，使体系构成达到系统化、规范化、科学化。

（5）有助于生产、科研工作。标准体系表不但列出了现有标准，而且还有今后要发展的标准和相应的国际、国外先进标准，这对生产、科研人员利用国外先进标准试制新产品极为有利。

（6）有利于企业标准化的建设。

2. 我国标准体系表结构

我国标准体系的总结构包括三部分、五个层次的内容（见图 1.1）。

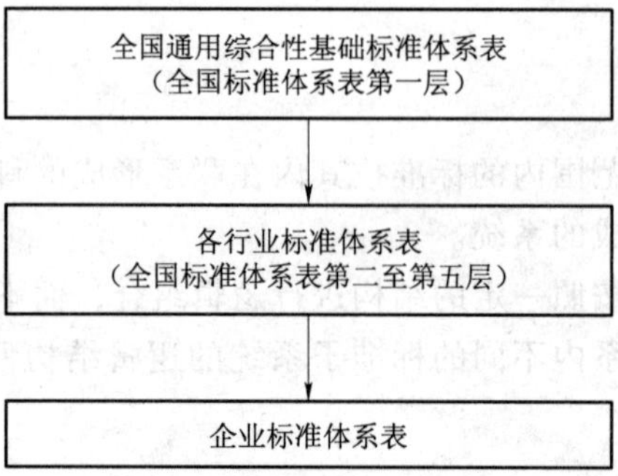

图 1.1　全国标准体系总结构图

第一部分：全国通用综合性基础标准体系表

在综合性基础标准体系表中重点突出了行业、专业间的配套标准（见表 1.1）。

表 1.1　全国通用综合性基础标准体系表

分类号	内容名称	分类号	内容名称
A00	标准化法规和通用管理标准体系表	A42/43	通用理化分析标准体系表
A00	质量管理（非数学方法）标准体系表	A51	量和单位标准体系表
A02	动作和时间分析标准	A80/89	包装标准体系表
A12	保护消费者利益标准体系表	C50/64	卫生标准体系表
A20	优先数与优先数系标准	C65/79	职业安全和工业卫生标准体系表
A21	环境条件与试验方法标准体系表	F00/09	能源基础和管理（含水资源）标准体系表
A22	术语（术语学）标准体系表	J04	机械制图与工程制图标准
A22	图形符号标准体系表	J05	互换性和结构要素标准体系表
A25	人类工效标准体系表	P41	统计方法标准体系表
A40	系统工程（含信息技术）标准体系表	Z00/70	环保标准体系表
A40	价值工程标准体系表		

第二部分：各行业标准体系表

这一部分包括全国标准体系中的第二层至第五层的内容。第二层为行业基础标准，第三层为专业基础标准，第四层为门类通用标准，第五层为产品、作业和管理标准。

第三部分：企业标准体系表

企业标准体系以技术标准为主体，还包括管理标准和工作标准（见图 1.2）。凡是企业范围内需要协调统一的技术、管理、工作要求，都应该制定企业标准，并纳入企业标准体系。完善的企业标准体系可以促使标准的组成达到完整有序，为提高产品质量，促进企业间的技术交流活动，加速技术进步，减少重复劳动，提高经济效益奠定良好基础。

企业标准体系应贯彻和采用上层国家或行业基础标准，在上层基础标准的指导下，制定本企业的企业标准。所有企业标准都应在上级标准化法规和本企业的方法目标，以及各种相关国际、国家法律法规的指导下形成。

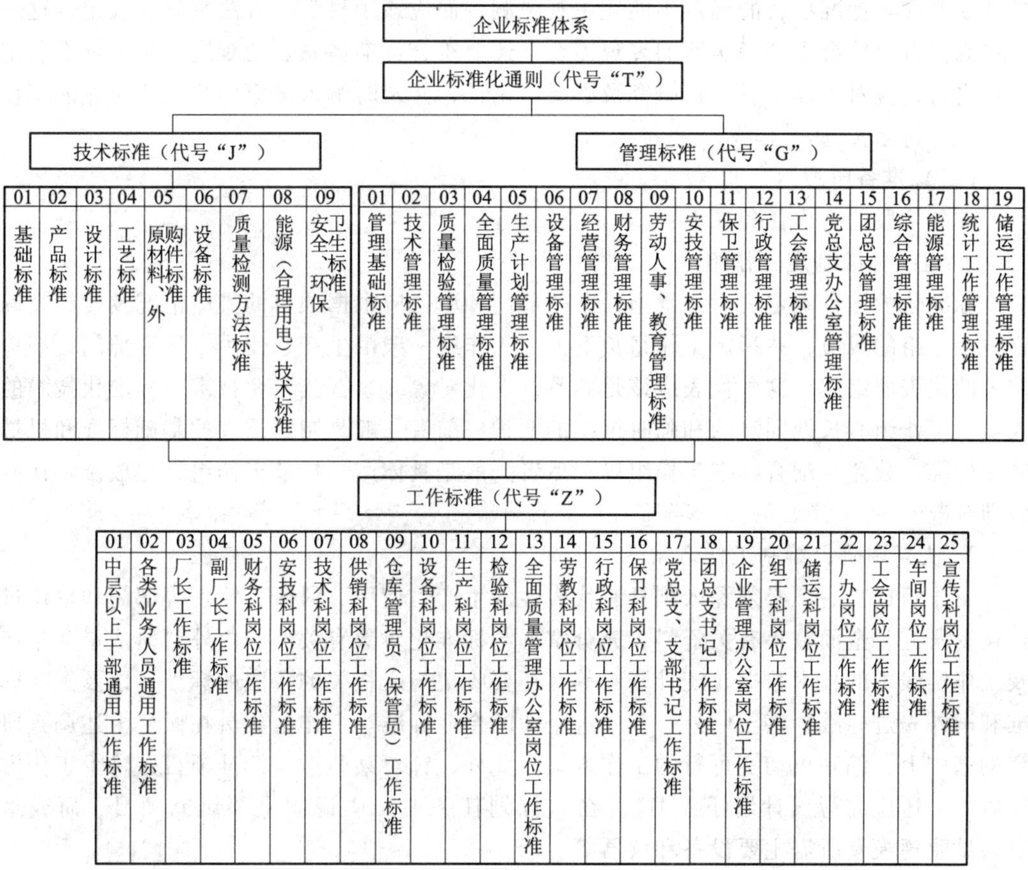

图 1.2　企业标准体系基本结构

任务三　标准的制定与编写

制定标准是指标准制定部门对需要制定标准的项目编制计划、组织草拟、审批、编号、发布的活动。它是标准化工作任务之一，也是标准化活动的起点。一个标准制定得是否先进合理、切实可行，直接影响到该标准的实施效果，影响到社会经济效益的大小。制定标准时应当以保证公众身体健康为宗旨，认真贯彻国家的法律法规与方针政策，积极采用国际标准和国外先进标准，充分考虑环境能源以及产品的安全卫生等问题。

一、标准制定的程序

标准是技术领域中的法律规范，它的制定必须依据一定的程序。标准的制定一般包括立项阶段，准备阶段，起草阶段，审查阶段，报批、发布、实施阶段，复审阶段六个阶段。

（一）立项阶段

立项阶段主要的工作任务就是要确定标准制定的对象——即需要统一规定的重要性事物或概念。标准项目的确定不能凭主观臆测，而应该用科学的方法来研究决定，这一对象既要符合社会生产和实践的客观需要，还要符合标准体系表的规定。确定标准制定项目之后，应对工作项目进行研究及必要的论证，并及时纳入国家、行业或企业的工作计划中，付诸实施。

（二）准备阶段

准备阶段的工作任务如下：

1. 组织标准制定工作组

标准化的项目确定之后，承担任务的部门和单位应根据项目的具体情况及时研究确定该工作组的成员，并指定工作组负责人。工作组一般由生产、使用、研究部门或高等院校的代表所组成，这些代表应该是熟悉标准化对象，掌握其专业技术和标准化技术的人员。工作组有长期固定的和临时组织的两种：前者一般是制定重大的基础标准和机械制图标准，公差与配合标准工作组等；后者一般是具体产品标准工作组，完成制定任务后即解散。

2. 认真调研，编制工作方案

工作组成立后，必须深入到具有代表性的生产、使用、科研、管理等部门和单位进行调查研究，全面收集有关资料，充分掌握与标准化对象有关的国内外科研成果和生产及工作实践中的技术数据、统计资料等，还要收集与之相关的我国的标准，以及国际标准和国外先进标准，甚至国外一些先进企业的企业标准。工作组成员在做好上述调查研究的基础上，编制出切实可行的工作方案。此外，针对某些重大标准项目，除了工作方案以外，还应编写《计划任务书》。在《计划任务书》中说明主要研究项目、研究地点、试验规模及所需主要设备和仪器等。

（三）起草阶段

这一阶段的主要工作内容如下：

1. 编写标准草案（征求意见稿）

标准是技术领域内的规范，具有科学性，有些标准本身就是一项科技成果。一切技术指标都要以科学的态度，经过认真的试验验证以后才能确定。如修订 2 号喷气燃料标准时，根据我国石油资源和气候情况，有关方面提出把原沿用苏联标准的冰点 -60℃ 改为 -50℃，为此，工作组人员进行了大量的科学试验，实测了高空和地面的温度，研究了炼制工艺和添加剂的选配，建立了质量评定仪器和检验方法，并且做了多次的试车试飞验证。在这些试验验证的基础上，写出了 GB/T1.1 和 GB/T1.3 所规定的格式和内容编写标准草案（征求意见稿）。

2. 确定标准送审稿及其《编制说明书》

为了制定出符合市场经济发展、技术水平高的标准，应将标准草案（征求意见稿）发送至有关的生产、使用、检验、营销、科研部门及大专院校，广泛征求意见，也可以召集专门的标准征求意见座谈会，征求有关人员的意见，对个别重点单位或专家还可以派人专程前往，当面征求意见。工作组将征求到的意见进行分类管理，逐一分析研究，合理的意见应采纳，不正确的意见需作出说明解释，对难以确定取舍的有分歧的意见可作为一个专题研究审查或再次征求有关方面的意见，进行协商调整，最后确定标准送审稿。

在发送标准草案（征求意见稿）时，应同时发送《编制说明书》。《编制说明书》是对标准起草过程的真实记录和对标准中一些重要内容的解释说明，其主要内容如下：

（1）标准项目来源及标准制定工作的简要过程；

（2）编制标准的基本原则和标准主要内容的确定依据，重要问题的解释说明，修订标准应列出新旧标准水平的对比；

（3）采用国际标准和国外先进标准的情况，以及与国际、国外标准水平的对比情况；

（4）主要的试验分析、技术经济效果预测与论证情况；

（5）贯彻标准的要求和措施建议；

（6）参考文件、资料目录等其他应予以说明的事项。

（四）审查阶段

标准的审查或审定是保证标准质量、提高标准水平的重要程序。

1. 标准审查的主要内容

（1）标准的规定是否与我国现行有关法律、法规及相关标准协调一致，是否同我国强制性标准相抵触；

（2）标准内容是否采用了国际标准和国外先进标准，做到了技术先进、经济合理、安全可靠；能否适应当前科学技术水平和今后发展方向，符合我国的实际情况；

（3）标准的内容是否有充分的依据，是否在试验研究和总结实践经验的基础上确定的，是否在其适用范围内完整齐全；

（4）各方面的意见是否得到充分反映，是否得到协调解决；

（5）贯彻标准的要求，措施建议和过渡办法是否适当；

（6）标准编写方法是否符合 GB/T 1.1 中的规定。

2. 标准审查的方式

审查方式一般有函审和会审两种。如果标准比较成熟，各方面意见分歧不大的，尽量采用函审的方式，以节约人力和物力。如果标准内容比较复杂，难度较大，争议较多，或是涉及面较广的重要标准，应采用会审的方式。在有些情况下，也可以采用会审和函审同时进行的方式。无论采用哪种审查方式，都应充分发扬民主，认真听取各方意见。

采用函审方式时，接受函审的单位或人员应按时认真填写和寄回审查意见，即使没有不同意见，也应该按时回函表示同意。函审一般不超过两个月，过期未复函者则按同意处理，函审结束后，应写出函审结论报告，并写明对各种意见的处理结果，同意意见所占的比例数。

标准审定会一般由各专业标准化技术委员会召开，在会议开始的前一个月，要把标准送审稿及编制说明书等寄送给参加会议的各位委员和代表，以便他们做好充分准备，到会深入讨论，提高会审质量，缩短会审时间。会审时要有会议记录，详细列出参加会议的人员及其单位，会议纪要和审查结论，并附参加会议代表的签字名单。

如果标准送审稿经审查未能给予通过的，负责制定该标准的工作组应继续进行工作，可以再次提出标准送审稿第二稿、第三稿，重新进行审查，直到通过为止。

（五）报批、发布、实施阶段

标准送审稿经审查通过后，可以上报有关部门进行批准、发布。国家标准上报国务院标准化行政主管部门统一审批、编号、发布。行业标准由行业标准归口部门审批、编号、发布。地方标准由各省、自治区、直辖市标准化行政主管部门审批、编号、发布。企业标准由企业法人代表或法人代表授权的主管领导批准，由企业标准化管理部门编号、发布、实施。企业标准还应按各省、自治区、直辖市人民政府的规定上交相关部门进行备案。

（六）复审阶段

标准化法第十三条规定："标准实施后，制定标准的部门应当根据科学技术的发展和经济建设的需要适时进行复审，以确认现行标准继续有效或予以修订、废止。"国家标准，行业标准和地方标准复审周期一般不超过 5 年。企业标准复审周期不超过 3 年。标准的确认有效、修订和废止由原标准发布机关审批和发布。

二、标准的编写

标准是一种具有特定形式的技术文件，为了便于编写、审查和使用，ISO/IEC 和各国际标准机构对编写标准都有一套基本规定。我国于 2000 年发布了 GB/T 1.1《标准化工作导则——标准的结构和编写规定》，并于 2009 年进行了修订。在 GB/T 1.1 中对标准的结构组成、内容要求以及标准的编排格式进行了明确的规定，为我国各级标准的编写提供了准则和依据。

（一）标准编写的基本原则

标准编写得是否准确，直接关系到标准的实施，也影响到相关标准之间的交流，是标准质量的外在表现形式，因此，在标准的编写过程中我们必须要遵循一定的原则，否则就不能保证标准的编写质量。

1. 目标及要求

标准编写的目标是保证标准中所规定的条款明确、无歧义，与此同时，还应满足以下要求：

（1）条款的内容在标准的范围一章中所规定的界限内要按需要力求完整。

在 GB/T 1.1 标准的范围一章中划清了标准所使用的范围，在编写标准时要根据标准的主题和范围来确定标准条款的内容，将所有需要规定的内容全部纳入条款中。内容不完整的条款不利于实施和监督，也势必会对产品质量造成很大影响。

（2）表述要清楚、准确。

标准是经济和技术活动的依据，是管理法规和技术法规，并往往被法律、法规和经济合同所引用。因此，标准的内容表达要准确、清楚、以防止不同人从不同角度产生不同的理解。

标准中规定的技术指标、参数、公式以及其他内容的数据也要正确可靠。规定的指标必须是以现代科学技术的综合成果和先进经验为基础，经过严格的科学验证，精确的数学计算而得出的数据。编写时必须再次核实，对标准中的图样、表格、数值、公式、化学分子式，计量单位、符号、代号等均应进行仔细复核，消除一切技术错误，保证其正确无误。

(3) 充分考虑最新技术水平。

标准的内容必须要充分考虑科学技术的最新水平之后再来进行规定，从而保证标准能够推动生产的发展。这里指的最新水平并不是要求最高、最先进的科学技术，而是基于对最新科学技术与标准适用范围内的生产力发展水平的全面衡量与考虑。

(4) 为未来技术发展提供框架和发展余地。

标准制定的根本就是要促进技术的发展，所以，在制定标准时不仅要考虑最新的技术水平，还要为技术在将来的发展提供框架和发展余地。从而使标准与技术能够相互促进、相互发展。

(5) 能够被未参加标准编制的专业人员所理解。

标准的内容应该简洁明了、通俗易懂。不应使用生僻词语或方言，在保证准确的前提下尽量使用大众化的语言，使大家都能够正确理解和执行，避免产生不易理解或不同理解的可能性。根据标准内容的具体情况，在表达准确简明的前提下，选择文字、图表或文字和图表并用的表达方式，宜用文字的用文字，宜用图表的用图表。

2. 统一性

标准编写时，表达方式始终要统一；同一标准中的名词、术语、符号、代号要前后统一；相关标准中的名词、术语、符号、代号也要统一。

首先，同一名词或术语要始终用来表达同一个概念，而同一个概念应始终采用同一名词或术语，不能在一个标准中出现其他同义词，即不能出现一物多名词、一名词多物的现象。

其次，同级标准的书写格式、幅面大小、章条的划分以及编号方法等都要统一；同类标准的构成、内容的编排也要统一，都要符合 GB/T 1.1《标准化工作导则——标准的结构和编写规定》的有关规定。

最后，标准中使用的汉字和翻译的外文也要统一，汉字要推广使用国家正式公布的简化汉字，注意杜绝错别字。

3. 协调性

协调性主要是针对标准之间，以及标准与法规之间。编写标准时，首先要注意不能与国家有关法律、法规相违背，相反，应使这些法律、法令和法规在标准中得到贯彻。如标准中的计量单位名称、符号要遵守《中华人民共和国计量法》和《关于在我国统一实行法定计量单位的命令》，一律采用中华人民共和国计量单位。其次，编写标准时要与规定的上级、同级有关标准协调一致，要与标准所属的标准体系表内的标准和谐一致，以充分发挥标准化系统整体功能。

4. 适用性

标准的适用性是指一个标准在特定条件下适合于规定用途的能力。包含两方面的含义：一是标准的内容要有可操作性，便于实施；二是标准的内容要易于被其他文件引用。

5. 一致性

在当今国际经济和技术竞争日益激烈的时代，标准正在超越自身的内涵，成为世界各国促进贸易发展、保护民族产业、规范市场秩序、推动技术进步和实施高新技术产业化的重要手段。为了在国际贸易中占据优势，积极参与国际标准化活动、采用国际及国外先进标准已是必然的趋势。当编制的标准采用国际标准或国外先进标准时，应尽可能保持与国际文件一致，符合 GB/T 20000. 2 的规定，同时还应标明一致性程度。

6. 规范性

为了保证标准编制工作的顺利开展，标准的编写应具有规范性，从起草工作开始到随后的所有程序均应遵守 GB/T 1 的规定，根据编写标准的具体情况还应遵守 GB/T 20000、GB/T 20001 和 GB/T 20002 相应部分的规定。

（二）概念

1. 规范性要素

要声明符合标准而应遵守的条款的要素，分为一般要素和技术要素。

2. 资料性要素

标识标准、介绍标准、提供标准的附加信息的要素，分为概述要素和补充要素。

（1）概述要素：标识（示）标准、介绍其内容、背景、制定情况以及该标准与其他标准的关系的要素，即标准的封面、目次、前言和引言等。

（2）补充要素：提供附加信息，以帮助理解或使用标准的要素，即标准的资料性附录、参考文献和索引等。

3. 必备要素

在标准中必须存在的要素，包括封面、前言、名称、范围。

4. 可选要素

在标准中不是必须存在的要素，其存在与否视标准条款的具体需求而定。

5. 条款

规范性文件内容的表述方式，一般采取陈述、指示、推荐等形式。

注：条款的这些形式以其所用的措辞加以区分，例如：推荐用助动词“宜”，要求用助动词“应”。

——陈述：表达信息的条款；

——推荐：表达建议或指导的条款；

——要求：表达如果声明符合标准需要满足的准则，并且不允许存在偏差的条款。

（三）标准的结构

1. 按内容划分

所有标准的内容都是由各种要素构成的，要素的划分有 3 种方式。

（1）依据要素的性质，可将标准中的要素划分为：“规范性要素”和“资料性要素”。

（2）依据要素在标准中所处的位置把要素划分为："规范性一般要素"、"规范性技术要素" 和 "资料性概述要素"、"资料性补充要素"。

（3）依据要素在标准中是否必须，可将标准中的所有要素划分为："必备要素" 和 "可选要素"。

标准的要素组成及相互关系见图 1.3。

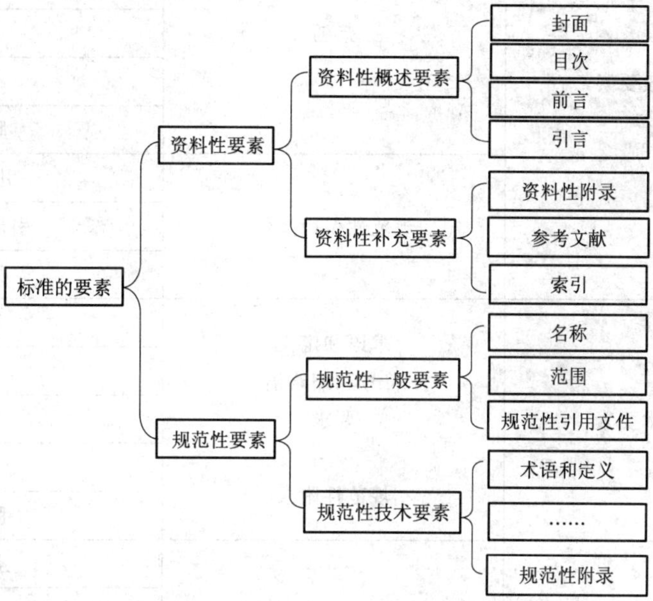

图 1.3　标准的要素组成及相互关系

标准要素的典型编排示例见表 1.2。

表 1.2　　标准要素的典型编排示例

要素类型	要素[①]的编排	要素所允许的内容
资料性概述要素	***封面***	***名称***
		标识标准的其他内容
	目次	*内容自动生成*
	前言	***条文***
		注
		脚注
	引言	*条文*
		图
		表
		注
		脚注

续表

要素类型	要素①的编排	要素所允许的内容
规范性一般要素	**名称**	**名称的文字**
	范围	**条文**
		图
		表
		注
		脚注
	规范性引用文件	引导语
		引用文件
		脚注
规范性技术要素	术语和定义 符号和缩略语 要求 …… 规范性附录	条文
		图
		表
		注
		脚注
资料性补充要素	资料性附录②	*条文*
		图
		表
		注
		脚注
规范性技术要素	规范性目录	条文
		图
		表
		注
		脚注
资料性补充要素	*参考文献*	*引用文件*
		脚注
	索引	*内容自动生成*

注：① 黑体表示“必备要素”，正体表示“规范性要素”，斜体表示“资料性要素”。

② 资料性附录不包含规范性要素，除非规范性要素构成了可选的条款。

2. 按层次划分

标准的层次划分采用部分、章、条、段和附录的形式。不是所有的标准都必须按上述层次去编写，而是由起草人根据标准的具体构成、篇幅多少、内容繁简等情况来确定。但无论什么样的标准，标准中至少要有章、条、段三个层次，它们是标准的必备层次。

层次及其名称和排列情况见表1.3。

表1.3　标准层次及名称排列

层次名	英文对应词	编号示例 GB 4789.2－2010	名称或内容 食品微生物学检验
部分	Part	第2部分	菌落总数的测定
……	……	……	……
章	Clause	6	操作步骤
条	Subclause	6.1	样品的稀释
……	……	……	……
条	Subclause	6.2	培养
条	Subclause	6.2.1	待琼脂凝固后
段	Paragraph	无编号	……
……			
附录	Annex	……	附录A

（1）部分

部分是一项标准被分别批准发布的系列标准之一，一项标准的不同部分具有同一个标准顺序号，它们共同构成一项标准。部分的编号位于标准顺序号之后，用从“1”开始的阿拉伯数字表示，部分的编号与标准顺序号之间用下脚点隔开。如：GB/T 10047.1－10047.3是由一系列的《照相机》标准构成，GB/T10047.1－2005《照相机——第1部分：民用小型照相机》、GB/T10047.2－2005《照相机——第2部分：一次性照相机》、GB/T10047.3－2005《照相机——第3部分：一步成像照相机》等。

（2）章

章是标准内容划分的基本单元，是标准或部分中划分出的第一个层次，是标准结构的基本框架。在每一项标准中章的编号都应从范围一章开始，也就是说第一章应该是“范围”，用阿拉伯数字“1”编号，下面的每一章以此类推，这种编号一直连续到附录之前（附录的编号另有规定）。每一章都要有标题，标题在编号之后，空一个汉字的位置，并与其后的条文分行。

（3）条

章以下所有有编号的层次均称为“条”，条是对章的细分。条的设置是多层次的，也就是说每一章里面可以有一条或多条，每一条里面也可有一条或多条。每个第一层次的条最好给出一个标题，标题位于编号之后，空一个汉字的位置，并与其后的条文分行。同一层次的条有无标题应统一。第二层的条是否设置标题应根据编写内容的具体情况处理。

(4) 段

段是对章或条的细分。段没有编号，这是段与条的最明显的区别，也就是说段是章或条中不编号的层次。除了在章只有一条内容的情况下，段一般都在每一条的下面，可能是一段，也可能是多段。

(5) 列项

列项是段中的一个子层次，作用是突出并列的各项，强调各项的先后顺序。列项一般没有编号，此外，列项的引导语不能省略，引导语与内容不应重复。

(6) 附录

附录分为两类，一类为规范性附录，一类为资料性附录。一个附录是规范性附录还是资料性附录，从附录的前三行内容即可识别。第一行是附录的编号，每一个附录都应有一个编号，编号由汉字“附录”和随后表明附录顺序的大写英文字母组成，字母由“A”开始，即“附录A”。如果是多个附录，依次为“附录B”、“附录C”等。第二行是表明附录的性质。应注明是“规范性附录”还是“资料性附录”。第三行是附录的标题，每个附录均应当有标题。

(四) 标准编写的具体要求

1. 资料性概述要素的编写

(1) 封面

每一项标准都应该有封面，封面是必备要素。

标准封面的主要内容应包括：标准的类别；标准的标志（代号）；标准的编号；被代替标准的编号；国际标准分类号（ICS号）；中国标准文献分类号（食品的分类号为X）备案号（国家标准除外）；标准的中文名称；中文名称对应的英文名称（企业标准不要求）；与国际标准一致性程度的标识；标准的发布和实施日期；标准发布的部门或单位。

① 标准的类别

我国标准分为：国家标准、行业标准、地方标准和企业标准四类（见图1.4）。标准封面上部居中位置为标准类别说明，采用专用字体一号扁宋表示，如“中华人民共和国国家标准”、“中华人民共和国轻工行业标准”、“北京市地方标准”、“××××企业标准”等。

根据《国家标准化指导性技术文件管理规定》，国家标准化管理部门除了发布标准外，还可以发布国家标准化指导性技术文件。如果编写的是国家标准化指导性技术文件，则在封面上部居中位置应有“国家标准化指导性技术文件”字样。

② 标准的标志

标准的标志又称为标准代号，在标准封面的右上角用汉语拼音的缩写字母表示。如国家标准用“国标”的汉语拼音字母“GB”表示，行业标准用行业部门名称汉语拼音的缩写字母表示如轻工标准用“QB”表示，商业部标准用“SB”表示，商检标准用“SN”表示，农业部标准用“NY”表示等。地方标准用“DB”表示，企业标准用“Q”表示。

③ 标准的编号

标准的编号由标准的批准、发布部门确定，包含由标准代号、顺序号和年号三部分。在标准封面中位于标准类别的右下方。

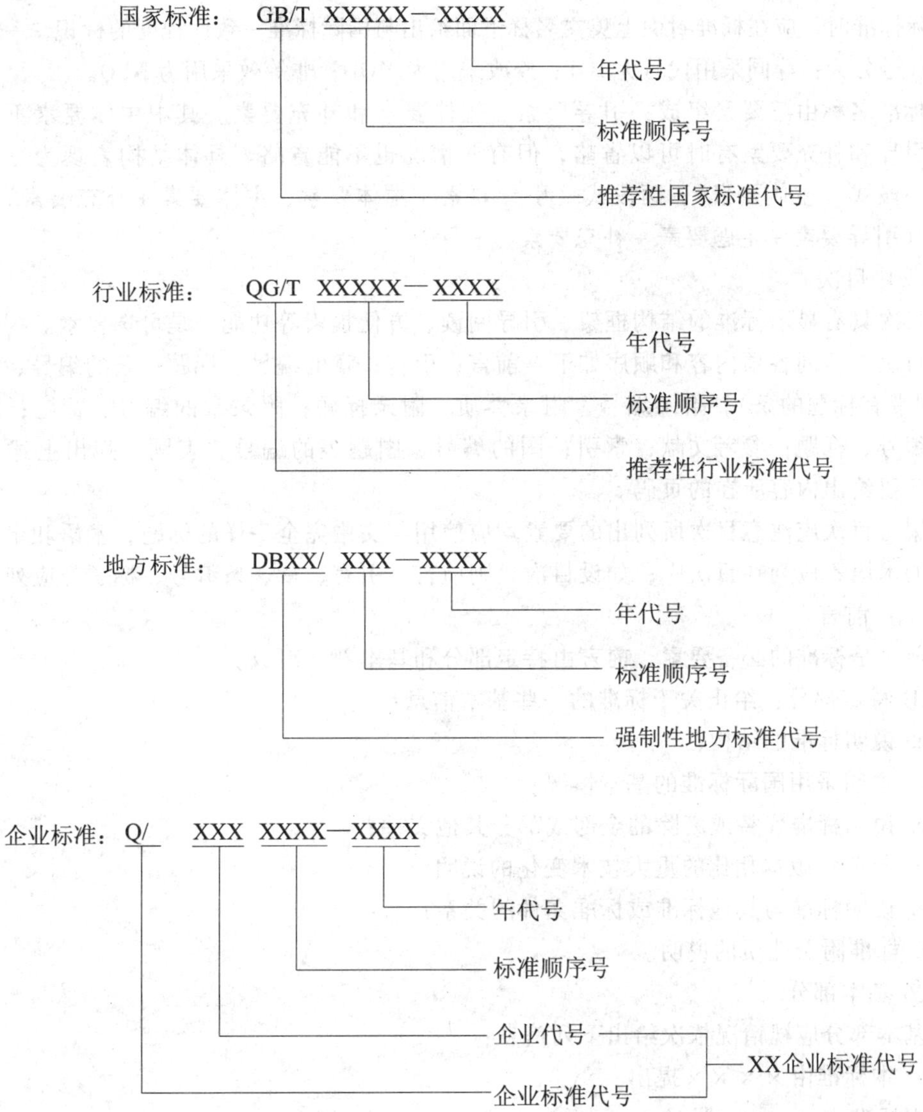

图 1.4 四类标准的样式

如果为国家标准化指导性技术文件，则将国家标准代号中的/T 改为/Z，其中 Z 代表指导性技术文件。如果国家标准和行业标准为强制性的，则将上述标准代号中的/T 去掉即可。行业标准中具体行业的代号按国家质量技术监督局的有关规定执行，如：轻工 QG、化工 HG、农业 NY、林业 LY、医药 YY、环境保护 HJ 等。如果编写的产品标准代替了已有的标准，则应在标准编号之下另起一行标明被代替标准的编号。

④ 标准名称

标准名称包括中文名称和英文名称，位于封面居中位置。企业标准可以免除对应的英文名称。中文名称用一号黑体字，英文名称用四号黑体字。英文名称应尽量从国际标准的名称中选取，采用国际标准时，宜采用原标准的英文名称。当制定的标准是等同或修改采用国际标准时，应在标准封面上英文名称下面给出与国际标准一致性程度的标识。一致性程度代号分为：等同采用代号为 IDT；修改采用为 MOD；非等效采用为 NEQ。

标准名称由三要素组成：引导要素、主体要素和补充要素。其中主体要素不能省略，引导和补充要素有时可以省略，但有些情况也不能省略。具体结构表现为三种形式：一段式（主体要素）、两段式（引导要素 + 主体要素、主体要素 + 补充要素）、三段式（引导要素 + 主题要素 + 补充要素）。

（2）目次

目次具有显示标准的结构框架、引导阅读、方便检索等功能，是可选要素。

目次中所列各项内容和顺序如下：前言；引言；章的编号、标题；条的编号、标题（只列带有标题的条）；附录编号、附录性质、附录标题；附录章的编号、标题；附录条的编号、标题；参考文献；索引；图的编号、图题表的编号、表题。列出上述内容后，还要给出内容所在的页码。

编写目次应注意目次所列出的要素均应使用与文中完全一样的标题；术语和定义一章中的术语不应列在目次中；如设目次，则前言、引言、章、条编号、标题都应列出。

（3）前言

前言是标准的必备要素，前言由特定部分和基本部分组成。

① 特定部分：给出关于标准的一些基本信息。

a. 说明标准的结构；

b. 说明采用国际标准的基本情况；

c. 说明标准代替或废除的全部或部分其他文件；

d. 与前一版本相比的重大技术变化的说明；

e. 说明标准与其他标准或标准文件的关系；

f. 标准附录性质的说明。

② 基本部分

基本部分应视情况依次给出下列信息：

a. 本标准由 × × × × 提出；

本标准由 × × × × 批准；

本标准由 × × × × 归口；

b. 本标准起草单位；

c. 标准的主要起草人；

d. 所代替标准的历次版本发布情况。

③ 前言中有关强制性标准的编写

a. 强制性标准的形式

强制标准可分为全文强制和条文强制。

b. 强制标准的表述形式

对于全文强制形式的标准在“前言”的第一段以黑体字写明：“本标准的全部技术

内容为强制性。”

对于条文强制形式的标准，应根据具体情况，在“前言”中第一段以黑体字并采用下列方式之一写明：当强制条文多于推荐性条文时，写明：“本标准的第×章、第×条、第×条……为推荐性的，其余为强制性的。”当强制性与推荐性条文在数量上大致相同时，写明：“本标准的第×章、第×条、第×条……为强制性的，其余为推荐性的。”

此外，在前言中不应包含范围一章的内容；不应规定配合使用的文件；不应阐述编制标准的意义或介绍标准的技术内容；不应介绍标准的立项情况或编制过程。

（4）引言

引言属于可选要素，位于前言之后，是对“前言”中有关内容的特殊补充或对标准中有关技术内容的特殊说明、解释，以及制定该标准的原因和说明。引言中不应包含要求，引言不编号，一般也不分条。

2. 规范性一般要素的编写

（1）范围

范围是标准的必备要素，位于标准正文的起始位置，也就是第一章，用以明确标准的主题及其内容，即标准中有什么和标准能干什么用。范围中不应包含要求内容。

范围通常用陈述的形式进行表达，如：

本标准规定了……。

本标准适用于……。

本标准确立了……。

本标准不适用于……。

（2）规范性引用文件

当标准引用了某文件或文件条款后，引用部分就构成了标准整体不可分割的组成部分，那么应用的文件和条款便与标准文本中的规范性要素具有同等效力，称为规范性引用文件，是可选要素。

① 规范性引用文件的范围包含以下两点：

a. 可以被引用的文件（或标准）

——ISO/IEC 公开发布并可获得的文件、技术规范、报告、指令、指南等；

——国内具有广泛可接受性和权威性，并且可公开获得的文件。对有标识编号的文件应提及文件号或发布年号；

——上述文件的作者或出版者同意引用。

b. 不宜被引用的文件

——法律、法规、规章和其他政策性的文件；

——宜在合同中引用的管理、制造和过程类的文件；

——含有专利或限制竞争的文件和设计方案或只属于某个企业所有，其他企业不宜获得的文件。

文件被标准引用后还涉及到标注日期的问题，当引用的是完整的文件或标准的某个部分，并且当引用的这个文件（或标准的某个部分）将来发生变化（如被修订），也能被接受时，则不注日期；当引用的是其他文件中特定的章、条、表或图时，则应在文件后面注明日期。所注日期应是4位年号。

② 规范性引用文件应注意的问题

a. 引用的所有规范性文件一定要在标准中提及，没有提及的文件不应作为规范性引用文件。

b. 不要将资料性引用的文件列入规范性引用文件中去。

c. 用摘抄的形式将引用的内容已抄录到标准中，则不应将被抄录的标准列入规范性引用文件中。

d. 不要将尚未发布过的文件或不能公开得到的文件，列入规范性引用文件中去。

e. 国家标准、行业标准、地方标准不能引用企业标准。企业标准只能在本企业的标准中引用。

f. 引用的文件应是最新版本的，不引用已被代替或废止的文件。

g. 在标准中不应引用下列文件：法律、法规、规章和其他政策性文件；宜在合同中引用的管理、制造和过程类文件；含有限制竞争的专用设计方案或属于某企业所有的文件。

h. 在引用文件前加固定的导语。

3. 规范性技术要素的编写

规范性技术要素是构成标准的主体，也是标准的主要技术内容，包含以下几个部分：

（1）术语和定义

在标准中术语和定义是可选要素。编写术语和定义的目的是为了给使用者提供方便，将标准中使用到的不易理解的术语一一列出并进行定义。

术语和定义的表述形式是：引导语 + 术语条目（清单），因此在给出具体的术语和定义之前应有一段引导语。如："下列术语和定义适用于本文件"；"……界定的以下术语和定义适用于本文件"；"……界定的术语和定义适用于本文件；"为了便于使用，以下重复列出……中的一些术语和定义。"

编写术语定义时应注意以下几个方面的问题：

① 不引起分歧时，不定义术语。

② 只要不是一看就懂或众所周知，或在不同的语句中有不同解释的术语均应通过定义有关概念予以明确。

③ 对通用词典中的词或通用的技术术语，只有在用于特定含义时才对它定义。

④ 避免给商品名（品牌名）、旧称和俗语下定义。

⑤ 应在其范围限定的领域内给术语下定义。

⑥ 在对某术语进行定义前，应查明其他标准中是否已给出定义，避免重复或对同一概念给出不同的解释。

⑦ 当有必要重复某定义时，应在定义之下列出该定义所出自的标准。

⑧ 在给术语下定义时，要用简明和通俗易懂的语言表述，不要在定义中重复术语。

(2) 符号和缩略语

符号是指用书写、绘画等方式方法制成的具有简化特性的视觉形象以表述特定的事物或概念，如图形符号、文字符号及标志符号。缩略语是指省略术语某些部分或采用缩写等形式来表达术语，如“国标”指“国家标准”、“三废”指“废水、废气、废渣”等。符号和缩略语在标准中是可选要素。

在编写过程中，除非为了反映技术准则需要以特定次序列出符号外，所有符号均按下列次序以字母顺序列出：

① 大写拉丁字母置于小写拉丁字母之前（A、a；B、b）；无角标的字母置于有角标的字母之前；有字母角标的字母置于有数字角标的字母之前。(B、b、C、Cm、C2)；

② 若标准中未列出缩略语一览表，在标准中第一次使用缩略语时，应在该缩略语之后写出其全称，并将全称放在圆括号内；

③ 只有在标准中随后多次使用某缩略语时，才应规定该缩略语。

(3) 要求

要求是指标准中表达应遵守的规定的条款，按实施标准的约束力可分为必达要求和任选要求。在要求中，通常把特性、试验方法和特性值三者结合起来进行表述。也就是说要求要素的内容直接关系到产品的质量水平，所以，要求是标准的核心要素。

① 基本内容

——标准设计的产品、过程或服务等方面的所有特性；

——可量化特性所要求的极限值；

——对每个要求可引用测定或检验特性值的试验方法和测量方法。

② 编写中应注意的问题

——技术要求尽量用数值定量表示，避免用“足够牢固”、“具有一定的强度”之类的词语；

——每一项要求一定要提及相应的试验方法，当标准中只列出特性，而不规定特性值时，也应规定相应的测量方法；

——不要把商业化要求写入标准，如索赔、担保、费用结算和价格等非技术内容；

——对产品的使用和安装要求不属于产品本身的特性，不应放入本章；

——注意与法律法规、其他标准协调；

——指标不能低于相应通用要求标准的指标，当然，也不能太高，可量化的特性应给出极限值或可选值。

(4) 抽样

从大批成品中取出一部分作为“实验室样品”，送到实验室检测的过程称为抽样，也叫采样、取样。抽样是标准中的可选要素，可单独成章，一般包括抽样的条件和方法、样品保存方法以及判定规则。我国目前广泛采用 GB/T 2828（适用于大批量连续生产的产品）。

(5) 试验方法（或测试方法）

试验方法是指对产品技术要求进行试验、测定、检查的方法，与要求和抽样关系密切，是可选要素。

① 内容

——测定特性值时需要有测定程序，给出详细的操作步骤；

——检查是否是符合要求的数据，给出结果的计算方法；

——测试结果要有保证，给出方法的精密度数据；

——试验方法如涉及安全，应给出警示内容。

② 编写要求

——如果有两种试验方法时，应规定其中一种方法为仲裁方法。

——试验结果数值应与技术要求量值的有效位数一致。分析中间数据可以多一位，但最终结果应按 GB/T 8170—1987《数值修约规则》进行修约。

——试验用仪器设备，一般情况下，不应规定制造厂，只规定精度、性能。

(6) 分类和标记

属于可选要素，为符合规定要求的产品、过程或服务建立一个分类、标记或编码体系，从而便于消费者和用户进行正确的识别与选择。编写顺序一般为：分类及类别的表示方法，基本参数与尺寸，标记及示例，也可列“要求”开头。

(7) 标志、标签、包装和贮运

标志与标签要素只涉及产品本身。标志是指产品或包装等物品上的一种识别符号，用图形、文字、颜色等喻示产品某些特性或要求的记号，是企业对产品质量的担保。标签是标志的载体，其上携带着相关信息。

包装也是标志的载体，它的主要目的是方便储运，有利于销售。在包装上标志、标签标出的内容与产品必须一致。

贮运是指贮藏和运输，属于服务，包括产品运输的条件、方式、注意事项，以及贮存条件、场所、时间等内容。

(8) 规范性附录

标准的附录通常位于标准正文之后，在标准中的作用与标准正文相同。规范性附录是标准正文的附加条款，主要是为了突出标准的主要内容，使标准的整体结构更为合理，层次更清楚。

4. 资料性补充要素的编写

(1) 资料性附录

资料性附录是对标准理解的附加信息，不能有规范性要求，不应有要声明符合标准而应遵守的条款。

资料性附录通常提供以下信息：

——标准中重要规定的依据和对专门技术问题的介绍；

——标准中某些条文的参考性资料；

——正确使用标准的说明、示例等。

(2) 参考文献和索引

参考文献和索引以前是作为附录的形式出现的，现在是单独列出来的，参考文献置于附录之后，索引置于参考文献之后。参考文献包括在标准编制过程中参考过的文件及资料性的引用文件。而索引则可以提供不同于目次的检索标准的方法，从而便于标准的使用。

课后训练

学以致用

1. 名词解释

标准　标准化　规范性要素　资料性要素　必备要素　可选要素

2. 标准化活动的方法原理有哪些？

3. 我国食品标准按级别可分为哪几类？

4. 在哪些情况下推荐性标准可以转化为强制性标准？

5. 简述企业标准的制定程序。

6. GB/T 1.1—2000 规定我国产品标准制定的基本结构是什么？层次如何进行划分？

知识拓展

标准化与科技创新

科技创新体系将标准化作为科技创新体系的重要支撑，并将标准化视为技术创新体系和知识社会环境下技术 2.0 的重要轴心；标准化也是现代城市管理区别于传统城市管理、现代服务业区别于传统服务业的重要特征。

早在 20 世纪 70 年代，钱学森就提出要加强标准化工作及其科学研究以应对现代化、国际化的发展环境。随着科学发展、技术进步和社会经济实践的进展，标准化是一个不断演进的动态过程。动态标准化过程体现了科技创新的演进，标准化与知识产权结合有助于推动自主创新，标准化进一步与 AIP“三验”结合带动开放创新。

通过标准化以及相关技术政策的实施，可以整合和引导社会资源，激活科技要素，推动自主创新与开放创新，加速技术积累、科技进步、成果推广、创新扩散、产业升级以及经济、社会、环境的全面、协调、可持续发展。

关键术语

标准　标准化　国家标准　行业标准　地方标准　企业标准　规范性要素　资料性要素

项目二　中国食品标准

课前准备

【学习目标】

通过本项目的学习，使学生了解我国食品标准的现状及与国外先进标准的差距，熟悉我国食品基础标准、食品产品质量标准、食品检验方法标准、食品安全卫生标准和食品流通标准。

【导入案例】

白酒塑化剂事件

酒鬼酒是我国高端酒行列品牌，在2012年11月19日被爆由上海天祥质量技术服务有限公司查出塑化剂超标2.6倍。酒鬼酒公司认为该检测不够权威，甚至怀疑被检测的酒是否出自酒鬼酒公司。2012年11月21日下午，国家质检总局通报了湖南省商品质量监督检验院对50度酒鬼酒样品的检测结果，其中DBP（邻苯二甲酸酯类物质，俗称塑化剂）最高检出值为1.04mg/kg。这一数据与上海天翔质量技术服务有限公司的1.08mg/kg相差仅0.04mg/kg。按照2011年6月卫生部签发的551号文件《卫生部办公厅官员通报食品及食品添加剂中邻苯二甲酸酯类物质最大残留量的函》中规定的标准是0.3mg/kg，超出247%。

受此事件影响，酒鬼酒2012年11月19日起停牌，企业自查相关流程。没有停牌的白酒类上市公司也遭遇资金打压，11月20日早盘白酒股大跌之后午后再度暴跌。11月21日酒鬼酒发表声明，表示‘对近日发生的所谓酒鬼酒“塑化剂”超标事件给大家造成的困惑与误解表达诚挚的歉意’，并强调‘未发现人为添加“塑化剂”’、‘不存在所谓“塑化剂”超标’等字眼。

为什么酒鬼酒方面强调‘未发现人为添加“塑化剂”’？为什么说‘不存在所谓“塑化剂”超标’的问题？

白酒主要是经过粮食发酵、蒸馏、储存、罐装几个环节，过程中不会再添加任何添加剂，所以不存在人为添加这一说法。但是，酒类生产整个过程都有可能跟塑料接触，而塑化剂溶于酒精，酒就有可能受塑化剂污染。此外，一些酒类会添加香料，有的香料中也含有塑化剂。所以说接触材料和添加的香料就成了白酒中塑化剂的主要来源。在我国，普通工厂不具备检测塑化剂能力，国家标准中也没有这个项目的强制规定。广州市质监局表示，日常监督抽查都是按照酒类产品国家标准抽检，而标准中没有塑化剂项目的检测要求。

塑化剂事件可能对白酒行业产生深远影响。在整个事件中，企业固然存在生产、管理等方面的问题，但是，国家标准不完善、技术指标要求偏低也是重要因素。

问题：

1. 是什么原因导致了白酒中塑化剂的出现？
2. 谁应该为白酒塑化剂安全问题负责？
3. 面对我国不断出现的食品安全问题，政府、社会应该从哪些方面进行改进？

教学内容

任务一　了解我国食品标准概况

一、我国食品标准的现状

我国食品标准体系由国家标准、行业标准、地方标准和企业标准 4 级构成，其中“保障人体健康，人身、财产安全的标准以及法律、行政法规定强制执行的标准是强制性标准”。经过长期的实践总结，我国已建立起一套比较完整的食品标准体系。截至 2009 年，我国共有食品国家标准 1 578 项，行业标准 2 063 项，其中食品加工产品标准 1 173 项（国家标准 143 项、行业标准 822 项）、食品工业基础标准及相关标准 268 项（国家标准 143 项、行业标准 125 项）、食品检验方法标准 1 819 项（国家标准 828 项、行业标准 991 项）、食品卫生标准 97 项（国家标准 96 项、行业标准 1 项）、食品添加剂标准 284 项（国家标准 160 项、行业标准 124 项）。

如今的国际经济竞争，已开始由资本竞争向技术竞争转变，其中包括标准之争。标准之争，已经成为国家经济、科技、综合实力竞争的重要内容。标准之争，实际上是对未来市场的竞争，必须通过标准来促进科技与经济的发展。我们应该不断地完善食品标准体系，提高标准的技术指标，从而来提升市场准入门槛，使问题产品无法进入市场，也促使落后的技术和装备因不能满足标准要求而被淘汰。因此，建立和健全食品标准体系，运用标准的手段，关闭一大批产品质量低劣、浪费资源、污染严重和不具备安全生产条件的企业，淘汰一大批落后的产品、设备、技术和工艺，压缩过剩生产能力，推广先进技术，使整个食品产业统筹规划、突出重点、合理布局，从而实现整个食品产业结构的战略性调整。

二、我国食品标准存在的问题

虽然我国现在已经形成了一套基本完善的食品标准体系，但是与发达国家相比，我国的食品标准体系则要落后许多，主要表现在以下几个方面：

（一）标准化意识薄弱，市场秩序混乱

食品标准的执行在我国尚未被全社会重视。1988 年，我国发布了《中华人民共和国标准化法》，但并未能被大多数企业了解和接受，甚至极少数从事质量监督和产品生产者对该法也知之甚少。在食品的产销环节中，为了地区、局部或少数人的利益，不执

行相关标准，随意更改标准要求的现象时有发生，致使伪劣产品进入市场危及人们的身体健康。相当多的企业缺乏标准化意识，没有认识到标准是经验、科技成果和专家智慧的集合，没有认识到标准化对提高企业竞争力的作用。例如，有些企业明知其生产的食品已有国家或行业标准，但由于原辅材料或自身的生产水平不高等原因，产品质量达不到标准的要求，因而采取降低要求或取消不合格项目的办法，重新制定企业标准登记备案，这显然不符合《标准化法》中关于企业标准制定的有关条款规定。

（二）食品标准体系不完善

（1）我国现行的食品标准重叠交叉、相互矛盾、缺乏统一。如2004年，我国辽宁、湖南、河南等地陆续被发现氧化硫残留超标的黄花菜，销量随后急剧下降，菜农及加工企业也因此遭受重大损失。有关部门调查发现，《食品添加剂使用卫生标准》明确黄花菜不属于“干菜”，不得使用硫磺等漂白剂，因此不能有二氧化硫残留；而质检、农业部门的标准中规定“干菜”包括黄花菜，且明确二氧化硫的残留限量是0.1g/kg。相关部门标准互相矛盾，各执一词，不仅给黄花菜的种植、初加工、流通造成极大混乱，更使消费者一头雾水，无法消费。最终国务院有关部门迅速行动，重新确定黄花菜属于“干菜”，二氧化硫残留不得超过0.2g/kg，才使问题得以解决。

（2）同一类食品国标标准、行业标准相互重复的情况也比较突出。如小小的一个苹果，既有国家标准，又有农业部颁布的无公害标准、绿色标准、苹果外观等级标准，还有原商业部颁布的苹果销售质量标准。同一产品有几个标准，并且检验方法不同、含量限度不同，不仅给实际操作带来困难，也无法适应目前食品的生产及市场监管需要。

（3）部分重要产品标准缺失。虽然我国食品安全标准总共将近3 000项，但依然存在标准缺失的问题。据了解与国际食品法典委员会（CAC）、国际标准化组织（ISO）的标准体系相比，我国果蔬标准缺乏一些重要食品加工原料的质量标准和分级标准，从而无法实现对产品质量进行认证。另外，果蔬制品中目前还没有二氧化硫、镉、砷、汞等有害物质含量的检测方法标准。对已广泛使用的酶制剂、氨基酸或蛋白金属螯合物、各种抗生素、促生长剂和转基因产品等高新技术产品，目前的技术标准还属空白。生产者无标准可依，消费者更觉无所适从。缺乏统一的标准，既使个别企业有机可乘以次充好、以劣充良，也让消费者购买时无法判断。

（三）部分标准的实施不到位，贯彻执行有待加强

由于历史原因，我国食品行业规模化和组织化程度不高。加上从业人员文化程度较低、思想意识相对落后，标准信息的发布渠道不畅通，标准的宣传、培训、推广措施不到位，部分标准的可操作性不强。种子、农药、兽药、化肥、饲料及饲料添加剂等农业投入品类标准以及安全卫生标准虽已发布，但产业界不按标准执行的现象仍很严重。这些问题都极大地影响了我国食品标准的实施和食品安全水平的提高。

（四）标准更新滞后，导致标龄过长、先进性程度较差

老标准不及时修订，新标准未及时制定，这些都束缚我国食品安全工作的开展。我国食品行业一直延续计划经济时期各部委制定的标准，这就无法发挥统一规划、制定、审查、发布的作用，致使标准更新周期很长，制定、修订不及时。食品标准体系中有的标准竟然超过十年、二十年都不修订。一般来说，国家标准修订周期不超过3年，即使在已完成修订的国家标准中，按规定时间修订的不到1/10，有的标准制定、修订周期长达10年。如现在还在使用的国家食品标准中，有的还是20世纪80年代制定的，距今已近30年，使得标准的技术内容既不能及时反映市场需求的变化，也难以体现科学发展和技术进步。

由于标准更新滞后，导致我国食品标准中的各项具体指标大都低于国际标准和国外先进标准。例如，欧盟技术法规规定，酱油中三氯丙醇的限量为0.02mg/kg，而我国《酱油卫生标准》（GB 2717－2003）中并未列入三氯丙醇的项目，在较新发布的酱油行业标准中，三氯丙醇的限量比欧盟标准高出了50倍。

目前，我国食品安全标准采用国际标准和国外先进标准的比例仅为23%，远远低于我国国家标准采标率44.2%的总体水平，行业标准的国际采标率就更低。我国政府已明确表示，我国要构建新的食品安全标准体系，将尽快清理与食品安全有关的产品和卫生标准，加强农药、重金属检验标准的修订工作，积极参与国际食品法典修订，提高国际标准的采标率，制定出既能满足进出口贸易的需要，又符合中国国情食品标准的新体系。

三、我国食品标准化工作的发展趋势

（一）加大食品标准的宣传力度

我国加入WTO，关税壁垒的作用日益下降，技术性贸易壁垒的作用日益加强，技术性贸易壁垒的一个主要表现就是技术标准。现在我国已经开始认识到技术标准的重要性，谁掌握了技术标准，谁就掌握了技术和经济发展的主动权；谁的标准被国际上承认，谁就可以由此获得巨大的经济利益。现在，有一种流行的说法：三流的企业卖劳力（企业产品的技术含量低，属于劳动密集型产品）；二流企业卖技术（产品的技术含量高）；一流企业卖专利（即对技术的垄断）；超一流企业卖标准（即对产品市场的垄断）。因此，我们要利用各种途径积极宣传《标准化法》等相关法律、法规和严格执行食品标准的重要性，使生产者自觉地按标准要求组织生产，经营者按标准要求控制购销产品的质量，有关管理部门以标准为依据实施监督，消费者利用标准保护自己的合法权益，从而促进我国食品工业快速、有序地发展。

（二）统一食品标准管理体系，完善食品标准体系

食品标准体系出现的诸多问题，很大程度上与食品标准管理体制的不合理有关。加强国家标准化管理部门和行业部门的协调与沟通，在充分发挥各部门工作积极性的基础上，切实做到"统一计划、统一审查、统一编号和统一批准发布"国家标准的四个统一管理职能。联合加快标准的制定、修订、更新工作，加强对行业标准和地方标准的备案管理和协调，避免行业标准、地方标准和国家标准之间出现矛盾、交叉和重复的问题，建立我国统一的标准体系。

《中华人民共和国食品安全法》第二十一条规定，"食品安全国家标准由国务院卫生行政部门负责制定、公布，国务院标准化行政部门提供国家标准编号。食品中农药残留、兽药残留的限量规定及其检验方法与规程由国务院卫生行政部门、国务院农业行政

部门制定。屠宰畜、禽的检验规程由国务院有关主管部门会同国务院卫生行政部门制定。有关产品国家标准涉及食品安全国家标准规定内容的，应当与食品安全国家标准相一致。”这一条款对有关标准制定、监管的责任部门进行了规定，相信会对我国食品标准管理体系的完善起到极大的推动作用。

《中华人民共和国食品安全法》第二十二条和第二十四条：“国务院卫生行政部门应当对现行的食用农产品质量安全标准、食品卫生标准、食品质量标准和有关食品的行业标准中强制执行的标准予以整合，统一公布为食品安全国家标准。”“没有食品安全国家标准的，可以制定食品安全地方标准。”这就意味着以后的食品标准主要由国家标准和地方标准两类构成，大大避免了标准重复的可能性，有利于食品标准体系的完善。

（三）加强培养高素质的制标、修标技术队伍

培养高素质的制标、修标队伍是提高标准质量的重要途径。标准的制定与修订的工作需要由具有一定政策、文字水平、标准化理论基础和相应专业经验的高水平专业人员来承担。在《标准化法》中明确指出，“应当组织专家负责标准的草拟和审查工作”。《中华人民共和国食品安全法》第二十三条也明确规定了：“食品安全国家标准应当经食品安全国家标准审评委员会审查通过。食品安全国家标准审评委员会由医学、农业、食品、营养等方面的专家以及国务院有关部门的代表组成。”

（四）推动食品标准的国际化进程

我国的食品标准由于修订不及时，普遍存在着标龄长、标准总体技术水平偏低。因此，应积极参与国际标准化活动，通过直接参与国际标准的制定与修订，可以及时了解国际上相关产业发展的最新动向，有利于将我国技术标准纳入国际标准，使食品标准尽可能与国际接轨。

（五）强化食品标准信息服务体系

构建完善的食品标准信息服务体系对标准化的发展是至关重要的。首先，要加强政府对标准信息服务机构的投入，支持其结合本国产业特色广泛搜集有关国际组织、发达国家、出口目标国的食品标准和相关法律法规等，从而为本国企业提升产品质量、提高国际竞争力提供有效的公益性服务。其次，着重建立完整的农产品、食品质量安全标准法规信息体系，为农业从业者、食品生产加工企业、政府有关行政部门、科研单位、检测机构等提供权威、快捷、优质的服务。

任务二 认识食品基础标准

食品基础标准是指在一定范围内可以直接应用，也可以作为其他标准的依据和基础，具有普遍指导意义的标准。在这里，一定范围是指特定领域，如企业、行业、国家等。也就是说，基础标准既存在于国家标准、行业标准，也存在于企业标准中。在食品领域中基础标准是覆盖面最大的标准，是食品领域中所有标准的共同基础。

食品基础标准包括食品工业基础术语标准、食品综合基础标准、食品标准的编写标准、食品添加剂标准、食品中有毒物质最高限量标准、食品企业卫生规范及食品加工机械与设备基础标准等。

一、食品工业基础术语标准

GB 15091－1995《食品工业基础术语》规定了食品工业中常用的基本术语，包括：一般术语、产品术语、工艺术语、质量、营养及卫生术语等内容，适用于食品工业生产、科研、教学及其他有关领域。

各类食品工业术语标准还有：GB/T 12140－1989《糕点工业术语》、GB/T 12728－2006《食用菌术语》、GB/T 15109－1994《白酒工业术语》、GB/T12729.1－2008《香辛料和调味品名称》、GB/T 19480－2004《肉与肉制品工业术语》、GB/T 15069－1994《罐头食品机械术语》、GB/T 8874－1988《粮油通用技术设备、名词术语》、SB/T 10006－1992《冷冻饮品术语》、SB/T 10252－1995《糖果术语》等。

二、食品企业通用卫生规范

GB 14881－1994《食品企业通用卫生规范》规定了食品企业的食品加工过程、原料采购、运输、贮存、工厂设计与设施的基本卫生要求及管理准则。本规范适用于生产、经营的企业、工厂，并作为制定各类食品厂的专业卫生规范的依据。本规范采用联合国粮农组织/世界卫生组织（FAO/WHO）食品法典委员会 CAC/RCP Rev. 2－1985《食品卫生基本原则》的规定，规范性采用了 GB 3841－1983《锅炉烟尘排放标准》、GB 5749－1985《生活饮用水卫生标准》等标准，主要内容如下：

（一）原材料采购、运输的卫生要求

1. 采购

（1）采购原材料应按该种原材料质量卫生标准或卫生要求进行。

（2）购入的原料，应具有一定的新鲜度，具有该品种应有的色、香、味和组织形态特征，不含有毒、有害物，也不应受污染。

（3）某些农、副产品原料在采收后，为便于加工、运输和贮存而采取的简易加工应符合卫生要求，不应造成对食品的污染和潜在危害，否则不得购入。

（4）采购人员应具有简易鉴别原材料质量、卫生的知识和技能。

（5）盛装原材料的包装物或容器，其材质应无毒无害，不受污染，符合卫生要求。

（6）重复使用的包装物或容器，其结构应便于清洗、消毒。要加强检验，有污染者不得使用。

2. 运输

（1）运输工具（车厢、船舱）等应符合卫生要求，应备有防雨防尘设施，根据原料特点和卫生需要，还应具备保温、冷藏、保鲜等设施。

（2）运输作业应防止污染，操作要轻拿轻放，不使原料受损伤，不得与有毒、有害物品同时装运。

（3）建立卫生制度，定期清洗、消毒、保持洁净卫生。

3. 贮存

（1）应设置与生产能力相适应的原材料场地和仓库。

① 新鲜果、蔬原料应贮存于遮阳、通风良好的场地，地面平整，有一定坡度，便

于清洗、排水，及时剔出腐败、霉烂原料，将其集中到指定地点，按规定方法处理，防止污染食品和其他原料。

② 各类冷库，应根据不同要求，按规定的温、湿度贮存。

③ 其他原材料场地和仓库，应地面平整，便于通风换气，有防鼠、防虫设施。

（2）原料场地和仓库应设专人管理，建立管理制度，定期检查质量和卫生情况，按时清扫、消毒、通风换气。

① 各种原材料应按品种分类分批贮存，每批原材料均有明显标志，同一库内不得贮存相互影响风味的原材料。

② 原材料应离地、离墙并与屋顶保持一定距离，垛与垛之间也应有适当间隔。

③ 先进先出，及时剔出不符合质量和卫生标准的原料，防止污染。

（二）工厂设计与设施的卫生要求

1. 设计

（1）凡新建、扩建、改建的工程项目有关食品卫生部分均应按本规范和各该类食品厂的卫生规范的有关规定，进行设计和施工。

（2）各类食品厂应将本厂的总平面布置图，原材料、半成品、成品的质量和卫生标准，生产工艺规程以及其他有关资料，报当地食品卫生监督机构备查。

2. 选址

（1）要选择地势干燥、交通方便、有充足水源的地区。厂区不应设于受污染河流的下游。

（2）厂区周围不得有粉尘、有害气体、放射性物质和其他扩散性污染源；不得有昆虫大量孳生的潜在场所，避免危及产品卫生。

（3）厂区要远离有害场所。生产区建筑物与外缘公路或道路应有防护地带。其距离可根据各类食品厂的特点由各类食品厂卫生规范另行规定。

3. 总平面布置（布局）

（1）各类食品厂应根据本厂特点制订整体规划。

（2）要合理布局，划分生产区和生活区；生产区应在生活区的下风向。

（3）建筑物、设备布局与工艺流程三者衔接合理，建筑结构完善，并能满足生产工艺和质量卫生要求；原料与半成品和成品、生原料与熟食品均应杜绝交叉污染。

（4）建筑物和设备布置还应考虑生产工艺对温、湿度和其他工艺参数的要求，防止毗邻车间受到干扰。

（5）道路

① 厂区道路应通畅，便于机动车通行，有条件的应修环行路且便于消防车辆到达各车间。

② 厂区道路应采用便于清洗的混凝土，沥青或其他硬质材料辅设，防止积水或尘土飞扬。

（6）绿化

① 厂房之间、厂房与外缘公路或道路应保持一定距离，中间设绿化带。

② 厂区内各车间的裸露地面应进行绿化。

（7）给排水

① 给排水系统应能适应生产需要，设施应合理、有效，保持畅通，有防止污染水源和鼠类、昆虫通过排水管道潜入车间的有效措施。

② 生产用水必须符合 GB 5749 之规定。

③ 污水排放必须符合国家规定的标准，必要时应采取净化设施，达标后才可排放。净化和排放设施不得位于生产车间主风向的上方。

（8）污物

① 污物（加工后的废弃物）存放应远离生产车间，且不得位于生产车间上风向。

② 存放设施应密闭或带盖，要便于清洗、消毒。

（9）烟尘

① 锅炉烟筒高度和排放粉尘量应符合 GB 3841 的规定，烟道出口与引风机之间须设置除尘装置。

② 其他排烟、除尘装置也应达标准后再排放，防止污染环境。

③ 排烟除尘装置应设置在主导风向的下风向。季节性生产厂应设置在季节风向的下风向。

（10）实验动物待加工禽畜饲养区应与生产车间保持一定距离，且不得位于主导风向的上风向。

4. 设备、工具、管道

（1）材质

凡接触食品物料的设备、工具、管道，必须用无毒、无味、抗腐蚀、不吸水、不变形的材料制作。

（2）结构

设备、工具、管道表面要清洁，边角圆滑，无死角，不易积垢，不漏隙，便于拆卸、清洗和清毒。

（3）设置

① 设备设置应根据工艺要求，布局合理。上、下工序衔接要紧凑。

② 各种管道、管线尽可能集中走向。冷水管不宜在生产线和设备包装台上方通过，防止冷凝水滴入食品。其他管线和阀门也不应设置在暴露原料和成品的上方。

（4）安装

① 安装应符合工艺卫生要求，与屋顶（天花板）、墙壁等应有足够的距离，设备一般应用脚架固定，与地面应有一定的距离。传动部分应有防水、防尘罩，以便于清洗和消毒。

② 各类料液输送管道应避免死角或盲端，设排污阀或排污口，便于清洗、消毒，防止堵塞。

5. 建筑物和施工

（1）高度

生产厂房的高度应能满足工艺、卫生要求，以及设备安装、维护、保养的需要。

（2）占地面积

生产车间人均占地面积（不包括设备占位）不能少于1.50m^2 高度不低于3米。

（3）地面

① 生产车间地面应使用不渗水、不吸水、无毒、防滑材料（如耐酸砖、水磨石、混凝土等）铺砌，应有适当坡度，在地面最低点设置地漏，以保证不积水。其他厂房也要根据卫生要求进行。

② 地面应平整、无裂隙、略高于道路路面，便于清扫和消毒。

（4）屋顶

屋顶或天花板应选用不吸水、表面光洁、耐腐蚀、耐温、浅色材料覆涂或装修，要有适当的坡度，在结构上减少凝结水滴落，防止虫害和霉菌孳生，以便于洗刷、消毒。

（5）墙壁

① 生产车间墙壁要用浅色、不吸水、不渗水、无毒材料覆涂，并用白瓷砖或其他防腐蚀材料装修高度不低于1.50m的墙裙。

② 墙壁表面应平整光滑，其四壁和地面交界面要呈漫弯形，防止污垢积存，并便于清洗。

（6）门窗

① 门、窗、天窗要严密不变形，防护门要能两面开，设置位置适当，并便于卫生防护设施的设置。

② 窗台要设于地面1m以上，内侧要下斜45度。

③ 非全年使用空调的车间、门、窗应有防蚊蝇、防尘设施，纱门应便于拆下洗刷。

（7）通道

① 通道要宽畅，便于运输和卫生防护设施的设置。

② 楼梯、电梯传送设备等处要便于维护和清扫、洗刷和消毒。

（8）通风

① 生产车间、仓库应有良好通风，采用自然通风时通风面积与地面积之比不应小于1∶16；采用机械通风时换气量不应小于每小时换气三次。

② 机械通风管道进风口要距地面2m以上，并远离污染源和排风口，开口处应设防GB 14881－94护罩。

③ 饮料、熟食、成品包装等生产车间或工序必要时应增设水幕、风幕或空调设备。

（9）采光、照明

① 车间或工作地应有充足的自然采光或人工照明。车间采光系数不应低于标准Ⅳ级；检验场所工作面混合照度不应低于540lx；加工场所工作面不应低于220lx；其他场所一般不应低于110lx。

② 位于工作台、食品和原料上方的照明设备应加防护罩。

（10）防鼠、防蚊蝇、防尘设施建筑物及各项设施应根据生产工艺卫生要求和原材料贮存等特点，相应设置有效的防鼠、防蚊蝇、防尘、防飞鸟、防昆虫的侵入、隐藏和孳生的设施，防止受其危害和污染。

6. 卫生设施

(1) 洗手、消毒

① 洗手设施应分别设置在车间进口处和车间内适当的地点。

② 要配备冷热水混合器，其开关应采用非手动式，龙头设置以每班人数在 200 人以内者，按每 10 人 1 个，200 以上者每增加 20 增设 1 个。

③ 洗手设施还应包括干手设备（热风、消毒干毛巾、消毒纸巾等）；根据生产需要，有的车间、部门还应配备消毒手套，同时还应配备足够数量的指甲刀、指甲刷和洗涤剂、消毒液等。

④ 生产车间进口，必要时还应设有工作靴鞋消毒池（卫生监督部门认为无需穿靴鞋消毒的车间可免设）。

⑤ 消毒池壁内侧与墙体呈 45 度坡形，其规格尺寸应根据情况以务使工作人员必须通过消毒池才能进入生产车间为目的。

(2) 更衣室

① 更衣室应设储衣柜或衣架、鞋箱（架），衣柜之间要保持一定距离，离地面 20cm 以上，如采用衣架应另设个人物品存放柜。

② 更衣室还应备有穿衣镜，供工作人员自检用。

(3) 淋浴室

① 淋浴室可分散或集中设置，淋浴器按每班工作人员计，每 20 ~ 25 人设置 1 个。

② 淋浴室应设置天窗或通风排气孔和采暖设备。

(4) 厕所

① 厕所设置应利于生产和卫生，其数量和便池坑位应根据生产需要和人员情况适当设置。

② 生产车间的厕所应设置在车间外侧，并一律为水冲式，备有洗手设施和排臭装置，其出入口不得正对车间门，要避开通道；其排污管道应与车间排水管道分设。

③ 设置坑式厕所时，应距生产车间 25m 以上，并应便于清扫、保洁，还应设置防蚊、防蝇设施。

(三) 工厂的卫生管理

1. 机构

(1) 食品厂必须建立相应的卫生管理机构，对本单位的食品卫生工作进行全面管理。

(2) 管理机构应配备经专业培训的专职或兼职的食品卫生管理人员。

2. 职责（任务）

(1) 宣传和贯彻食品卫生法规和有关规章制度，监督、检查在本单位的执行情况，定期向食品卫生监督部门报告。

(2) 制定和修改本单位的各项卫生管理制度和规划。

(3) 组织卫生宣传教育工作，培训食品从业人员。

(4) 定期进行本单位从业人员的健康检查，并作好善后处理工作。

3. 维修、保养工作

（1）建筑物和各种机械设备、装置、设施、给排水系统等均应保持良好状态，确保正常运行和整齐洁净，不污染食品。

（2）建立健全维修保养制度，定期检查、维修，杜绝隐患，防止污染食品。

4. 清洗和消毒工作

（1）应制订有效的清洗及消毒方法和制度，以确保所有场所清洁卫生，防止污染食品。

（2）使用清洗剂和消毒剂时，应采取适当措施，防止人身、食品受到污染。

5. 除虫、灭害的管理

（1）厂区应定期或在必要时进行除虫灭害工作，要采取有效措施防止鼠类、蚊、蝇、昆虫等的聚集和孳生。对已经发生的场所，应采取紧急措施加以控制和消灭，防止蔓延和对食品的污染。

（2）使用各类杀虫剂或其他药剂前，应做好对人身、食品、设备工具的污染和中毒的预防措施，用药后将所有设备、工具彻底清洗，消除污染。

6. 有毒有害物管理

（1）清洗剂、消毒剂、杀虫剂以及其他有毒有害物品，均应有固定包装，并在明显处标示“有毒品”字样，贮存于专门库房或柜橱内，加锁并由专人负责保管，建立管理制度。

（2）使用时应由经过培训的人员按照使用方法进行，防止污染和人身中毒。

（3）除卫生和工艺需要，均不得在生产车间使用和存放可能污染食品的任何种类的药剂。

（4）各种药剂的使用品种和范围，须经省（自治区、直辖市）卫生监督部门同意。

7. 饲养动物的管理

（1）厂内除供实验动物和待加工禽畜外，一律不得饲养家禽、家畜。

（2）应加强对实验动物和待加工禽畜的管理，防止污染食品。

8. 污水、污物的管理

（1）污水排放应符合国家规定标准，不符合标准者应采取净化措施，达标后排放。

（2）厂区设置的污物收集设施，应为密闭式或带盖，要定期清洗、消毒，污物不得外溢，应于24小时之内运出厂区处理。做到日产日清，防止有害动物集聚孳生。

9. 副产品的管理

（1）副产品（加工后的下料和废弃物）应及时从生产车间运出，按照卫生要求，贮存于副产品仓库，废弃物则收集于污物设施内，及时运出厂区处理。

（2）使用的运输工具和容器应经常清洗、消毒，保持清洁卫生。

10. 卫生设施的管理

洗手、消毒池，靴、鞋消毒池，更衣室、淋浴室、厕所等卫生设施，应有专人管理，建立管理制度，责任到人，应经常保持良好状态。

11. 工作服的管理

（1）工作服包括淡色工作衣、裤、发帽、鞋靴等，某些工序（种）还应配备口罩、围裙、套袖等卫生防护用品。

(2) 工作服应有清洗保洁制度。凡直接接触食品的工作人员必须每日更换工作服。其他人员也应定期更换，保持清洁。

12. 健康管理

(1) 食品厂全体工作人员，每年至少进行一次体格检查，没有取得卫生监督机构颁发的体检合格证者，一律不得从事食品生产工作。

(2) 对直接接触入口食品的人员还须进行粪便培养和病毒性肝炎带毒试验。

(3) 凡体检确认患有：肝炎（病毒性肝炎和带毒者）；活动性肺结核；肠伤寒和肠伤寒带菌者；细菌性痢疾和痢疾带菌者；化脓性或渗出性脱屑性皮肤病；其他有碍食品卫生的疾病或疾患的人员均不得从事食品生产工作。

(四) 生产过程的卫生要求

1. 管理制度

(1) 应按产品品种分别建立生产工艺和卫生管理制度，明确各车间、工序、个人的岗位职责，并定期检查、考核。具体办法在各类食品厂的卫生规范中分别制定。

(2) 各车间和有关部门应配备专职或兼职的工艺卫生管理人员，按照管理范围，做好监督、检查、考核等工作。

2. 原材料的卫生要求

(1) 进厂的原材料应符合（一）1. 条规定。

(2) 原材料必须经过检、化验，合格者方可使用；不符合质量卫生标准和要求的，不得投产使用，要与合格品严格区分开，防止混淆和污染食品。

3. 生产过程的卫生要求

(1) 按生产工艺的先后次序和产品特点，应将原料处理、半成品处理和加工、包装材料和容器的清洗、消毒、成品包装和检验、成品贮存等工序分开设置，防止前后工序相互交叉污染。

(2) 各项工艺操作应在良好的情况下进行。防止变质和受到腐败微生物及有毒有害物的污染。

(3) 生产设备、工具、容器、场地等在使用前后均应彻底清洗、清毒。维修、检查设备时，不得污染食品。

(4) 成品应有固定包装，经检验合格后方可包装；包装应在良好的状态下进行，防止异物被带入食品。

① 使用的包装容器和材料应完好无损，符合国家卫生标准。

② 包装上的标签应按 GB 7718 的有关规定执行。

(5) 成品包装完毕，按批次入库、贮存，防止差错。

(6) 生产过程的各项原始记录（包括工艺规程中各个关键因素的检查结果）应妥为保存，保存期应较该产品的商品保存期延长六个月。

(五) 卫生和质量检验的管理

(1) 食品厂应设立与生产能力相适应的卫生和质量检验室，并配备经专业培训、考核合格的检验人员从事卫生、质量的检验工作。

(2) 卫生和质量检验室应具备所需的仪器、设备，并有健全的检验制度和检验方法。原始记录应齐全，并应妥善保存，以备查核。

(3) 应按国家规定的卫生标准和检验方法进行检验，要逐批次对投产前的原材料、半成品和出厂前的成品进行检验，并签发检验结果单。

(4) 对检验结果如有争议，应由卫生监督机构仲裁。

(5) 检验用的仪器、设备，应按期检查，及时维修，使其经常处于良好状态，以保证检验数据的准确。

(六) 成品贮存、运输的卫生要求

(1) 经检验合格包装的成品应贮存于成品库，其容量应与生产能力相适应。按品种、批次分类存放，防止相互混杂。成品库不得贮存有毒、有害物品或其他易腐、易燃品。

① 成品码放时，与地面、墙壁应有一定距离，便于通风。要留出通道，便于人员、车辆通行；要设有温、湿度监测装置，定期检查和记录。

② 要有防鼠、防虫等设施，定期清扫、消毒，保持卫生。

(2) 运输工具（包括车厢、船仓和各种容器等）应符合卫生要求。要根据产品特点配备防雨、防尘、冷藏、保温等设施。

① 运输作业应避免强烈震荡、撞击，轻拿轻放，防止损伤成品外形；且不得与有毒有害物品混装、混运。作业终了，搬运人员应撤离工作地，防止污染食品。

② 生鲜食品的运输，应根据产品的质量和卫生要求，另行制定办法，由专门的运输工具进行运输。

(七) 个人卫生与健康的要求

(1) 食品厂的从业人员（包括临时工）应接受健康检查，在取得体检合格证后，方可参加食品生产。

(2) 从业人员上岗前，要先经过卫生培训教育，方可上岗。

(3) 上岗时，要做好个人卫生，防止污染食品。

① 进车间前，必须穿戴整洁划一的工作服、帽、靴、鞋，工作服应盖住外衣，头发不得露于帽外，并要把双手洗净。

② 直接与原料、半成品和成品接触的人员不准戴耳环、戒指、手镯、项链、手表，不准浓艳化妆、染指甲、喷洒香水进入车间。

③ 手接触脏物、进厕所、吸烟、用餐后，都必须把双手洗净才能进行工作。

④ 上班前不许酗酒，工作时不准吸烟、饮酒、吃食物及做其他有碍食品卫生的活动。

⑤ 操作人员手部受到外伤，不得接触食品或原料，经过包扎治疗戴上防护手套后，方可参加不直接接触食品的工作。

⑥ 不准穿工作服、鞋进厕所或离开生产加工场所。

⑦ 生产车间不得带入或存放个人生活用品，如衣物、食品、烟酒、药品、化妆品等。

⑧ 进入生产加工车间的其他人员（包括参观人员）均应遵守本规范的规定。

任务三 认识食品产品质量标准

一、无公害食品标准

（一）无公害食品概述

随着经济社会的发展和人民生活水平的不断提高，人们对农产品，特别是食用农产品的质量提出了更高要求。为了根本解决农产品污染和安全问题，农业部从2001年开始在全国范围内展开了“无公害食品行动计划”，推出了一系列无公害食品标准：GB 18406.1－2001。

为进一步推进无公害食品行动计划，2002年农业部与国家质量监督检验总局共同发布了《无公害农产品管理办法》（以下简称《办法》）。《办法》中指出无公害食品就是指产地环境、生产过程和产品质量符合国家相关标准和规范的要求，经认证合格，获得认证证书并允许使用无公害食品标志的、未经加工或初加工的食用农产品。实际上，在现实的自然环境和技术条件下，要生产出完全不受有害物质污染的食品是很难的。所以说无公害食品，实际上是指食品中不含有有关规定中不允许的有毒物质，并将某些有害物质控制在标准允许的范围内，从而保证人们的饮食安全。

（二）无公害食品标准体系

无公害食品标准是无公害农产品认证的技术依据和基础，为了使全国无公害农产品生产和加工按照全国统一的技术标准进行，农业部组织制定了一系列产品标准以及生产管理技术规范、认证管理技术规范等通则类的无公害食品标准。截至2008年底，农业部共制定无公害食品标准419个，现行使用标准281个。其中，现行使用的产品标准125个，产地环境标准22个，投入品使用标准7个，生产管理技术规程标准107个，认证管理技术规范类标准11个，加工技术规程9个。

1. 无公害食品产地环境要求

无公害食品产地环境质量标准对产地的空气、农田灌溉水质、渔业水质、畜禽养殖用水和土壤等的各项指标以及浓度限值做出规定：一是强调无公害食品必须产自良好的生态环境地域，以保证无公害食品最终产品的无污染、安全性；二是促进对无公害食品产地环境的保护和改善。

《农产品安全质量》产地环境要求GB/T 18407－2001分为以下四个部分：

（1）《农产品安全质量 无公害蔬菜产地环境要求》（GB/T 18407.1－2001）

该标准对影响无公害蔬菜生产的水、空气、土壤等环境条件按照现行国家标准的有关要求，结合无公害蔬菜生产的实际做出了规定，为无公害蔬菜产地的选择提供了环境质量依据。

（2）《农产品安全质量 无公害水果产地环境要求》（GB/T 18407.2－2001）

该标准对影响无公害水果生产的水、空气、土壤等环境条件按照现行国家标准的有关要求，结合无公害水果生产的实际做出了规定，为无公害水果产地的选择提供了环境质量依据。

（3）《农产品安全质量 无公害畜禽肉产地环境要求》（GB/T 18407.3－2001）

该标准对影响畜禽生产的养殖场、屠宰和畜禽类产品加工厂的选址和设施，生产的畜禽饮用水、环境空气质量、畜禽场空气环境质量及加工厂水质指标及相应的试验方法，防疫制度及消毒措施按照现行标准的有关要求，结合无公害畜禽生产的实际做出了规定，从而促进我国畜禽产品质量的提高，加强产品安全质量管理，规范市场，促进农产品贸易的发展，保障人民身体健康，维护生产者、经营者和消费者的合法权益。

（4）《农产品安全质量 无公害水产品产地环境要求》（GB/T 18407.4－2001）

该标准对影响水产品生产的养殖场、水质和底质的指标及相应的试验方法按照现行标准的有关要求，结合无公水产品生产的实际做出了规定。从而规范我国无公害水产品的生产环境，保证无公害水产品正常的生长和水产品的安全质量，促进我国无公害水产品生产。

2. 无公害食品安全要求

《农产品安全质量》产品安全要求 GB 18406－2001 分为以下四个部分：

（1）《农产品安全质量 无公害蔬菜安全要求》（GB 18406.1－2001）

本标准对无公害蔬菜中重金属、硝酸盐、亚硝酸盐和农药残留给出了限量要求和试验方法，这些限量要求和试验方法采用了现行的国家标准，同时也对各地开展农药残留监督管理而开发的农药残留量简易测定给出了方法原理，旨在推动农药残留简易测定法的探索与完善。

（2）《农产品安全质量 无公害水果安全要求》（GB 18406.2－2001）

本标准对无公害水果中重金属、硝酸盐、亚硝酸盐和农药残留给出了限量要求和试验方法，这些限量要求和试验方法采用了现行的国家标准。

（3）《农产品安全质量 无公害畜禽肉安全要求》（GB 18406.3－2001）

本标准对无公害畜禽肉产品中重金属、亚硝酸盐、农药和兽药残留给出了限量要求和试验方法，并对畜禽肉产品微生物指标对给出了要求。这些有毒、有害物质限量要求，微生物指标和试验方法采用了现行的国家标准和相关的行业标准。

（4）《农产品安全质量 无公害水产品安全要求》（GB 18406.4－2001）

本标准对无公害水产品中的感官、鲜度及微生物指标做了要求，并给出了相应的试验方法，这些要求和试验方法采用了现行的国家标准和关的行业标准。

（三）无公害农产品申报指南

1. 申请人资格

凡生产《实施无公害农产品认证的产品目录》内的产品，产品产地获得无公害农产品产地认定证书的单位（包括企业、事业、社团）或个人，均可对该产品申请产品认证。但各级行政部门不具备申请资格，不能作为申请人。

2. 申报材料

（1）申报材料目录（注明名称、页数和份数）；

（2）《无公害农产品产地认定证书》（复印件）；

（3）产地《环境检验报告》和《环境现状评价报告》（2 年内的）；

（4）产地区域范围和生产规模；

（5）无公害农产品生产计划（三年内的生产计划、面积、种植开始日期、生长期、产品产出日期和产品数量）；

（6）无公害农产品质量控制措施（申请人制定的质量控制技术文件）；

（7）无公害农产品生产操作规程（本单位的生产操作规程）；

（8）专业技术人员的资质证明（专业技术任职资格证书复印件）；

（9）保证执行无公害农产品标准和规范的声明；

（10）无公害农产品有关培训情况和计划；

（11）申请认证产品上个生产周期的生产过程记录档案样本（投入品的使用记录和病虫草鼠害防治记录）；

（12）“公司加农户”形式的申请人应当提供公司和农户签订的购销合同范本、农户名单以及管理措施；

（13）营业执照、注册商标（复印件）；

（14）外购原料需附购销合同复印件；

（15）产地区域及周围环境示意图和说明；

（16）初级产品加工厂卫生许可证复印件。

3. 申报程序

（1）申请产品认证的申请人，可将申请材料上报省农业厅无公害农产品认定认证承办处室和单位，由省农业厅无公害农产品认证推荐承办单位——省绿色食品管理办公室进行初审。申请材料合格的，推荐上报农业部农产品质量安全中心相关分中心；申请材料不合格的，书面通知申请人。

（2）农业部农产品质量安全中心相关分中心对申请材料进行审核，申请材料不规范的，书面通知申请人在15个工作日内完成补充材料；申请材料符合要求但需要进行现场检查的，相关分中心应在10个工作日内组织有资质的检查员进行现场检查；现场检查不符合要求的，由相关分中心书面通知申请人。

（3）申请材料（有的包括现场检查）符合要求的，由相关分中心通知申请人委托具有资质的检测机构对其申请认证产品进行抽样检测。

（4）检测机构按照相应的标准进行检验，并出具产品检验报告，分送分中心和申请人。产品检验不合格的，由相关分中心书面通知申请人。

（5）对材料审查、现场检查（需要的）和产品检验符合要求的，由各分中心报农业部农产品质量安全中心。中心负责组织专家进行全面评审，并作出认证结论。符合颁证条件的，由中心主任签发《无公害农产品认证证书》；不符合颁证条件的，由中心书面通知申请人。

（6）中心定期将获得无公害农产品认证的产品目录同时报农业部和国家认监委备案，由农业部和国家认监委公告。

（7）《无公害农产品认证证书》有效期为3年，期限满后需要继续使用的，证书持有人应当在有效期满前90日内按照本程序重新办理。

4. 申请书填写说明

（1）提出申请即说明申请人已经了解认证的要求和相应规定。保证遵守《中华人民共和国产品质量法》和《无公害农产品管理办法》及相关法律、法规的要求，接受农业部农产品质量安全中心对本单位的认证检查。

（2）申报产品须在《实施无公害农产品认证的产品目录》内，一份申请书只能申报一种产品。

（3）编号、序号由受理单位填写。

（4）表格栏目不得空缺（可附页），农药使用情况、肥料使用情况栏要填写规范，不得缺项。

（5）申请书和附报材料均使用A4纸装订成册，编制页码，一式两份，所有复印件须加盖申请人公章。

二、绿色食品标准

（一）绿色食品概述

绿色食品是指遵循可持续发展原则，按照特定生产方式生产，经专门机构认定，许可使用绿色食品标志商标的无污染的安全、优质、营养类食品。与普通食品相比，绿色食品有“产地环境”、“全程监控”和“依法实行标志管理”三个显着特征。

为适应我国国内消费者的需求及当前我国农业生产发展水平与国际市场竞争，从1996年开始，在申报审批过程中将绿色食品区分AA级和A级。AA级绿色食品比A级绿色食品安全标准要求高，已经达到甚至超过国际有机农业运动联盟的有机食品的基本要求，可与有机食品相媲美。

二者的区别在于：A级绿色食品允许限量、限品种、限时间地使用安全的人工合成农药、兽药、鱼药、肥料、饲料及食品添加剂；AA级绿色食品生产过程中不允许使用任何人工合成的化学物质，而是通过使用有机肥、种植绿肥、作物轮作、生物或物理方法等技术，培肥土壤、控制病虫草害、保护或提高产品品质，产品需要3年的过渡期（见表1.4）。

表1.4　AA级绿色食品与A级绿色食品的区别

项目	AA级绿色食品	A级绿色食品
环境评价	采用单项指数法，各项数据均不得超过有关标准	采用综合指数法，各项环境监测的综合污染指数不得超过1
生产过程	生产过程中禁止使用任何化学合成肥料、化学农药、及化学合成食品添加剂	生产过程中允许限量、限时间和限定方法使用限定品种的化学合成物质
产品	各种化学合成农药及合成食品添加剂均不得检出	允许限定使用的化学合成物质的残留量仅为国家或国际标准1/2，其他禁止使用的化学物质残留不得检出
包装标识标志编号	标志和标准字体为绿色，底色为白色，防伪标签的底色为蓝色，标志编号以双数结尾	标志和标准字体为绿色，底色为白色，防伪标签的底色为蓝色，标志编号以双数结尾

（二）绿色食品标准体系

绿色食品标准是应用科学技术原理，结合绿色食品生产实践，借鉴国内外相关标准所制定的在绿色食品生产中必须遵守、在绿色食品认证时必须依据的技术性文件。绿色食品标准不是单一的产品标准，而是由一系列标准构成的、非常完善的标准体系。该标准体系以“从土地到餐桌”全程质量控制为核心，包括产地环境质量、生产技术标准、产品标准、包装与标签标准、贮藏运输标准以及其他相关标准六个部分。

1. 绿色食品产地环境质量标准，即 NY/T 391 - 2000《绿色食品产地环境质量标准》

制定本标准的目的有两方面：一是强调绿色食品必须产自良好的生态环境地域，以保证绿色食品最终产品的无污染、安全性；二是促进对自然环境的保护和改善。本标准分别对绿色食品产地的空气质量、农田灌溉水质量、畜禽养殖用水质量、渔业用水质量和土壤环境质量的各项指标、浓度限值以及检测评价方法做了明确规定。提出了绿色食品产地土壤肥力分级和土壤质量综合评价方法，对于给定的污染物在全国范围内的标准是统一的，适用于绿色食品（AA 级和 A 级）生产的农田、菜地、果园、牧场、养殖场和加工厂。

根据污染物对原料产地影响程度，将标准中的技术指标划分为严控指标和一般控制指标。严控指标有一项超标，就视为环境质量不合格，不适合发展绿色食品；一般控制指标有一项或一项以上超标，不适合发展 AA 级绿色食品，但可进行综合指数的评价，以确定是否适宜发展 A 级绿色食品。

2. 绿色食品生产技术标准

绿色食品质量保证的关健环节便是对生产过程的控制，所以说绿色食品生产技术标准是构成绿色食品标准体系的主体。包括两部分内容：一是绿色食品生产资料使用准则，即生产过程中的投入品如农药、肥料、饲料添加剂、食品添加剂、兽药和水产养殖用药等生产资料的使用准则，对允许、限制和禁止使用的生产资料及其使用方法、使用剂量、使用次数和休药期等作出了明确规定；二是绿色食品生产技术操作规程，即针对具体种、养殖对象的生产技术规程。包括农产品种植、畜禽饲养、水产养殖和食品加工等技术操作规程。

3. 绿色食品产品标准

绿色食品产品标准对初级农产品和加工产品分别制定相应的感官、理化和生物学要求，是衡量绿色食品最终产品质量的指标尺度。它虽然跟普通食品的国家标准一样，规定了食品的外观品质、营养品质和卫生品质等内容，但其卫生品质要求高于国家现行普通食品标准，主要表现在对农药残留和重金属的检测项目种类多、指标严。而且，使用的主要原料必须是来自绿色食品产地的、按绿色食品生产技术操作规程生产出来的产品。绿色食品产品标准反映了绿色食品生产、管理和质量控制的先进水平，突出了绿色食品产品无污染、安全的卫生品质。

4. 绿色食品包装标签标准

在包装标签标准中规定了进行绿色食品产品包装时应遵循的原则，包装材料选用的范围、种类，包装上的标识内容等。要求产品包装从原料、产品制造、使用、回收和废弃的整个过程都应有利于食品安全和环境保护，包括包装材料的安全、牢固性，节省资源、能源，减少或避免废弃物产生，易回收循环利用，可降解等具体要求和内容。绿色食品产品标签除了要求符合国家《食品标签通用标准》，还要求符合《中国绿色食品商标标志设计使用规范手册》规定（以下简称《手册》），该《手册》对绿色食品的标准图形、标准字形、图形和字体的规范组合、标准色、广告用语以及在产品包装标签上的规范应用均作了具体规定。

5. 绿色食品贮藏、运输标准

为确保绿色食品产后在贮藏、运输过程中不受污染，对绿色食品贮藏运数的条件、方法、时间作出规定。要求贮藏环境必须洁净卫生；选择的贮藏方法不能使绿色食品品质发生变化、引入污染；在贮藏中，绿色食品不能与非绿色食品混堆贮存；A 级绿色食品与 AA 级绿色食品必须分开贮藏。

6. 绿色食品其他相关标准

包括“绿色食品生产资料”认定标准、“绿色食品生产基地”认定标准等，这些标准都是促进绿色食品质量控制管理的辅助标准。

（三）绿色食品标志申请认证程序

（1）申请认证企业向市、县（市、区）绿色食品办公室（以下简称绿办），或向省绿色食品办公室索取或下载《绿色食品申请表》。

（2）市、县（市、区）绿办指导企业做好申请认证的前期准备工作，并对申请认证企业进行现场考察和指导，明确申请认证程序及材料编制要求，并写出考察报告报省绿办。省绿办酌情派员参加。

（3）企业按照要求准备申请材料，根据《绿色食品现场检查项目及评估报告》自查、草填，并整改，完善申请认证材料；市、县（市、区）绿办对材料审核，并签署意见后报省绿办。

（4）省绿办收到市、县（市、区）的考察报告、审核表及企业申请材料后，审核定稿。企业完成 5 套申请认证材料（企业自留 1 套复印件，报市、县绿办各 1 套复印件，省绿办 1 套复印件，中国绿色食品发展中心 1 套原件）和文字材料软盘，报省绿办。

（5）省绿办收到申请材料后，登记、编号，在 5 个工作日内完成审核，下发《文审意见通知单》同时抄传中心认证处，说明需补报的材料，明确现场检查和环境质量现状调查计划。企业在 10 个工作日内提交补充材料。

（6）现场检查计划经企业确认后，省绿办派 2 名或 2 名以上检查员在 5 个工作日内完成现场检查和环境质量现状调查，并在完成后 5 个工作日内向省绿办提交《绿色食品现场检查项目及评估报告》、《绿色食品环境质量现状调查报告》。

（7）检查员在现场检查过程中同时进行产品抽检和环境监测安排，产品检测报告、环境质量监测和评价报告由产品检测和环境监测单位直接寄送中国绿色食品发展中心同时抄送省绿办。对能提供由定点监测机构出具的一年内有效的产品检测报告的企业，免做产品认证检测；对能提供有效环境质量证明的申请单位，可免做或部分免做环境监测。

（8）省绿办将企业申请认证材料（含《绿色食品标志使用申请书》、《企业及生产情况调查表》及有关材料)、《绿色食品现场检查项目及评估报告》、《绿色食品环境质量现状调查报告》、《省绿办绿色食品认证情况表》报送中心认证处;申请认证企业将《申请绿色食品认证基本情况调查表》报送中心认证处。

(9) 中心对申请认证材料做出“合格”、“材料不完整或需补充说明”、“有疑问,需现场检查”、“不合格”的审核结论,书面通知申请人,同时抄传省绿办。省绿办根据中心要求指导企业对申请认证材料进行补充。

(10) 对认证终审结论为“认证合格”的申请企业,中心书面通知申请认证企业在60个工作日内与中心签定《绿色食品标志商标使用许可合同》,同时抄传省绿办。

(11) 申请认证企业领取绿色食品证书。

三、有机食品标准

(一) 有机食品概述

国际上对有机食品定义为用纯净的有机生产方式生产、经过论证并贴有“有机”标志的食品。我国对有机食品的定义为符合国家食品卫生标准和有机食品技术规范的要求;在原料生产和产品加工过程中不使用农药、化肥、生长激素、化学添加剂、化学色素和防腐剂等化学物质,不使用基因工程技术;通过国家有机食品认证机构认证并使用有机食品标志的农产品及其加工产品。

有机食品与前面所述的无公害食品、绿色食品的异同点表现为以下几个方面:

1. 相同点

(1) 三者都是以食品的质量安全为基本目标,强调食品生产“从土地到餐桌”的全程控制,都属于安全农产品范畴。

(2) 三者都有明确的概念界定和产地环境标准、生产技术标准以及产品质量标准和包装、标签、运输贮藏标准。

(3) 三者都必须经过权威机构认证并实行标志管理。

2. 不同点

(1) 发源背景不同

有机食品最早起源于欧美等西方发达国家,而后在世界范围内被广泛接受。绿色食品和无公害农产品是我国根据自己的国情和农业及食品加工业发展的实际提出并发展的。

(2) 质量标准不同

三类食品在产地环境、农业投入品使用、产品质量以及加工、储运中掌握的标准、规则不同。三者食品质量等级按有机食品 > 绿色食品 > 无公害农产品排序,其中AA级绿色食品可以通过国际授权的认证机构认证,与有机食品转换。

(3) 生产技术体系不同

有机食品及AA级绿色食品按有机农业生产体系生产,禁用一切化学合成物质及转基因技术;而A级绿色食品与无公害农产品按生态农业与现代农业结合的技术体系生产,允许限量使用限定的化学合成物质。

(4) 生产基础不同

有机食品和AA级绿色食品的生产地或原料产地至少要求3年内未使用任何化学合

成物质，或由常规生产向有机生产转换时，要求2~3年的转换期；而A级绿色食品及无公害农产品的产地环境当年检测合格即可转入生产，无转换期要求。

（5）认证机构不同

绿色食品认证机构只有一家，即中国绿色食品发展中心。

无公害农产品认证分为产地认定和产品认证，产地认定由省级农业行政主管部门组织实施，产品认证由农业部农产品质量安全中心组织实施，获得无公害农产品产地认定证书的产品方可申请产品认证。

国家对有机食品认证机构实行资格审查制度。从事有机食品认证工作的单位，向国家环境保护总局设立的有机食品认可委员会申请取得有机食品认证机构资格证书。目前，我国有机食品的认证机构有2家最具权威性：一是国家环境保护总局有机食品发展中心，它是目前国内有机食品综合认证的权威机构；其次是中国农科院茶叶研究所，该所在目前国内茶叶行业中认证最具权威性。另外亦有一些国外有机食品认证机构在我国发展有机食品的认证工作，如德国的BCS等。

（6）认证要求、程序不同

（7）标识不同

三种食品各自具有自己的标识图案（见图1.5）。

图1.5　三种食品标识图案

（二）有机食品标准体系

为推动和加快我国有机产业的发展，保证有机产品生产和加工的质量，满足国内外市场对有机产品日益增长的需求，减少和防止农药、化肥等农用化学物质和农业废弃物对环境的污染，促进社会、经济和环境的持续发展，我国于2005发布实施了《有机产品标准》GB/T 19630－2005，内容概要：

第1部分：生产

规定了农作物、食用菌、野生植物、禽畜、水产、蜜蜂及其未加工产品的有机生产通用规范和要求。适用于有机生产的全过程，主要包括：作物种植、食用菌栽培、野生植物采集、禽畜养殖、水产养殖、蜜蜂养殖及其产品的运输、储藏和包装。

第2部分：加工

规定了有机产品生产、加工、经营过程中应建立和维护的管理体系的通用规范和要求。适用于有机产品的生产、加工者、经营者和相关的供应环节。

第3部分：标识和销售

规定了有机产品的标识和销售的通用要求。

第4部分：管理体系

规定了有机产品生产、加工、经营过程中应建立和维护的管理体系的通用规范和要求。适用于有机产品的生产、加工者、经营者和相关的供应环节。

外国有机认证机构在中国开展认证工作时各自执行各国或各地区的标准，欧盟各认证机构执行的是欧盟 EEC 2092/91 法规（标准），美国认证机构执行的是美国国家有机标准（NOP），而日本认证机构执行的则是日本有机农业标准（JAS）。尽管标准各异，但原则要求（禁止使用合成的农用化学品，禁止转基因技术，转换期、缓冲带、轮作、销售量控制等方面）是基本一致的。

四、保健食品标准

2005年7月1日正式实施的《保健食品注册管理办法》规定：保健食品是指声称具有特定保健功能或者以补充维生素、矿物质为目的的食品，即保健食品是适宜于特定人群食用、具有调节机体功能、不以治疗疾病为目的，并且对人体不产生任何急性、亚急性或者慢性危害的食品。关于保健食品，还有功能食品、健康食品、营养食品、疗效食品、营养保健品等多种提法。

目前，我国针对保健食品的标准主要是关于试验与检验以及生产经营等方面的。我国保健食品现行的标准见表1.5。

表1.5　我国保健食品相关标准

环节	标准名称	标准编号	主要内容
实验与检验	保健食品中褪黑素含量的测定	GB/T 5009.17—2003	规定了以褪黑素为有效成分的胶囊或片剂；包装的保健食品中褪黑素的测定方法
	保健食品中超氧化物歧化酶（SOD）活性的测定	GB/T 5009.17—2003	规定了食品中超氧化物歧化酶（SOD）活性的测定方法
	保健食品中脱氢表雄甾酮（DHEA）测定	GB/T 5009.193—2003	规定了保健食品中脱氢表雄甾酮（DHEA）的测定方法
	保健食品中免疫球蛋白 IgG 的测定	GB/T 5009.19—2003	规定了保健食品中免疫球蛋白 IgG 的测定方法
	保健食品中吡啶甲酸铬含量的测定	GB/T 5009.195—2003	规定了保健食品中吡啶甲酸铬含量的测定方法
	保健食品中肌醇的测定	GB/T 5009.196—2003	规定了保健食品中肌醇的测定方法
	保健食品中盐酸硫胺素、盐酸吡哆醇、烟酸、烟酰胺和咖啡因的测定	GB/T 5009.197—2003	规定了保健食品中盐酸硫胺素、盐酸吡哆醇、烟酸、烟酰胺和咖啡因的高效液相色谱测定方法

续表

环节	标准名称	标准编号	主要内容
实验与检验	保健食品中六价铬的测定离子色谱—电感耦合等离子体质谱法	SN/T 2210—2008	规定了保健食品中六价铬的离子色谱—电感耦合等离子体质谱测定方法
	保健食品中维生素 B12 的测定	GB/T 5009.217—2008	规定了保健食品中维生素 B12 的测定方法
	保健食品中前花青素的测定	GB/T 22244—2008	规定了保健食品中前花青素的测定方法
	保健食品中异嗪皮啶的测定	GB/T 22245—2008	规定了保健食品中异嗪皮啶的测定方法
	保健食品中泛酸钙的测定	GB/T 22246—2008	规定了营养补充剂类保健食品中泛酸钙的测定方法
	保健食品中淫羊藿苷的测定	GB/T 22247—2008	规定了保健食品中淫羊藿苷的测定方法
	保健食品中甘草酸的测定	GB/T 22248—2008	规定了保健食品中甘草酸的测定方法
	保健食品中番茄红素的测定	GB/T 22249—2008	规定了保健食品中番茄红素的测定方法
	保健食品中绿原酸的测定	GB/T 22250—2008	规定了保健食品中绿原酸的测定方法
	保健食品中葛根素的测定	GB/T 22251—2008	规定了保健食品中葛根素的测定方法
	保健食品中辅酶 Q10 的测定	GB/T 22252—2008	规定了保健食品中辅酶 Q10 的测定方法
	保健食品中大豆异黄酮的测定方法高效液相色谱法	GB/T 23788—2009	规定了保健食品中大豆异黄酮的测定方法
质量要求	《保健（功能）食品通用标准》	GB 16740—1997	规定了保健（功能）食品的定义、产品分类、基本原则、技术要求、试验方法和标签要求
生产经营	《保健食品良好生产规范》	GB 17405—1998	规定了对生产具有特定保健功能食品企业的人员、设计与设施、原料、生产过程、成品贮存与运输以及品质和卫生管理方面的基本技术要求

从表 2-2 可以看出，目前我国保健食品的标准还只是关于试验与检验以及生产经营等方面，其他方面的标准还主要是借鉴或采用普通食品标准的国家标准或行业标准，如：GB 2763—2005《食品中农药最大残留限量》、GB 2760—2011《食品安全国家标准 食品添加剂使用标准》和 GB 7718—2011《食品安全国家标准预包装食品标签通则》等。目前我国还没有制定针对保健品产品注册以及原辅料质量等方面的标准，难以保证保健食品的质量和消费者的健康安全，制约了保健食品产业的发展。保健食品的产品注册标准的缺失，难以保证产品质量稳定可控。许多保健食品原料标准，如蜂胶、核酸等既没有国家标准，又没有行业标准，出现了原料以次充好、以假乱真等现象。我国保健食品的标准体系目前还没有形成，保健食品的原辅料等还需借鉴或采用普通食品的标准，因此作为法规体系支撑的标准体系建设还需要进一步地加强。

五、辐照食品标准

食品辐照是利用射线对食品进行辐照，它可以延迟新鲜食物的某些生理过程（发芽和成熟）的发展，或者对食品进行杀虫、消毒、灭菌、防霉等处理，从而达到延长保藏时间，稳定、提高食品质量的目的。

国家卫生部在 1997 年批准了 9 类辐照食品的卫生标准：辐照熟畜禽肉类、辐照花粉、辐照干果果脯、辐照香辛料类、辐照新鲜水果蔬菜类、辐照猪肉、辐照豆类谷类及其制品、辐照薯干酒、辐照冷冻包装畜禽肉类。标准目录见表 1.6。

表 1.6　　部分辐照食品卫生标准目录

序号	标准编号	标准名称
1	GB 14891.1-1997	辐照熟畜禽肉类卫生标准
2	GB 14891.2-1994	辐照花粉卫生标准
3	GB 14891.3-1997	辐照干果果脯卫生标准
4	GB 14891.4-1997	辐照香辛料类卫生标准
5	GB 14891.5-1997	辐照新鲜水果、蔬菜类卫生标准
6	GB 14891.6-1994	辐照猪肉卫生标准
7	GB 14891.7-1997	辐照冷冻包装畜禽肉类卫生标准
8	GB 14891.8-1997	辐照豆类、谷类及其制品卫生标准
9	GB 14891.9-1994	辐照薯干酒卫生标准

任务四　认识食品检验方法标准

评价食品品质的好坏需要对食品中的营养成分和有毒有害物质进行检验，为保证检验结果的可比性、准确性和统一性，就必须规定统一的检验方法和条件。食品检验方法标准是对食品的质量进行测定、试验所做的统一规定，包括食品理化检验方法和食品卫生微生物学检验方法。

一、食品卫生微生物检验方法标准

食品卫生微生物检验是食品质量监督与控制的重要手段。食品微生物检验标准包括：总则、菌落总数、大肠菌群测定、各种致病菌的检验、产毒霉菌的测定等。部分检验标准见表1.7。

表1.7 食品卫生微生物检验部分标准

序号	标准编号	标准名称
1	GB 4789.1－2010	食品安全国家标准 食品微生物学检验 总则
2	GB 4789.2－2010	食品安全国家标准 食品微生物学检验 菌落总数测定
3	GB 4789.3－2010	食品安全国家标准 食品微生物学检验 大肠菌群测定
4	GB 4789.4－2010	食品安全国家标准 食品微生物学检验 沙门氏菌检验
5	GB/T 4789.5－2003	食品卫生微生物学检验 志贺氏菌检验
6	GB 4789.10－2010	食品安全国家标准 食品微生物学检验 金黄色葡萄球菌检验
7	GB/T 4789.11－2003	食品卫生微生物学检验 溶血性链球菌检验
8	GB/T 4789.12－2003	食品卫生微生物学检验 肉毒梭菌及肉毒毒素检验
9	GB 4789.15－2010	食品安全国家标准 食品微生物学检验 霉菌和酵母计数
10	GB/T 4789.16－2003	食品卫生微生物学检验 常见产毒霉菌的鉴定
11	GB/T 4789.17－2003	食品卫生微生物学检验 肉与肉制品检验
12	GB 4789.18－2010	食品安全国家标准 食品微生物学检验 乳与乳制品检验
13	GB/T 4789.19－2003	食品卫生微生物学检验 蛋与蛋制品检验
14	GB/T 4789.20－2003	食品卫生微生物学检验 水产品检验
15	GB/T 4789.26－2003	食品卫生微生物学检验 罐头食品商业无菌的检验
16	GB/T 4789.35－2010	食品安全国家标准 食品微生物学检验 乳酸菌检验
17	GB/T 4789.34－2008	食品卫生微生物学检验 双歧杆菌检验

二、食品理化检验方法标准

食品理化检验是运用物理、化学、生物化学等学科的基本理论及各种科学技术，对食品工业生产中的物料（原料、半成品、成品等）的质量进行分析与检测。食品理化检验方法标准主要包括：食品营养成分、食品添加剂、重金属、有毒有害毒素、农兽药残留、容器和包装材料卫生标准等。

（一）食品营养成分检验标准

随着社会的进步，人们对食品营养的需求和要求越来越高，食品营养成分检测也因此备受关注。食品营养成分检测既是对膳食营养平衡的检测，也是一种食品安全检测。食品营养标签中核心和重要营养成分的测定方法标准见表 1.8。

表 1.8　食品营养标签中核心和重要营养成分的测定方法标准

营养成分	标准编号	标准名称
蛋白质	GB/T 5009.5 – 2010	食品安全国家标准 食品中蛋白质的测定
	GB/T 5511 – 2008	谷物和豆类 氮含量测定和粗蛋白质含量计算 凯氏法
	GB/T 14489.2 – 2008	粮油检测 植物油料粗蛋白质的测定
	GB/T 15673 – 2009	食用菌 粗蛋白含量的测定
	GB/T 9695.11 – 2008	肉与肉制品 氮含量测定
脂肪	GB/T 5009.6 – 2003	食品中脂肪的测定
	GB/T 5512 – 2008	粮油检验 粮食品粗脂肪含量测定
	GB/T 9695.1 – 2008	肉与肉制品 游离脂肪含量测定
	GB/T 9695.7 – 2008	肉与肉制品 总脂肪含量测定
	GB/T 14772 – 2008	食品中粗脂肪的测定
	GB/T 15674 – 2009	食用菌粗脂肪含量的测定
脂肪酸	GB/T 9695.2 – 2008	肉与肉制品 脂肪酸测定
	GB/T 17376 – 2008	动植物油脂 脂肪酸甲酯制备
	GB/T 17377 – 2008	动植物油脂 脂肪酸甲酯的气相色谱分析
胆固醇	GB/T 5009.128 – 2003	食品中胆固醇的测定
	GB/T 9695.24 – 2008	肉与肉制品 胆固醇含量测定
糖	GB/T 5009.7 – 2008	食品中还原糖的测定
	GB/T 5009.8 – 2008	食品中蔗糖的测定
	GB/T 5513 – 2008	粮、油检验 粮食中还原糖和非还原糖测定
	GB/T 16285 – 2008	食品中葡萄糖的测定方法 酶 – 比色法和酶 – 电极法
	GB/T 18932.22 – 2003	蜂蜜中果糖、葡萄糖、蔗糖、麦芽糖含量的测定方法

续表

营养成分	标准编号	标准名称
淀粉	GB/T 5009.9－2008	食品中淀粉的测定
	GB/T 5514－2008	粮、油检验 粮食、油料中淀粉含量的测定
	GB/T 9695.14－2008	肉制品 淀粉含量的测定
	GB/T 20378－2006	原淀粉 淀粉含量的测定 旋光法
膳食纤维	GB/T 5009.88－2008	食物中膳食纤维的测定
	GB/T 9822－2008	粮油检验 谷物不溶性膳食纤维的测定
钠	GB/T 5009.91－2003	食品中钾、钠的测定
	GB/T 11904－1989	水质 钾和钠的测定 火焰原子吸收分光光度法
	GB/T 12457－2008	食品中氯化钠的测定方法
	GB/T 15402－1994	水果、蔬菜及其制品 钠、钾含量的测定
	GB/T 18932.11－2002	蜂蜜中钾、磷、铁、钙、锌、铝、钠、镁、硼、锰、铜、钡、钛、钒、镍、钴、铬含量的测定方法 电感耦合等离子体原子发射光谱（ICP－AES）法
	GB/T 18932.12－2002	蜂蜜中钾、钠、钙、镁、锌、铁、铜、锰、铬、铅、镉含量的测定方法 原子吸收光谱法
钙	GB/T 5009.92－2003	食品中钙的测定
	GB/T 7476－1987	水质 钙的测定 EDTA 滴定法
	GB/T 7477－1987	水质 钙和镁总量的测定 EDTA 滴定法
	GB/T 9695.13－2009	肉与肉制品 钙含量测定
	GB/T 11905－1989	水质 钙和镁的测定 原子吸收分光光度法
	GB/T 14609－2008	粮油检验 谷物及其制品中铜、铁、锰、锌、钙、镁的测定 火焰原子吸收光谱法
	GB/T 14610－2008	谷物及谷物中钙的测定
	GB/T 18932.11－2002	蜂蜜中钾、磷、铁、钙、锌、铝、钠、镁、硼、锰、铜、钡、钛、钒、镍、钴、铬含量的测定方法 电感耦合等离子体原子发射光谱（ICP－AES）法
	GB/T 18932.12－2002	蜂蜜中钾、钠、钙、镁、锌、铁、铜、锰、铬、铅、镉含量的测定方法 原子吸收光谱法
维生素 A	GB/T 5009.82－2003	食品中维生素 A 和维生素 E 的测定
	GB/T 9695.26－2008	肉与肉制品 维生素 A 含量测定
	GB/T 5009.83－2003	食品中胡萝卜素的测定

（二）食品添加剂检验标准

《中华人民共和国食品安全法》和《食品添加剂卫生管理办法》中，将食品添加剂定义为：为改善食品品质和色、香、味，以及为防腐和加工工艺的需要而加入食品中的化学合成或者天然物质。同时还强调营养强化剂是“指为增强营养成分而加入食品中的天然的或者人工合成的属于天然营养素范围的食品添加剂”。这说明营养强化剂也属于食品添加剂的范围。作为食品加工过程中使用的重要物质，食品添加剂的数量众多，不可能对其一一规范检验方法，只是对一些常见的添加剂种类进行规范（见表1.9）。

表1.9　食品中常见添加剂测定的部分国家标准

序号	标准编号	标准名称
1	GB/T 23495－2009	食品中苯甲酸、山梨酸和糖精钠的测定
2	GB/T 5009.30－2003	食品中叔丁基羟基茴香醚（BHA）与2，6－二叔丁基对甲酚（BHT）的测定
3	GB/T 5009.31－2003	食品中对羟基苯甲酸酯类的测定
4	GB/T 5009.32－2003	油脂中没食子酸丙酯（PG）侧定
5	GB/T 5009.33－2003	食品安全国家标准 食品中亚硝酸盐和硝酸盐的测定
6	GB/T 5009.34－2003	食品中亚硫酸盐的测定
7	GB/T 5009.35－2003	食品中合成着色剂的测定
8	GB/T 2382 2009	食品中丙酸钠、丙酸钙的测定
9	GB/T 5009.121－2003	食品中脱氢乙酸的测定
10	GB/T 5009.139－2003	饮料中咖啡因的测定
11	GB/T 5009.149－2003	食品中栀子黄的测定
12	GB/T 5009.150－2003	食品中红曲色素的测定
13	GB/T 18415－2001	小麦粉中过氧化苯甲酰的测定方法
14	SN/T 1303－2003	蜂王浆中苯甲酸、山梨酸、对羟基苯甲酸酯类检验方法 液相色谱法

（三）食品中有毒有害成分检验标准

食品中的有毒有害物质包括三种类型：内源性有害成分（过敏原、有害糖苷类、凝集素、皂素）、外源性有害成分（重金属、农药残留、二噁英、兽药残留等）、食物中的真菌毒素。食品中有毒有害成分的部分检测标准见表1.10。

表 1.10　　食品中有毒有害成分的部分检测标准

类别	标准编号	标准名称
有害成分	GB/T 5009.11－2003	食品中总砷及无机砷的测定
	GB/T 5009.12－2010	食品安全国家标准 食品中铅的测定
	GB/T 5009.15－2003	食品中镉的测定
	GB/T 5009.17－2003	食品中总汞及有机汞的测定
	GB/T 5009.22－2003	食品中黄曲霉毒素 B_1 的测定
	GB/T 5009.262003	食品中 N—亚硝胺类的测定
	GB/T 5009.27－2003	食品中苯并（a）芘的测定
	GB/T 5009.148－2003	植物性食品中游离棉酚的测定
	GB/T 5009.179－2003	火腿中三甲胺氯的测定
	GB/T 5009.191－2006	食品中氯丙醇含量的测定
	GB/T 19681－2005	食品中苏丹红染料的测定方法 高效液相色谱法
	SB/T 10417－2007	酱油中乙酰丙酸的测定方法
农药残留	GB/T 5009.19－2008	食品中有机氯农药多组分残留量的测定
	GB/T 5009.20－2003	食品中有机磷农药残留量的测定
	GB/T 5009.103－2003	植物性食品中甲胺磷和乙酰甲胺磷农药残留量的测定
	GB/T 5009.129－2003	水果中乙氧基喹残留量的测定
	GB/T 5009.143－2003	蔬菜、水果、食用油中双甲脒残留量的测定
	GB/T 5009.146－2008	植物性食品中有机氯和拟除虫菊酯类农药多种残留的测定
	GB/T 5009.188－2003	蔬菜、水果中甲基托布津、多菌灵的测定
	GB/T 5009.199－2003	蔬菜中有机磷和氨基甲酸酯类农药残留量快速检测
	GB/T 19648－2006	水果和蔬菜中 500 种农药及相关化学品残留量的测定 气相色谱法－质谱法
	GB/T19679－2006	粮谷中 475 种农药及相关化学品残留量的测定 相色谱法－质谱法
	GB/T 19650－2006	动物肌肉中 478 种农药及相关化学品残留量的测定 相色谱法－质谱法
兽药残留	GB/T 5009.95－2003	蜂蜜中四环素族抗生素残留量的测定
	GB/T 5009.108－2003	畜禽肉中己烯雌酚的测定
	GB/T 5009.116－2003	畜禽肉中土霉素、四环素、金霉素残留量的测定 高效液相色谱法
	GB/T 5009.192－2003	动物性食品中克伦特罗残留量的测定

续表

类别	标准编号	标准名称
兽药残留	GB/T 20361 - 2006	水产品中孔雀石绿和结晶紫残留量的测定 高效液相色谱荧光检测法
	GB/T 20755 - 2006	畜禽肉中九种青霉素类药物残留量的测定 液相色谱 - 串联质谱法
	GB/T 20758 - 2006	牛肝和牛肉中睾酮、表睾酮、孕酮残留量的测定 液相色谱 - 串联质谱法
	GB/T 20759 - 2006	畜禽肉中十六种磺胺类药物残留量的测定 液相色谱 - 串联质谱法
	GB/T 20764 - 2006	可食动物肌肉中土霉素、四环素、金霉素、强力霉素残留量的测定 液相色谱 - 紫外检测法

（四）食品中放射性物质检验标准

食品中的放射性物质主要来自环境（如水质、土壤、饲料等）、辐照保藏残留等。食品放射性污染对人体的危害主要是由于摄入污染食品后放射性物质对人体内各种组织、器官和细胞产生的低剂量长期内照射效应。主要表现为对免疫系统、生殖系统的损伤和致癌、致畸、致突变作用。预防食品放射性污染及其对人体危害的主要措施是加强对污染源的卫生防护和经常性的卫生监督。定期进行食品卫生监测，严格执行国家卫生标准，使食品中放射性物质的含量控制在允许的范围之内。我国相关检验标准有 GB/T 14883. 1 - 1994《食品中放射性物质检验 总则》、GB 14883. 2 - 1994《食品中放射性物质检验 氢—3 的测定》、GB/T 14883. 3 - 1994《食品中放射性物质检验 锶 - 89 和锶 - 90 的测定》、GB 14883. 4 - 1994《食品中放射性物质检验 钷 - 147 的测定》等。

任务五 认识食品流通标准

食品（特别是生鲜食品）在流通中对环境条件（如温度和湿度）要求极为严格，需要在尽可能短的时间内迅速配送到目的地，否则其营养、质量、安全状况将大打折扣，甚至严重影响消费者的健康和权益。据统计，一些易腐食品（如乳制品、海鲜等）售价的七成是用来补贴在流通过程中货损的支出。建立和完善食品流通标准体系是有效实施解决食品流通问题的重要手段。目前我国目前已初步建立起了国家标准、行业标准、地方标准、企业标准，相互补充，基本能适应我国食品流通产业发展的标准体系。

一、食品包装材料与容器标准

用来包装食品的一切材料均称为食品包装材料，包括塑料、金属、陶瓷、搪瓷、玻璃、纸、木材及各种复合材料，以及由它们所制成的各种包装容器及辅助品。由于食品包装材料直接与食品接触，所以必须制定严格的标准和法规进行约束。我国现行有效的食品包装材料的国家标准见表 1.11。

表 1.11 我国现行有效的食品包装材料国家标准目录

序号	标准号	标准名称
1	GB/T 3302－2009	日用陶瓷器包装、标志、运输、贮存规则
2	GB/T 3532－2009	日用瓷器
3	GB/T 4456－2008	包装用聚乙烯吹塑薄膜
4	GB 4544－1996	啤酒瓶
5	GB/T 4768－2008	防霉包装
6	GB 4803－94	食品容器、包装材料用聚氯乙烯树脂卫生标准
7	GB 4804－84	搪瓷食具容器卫生标准
8	GB 4805－84	食品罐头内壁环氧酚醛涂料卫生标准
9	GB 4806.1－94	食品用橡胶制品卫生标准
10	GB 4806.2－94	橡胶奶嘴卫生标准
11	GB 4808	食品用高压锅密封圈卫生标准
12	GB/T 4879－1999	防锈包装
13	GB 5369－2008	船用饮水舱涂料通用技术条件
14	GB/T 5737－1995	食品塑料周转箱
15	GB/T 5738－1995	瓶装酒、饮料塑料周转箱
16	GB 7105－86	食品容器过氯乙烯内壁涂料卫生标准
17	GB 7189－1994	食品用石蜡
18	GB 8058－2008	陶瓷烹调器铅镉溶出量允许极限和检测方法
19	GB/T 8946－1998	塑料编织袋
20	GB/T 8947－1998	复合塑料编织袋
21	GB 9106－2001	包装容器 铝易开盖两片罐
22	GB 9680－1988	食品容器漆酚涂料卫生标准
23	GB 9681－1988	食品包装用聚氯乙烯成型品卫生标准
24	GB 9682－1988	食品罐头内壁脱膜涂料卫生标准
25	GB 9683－1988	复合食品包装袋卫生标准
26	GB 9684－1988	不锈钢食具容器卫生标准
27	GB 9685－2008	食品容器、包装材料用添加剂使用卫生标准
28	GB 9686－1988	食品容器内壁聚酰胺环氧树脂涂料卫生标准
29	GB 9687－1988	食品包装用聚乙烯成型品卫生标准

续表

序号	标准号	标准名称
30	GB 9688 - 1988	食品包装用聚丙烯成型品卫生标准
31	GB 9689 - 1988	食品包装用聚苯乙烯成型品卫生标准
32	GB 9690 - 2009	食品容器，包装材料用三聚氰胺 - 甲醛成型品卫生标准
33	GB 9691 - 1988	食品包装用聚乙烯树脂卫生标准
34	GB 9692 - 1988	食品包装用聚苯乙烯树脂卫生标准
35	GB 9693 - 1988	食品包装用聚丙烯树脂卫生标准
36	GB/T 10002. 1 - 2006	给水用硬聚氯乙烯（PVC - U）管材
37	GB/T 10002. 2 - 2006	给水用硬聚氯乙烯（PVC - U）管件
38	GB/T10003 - 2008	普通用途双向拉伸聚丙烯薄膜
39	GB/T10004 - 2008	包装用塑料复合膜、袋 干法复合、挤出复合
40	GB/T 10440 - 2008	圆柱形复合罐
41	GB 10442 - 1989	夹链自封袋
42	GB 10457 - 2009	聚乙烯自粘保鲜膜
43	GB/T 10811 - 2002	釉下（中）彩日用瓷器
44	GB/T 10812 - 2002	玲珑日用瓷器
45	GB/T 10813. 4 - 1989	食用青瓷包装容器
46	GB 10814 - 2009	建白高级日用细瓷器
47	GB/T 10815 - 2002	日用精陶器
48	GB 10816 - 2008	紫砂陶器
49	GB 11333 - 1989	铝制食具容器卫生标准
50	GB 11676 - 1989	食品容器有机硅防粘涂料卫生标准
51	GB 11677 - 1989	水基改性环氧易拉罐内壁涂料卫生标准
52	GB 11678 - 1989	食品容器内壁聚四氟乙烯涂料卫生标准
53	GB 11680 - 1989	食品包装用原纸卫生标准
54	GB/T 12025 - 1989	高密度聚乙烯吹塑薄膜
55	GB/T 12026 - 2000	热封型双向拉伸聚丙烯薄膜
56	GB 12651 - 2003	与食品接触的陶瓷制品铅镉溶出量允许极限
57	GB/T 12670 - 2008	聚丙烯（PP）树脂
58	GB/T 12671 - 2008	聚苯乙烯（PS）树脂
59	GB 13113 - 1991	食品容器及包装材料用聚对苯二甲酸乙二醇酯成型品卫生标准

续表

序号	标准号	标准名称
60	GB 13114 - 1991	食品容器及包装材料用聚对苯二甲酸乙二醇酯树脂卫生标准
61	GB 13115 - 1991	食品容器及包装材料用不饱和聚酯树脂及其玻璃钢制品卫生标准
62	GB 13116 - 1991	食品容器及包装材料用聚碳酸酯树脂卫生标准
63	GB 13121 - 1991	陶瓷食具容器卫生标准
64	GB/T 13252 - 2008	包装容器 钢提桶
65	GB 13454 - 1992	氨基模塑料
66	GB13484 - 1992	接触食物搪瓷制品
67	GB 13508 - 1992	聚乙烯吹塑桶
68	GB/T 13521 - 1992	冠形瓶盖
69	GB/T13522 - 2008	骨质瓷器
70	GB/T13523 - 1992	铜红釉瓷器
71	GB/T 13607 - 1992	苹果，柑桔包装
72	GB 13623 - 2003	铝压力锅安全及性能要求
73	GB/T 13663 - 2000	给水用聚乙烯（PE）管材
74	GB/T 13663. 2 - 2005	给水用聚乙烯（PE）管道系统第 2 部分：管件
75	GB/T 13879 - 1992	贮奶罐
76	GB 14147 - 1993	陶瓷包装容器铅镉溶出量允许极限
77	GB/T 14150 - 1993	粤彩瓷器
78	GB/T 14251 - 1993	镀锡薄钢板圆形罐头容器技术条件
79	GB/T 14354 - 2008	玻璃纤维增强不饱和聚酯树脂食品容器
80	GB/T 14803 - 1993	包装容器 扭断式防盗瓶盖
81	GB 14930. 1 - 1994	食品工具、设备用洗涤剂卫生标准
82	GB 14930. 2 - 1994	食品工具、设备用洗涤消毒剂卫生标准
83	GB 14934 - 1994	食（饮）具消毒卫生标准
84	GB 14936 - 1994	硅藻土卫生标准
85	GB 14942 - 1994	食品容器、包装材料用聚碳酸酯成型品卫生标准
86	GB 14944 - 1994	食品包装用聚氯乙烯瓶盖垫片及粒料卫生标准
87	GB 14967 - 1994	胶原蛋白肠衣卫生标准
88	GB 15066 - 2004	不锈钢压力锅

续表

序号	标准号	标准名称
89	GB 15204－1994	食品容器包装材料用偏氯乙烯－氯乙烯共聚树脂卫生标准
90	GB/T 15267－1994	食品包装用聚氯乙烯硬片、膜
91	GB 16331－1996	食品包装材料用尼龙 6 树脂卫生标准
92	GB 16332－1996	食品包装材料用尼龙成型品卫生标准
93	GB/T 16719－2008	双向拉伸聚苯乙烯（BOPS）片材
94	GB 16798－1997	食品机械安全卫生
95	GB/T 16958－2008	包装用双向拉伸聚酯薄膜
96	GB/T 17030－2008	食品包装用聚偏二氯乙烯（PVDC）片状肠衣膜
97	GB 17326－998	食品容器、包装材料用橡胶改性的丙烯腈－丁二烯－苯乙烯成型品卫生标准
98	GB 17327－1998	食品容器包装材料用丙烯腈－苯乙烯成型品卫生标准
99	GB/T 17343－1998	包装容器 方桶
100	GB/T 17374－2008	食用植物油销售包装
101	GB/T 17590－2008	铝易开盖三片罐
102	GB 17762－1999	耐热玻璃器具的安全与卫生要求
103	GB/T 17876－1999	包装容器 塑料防盗瓶盖
104	GB 17931－2003	瓶用聚对苯二甲酸乙二醇酯（PET）树脂
105	GB 18006. 1－2009	塑料一次性餐饮具通用技术要求
106	GB 18192－2008	液体食品无菌包装用纸基复合材料
107	GB 18454－2001	液体食品无菌包装用复合袋
108	GB 18706－2008	液体食品保鲜包装用纸基复合材料
109	GB/T 18742. 1－2002	冷热水用聚丙烯管道系统 第 1 部分：总则
110	GB/T 18742. 2－2002	冷热水用聚丙烯管道系统 第 1 部分：总则
111	GB/T 18742. 3－2002	冷热水用聚丙烯管道系统 第 1 部分：总则
112	GB/T 18991－2003	冷热水系统用热塑性塑料管材和管件
113	GB/T 18992. 1－2003	冷热水用交联聚乙烯（PE－X）管道系统 第 2 部分：管材
114	GB/T 18992. 2－2003	冷热水用交联聚乙烯（PE－X）管道系统 第 2 部分：管材
115	GB/T 18993. 1－2003	冷热水用氯化聚氯乙烯（PVC－C）管道系统 第 1 部分：总则

续表

序号	标准号	标准名称
116	GB/T 18993.2－2003	冷热水用氯化聚氯乙烯（PVC－C）管道系统 第2部分：管材
117	GB/T 18993.2－2003	冷热水用氯化聚氯乙烯（PVC－C）管道系统 第1部分：管材
118	GB/T 18993.3－2003	冷热水用氯化聚氯乙烯（PVC－C）管道系统 第1分：总则
119	GB 19305－2003	植物纤维类食品容器卫生标准
120	GB/T 19473.1－2004	冷热水用聚丁烯（PB）管道系统 第1部分：总则
121	GB/T 19473.2－2004	冷热水用聚丁烯（PB）管道系统 第2部分：总则
122	GB/T 19473.3－2004	冷热水用聚丁烯（PB）管道系统 第3部分：总则
123	GB 19741－2005	液体食品包装用塑料复合膜、袋
124	GB 19778－2005	包装玻璃容器 铅，镉，砷，锑溶出允许限量
125	GB/T 19787－2005	聚烯烃热收缩薄膜
126	GB 19790.1－2005	一次性筷子　第1部分：木筷
127	GB 19790.2－2005	一次性筷子　第2部分：竹筷
128	GB/T 20218－2006	双向拉伸聚酰胺（尼龙）薄膜
129	GB/T 21302－2007	包装用复合膜袋通则
130	GB 21660－2008	塑料购物袋的环保、安全和标识通用技术要求
131	GB 21661－2008	塑料购物袋
132	GB/T 21998－2008	地理标志产品 德化白瓷
133	GB/T 23778－2009	酒类及其他食品包装用软木塞

二、GB 7718－2011《预包装食品标签通则》

2011年4月20日，国家卫生部发布实施了GB 7718－2011《预包装食品标签通则》，代替GB 7718－2004《预包装食品标签通则》。新标准在适用范围、产品定义、食品添加剂标示方式等方面有不少变化，更强调标签的规范性和实用性。GB 7718－2011主要内容包括：① 预包装食品标签的基本要求；② 直接向消费者提供的预包装食品标签标示内容；③ 非直接提供给消费者的预包装食品标签标示内容；③ 标示内容的豁免；④ 推荐标示内容。

三、食品贮存与运输标准

我国的食品标准体系在运输与贮存方面还存在着很大的不足。软饮料、罐头、糖果、糕点和食用淀粉的运输贮存方面的国家标准或行业标准内容十分简单，还有待于进一步的研究改善，以期制定出适合国际市场运作规则的标准。

课后训练

学以致用

1. 我国食品标准目前存在的主要问题有哪些？应该从哪些方面来进行改善？
2. 简述无公害食品、绿色食品与有机食品三者的异同点。
3. 申请绿色食品标志应遵循哪些程序？
4. 绿色食品可以分为哪两个级别？二者的区别是什么？
5. 试述 GB 7718 – 2011《预包装食品标签通则》的主要内容。

知识拓展

有机产品的确更有益健康

《周日泰晤士报》称，为期四年、耗资 1 200 万英镑的有机研究项目将结束数年来对有机的争议，并有可能颠覆政府有关人员的说法：食用有机食品仅仅是一种生活方式。研究发现有机蔬菜和水果中抗氧化剂的含量比常规产品高出 40%，而科学家称抗氧化剂可以降低患癌症和心脏病的风险。同时有机蔬菜和水果还含有更高的有益矿物质，如铁和锌。

Carlo Leifert 教授是欧盟投资项目的合作者，他说有机产品将有助于提高人们的营养吸收。研究人员在英格兰诺森伯兰郡的占地 725 英亩的农场上种植水果和蔬菜，并在其有机和非有机地块上分别饲养奶牛，在欧洲其他地方也有奶牛基地。他们发现有机奶牛所产牛奶中的抗氧化剂含量比常规牛奶高出 50% ~80%。而有机小麦、蕃茄、土豆、卷心菜、洋葱和生菜与非有机品种相比较，其所含营养物质均高出 20% ~40%。

关键术语

食品基础标准　食品产品质量标准　食品检验方法标准　食品流通标准

项目三　采用国际标准和国外先进食品标准

课前准备

【学习目标】

本项目主要介绍了国际标准组织颁布的食品标准和国外先进的食品标准的基本内容和要求，通过这部分学习使学生理解采用国际标准的意义和作用，了解国外食品标准的相关要求，尤其是欧洲食品标准的现状，掌握采用国际标准的原则和方法，熟悉采用国际标准的标示方法以及促进采用国际标准的措施。

【导入案例】

安全警告为何总是先国外后国内？

美国疾病防治中心（CDC）以及美国食品和药物管理局（FDA）于10日联合发布警告，告诫医生和佩戴软性隐形眼镜的患者，感染镰胞菌角膜炎的病例越来越多，这种感染能导致患者永久性失明。受其影响，北京博士伦眼镜护理产品有限公司与国家食品药品监督管理局昨天紧急磋商、沟通后决定，美国产进口润明水凝护理液在国内暂停销售。(《新京报》2006年4月13日)

从“苏丹红”风声鹤唳，“强生”胆战心惊，果冻扼杀幼小生命，再到PVC保鲜膜含致癌物质。一个接着一个，有毒食品层出不穷。近年来，事关食品药品安全问题，公众都会发现一个共性——总是国外相关机构发出警告后，国内的监管部门才开始行动起来。

问题：

我们的食品药品安全警告为何总比国外慢半拍？

教学内容

任务一　认识国际标准

一、国际食品标准概述

（一）国际食品标准定义

国际标准通常是指国际标准组织（ISO）、国际电工委员会（IEC）制定的标准，以及ISO确认并公布的国际组织和其他国际组织规定的某些标准。在食品领域内，ISO确认并公布的其他国际组织包括：食品法典委员会（CAC）、国际谷物加工食品科学技术协会（ICC）、国际乳品联合会、国际有机农业运动联合会、国际葡萄与葡萄酒局、世界卫生组织，这些组织所规定的某些标准被ISO列入《国标标准题内关键词索引》，作为国际标准。

（二）国际标准的作用

国际标准的出现源于国际间贸易加强、技术交流频繁，各个国家在贸易过程中遭遇的冲突也层出不穷，主要是不同国家采用不同的标准而造成的技术性贸易壁垒，各国之间计量单位和术语的差异也造成了交流障碍，因此，1906年6月世界上第一个国际标准化机构——国际电工委员会（IEC）成立了。IEC于1914年颁布了第一个推荐标准，内容包括标准化概念、术语、图形符号、试验方法、安全等方面的标准化问题，对标准的国际化做出了开创性的贡献。1928年，国际标准协会（ISA）成立。第二次世界大战爆发之后，ISA被迫停止工作，直到战后工业复苏。为数众多的工业领域迫切需要在世界范围内采用一致的国际标准。1946年10月，25个国家的代表会聚伦敦，讨论成立国际标准化组织。1947年2月，国际标准化组织正式成立，标志着国际标准化的重要发展。60多年来，国际标准化组织已制定颁布了17 000多个国际标准，与535个国际组织建立了联络关系，还建立了情报网，将50万件标准收入该网络，82个国家的信息中心向该网提供快速存取。国际标准化组织已经发展成为一个全球性的、具有广泛代表性和权威性的组织，在国际标准化工作中居主导地位。

国际标准在协调国际贸易、消除技术性贸易壁垒等方面发挥重要作用。协调一致的国际标准可以降低或消除卫生、植物卫生和其他技术性标准成为贸易壁垒的风险。国际标准是国际技术法规、标准和合格评定已经是人类、动植物健康和安全保护措施的协调基础，是解决国际贸易争端的参考依据。

二、国际食品标准组织

（一）国际标准化组织（ISO）

1. ISO概况

ISO是一个全球性的非政府组织，是国际标准化领域中一个十分重要的组织，于1947年2月23日正式成立。其宗旨是：在世界范围内促进标准化工作的发展，以利于国际物资交流和互助，并扩大知识、科学、技术和经济方面的合作。其主要任务是：制定国际标准，协调世界范围内的标准化工作，与其他国际性组织合作研究有关标准化问题。ISO负责除电工、电子领域和军工、石油、船舶制造之外的很多重要领域的标准化活动，吸引了越来越多的国家参与。到2006年，ISO共有157个成员。我国于1978年加入ISO，在2008年10月的第31届国际化标准组织大会上，正式成为ISO的常任理事国。

2. ISO的组织机构

ISO的组织机构包括全体大会、政策制定委员会、理事会、ISO中央秘书处、理事会常设委员会、特别顾问咨询组、技术管理局（包括标准样品委员会、技术咨询组、若干技术委员会），组织机构见图1.6。

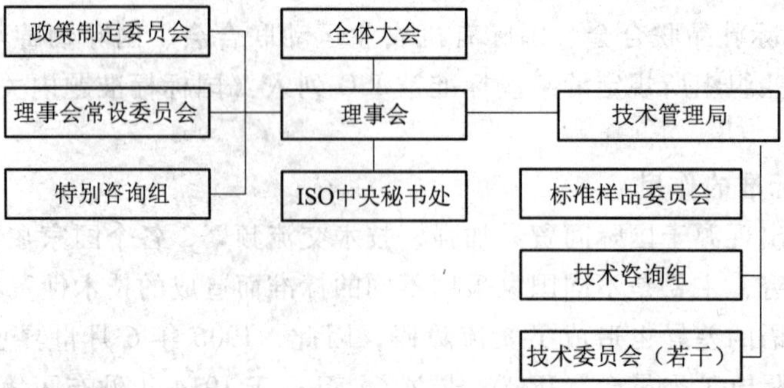

图 1.6　国际标准组织的组织机构

ISO 的最高权力机构是 ISO 全体大会（General Assembly），是 ISO 的非常设机构。1994 年以前，全体大会每三年召开一次。自 1994 年开始，根据 ISO 新章程，ISO 全体大会改为一年一次。全体大会召开时，所有 ISO 团体成员、通信成员、与 ISO 有联络关系的国际组织均派代表与会。大会的主要议程包括年度报告中涉及的有关项目的活动情况、ISO 的战略计划以及财政情况等。其日常办事机构是中央秘书处，设在瑞士日内瓦。中央秘书处承担全体大会、全体大会设立的 4 个政策制定委员会、理事会、技术管理局和通用标准化原理委员会的秘书处的工作。其工作范围是促进各成员国国家标准的协调，制定国际标准，安排有关成员团体和其技术委员会进行情报交流，以及与其他国际组织协作，特别是应这些组织要求共同研究标准化问题。

ISO 通过它的 2 856 个技术机构开展技术活动，其中技术委员会（简称 TC）共 185 个，分技术委员会（简称 SC）共 611 个，工作组（WG）2 022 个，特别工作组 38 个。通过这些工作机构，ISO 已经发布了 9 200 个国际标准，如 ISO 公制螺纹、ISO 的 A4 纸张尺寸、ISO 的集装箱系列（目前世界上 95% 的海运集装箱都符合 ISO 标准）、ISO 的胶片速度代码、ISO 的开放系统互联系列（广泛用于信息技术领域）和有名的 ISO 9000 质量管理系列标准。

3. ISO 负责的食品标准化工作内容

ISO 在食品标准化领域的活动，包括术语、分析方法和取样方法、产品质量和分级、操作、运输和贮存等方面。

（1）术语：术语和定义协议可视为国际标准化活动的首要要求，它确保所有相关组织都讲一致的语言。目前，许多国家采用了 ISO 标准词汇，而且译成了其他语言，它有助于在全球范围内促进一致性，也更便于理解。

（2）分析方法和取样方法：物品和服务国际交换的先决条件就是要有质量检验的认可分析方法和取样方法。

（3）产品质量和分级：每类产品都应有一个标准，充分和明确的判定或描述产品质量，以使国际贸易更加便利。进口国和出口国都对应用已承认的国际标准代替特定协议的效果和价值感兴趣。

（4）操作运输和贮存要求：由 ISO 制定的产品标准包括了相关物品的操作、运输和贮存规定，同时ISO还有专门的技术委员会涉及包装和物品操作的标准化，以及地面、空中和水上运输和集装箱化。

（二）国际食品法典委员会

1. 国际食品法典委员会概况

国际食品法典委员会（CAC）是由联合国粮农组织（FAO）和世界卫生组织（WHO）共同建立，以保障消费者的健康和确保食品贸易公平为宗旨的一个制定国际食品标准的政府间组织。自1961年第11届粮农组织大会和1963年第16届世界卫生大会分别通过了创建国际食品法典委员会的决议以来，已有173个成员国和1个成员国组织（欧盟）加入该组织，覆盖全球99%的人口。食品法典已成为全球消费者、食品生产和加工者、各国食品管理机构和国际食品贸易重要的基本参照标准。法典对食品生产、加工者的观念以及消费者的意识已产生了巨大影响，并对保护公众健康和维护公平食品贸易做出了不可估量的贡献。

食品法典与国际食品贸易关系密切，针对业已增长的全球市场，特别是作为保护消费者而普遍采用的统一食品标准，食品法典具有明显的优势。因此，实施卫生与植物卫生措施协定（SPS）和技术性贸易壁垒协定（TBT）均鼓励采用协调一致的国际食品标准。作为乌拉圭回合多边贸易谈判的产物，SPS协议引用了法典标准、指南及推荐技术标准，以此作为促进国际食品贸易的措施。因此，法典标准已成为在乌拉圭回合协议法律框架内衡量一个国家食品措施和法规是否一致的基准。

2. CAC组织机制

CAC并不是一个常设机构，它通过每两年一次的全体成员国大会，审议并通过国际食品标准和其他有关事项。CAC下设秘书处、执行委员会、6个地区协调委员会，21个专业委员会和3个政府间特别工作组（见图1.7）。

FAO/WHO联合食品计划秘书处设在意大利罗马，是CAC处理日常事务的机构。执行委员会负责CAC工作的全面协调。CAC的主要工作是通过各分委员会及其他分支机构进行的。所有这些分委员会都是政府间的标准协调机构。除极少数情况外，分委员会的一个特点是每个分委员会有一个成员国主持。所有国际食品法典标准主要在其各分委员会中讨论和制定，然后经CAC大会审议后通过。CAC标准都是以科学为基础，并在获得所有成员国的一致同意的基础上制定出来的。CAC成员国参照和遵循这些标准，既可以避免重复性工作又可以节省大量人力和财力，而且有效地减少国际食品贸易摩擦，促进贸易的公平和公正。

3. 食品法典的内容

目前食品法典共有13卷，包含：237个食品产品标准、41个卫生或技术规范，185种农药评价、2 374个农药残留限量、25个污染物准则、1 005种食品添加剂、54种兽药。

总体来说，各卷的内容包含一般原则、通用标准、定义、产品标准、规范、方法以及建议等顺序编排，以便于查询。例如：

第1A卷：一般要求

（1）食品法典的一般原则；

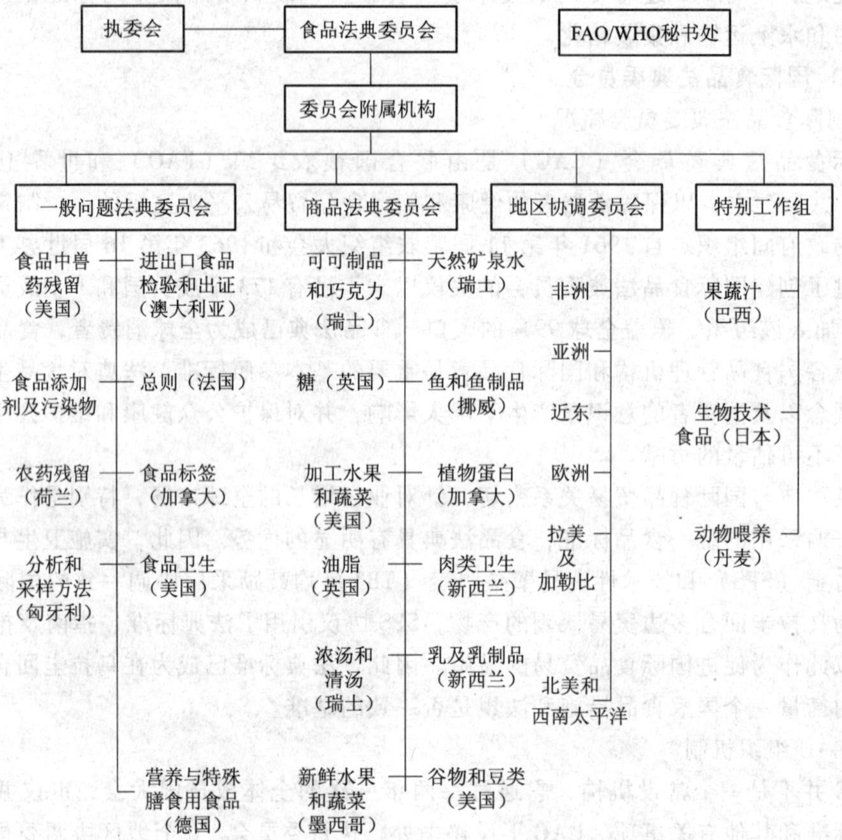

图 1.7　法典委员会机构图

（2）食品法典的定义；
（3）国际食品贸易的道德规范；
（4）食品标签；
（5）食品添加剂：包括食品添加剂通用标准；
（6）食品污染物：包括食品污染物及毒素的通用标准；
（7）辐照食品；
（8）食品进出口标签和出证系统。

食品卫生的一般原则由各项具体的“卫生操作规范”支持，这些操作规范大部分是卫生操作规范，为生产安全可靠的食品提供指导，“推荐的国际操作规范——食品卫生的一般原则”适用于所有食品。

这些操作规范涵盖的食品包括：低酸和酸化的低酸罐头食品；无菌加工和包装的低酸食品；大批量供应的熟食和半熟食；街头食品的制作和销售（拉丁美洲和加勒比海的地区标准）；香料和干草；水果和蔬菜罐头制品；果脯；椰子干；脱水水果和蔬菜（包括可食真菌）；坚果；花生；加工肉禽制品；禽加工；蛋制品；蛙腿加工；鲜肉；要进一步加工的机器分割的肉和禽肉的生产、贮藏和成分；野味禽类；天然矿泉水的采集、加工和销售。

食品法典还包括国际推荐的兽药使用管理的操作规范。

还有的被称作“技术操作规范”，是为了保证法典标准所规定的食品，其加工、运输和贮藏有利于消费者获得完善、符合质量要求的食品。现有的技术操作规范包括：婴幼儿和儿童食品；新鲜水果和蔬菜的包装和运输；散装食用油脂的贮藏和运输。

食品法典标准体系可分为通用标准和专用标准两大类。通用标准包括通用的技术标准、法规和良好规范等，适用于所有食品。专用标准是针对某一特定或某一类别食品的标准。其内容和数量见表 1.12。

表 1.12　　食品法典通用与专用标准的内容和数量

标准类型	标准内容	标准数量/个
通用标准	一般准则	20
	食品标签	1
	食品添加剂与污染物	23
	农药和兽药残留	10
	食品进出口检验和认证	6
	食品卫生	4
	营养和特殊膳食用食品	15
	分析和采样方法	8
专用标准	谷物、豆及豆类植物	21
	脂肪和油脂	7
	果蔬及其制品	110
	乳及乳制品	37
	糖、可可制品及其巧克力	8
	肉及肉制品	14
	鱼及鱼制品	24
	其他	6

已出版的食品法典有英文、法文和西班牙文，各种标准还可以通过国际互联网和 CD-ROM 获得。

4. CAC 标准的制定程序

CAC 标准制订工作有普通程序和特殊程序两种。普通程序分为八个阶段，具体包括发起阶段、草案建议稿的起草、草案建议稿征求意见、草案建议稿的修改、草案建议稿被采纳为标准草案、标准草案送交讨论、标准草案的修改以及大会通过。

(1) 发起阶段

根据“确定工作重点和建立 CAC 附属机构的准则”，大会决定制定一项国际法典标准，并且确定由哪一个附属机构或其他组织来承担此项工作。大会的附属机构也可以作出制定某一国际法典标准的决定，但应得到大会或者执委会的批准。该附属机构作出该决定时应考虑 CAC 中期工作计划所确定的优先工作重点、CAC 正在进行的具体相关工作计划以及在适当期限内完成工作的可能性。

（2）草案建议稿的起草

由秘书处安排“标准草案”建议稿的起草工作。对于农药或兽药的最大残留限量标准，秘书处在从 FAO/WHO 农药残留专家联席会议和 FAO/WHO 食品添加剂联合专家委员会获得有关最大限量的推荐值后，再分发到各处。对于乳和乳制品或乳酪的单项标准，秘书处将国际乳品联合会的推荐意见散发到各处，以征求意见。

（3）草案建议稿征求意见

“标准草案”建议稿送发到各成员国和有关国际组织征求意见，这些意见包括该建议稿对经济利益的可能影响。

（4）草案建议稿的修改

秘书处将收集到的讨论意见送交有权审议这些意见和标准的附属机构或其他有关的机构，以便进行修改工作。

（5）草案建议稿被采纳为标准草案

秘书处将“标准草案建议稿”提交大会或执委会，目的是将标准草案建议稿采纳为“标准草案”。

对于地区性标准，大会的所有成员国可以发表其意见、参加讨论并提出修改意见，但只有与会的该地区大多数成员国或有关的国家组织才有权决定修订或采纳该草案。如果成员国认为标准草案的建议稿或任何条款可能对他们的经济利益带来影响，则可以提出相应的意见，在进一步采取任何决议时都将这些意见给予充分的考虑。

（6）标准草案送交讨论

由秘书处将标准草案送交所有成员国以及有关的国际组织，以便这些成员国和有关国际组织对各方面进行讨论，包括标准草案对他们的经济利益可能产生的影响。秘书处应说明收取讨论意见的期限。秘书处应在大会前至少一个月把标准草案交给各国政府，使他们有充分的时间讨论该草案和讨论意见。

（7）附属机构修改标准草案

秘书处将收集到的讨论意见送交附属机构或其他有关机构，这些机构有权考虑这些意见和修改标准草案。

（8）大会讨论修改秘书处将法典标准草案连同各成员国和有关国际组织提出的对标准草案的书面意见一起提交给大会，以期在修改后被采纳为法典标准。

没有事先提出书面的修改意见，而在大会会议第八步提出修改意见时，大会主席与有关的分委员会主席商讨后方裁决该修改意见是否切合实际。如果该修改意见切合实际，并经大会同意，则可以提交相关法典分委员会征求意见，在大会已经接受和讨论这些意见前，制定标准的工作不应超过程序的第八步。

大会可以在制定标准的任何时期，把该标准的工作委托给另一专业法典委员会或机构继续完成。如果被委托制定标准草案的专业法典委员会提出省略法典程序的第六步及第七步的建议，大会在得到三分之二的多数投票赞成后可以接受该建议。普通程序则转为特别程序，即快速程序。有关法典委员会在会议结束后要尽快将省略步骤的建议通知各成员国及有关的国际组织。在作出进入快速程序的建议时，各法典委员会应考虑有关事项，包括加快的必要性，以及在不久的将来即可获得新的科学信息的可能性。

可以看出 CAC 食品标准制订程序有这样几个特点：

第一，原则性和灵活性相结合。该程序的涉及为各成员国和有关国际组织讨论标准草案的修改意见提供了充分的时间，没有事先提出书面的修改意见而在大会会议上提出修改意见的，该修改意见不能直接进入大会的讨论程序，而要经过大会主席与有关分委员会主席的裁决程序。灵活性则体现在退回程序和特别程序的设计上。

第二，标准制订程序体现了对科学的充分尊重。CAC 各附属机构在食品化学、食品技术、食品微生物、真菌以及农药和兽药残留方面开展工作，这些工作以独立的科学家、实验室、研究所和大学、FAO/WHO 联合专家委员会和咨询会议合作研究的形式进行。

第三，该程序很重视 CAC 框架外相关组织机构，尤其是利益相关方的参与，其中就包括了国际消费者组织。这种安排与 CAC 所提出的保护消费者、促进国际贸易的宗旨是一致的。

相比之下，我国食品标准的制订程序则显得不够严谨，法律规定较为原则和抽象。在对科学的尊重以及吸收相关组织参与方面，我国的食品国家标准的制订程序在立法上也只有原则性的规定，没有相关配套的制度来保障。在国家标准的制订程序设置上可以考虑规定类似 CAC 标准制订程序中的退回程序，并建立透明公开的监督机制，同时利用网络等多种形式，建立起食品国家标准起草的反馈机制，对标准制修订和实施全过程的信息进行收集并处理。

5. 食品法典取得的成效

(1) 成为惟一的国际参考标准

自从 1961 年开始制定国际食品法典以来，CAC 在食品质量和安全方面的工作业已得到世界的重视。在过去的四十多年中，CAC 关注所有与保护消费者健康和维护公平食品贸易有关的工作。FAO 和 WHO 一向支持与食品有关的科学和技术研究与讨论，正因为如此，国际社会对食品安全和相关事宜的认知已提升到了一个史无前例的高度。在相关食品标准制定方面，食品法典也因此成为惟一的、最重要的国际参考标准。

(2) 促进国际社会和各国政府对食品安全的认同

在全球范围内，广大消费者和大多数政府对食品质量和安全问题的认识在不断提高，同时也充分认识到选择好的食品对健康的重要性。消费者通常会要求其政府采取立法的措施，确保只有符合质量标准的安全食品才能销售，并最大限度地降低食源性健康危害风险。CAC 通过制定法典标准和对所有有关问题进行探讨，大大地促使食品问题作为一项实质内容列入各国政府的议事日程。

(3) 增强了对消费者的保护

CAC 工作的最基本的准则已得到了社会的广泛支持，那就是人们有权力要求他们所吃的食品是安全优质的。CAC 主办一些国际会议和专业会议，并在其中发挥了重要的作用，而这些会议本身也影响着委员会的工作，这些会议包括：联合国大会、FAO和WHO关于食品标准、食品中化学物质残留和食品贸易会议（同关税和贸易总协定合办）、FAO/WHO关于营养的国际大会、FAO世界食品高峰会议和WHO世界卫生大会。20多年来，凡参加过这些国际性会议的各国代表已推动或承诺他们的国家采取措施确保食品安全和质量。法典标准还有助于发展中国家，特别是没有能力建立本国食品安全法规标准体系的极不发达国家逐步完善本国的食品安全管理。

6. CAC的工作重点和未来工作方向

质量保证体系已成为CAC工作的重点，CAC通过了应用HACCP体系的指南，把HACCP看作是评估危害和建立强调预防措施（而非依赖于最终产品的检测）的管理体系的一种工具，CAC非常强调和推荐HACCP与GMP的联合使用。

质量控制是CAC所有工作的核心内容，CAC标准对发展中国家和发达国家的食品生产商和加工商的利益是同等对待的。

截至2008年底，CAC发布标准、导则等共2 210项，内容涉及食品标准、卫生规范或技术规程、农兽药限量和食品污染物等。

CAC已经开始对食品原料加工和生产中应用生物技术的问题进行认真的研究，CAC不断地研究与食品安全和保护消费者预防健康危害有关的新概念和系统，这些议题的研究将引导CAC未来的工作方向。

（三）世界卫生组织（WHO）

1. 世界卫生组织简介

世界卫生组织（简称“世卫组织”，World Health Organization，WHO）是联合国下属的一个专门机构，其前身可以追溯到1907年成立于巴黎的国际公共卫生局和1920年成立于日内瓦的国际联盟卫生组织。二战后，经联合国经社理事会决定，64个国家的代表于1946年7月在纽约举行了一次国际卫生会议，签署了《世界卫生组织组织法》。1948年4月7日，该法得到26个联合国会员国批准后生效，世界卫生组织宣告成立。每年的4月7日也就成为全球性的“世界卫生日”。同年6月24日，世界卫生组织在日内瓦召开的第一届世界卫生大会上正式成立，总部设在瑞士日内瓦。

WHO的会徽由一条蛇缠绕的神杖置于联合国会徽上而构成的。全貌如此：中央背景图案是从北极上空俯视的地球，一根灵蛇缠绕的神杖就“刺天立地”地站立在地球上。图案的边缘是两根茂叶互生、托抱着地球的橄榄枝。这个图案既表明它隶属于联合国、谋求世界和平、服务于全人类，也表明它是一个医药卫生机构。截至2006年11月，世卫组织共有191个正式成员和2个准成员。

世界卫生组织的宗旨是使全世界人民获得尽可能高水平的健康。该组织给健康下的定义为“身体、精神及社会生活中的完美状态”。世界卫生组织的主要职能包括：促进流行病和地方病的防治；提供和改进公共卫生、疾病医疗和有关事项的教学与训练；推动确定生物制品的国际标准。第65届世界卫生大会决定通过一项全球目标，即到2025年使慢性非传染性疾病导致的过早死亡率降低25%。

2. 世界卫生组织的目标和职能

世界卫生组织宪章将其定义为国际卫生工作的指导和权威。它的目标是：“使全世界人民获得可能的最高水平的健康”。以下是它的职责：

根据需求，帮助政府加强卫生服务；

根据需求，建立和保持诸如管理和技术服务，包括流行病学和统计学的服务；

在卫生领域中提供信息、劝告和帮助；促进传染病、地方病及其他疾病的消除工作；

促进营养、住房、卫生设施、劳动条件及其他环境卫生学方面的改进；

促进致力于增进健康的科学和专业团体之间的合作；

提出卫生事务国际公约、规划和协定；促进和引导卫生领域的研究工作；

开发食品、生物制品、药品国际标准；并且协助在人群中发展卫生事务的宣传教育工作。

3. 我国与世界卫生组织

我国为世界卫生组织的两个发起国之一，我国和巴西代表在参加1945年4月25日至6月26日联合国于旧金山召开的关于国际组织问题的大会上，提交的“建立一个国际性组织的宣言”，为创建世界卫生组织奠定了基础。我国于1946年7月22日签署承认其《组织法》，并自该组织成立之日起成为该组织成员方。1972年5月10日，第25届世界卫生大会通过决议，恢复了我国在世界卫生组织的合法席位。此后，我国出席该组织历届大会和地区委员会会议，被选为执委会委员，并与该组织签订了关于卫生技术合作的备忘录和基本协议。1978年10月，我国卫生部长和该组织总干事在北京签署了“卫生技术合作谅解备忘录”，这是双方友好合作史上的里程碑。我国属西太平洋区，世界卫生组织自1981年起在北京设立了驻华代表处。我国的世界卫生组织（WHO）合作中心目前已达69个，其数目之多位居世界卫生组织西太平洋地区国家之首。现有的合作中心分布于我国14个省市自治区，覆盖了医学12个学科30余个专业。世界卫生组织合作中心作为我国与世界卫生组织开展卫生技术合作的窗口，在促进国际、国内卫生技术交流、人员培训等方面发挥了积极的辐射和示范作用，现已成为促进我国医学科学现代化、早日实现人人享有卫生保健目标的一支重要力量。

任务二 认识国外先进食品标准

一、欧洲食品标准

（一）欧洲食品标准的产生

为了扩大经济领域的合作，1967年建立了欧洲共同体，即欧共体（EC）。欧洲标准是欧共体各成员国统一使用的区域性标准，对国际贸易有着重要作用。1975年，欧洲标准化委员会成立，其目的是促进成员国之间的标准化协作。欧共体委员会在1990年发布的《关于发展欧洲标准化的绿皮书》，直接导致了欧洲标准的产生。欧洲标准主要有欧洲标准化委员会（CEN）、欧洲电工标准化委员会（CENELEC）和欧洲电信标准协会（ETSI）三个组织分别负责不同领域的标准化工作。其中CEN制定的标准范围最大，食品标准和卫生保健就在其中。截至2002年12月底，CEN共制定欧洲标准7 650

个、协调文件4个、暂行标准395个，在欧盟各成员国的国家标准中，欧洲标准所占的比例高达80%以上。目前CEN的目标是尽可能地使其制定的标准成为国际标准，使欧洲标准有广阔的前景和市场。40%的CEN标准被ISO采用为国际标准。

（二）部分欧洲食品标准

欧盟通过技术法规和标准的密切配合，大大加快了食品安全技术法规的立法，并使食品安全技术法规的内容更全面和具有操作性，协调标准的内容也更加详细和具体，部分标准见表1.13，从表中的标准名称就可以简单地了解欧洲标准在安全方面的要求相当严格。欧盟目前制定的食品安全标准主要以各种有毒、有害物质的测定方法为主。

表1.13　　欧盟已经发布的新标准

编号	中文名称	英文名称
CWA 14698 - 1 - 2003	建立非食品分类用标准化框架的原理	Principles to create a standardized framework for the classification of non-food products
EN 1186 - 1 - 2002	与食品接触的材料和物品 塑料 第1部分：全部转移的条件和试验方法选择指南	Materials and articles in contact with foodstuffs-Plastics-Part 1：Guide to the selection of conditions and test methods for overall migration
EN 1186 - 10 - 2002	与食品接触的材料和物品 塑料 第10部分：全部转移到橄榄油中的试验方法（用于橄榄油不完全萃取情况发生时）	Materials and articles in contact with foodstuffs-Plastics-Part 10：Test methods for overall migration into olive（modified method for use in case where incomplete extraction of olive oil occurs）
EN 1186 - 11 - 2002	与食品接触的材料和物品 塑料 第11部分：全部转移到C标签的合成甘油三酸脂混合物的试验方法	Materials and articles in contact with foodstuffs-Plastics-Part 11：Test methods for overall migration into mixtures of C-labelled synthetic triglycerides
EN 1186 - 12 - 2002	与食品接触的材料和物品 塑料 第12部分：低温时全部转移的试验方法	Materials and articles in contact with foodstuffs-Plastics-Part 12：Test methods for overall migration at low temperatures
EN 1186 - 13 - 2002	与食品接触的材料和物品 塑料 第13部分：高温时全部转移的试验方法	Materials and articles in contact with foodstuffs-Plastics-Part 13：Test method for overall migration at high temperatures

续表

编号	中文名称	英文名称
EN 1186 - 14 - 2002	与食品接触的材料和物品 塑料 第14部分：使用试验媒体异辛烷和95%乙醇从与脂肪食品接触的塑料全部转移的	Materials and articles in contact with foodstuffs-Plastics-Part 14: Test methods for "substitute" for overall migration
EN 1186 - 15 - 2002	与食品接触的材料和物品 塑料 第15部分：用快速萃取到异辛烷和/或95%乙醇的方法进行转移到脂肪食品模拟装	Materials and articles in contact with foodstuffs-Plastics-Part 15: Alternative test methods to migration into fatty food simulants by rapid extraction into iso-octane and/or 95% ethanol
EN 1230 - 1 - 2001	与食品接触的纸和板 感官分析 第1部分：气味	Paper and board intended for contact with foodstuffs-Sensorv analvsis-Part 1: Odour
EN 1230 - 2 - 2001 + AC - 2002	与食品接触的纸和板 感官分析 第2部分：香气偏移（变质）	Paper and board intended for contact with foodstuffs-Sensorv analvsis-Part 2: Off-flavour (taint)
EN 12355 - 2003	食品加工机械 去壳、去皮及除膜机 安全和卫生要求	Food processing machinery-Derinding-, skinning-, membrane removal machines-Safety and hygiene requirements

（三）欧盟标准对我国食品安全标准体系构建的启示

欧盟食品安全技术法规和标准体系的协作特点是：强调以预防为主，贯彻风险分析为基础的原则，“从农田到餐桌”整个食品链的全过程进行控制；安全技术法规和标准分工明确，相互协调配合；安全技术法规和标准体系严密，具体技术法规详细。欧盟食品安全标准体系对我国食品安全标准体系的构建有如下启示：

（1）食品安全标准体系的构建要贯彻预防为主，以风险分析为基础，对食品链全过程进行监控的思想。

（2）应明确定位各类标准的范围，确保相互之间协调。

（3）加大标准的前期研究投入，充分发挥市场和企业在制定推荐性标准方面的作用。

二、美国食品标准

（一）美国食品标准概述

美国是一个十分重视食品安全的国家，有关食品安全的法律、法规、标准非常多，并且非常具体，覆盖了所有食品。美国标准的制定推行的是民间标准优先的标准化政策，鼓励政府部门参与民间团体的标准化活动。自愿性和分散性是美国食品标准体系的两大特点，也是美国食品安全标准的特点。目前，全美大约有93 000个标准，约有700家机构在制定各自的标准。截至2005年5月，美国的食品安全标准约有660余个，主要是检验检测方法标准和被技术法规引用后的肉类、水果、乳制品等产品的质量分等、分级标准两大类。

（二）美国食品标准制定机构

美国食品标准主要是经过美国国家标准学会认可的与食品安全有关的行业协会、标准化技术委员会和政府部门3类机构制定的。

1. 行业协会

（1）美国官方分析化学师协会（AOAC）：从事检验与各种标准分析方法的制定工作。内容包括：肥料、食品、饲料、农药、药材、化妆品、危险材料和其他与农业及公共卫生有关的材料等。

（2）美国谷物化学师协会（AACCH）：旨在促进谷物科学的研究，保持科学工作者之间的合作，协调各技术委员会的标准化工作，推动谷物化学分析方法和谷物加工工艺的标准化，现行标准有37个。

（3）美国饲料官方管理协会（AAFCO）：1909年成立，目前有14个标准制定委员会，涉及35个产品。其制定各种动物饲料术语、官方管理及饲料生产的法规与标准，现行标准有6个。

（4）美国奶制品协会（ADPI）：成立于1923年，进行奶制品的研究和标准化工作，制定产品定义、产品规格、产品分类等标准。

（5）美国饲料工业学会（AFIA）：成立于1909年，具体从事相关方面的科研工作，并负责制定联邦与州有关动物饲料的法规和标准，包括饲料材料筛选精度的测定和表示符号等，现行标准有17项。

（6）美国油料化学师协会（AOCS）：主要从事动物、海洋生物和植物油脂的研究，油脂的提取、精炼和在消费与工业产品中的使用，以及有关安全包装、质量控制等方面的研究。现行标准有20个。

（7）美国公共卫生协会（APHA）：主要制定工作程序标准、人员条件要求及操作规程等。标准内容包括食物微生物检验方法、水与废水检验方法及乳制品检验方法等，现行标准有34项。

2. 标准化技术委员会

（1）三协会卫生标准委员会（DFI-SA）：三协会标准是由牛奶工业基金会、奶制品工业供应协会及国际奶油与食品卫生工作者协会联合制定的关于奶酪制品、蛋制品加工设备清洁度的卫生标准，并发表在《牛奶与食品工艺》杂志上。现行标准有85项。

（2）烘烤业卫生标准委员会（BISSC）：从事标准的制定、设备的认证、卫生设施的设计与建筑、食品加工设备的安装等。政府和工业部门的代表参加标准编制工作，特殊的标准与标准的修改由协会的工作委员会负责。协会的标准为制造商和烘烤业执法机关所采用，现行标准有40项。

3. 政府部门制定标准

美国食品和药品监督管理局（FDA）、美国农业部等是不同类别食品安全标准制定的主要政府部门。如美国农业部农业市场服务局（AMS）制定的农产品分等、分级标准涉及新鲜果蔬、加工用果蔬和其他产品等85种农产品；此外还有乳制品分级标准、蛋类产品分级标准、畜产品分级标准、粮食和豆类分级标准等。

为了使食品安全监管工作更科学、灵活、强有力地进行，美国实行机构联合监管制度，各市县卫生局、各州卫生机构、联邦政府负责食品安全的部门，每个层次都监督食品生产与流通，地方、州和联邦法律、准则及其他法令对各级监管人员的权限作了明确的规定，工作人员之间、联邦政府之间、地方政府之间携手合作，共同构成了世界上最全面、有效的食品安全保障体系，赢得了美国公众的高度信任。

美国食品标准从低起点开始，经历了一个由少到多、由简到繁的自然发展过程，使整个食品标准体系不断得到深化和完善。从中我们可以总结出几大特点：第一，发展历史悠久，不断促进食品标准体系的完善；第二，法律法规相佐，切实保障食品标准体系的实施；第三，科学技术发展，深刻影响食品标准体系的演变；第四，重大安全事件，强力推进食品标准体系的跨越。反观我国，从食品标准体系与生产技术发展水平相匹配来说，食品标准起点低。但是，从世界贸易的要求来看，我们必须做到高起点，甚至是跨越式的发展，才能满足世界农产品贸易的需求。

三、日本食品标准

日本涉及食品安全的专业、专门法律法规很多，包括食品质量卫生、农产品质量、投入品（农药、兽药、饲料添加剂等）质量、动物防疫、植物保护等5个方面。日本法律明确规定食品安全的管理部门是农林水产省和厚生劳动省。农林水产省主要负责生鲜农产品及其粗加工产品的安全性，侧重在这些农产品的生产和加工阶段；厚生劳动省负责其他食品及进口食品的安全性，侧重在这些食品的进口和流通阶段。日本建有完善的农产品质量安全检测监督体系，全国有48个道府（县）、市，共设有58个食品质量检测机构，负责农产品和食品的监测、鉴定和评估以及各政府委托的市场准入和市场监督检验。日本农林水产省消费技术服务中心有7个分中心，负责农产品质量安全调查分析，受理消费者投诉、办理有机食品认证及认证产品的监督管理。消费技术服务中心与地方农业服务机构保持紧密联系，搜集有关情报并接受监督指导，形成从农田到餐桌多层面的农产品质量安全检测监督体系。

（一）日本食品标准概况

日本的食品标准数量很多，并形成了比较完善的标准体系。不仅在生鲜食品、加工食品、有机食品、转基因食品等方面有详细的标准和标志制度，而且在标准的制定、修订、废除、产品认证、监督管理等方面也建立了完善的组织体系和制度体系，并以法律形式固定下来。

日本食品标准体系分为国家标准、行业标准和企业标准。国家标准即JAS（Japanese Agricultural Standards）标准，由日本农林产品标准调查会（JASC）制定和审议，以农产品、林产品、畜产品、水产品及其加工制品和油脂为主要对象。行业标准多由行业团体、专业协会和社团组织制定，主要是作为国家标准的补充或技术储备；企业标准是各株式会社制定的操作规程或技术标准。

（二）日本食品安全有关标准

1. 肯定列表制度

（1）肯定列表制度的内容

日本“肯定列表制度”已在《食品卫生法》修正案发布（2003 年 5 月 30 日）后的第三年（2006 年 5 月 29 日）生效，其主要内容是“两个限量”即暂定标准（Provisional Maximum Residue Limits）和一律标准（Uniform Limits）。暂定标准即是对当前通用农药、兽药和饲料添加剂都设定了新的残留限量标准，对 797 种农、兽药和饲料添加剂在 264 种食品、农产品中设立了 53 862 个限量标准，分别是现行全部规定的 3 倍、1.4 倍和 5.6 倍；一律标准即是对尚不能确定“暂定标准”的农药、兽药及饲料添加剂都设定为 0.01ppm 的统一标准。具体内容包括：

对世界上所有使用的农业化学品都设定残留限量标准；

对于已有残留限量值或有临时残留限量值参考资料的农业化学品，制定暂定标准，并根据参考资料及新毒理学资料的变化情况每 5 年复审一次；

对于缺少设定残留限量值所需的参考资料的农业化学品，制定一律标准为 0.01ppm；

对可能致癌而不能设定每日允许限量的农业化学品，仍以“不得检出”（Not Detected）为标准；

对于在日本根本不使用，或者只在有限的农作物中使用的农药，其他国家可通过厚生劳动省建立的国外申请系统，申请它们在特定农作物上的使用并制定最大残留限量；

禁止销售含有“肯定列表”中未列出的农业化学品以及农业化学品含量超过暂定标准或一律标准的食品；

如果原料符合限量标准，则认为其加工产品也符合相应标准；

在“肯定列表制度”生效后（不迟于 2006 年 5 月），临时残留限量将作为法定标准执行，并给予 6 个月的过渡期；

确定了豁免物质（即明显不会对人体健康构成损害的农业化学品）的名单。

（2）日本“肯定列表制度”对我国农产品、食品出口的影响

“肯定列表制度”影响范围非常广泛，涵盖了肉类、水产品、蔬菜、水果等几乎所有日本进口农产品食品，凡是农产品生产加工中可能用到的农药、兽药、饲料添加剂等农业化学品，都在“肯定列表制度”监控范围之内。设定限量指标数量也大幅增加。限量标准更为严格。新制度规定 15 种农、兽药禁止使用，对没有设定限量标准的执行“一律标准”，含量不得超过 0.01mg/kg。

日本实施“肯定列表制度”，从表面上看，以保护本国人民健康、保证食品安全为名，但实质上则是为了保护本国利益，限制外国农产品进口，是一个新的绿色贸易壁垒。这个制度实施后给我国对日食品出口造成了巨大的技术壁垒。主要有：

① 短时间内我国输日农畜产品因无法满足日本的苛刻要求而导致出口受阻。

在日本实施的“肯定列表制度”中，所涉及的所有农业化学品的管理，范围之广、标准之严堪称前所未有。其残留限量新标准中仅“暂定标准”就有 51 392 项，涉及农业化学品 734 项，而“一律标准”更是涵盖了“暂定标准”之外的其他所有农业化学

品和农产品。我国目前的限量标准仅涉及农业化学品200余种，限量指标不到3 000条，差距非常明显。另外，我国制定的许多标准与日本的标准无法对应，而能够对应的标准中，日本有25%的标准严于我国标准。目前国内大多数实验室的技术力量与设备水平短时间内无法满足日本的苛刻要求，可能导致输日农畜产品出口受阻。另外，农畜产品的种植、养殖和生产需要一段调整过程，我国目前还没有按照该标准种植、养殖和生产的产品若想出口日本也会受阻。

② 增大我国农产品、食品出口风险。

在目前日本要求相对较宽的情况下，我国出口农畜产品中农业化学品残留超标问题尚屡屡出现，在要求更加严格的“肯定列表制度”执行后，我国出口农产品、食品将面临更大的出口风险，对我国出口影响巨大。我国2009年和2010年前11个月的农产品出口统计见表1.14和1.15。与2009年相比，2010年随着国际贸易环境的转变，我国农产品出口情况有所好转，但是，发达国家的食品安全标准仍然是影响我国食品出口的主要原因。

表1.14　　2010年前11个月中国出口农产品统计　　单位：亿美元

时间	1月	1至2月	1至3月	1至4月	1至5月	1至6月	1至7月	1至8月	1至9月	1至10月	1至11月
金额	38.3	66.6	102.0	139.0	178.0	216.7	258.2	298.4	339.8	380.1	432.4
同比增长%	21.9	25.4	22.1	20.8	22.2	22.0	22.8	23.6	22.6	22.0	24.4

表1.15　　2009年前11个月中国出口农产品统计　　单位：亿美元

时间	1月	1至2月	1至3月	1至4月	1至5月	1至6月	1至7月	1至8月	1至9月	1至10月	1至11月
金额	31.5	53.1	83.5	115.0	145.5	177.9	210.3	241.3	277.1	310.2	347.5
同比增长%	-13.6	-14.9	9.8	9.4	-9.3	-7.9	-8.4	-8.1	-6.6	-5.9	-4.6

③ 检测项目成倍增加，通关速度大大减慢。

根据“肯定列表制度”，每种食品、农产品涉及的残留限量标准平均为200项，有的甚至超过400项。例如我国输日贸易额最大的鳗鱼产品的残留限量标准已往为25项，实施“肯定列表制度”后增加到112项；猪肉残留限量标准由45项增加到428项；鸡肉残留限量标准由36项增加到380项；牛肉残留限量标准由60项增加到455项。在植物产品中，大米由129项增加到579项，茶叶由89项增加到276项。实施“肯定列表制度”后，检测项目增加5倍以上。对输日食品，日官方均要求我国出入境检验检疫机构出具卫生证书。货抵日本港口后，日方还要抽查检验，有的产品甚至是批批检验。“肯定列表制度”增加了如此多的检验项目，不仅产品检测费用增加，而且使检验周期延长，造成很多不确定因素，导致通关速度减慢。

④ 加大我国农产品、食品出口企业的经营成本，削弱了我国农产品、食品的出口竞争力。

我国农产品、食品之所以能和日本产品竞争，主要是由于劳动力廉价，生产成本低，在价格上有绝对优势，因而受到日本消费者的欢迎。但日本采用“肯定列表制度”后，大幅度增加了需要检测的农药、兽药项目，检验项目剧增，无形中增加了检测费用，使得我国输日产品的成本大幅增加。增加的出口成本不仅降低我国输日产品的竞争力，也使得部分企业因不堪重负而被迫退出市场。

(3) 我国对日本“肯定列表制度”的对策

为应对日本“肯定列表制度”实施后出口贸易面临的困难和问题，确保我国农产品食品出口产业的持续稳步发展，提出以下对策及建议：

一是尽快建立农产品食品行业协会，充分发挥行业协会的功能作用，积极开展宣传培训工作。充分发挥行业协会在提供市场信息、开拓国际市场、加强行业自律、建立进出口预警机制和应对国际技术性贸易壁垒方面的作用。同时，由政府部门或行业协会牵头组织，加大对农民科技兴农、有关法律法规、农药安全使用、农药残留对人身安全的影响和农残制约出口等知识的宣讲，提高农民对食品安全卫生重要性的认识；同时还要举办由农产品食品加工企业参加的应对日本“肯定列表制度”专题培训班，让农产品食品生产企业按照“肯定列表制度”有关要求自觉加强管理，切实保证农产品食品的安全卫生质量，以应对日本新的技术贸易壁垒。

二是抓源头整顿农业化学品市场，创新农业发展模式，积极开展农业基地化建设。有关职能部门要联合开展农业化学品生产、销售和使用情况调查，对我国及国外禁止使用的农兽药坚决依法予以取缔，同时要大力打击假冒伪劣农业化学品在市场上的流通，确保农民生产的用药安全。同时，应大力推广“公司 + 基地 + 标准化”的管理模式，通过对种植、养殖基地实施检验检疫备案，使农兽药使用处于可控状态，从而全面应对国外相关技术性贸易壁垒，树立我国农产品、食品在国际市场上的良好声誉。

三是引进和发展一批带动力强的科技型农业产业化龙头企业。注重引进和培育一批经济实力较强、有自己品牌、有较强的技术创新能力、市场开拓力强、符合国家产业和技术政策高科技型的农业产业化龙头企业，带动我国农业和农产品食品加工业的整体协调发展。

四是整合资源，建立政府与企业信息联系沟通机制，强化技术保障。有关部门要充分利用各种渠道，及时了解掌握日本的检测要求和限量标准等最新绿色壁垒动态，并及时通报我国各类农产品食品生产出口企业，引导我国企业采取有效措施，及时做好出口前的各项准备工作，努力规避出口风险。有关部门要和国内著名高校共建国家级重点实验室，参照国际组织的标准和有关发达国家的标准，逐步制定我国农产品的安全质量标准以及合格评定程序和检测方法。农业、科技、检验检疫等部门要整合检测资源，建立农产品食品检测中心，购置先进农残检测设备，为企业出口提供优质的检测服务。同时要鼓励农产品食品生产、出口企业自行购置农残检测设备，从种植、收购、加工多环节前置把关，提高我国出口农产品食品的优质率。

五是鼓励农产品食品生产加工企业开展各种质量认证工作，积极开拓多元化市场。各级政府部门要共同推进农产品认证和农产品标准化体系建设，要采取措施引导、鼓励农产品食品生产企业开展ISO系列和HACCP、BCS等国际认证，增强企业在市场开放和国际技术壁垒高筑背景下的国际市场竞争力。充分利用中央、省、市有关优惠政策鼓励我国农产品食品生产加工企业实施“走出去”战略，努力开拓国际市场，特别是要开拓东欧、非洲和拉美等新兴市场，改变农产品食品出口过于集中在亚洲特别是在日本的格局。

2. 日本食品添加剂使用标准

日本经常对食品添加剂的种类和使用标准进行修订和更新，对各种食品添加剂在不同种类食品中的具体添加剂限量都进行了详细的规定。日本厚生劳动省发布了最新的食品添加剂使用标准（2011年9月1日起生效）和指定食品添加剂名单（2011年9月5日起生效）。

日本的食品添加剂可分为“指定的食品添加剂（Designated Additives）”，“现存的食品添加剂（Existing Food Additives）”，“天然调味剂原料（Plant or Animal Sources of Natural Flavorings）”和“通常作为食品也可作为食品添加剂的物质（Substances Which are Generally Provided for Eating or Drinking as Foods and Which are used as Food Additives）”。

指定的食品添加剂是指对人体健康无害的、被指定为安全的添加剂。指定添加剂是由日本厚生劳动省经过食品安全委员会的风险评估和分析等一系列程序后，才可审批为指定添加剂。目前，日本共有421种指定添加剂。

现存的食品添加剂是指在食品加工中使用历史长，被认为是安全的天然添加剂。截至2011年5月6日，日本厚生劳动省对现存的添加剂进行修订，从原来名单中减少了55种添加剂，确定365种现存的添加剂。

目前，日本规定天然香精共612种。这612种天然香精是由日本环境健康局第56号公告中列出，由日本厚生劳动省1996年5月公布的。

一般添加剂是指既可作为食品也可作为食品添加剂的一种添加剂。目前日本规定了106种一般食品添加剂，于日本环境健康局第56号公告中列出，由日本厚生劳动省在1996年5月公布的。

新的日本食品添加剂使用标准包括通用使用标准（Standards Applying Generally to Food Additives）和具体使用标准（Standards Applying Specifically to Individual Additives）。通用使用标准，规定了复合食品添加剂中如含有已建立使用标准的添加剂成分，则该复合添加剂按该成分的既有标准执行。由含某些特定添加剂的食品配料或食品加工而成的某些特定食品，视为该添加剂应用于此类特定食品。而日本食品添加剂具体使用标准，其内容覆盖全面且种类划分详细，几乎覆盖到所有食品，并且针对不同食品种类，具体设定有不同的添加剂使用标准。

由于日本国内食品供应的60%需要进口解决，而我国是日本最大的食品贸易伙伴之一，因此详细了解并把握日本食品添加剂标准的变动情况，指导出口型企业合理使用食品添加剂，根据日本法规标准的变化及时采取应对措施，对于稳定出口具有重要的现实意义。

（三）日本食品标准的特点

1. 食品安全标准体系完善

日本的食品标准数量、种类繁多，要求较为具体。涉及食品的生产、加工、销售、包装、运输、贮存、标签、品质等级、食品添加剂和污染物、最大农兽药残留允许含量要求，还包括食品进出口检验和认证制度、食品取样和分析方法等方面的标准规定，形成了较为完备的标准体系，具有很强的可操作性。

2. 标准的制定注重与国际接轨

近年来，日本积极采用国际标准，参加国际标准化活动，在国际标准化活动中极力提出自己的主张，并及时认真地研究 ISO 文件，注重在食品标准中采用这些国际标准。此外，还注重采用国际食品法典委员会的食品标准，结合日本的实际情况加以细化，具有很强的可操作性。

3. 法制观念强

日本现有国家标准为自愿性标准，无法律约束。一旦被法律部分或全部引用，其引用部分将具有法律属性，要强制执行。日本的法制观念很强，制定了一套较为完整的法规，如《食品卫生法》、《营养改善法》等，有力的保证了标准的实施。

4. 食品标准更新速度快

如 2011 年 3 月 12 日，核辐射发生后，日本厚生劳动省已于当月向各都道府县发出通知，要求在发现被放射性物质污染的食品的时候，要根据设定放射能的标准值，禁止超过标准的食品在市场上流通，并要求对放射能超标食品采取妥当处理，即暂把核安全委员会规定的指标作为标准值，一旦发现超标的食品，即根据食品卫生法，禁止其在市场上流通。对食品设立放射能标准值在日本尚属首次。

任务三　采用国际标准和国外先进食品标准

一、采用国际标准的概念和含义

采用国际标准是指将国际标准的内容经过分析研究和试验验证，等同或修改转化为本国标准（包括国家标准、行业标准、地方标准和企业标准），并按本国标准审批发布程序审批发布。

我国标准与国际标准存在很大差距，如我国的食品标准规定不规范，经常出现国家标准、行业标准与企业标准不一致甚至矛盾的情况。同时，我国的食品安全风险评估制度起步较晚，信息的采集及数据的收集能力有限，并且，我国的食品安全标准与国际标准接轨较差（见表 1.16），导致在对食品安全标准的沟通上出现问题等等，这些因素成为影响我国食品出口的重要原因，其影响情况见表 1.17。所以，我国在食品安全标准的制定上应多采用国际通行的标准，减少我国标准与国际标准的差距。

表 1.16　CAC、欧盟和中国部分食品添加剂限量标准

名称	CAC	欧盟	中国	备注
环己基氨基磺酸钠，环己基氨基磺酸钙（又名甜蜜素）	250mg/kg，调味和/或发酵乳基础饮料（如巧克力奶、可可奶、蛋酒、酸乳饮料、乳清饮料）	250mg/l，不含酒精饮料、低热量、不加糖的奶和奶衍生品或果蔬基料的饮料	0.65g/kg，冷冻饮品 1g/kg，蜜饯凉果	食品甜味剂
β-胡萝卜素	1 000mg/kg，饮料增白剂，调味和/或发酵乳基饮料（如巧克力奶、可可奶、蛋酒、酸乳饮料、乳清饮料）	—	3-6mg/kg，固体饮料	食品着色剂
山梨酸	1 000mg/kg，乳清干酪，3 000mg/kg，乳清蛋白干酪	1 000（mg/kg 或 mg/l）非熟化干酪，300（mg/kg 或 mg/l）无酒精调味饮料	1g/kg，干酪，氢化植物油，0.5g/kg，经表面处理的鲜苹果	食品保鲜剂

注：资料根据中国技术性贸易措施进出口食品安全部分整理；CAC 的上述食品添加剂标准限量为 2010 年开始实施，欧盟的上述食品添加剂限量是 2006 年实施的，而我国的上述食品添加剂具体实施时间不统一。

表 1.17　2009 年 1~10 月，日本、欧盟扣留我国产品情况统计

国家或地区	日本			欧盟		
批次	350			301		
产品种类	产品种类	批次	占百分比	产品种类	批次	占百分比
	食品农产品	249	71.1	食品	198	65.6
	与食品接触材料	95	27.1	与食品接触材料	92	30.6
	药品	7	2	其他	11	3.8
违反的内容	食品农产品违反的内容	批次	占百分比	食品违反的内容	批次	占百分比
	农兽药残留超标	120	48.2	黄曲霉毒素	51	25.8
	微生物超标	61	24.5	铅、铬等重金属超标	25	12.6
	违规使用添加剂或添加剂超标	28	11.2	兽药和农药残留	18	9.1

资料来源：深圳市技术措施年度报告（2009）。

采用国际标准最明显的益处有：一是协调国际贸易中有关各方面的要求，减少和避免与贸易各方的争端；二是可以使本国的产品和服务更容易打入和占领国际市场。采用国际标准和国外先进标准还可以促进技术进步，提高产品质量，扩大对外开放，加快与国际准则和惯例接轨，是我国的一项重要的技术经济政策，也是世界贸易组织的技术贸易壁垒协议（WTO/TBT）与标准化工作紧密相关的一个协议。在逐步完善我国社会主义市场经济体制和已加入世界贸易组织的今天，采用国际标准更加成为我国标准化工作的当务之急，也是我国产品进入世界经济大循环的必由之路。

二、采用国际标准的目的和意义

采用国际标准是为了发展社会主义市场经济，减少技术性贸易壁垒和适应国际贸易的需要，也是为了提高我国产品质量和技术水平。因此，国家将采用国际标准工作作为一项既定的技术经济政策。自 1988 年至 2002 年，国家分别召开了 5 次关于采用国际标准的座谈会和工作会议，对采用国际标准工作给以经验总结和具体布置，并提出了有关具体要求。根据 2000 年的统计数据，我国重点行业采用国际标准的比率已达 60% 以上，在国家标准中，采用国际标准和国外先进标准的比率也在 40% 以上。

近些年来，各国制定和采用的技术法规和标准的数量急剧增加。由于各国在维护国家安全、保护人类健康以及保护环境等方面，受工业化程度、科学技术水平的差异，以及自然条件、自然资源等限制的影响，导致各国的法规、标准不尽相同。生产厂和出口商为了使产品符合不同的国外技术法规和标准，花费巨大，使一些企业，特别是中小型企业对国外市场望而却步。由于这种人为制造的技术壁垒是隐含在技术法规、标准和合格评定程序中，可以起到关税所不能起到的作用，因此这种技术壁垒是目前货物贸易中最主要、最隐蔽，也是最难对付的贸易壁垒。贸易技术壁垒是由于各国或地区对技术法规、标准、合格评定程序以及标签标志制度等技术要求的制定或实施不当，而给国际贸易造成的不必要障碍。

为使国际贸易自由化和便利化，在技术法规、标准、合格评定程序以及标签标志制度等技术要求方面开展国际协调，遏制以带有歧视性的技术要求为主要表现形式的贸易保护主义，最大限度地减少和消除国际贸易中的技术壁垒，为世界经济全球化服务，贸易技术壁垒协定（WTO/TBT 协定）以协调技术要求为目的，突出论述了实现技术协调的两项基本措施：采用国际标准和实施通报制度。采用国际标准是指技术法规、标准和合格评定程序的制定要以国际标准为基础，为在尽可能广泛的基础上对技术法规、标准和合格评定程序进行协调。实施通报制度是指当各成员国制定与国际标准不一致的技术法规和合格评定程序时，要向 WTO 秘书处通报。因此，采用国际标准是打破和减少贸易技术壁垒的最基本的措施。

三、采用国际标准的原则和措施

1984 年 3 月 27 日，国家标准局颁布《采用国际标准管理办法》，就采用国际标准和国外先进标准的原则、程度和表示方法、标准的编写方法等做了具体的规定，为推动国际标准的采标工作作出了积极贡献。1993 年 12 月 13 日，国家技术监督局发布了

《采用国际标准和国外先进标准管理办法》，取代1984年的《采用国际标准管理办法》。2002年1月5日起，国家质量监督检验检疫总局颁布实施新的《采用国际标准管理办法》，为目前的有效版本。可见，我国非常重视采用国际标准和国外先进标准，根据《采用国际标准管理办法》的规定，我国采用国际标准的原则是：

（1）符合我国有关的法律法规，并遵循国际惯例，做到技术先进、经济合理、安全可靠

符合我国的法律法规与遵循国际惯例上总体来说是不矛盾的。尤其是我国加入WTO以后，所颁布的法律法规与国际惯例更加衔接，一些不适合国际惯例的法规、管理办法等都在进行修订，但也很难保证我国所有的法律法规在所有的技术问题上与国际惯例都能做到完全一致。而我们在采用国际标准时，首先要保证标准的内容符合我国的法律法规，与我国现行的法律法规相违背或不一致的内容不能采用。比如，在有关国际标准中，我国对某些国家或地区的称谓和划分与国际上的称谓和划分有一些差异，因而当我国采用国际标准时，就要保证标准要以我国政府的立场为基础，而不能与国际标准完全一致。采用国际标准，可以提高我国技术水平，保证实施后使生产更加经济合理

国际标准的水平在国际上虽然不是最先进的，但对于我国的标准而言，是具有先进性的。因而只要能够适合我国的实际情况，采用之后都会对我国的技术起到促进作用，从而降低生产成本，提高生产效率。

（2）我国标准应以相应的国际标准为基础，尤其要优先采用国际标准中的基础标准和方法标准

为了与国际上的技术要求相衔接，首先应采用国际标准中的基础标准与方法标准，以保证我国的标准化工作与国际上的标准化工作在一个可以相互了解、具有共同的试验方法的基础上进行。因而在国家标准中，主要采用适合我国的基础标准和方法标准。在安全、卫生、环保方面，我国将按照《标准化法》的规定制定强制性标准。上述保障国家安全等正当目标，正是强制性标准的范围，而这些内容与WTO/TBT协定中的规定是完全一致的。因而，除了这些国际标准由于基本气候、地理因素或者基本的技术问题等原因而对我国无效或者不适用外，完全可以采用国际标准。

（3）国际标准应尽可能等同采用

但在现实中，由于气候、地理因素或基本技术条件等原因，等同采用国际标准可能有困难。为此，可能会修改国际标准中的部分内容再予以采用，在这种情况下，应将修改的部分控制在合理的、必要的及最小的范围内。

（4）国际标准应尽可能是一对一的关系

即我国的一个标准采用一个国际标准。尽量不要使我国一个标准同时采用了几个国际标准或一个国际标准同时被我国几个标准所采用。由于我国的具体情况，一个标准不得不采用几个国际标准时，应能够说明我国这个标准与国际标准之间的对应关系。

（5）国际标准制定我国标准，应当尽可能与相应国际标准的制定同步，并可以采用标准制定的快速程序

（6）国际标准应当同我国的技术引进、企业的技术改造、新产品开发、老产品改进相结合

(7) 国际标准采用为我国标准的制定、审批、编号、发布、出版、组织实施和监督，同我国其他标准一样，按我国有关法律、法规和规章规定执行

(8) 为了提高产品质量和技术水平，提高产品在国际市场上的竞争力，对于贸易需要的产品标准，如果没有相应的国际标准或者国际标准不适用时，可以采用国外先进标准

四、采用国际标准的程度

我国标准采用国际标准的程度分为等同采用和修改采用两种。

(一) 等同采用和修改采用的含义

等同采用是采用国际标准的基本方法之一。它是指我国标准在技术内容上与国际标准完全相同，编写上不作或稍作编辑性修改。

修改采用指与国际标准之间存在技术性差异，并清楚地标明这些差异以及解释其产生的原因，允许包含编辑性修改。修改采用不包括只保留国际标准中少量或者不重要的条款情况。

国家鼓励尽可能等同采用。因而，当国际标准不经修改即可转化为我国的标准并在我国实施，是最理想的情况。另外，采用国际标准不仅仅是一个翻译国际标准的问题，更重要的是如何正确理解国际标准的含义，并验证其在我国实施的可能性，以及在实施中我国哪些基本条件不能满足而需要进行修改的问题。因此，有时候也需要对国际标准进行修改采用。

我国标准与国际标准的一致性关系除上述两种情况外，还包括一种“非等效”关系。这是指我国标准在技术内容和文本结构上，与国际标准有重大差异，同时他们之间的差异也没有得到清楚地标识。“非等效”还包括只保留了少量或不重要的国际标准条款的情况。“非等效”不属于采用国际标准，只表明我国标准与相应国际标准有对应关系。

(二) 采用国际标准程度的代号

我国标准采用国际标准的程度代号为：

等同采用：idt 或 IDT;

修改采用：MOD;

非等效：neq 或 NEQ。

根据国际标准制定的国家标准应当在封面标明和前言中叙述该国际标准的编号、名称和采用程度；在标准中引用采用国际标准的国家标准，应当在“规范性引用文件”一章中标明对应的国际标准编号和采用程度，标准名称不一致的，应当给出国际标准名称。

我国标准采用国际标准程度的具体标注方法应遵守《标准化工作指南第 2 部分：采用国际标准的规则》(GB/T 20000.2)。

在采用国际标准的中国标准中，应当说明或者标明技术性差异和编辑性修改，具体说明或者标注方法应遵守《标准化工作指南第 2 部分：采用国际标准的规则》(GB/T 20000.2)。

（三）采用国际标准的中国标准的编号表示方法

1. 等同采用国际标准的中国标准采用双编号的表示方法

示例：GB ×××××－××××/ISO ×××××：××××。

2. 修改采用国际标准的中国标准，只使用中国标准编号

在采用国际标准时，应当按《标准化工作导则第1部分：标准的结构和编写规则》（GB/T1.1）的规定起草和编写中国标准。在等同采用ISO/IEC以外的其他组织的国际标准时，中国标准的文本结构应当与被采用的国际标准一致。

采用国际标准的我国标准，在编制说明中，应当详细地说明采用该标准的目的、意义，标准的水平，中国标准同被采用标准的主要差异及其原因等。

五、采用国际标准的编写方法

（一）翻译法

指制定的标准纯粹是国际标准的译文。可以用一种文字或者两种文字出版。

（1）采用翻译法的国家标准应包括前言，并在前言部分指出“等同”条件下的编辑性修改。

（2）如需要增加资料性附录，应将这些附录置于国际标准的附录之后。每个附录的变化由“附录N”和随后表明顺序的大写拉丁字母组成，字母从“A”开始。

（3）使用中文出版的国家标准如声明与某国际标准“等同”，则符合该国家标准就视为符合原国际标准，反之亦然。

（4）以多语种出版的国家标准，应在前言中说明以中文文本为准。

（二）重新起草法

根据国际标准重新起草，包括仅作了结构上的修改，都应该看作重新起草。应在前言中说明与国际标准是否存在差异，以及存在哪些差异。

（三）引用法

指制定的标准无差异地采用了国际标准，并且应用于同一领域，但增加了内容，或者是应用领域不同。

六、采用国际标准产品认可程序

企业产品采用了国际标准或国外先进标准的，鼓励申报办理采用国际标准产品认可和采用国际标准产品标识备案，经采标认可的产品，可在相应的包装、标示、标签或产品说明书上印制采标标志图样。

（一）申报条件

（1）产品按照已采用国际标准或国外先进标准的我国标准（包括国家标准、行业标准、地方标准和企业标准）组织生产，或者产品质量达到国际同类先进产品实际水平的产品。

（2）产品的各项质量要求稳定的达到所采用标准的规定，并具有批量生产的能力。

（二）认可程序

1. 企业提出申请

企业申请，需提交以下申报资料（一式三份）：

（1）采用国际标准产品认可申请书；

（2）营业执照、组织机构代码证、执行标准登记证复印件；

（3）产品标准文本和采用证明材料；

（4）被采用的国际标准的原文本、译文本；

（5）产品有关技术标准（包括基础标准、原辅材料、外购件标准，检验方法标准，安全、卫生、环保标准等）目录；

（6）采用国际标准产品技术指标对比表；

（7）按标准规定由市级以上法定检测机构近一年内连续三次产品的抽样检验合格报告或有效期内的型式检验合格报告复印件；

（8）申报企业近期内连续三批产品的自检合格报告复印件。

2. 资料审查

对申请企业提供的申报资料进行审查。审查不符合的，由企业重新填报；审查符合的，安排现场评审。

3. 现场审核程序

（1）企业介绍公司情况；

（2）企业介绍采标情况；

（3）评审小组考察生产现场；

（4）评审小组考察检验和化验设施；

（5）抽查检验记录；

（6）抽查相关标准资料；

（7）评审小组讨论（企业人员回避）；

（8）评审组长宣布现场评审结论。

4. 上报审批

资料审查和现场审核通过的，申报资料和审核报告报省（自治区）、直辖市质量技术监督局审批。审批通过的，颁发《采用国际标准产品标志证书》。

课后训练

学以致用

1. 名词解释

国际标准　采用国际标准　等同采用　修改采用　技术性差异

2. 采用国际标准的编写方法有何规定？

3. 采用国际标准的意义。

4. 采用国际标准的一致性标示方法是什么？
5. 简述日本的肯定列表制度，该制度对于我国出口日本的食品有何影响？
6. 简述我国采用国际标准的原则。

知识拓展

等同采用国际标准实例

GB/T 10358－2008/ISO 771：1977 油料饼粕 水分及挥发物含量的测定

前言

本标准等同采用 ISO 771：1977《油料饼粕 水分及挥发物含量的测定》(英文版)。

为了便于使用，本标准做了下列编辑性修改：

——“本国际标准”一词改为“本标准”；

——用小数点“.”代替作为小数点的逗号“,”；

——删除国际标准的前言。

本标准是对 GB/T 10358－1989《油料饼粕中水分及挥发物测定法》的修订。

本标准于 GB/T 10358－1989 相比主要变化如下：

——增加了“规范性引用文件”、“注意事项”及“测试报告”等；

——增加了对结果判定的要求；

——规范了数值、量和单位的表达使用。

本标准自实施之日起代替 GB/T 10358－1989。

本标准自国家粮食局提出。

本标准由国家粮油标准化技术委员会归口。

本标准主要起草单位：中华人民共和国湖北出入境检验检疫局。

本标准主要起草人：赵晖、崔海容、王振华、凌约涛、刘芬。

本标准所代替标准的历次版本发布情况为：

——GB/T 10358－1989。

正文（略）28－32.

关键术语

国际标准　美国标准　欧洲标准　采用国际标准　技术性差异　编辑性修改

单元二 食品法律法规相关知识

项目一 中国食品法律法规基础知识

课前准备

【学习目标】

本项目主要介绍了食品法律法规的基础知识。通过该项目的学习，使学生了解食品法律法规的渊源与分类，掌握我国食品卫生法规体系及其制定原则与依据，熟悉食品标准法规的实施与监督管理。

【导入案例】

进入新世纪以来，随着我国经济的高速发展，人们生活水平不断提高，人们已往对食品短缺的担忧逐渐变化为如今对食品安全的恐慌。正面因素是随着经济的发展，农业有能力满足社会对食品及原料的需求，消费者对自身健康关注的加强，对食品安全的要求更严了；负面的因素相对更为复杂，有环境导致的食品原料污染问题，有加工、运输、储存、销售过程中由于环境、设备、操作、包装、添加剂等环节导致的不安全因素。食品安全问题日趋成为人们关注的焦点，并发展成为一个世界性的问题。近年来国内外一桩桩触目惊心的食品安全问题不胜枚举，有人甚至已将食品质量安全问题列为继人口、资源、环境之后的第四大社会问题。当前，我国的食品安全状况不容乐观，其原因是多方面的，其中最主要的一点就是我国的食品安全法律法规体系远未完善，与发达国家相比还存在不小的差距，迫切地需要与国际接轨，逐步加以完善，以保护我国人民的身体健康和促进对外贸易的发展。

问题：

通过上述案例可以看出，与发达国家和国际组织的食品安全法律法规相比，我国的食品安全法律法规体系还存在着比较明显的差距，您认为主要表现在哪几个方面？对于完善我国的食品法律法规体系您有什么建议？

教学内容

任务一 学习我国食品法律法规的渊源和体系

食品法的渊源又称食品法的法源，是指食品法的各种具体表现形式。其中，主要是由不同国家机关制定或认可的、因而具有不同法律效力或法律地位的各种类别的规范性食品法律文件的总称。食品法律法规体系是指以法律或政令形式颁布的，对全社会有约束力的权威性规定。它既包括法律规范，也包含以技术规范为基础所形成的各种法规。

一、食品法律法规的概念及适用范围

（一）食品法律法规的概念

食品法律法规是指由国家制定或认可，以加强食品监督管理，保证食品卫生，防止食品污染和有害因素对人体的危害，保障人民身体健康，增强人民体质为目的的，通过国家强制力保证实施的法律规范的总和。

（二）食品法律法规的适用范围

食品法律法规的适用范围即食品法律法规的效力范围，它是由食品法律法规的时间效力、空间效力和对人的效力三部分组成。

1. 食品法律法规效力范围的概念

食品法律法规的效力范围是指食品法律法规的生效范围或适用范围，即食品法律法规在什么时间、什么地方和对什么人适用，包括食品法律法规的时间效力、空间效力和对人的效力三个方面。

（1）食品法律法规的时间效力：是指食品法律法规何时生效、何时失效，以及对食品法律法规生效前所发生的行为和事件是否具有溯及力的问题。

食品法律法规的生效时间通常有下列情况：在食品法律法规文件中明确规定从法律法规文件颁布之日起施行；在食品法律法规文件中明确规定由其颁布后的某一具体时间生效；食品法律法规公布后先予以施行或者暂行，而后由立法机关加以补充修改，再通过为正式法律法规，公布施行，在施行期间也具有法律效力；在食品法律、法规中没有规定其生效时间的，实践中均以该法公布的时间为其生效的时间。

食品法律法规的失效时间通常有下列情况：从新法颁布实施之日起，相应的旧法即同时废止。由于形势发展变化，原来的某项法律法规已因调整的社会关系不复存在或完成了历史任务而已失去了存在的条件自行失效。有的法律规定了生效期限，期满该法即终止效力；有关国家机关发布专门的决议、命令，宣布废止其制定的某些法，而导致该法失效。

食品法律的溯及力，也称食品法律法规溯及既往的效力，是指新法颁布施行后，对它生效以前所发生的事情和行为是否适用的问题。如果适用，该食品法律法规就有溯及力，如果不适用，该食品法律法规就不具有溯及力。我国食品法律法规一般不溯及既往，但为了更好地保护公民、法人和其他组织的权利和利益而作的特别规定除外。

（2）食品法律法规的空间效力：是指食品法律法规生效的地域范围，即食品法律法规在哪些地方具有约束力。食品法律法规的空间效力有以下几种情况：全国人大及其常委会制定的食品法律，国务院及其各部门发布的食品行政法规、规章等规范性文件，在全国范围内有效；地方人大及其常委会、民族自治机关颁布的地方性食品法规、自治条例、单位条例，以及地方人民政府制定的政府食品规章，只在其行政管辖区域范围内有效；中央国家机关制定的食品法律、法规，明确规定了特定的适用范围的，即在其规定的范围内有效；某些食品法律、法规还有域外效力。

（3）食品法律法规对人的效力：是指食品法律法规对哪些人具有约束力。食品法律法规对人的效力有以下几种情况：我国公民在我国领域内，一律适用我国食品法律法规；外国人、无国籍人在我国领域内，也都适用我国食品法律法规，一律不享有食品特权或豁免权；我国公民在我国领域以外，原则上适用我国食品法律法规；法律有特别规定的按法律规定；外国人、无国籍人在我国领域外，如果侵害了我国国家或公民、法人的权益、或者与我国公民、法人发生食品法律关系，也可以适用我国食品法律。

2. 食品法律法规的适用规则

食品法律法规的适用规则是指食品法律法规之间发生冲突时如何选择适用食品法律法规的问题。食品法律法规的适用规则主要有以下五方面：

（1）上位法优于下位法：法的位阶是指法的效力等级。效力等级高的是上位法，效力等级低的就是下位法。不同位阶的食品法律法规发生冲突时，应当选择适用位阶高的食品法律法规。

（2）同位阶的食品法律法规具有同等法律效力，在各自权限范围内适用：食品部门规章之间、食品部门规章与地方政府食品规章之间具有同等效力，在各自的权限范围内试行。

（3）特别规定优于一般规定：即“特别法优于一般法”。同一机关制定的食品法律、食品行政法规、地方性食品法规、食品自治条例和单行条例、食品规章，特别规定与一般规定不一致的适用特别规定。

（4）新的规定优于旧的规定：即“新法优于旧法”。同一机关制定的食品法律、食品行政法律、地方性食品法规、食品自治条例和单行条例、食品规章，特别规定与一般规定不一致的适用特别规定。适用这条规则的前提是新旧规定都是现行有效的，该适用哪个规定，采取从新原则。这与法的溯及力的从旧原则是有区别的。法的溯及力解决的是新法对其生效以前发生的事件和行为时否适用的问题。

（5）不溯及既往原则：任何视频法律法规都没有溯及既往的效力，但为了更好地保护公民、法人和其他组织的权利和利益而作的特别规定除外。

3. 食品法律法规效力冲突的裁决制度

（1）食品法律之间对同一事项新的一般规定与旧的特别规定不一致，不能确定如何使用时由全国人大常委会裁决。

（2）食品行政法规之间对同一事项新的一般规定与旧的特别规定不一致，不能确定如何使用时由国务院裁决。

（3）地方性食品法规、食品规章之间不一致时，由有关机关依照下列规定的权限进行裁决：同一机关制定的新的一般规定与旧的特别规定不一致时，由制定机关裁决；地方性食品法规与食品部门规章之间对同一事项的规定不一致，不能确定如何适用时由国务院提出意见，国务院认为应当适用地方性食品法规的，应当决定在该地方适用地方性食品法规的规定，认为应当适用食品部门规章的，应当提请全国人大常委会裁决；食品部门规章之间、食品部门规章与地方政府食品规章之间对同一事项的规定不一致时由国务院裁决；根据授权指定的食品法规与食品法律规定不一致，不能确定如何适用时由全国人大常委会裁决。

二、食品法律法规的分类

（一）法的分类

从不同的角度，按照不同的标准可以对法进行不同的分类。就现代各国的法律分类而言，有属于各国比较普遍共有的分类，如国内法与国际法、成文法与不成文法、实体法与程序法、一般法与特定法等；有仅适于部分国家的法律分类，如实行成文宪法制的国家有根本法和普通法之分，普通法系的国家有普通法与平衡法、判例法与制定法之分。本部分仅介绍与我国法制建设直接相关的一些法的基本分类。

1. 成文法与不成文法

这是按照法的创制方式和表达形式的不同，对法进行的分类。

成文法是指国家机关制定和公布的、以比较系统的法律条文形式出现的法，又称作制定法。

不成文法是指由国家认可的、不具有规范条文形式的法。它大体上可以分为习惯法、判例法、法理三种。

2. 实体法与程序法

这是根据法的内容对法进行的分类。

实体法是直接规定人们权力和义务的实际关系，即确定权力和义务的产生、变更、消灭的法。

程序法是规定保证权力和义务得以实现的程序的法律。

3. 根本法与普通法

这是根据法的地位、内容和制定程序的不同，对法进行的分类。这种分类仅适用于成文宪法制国家。

根本法即宪法，在有的国家又称基本法，是规定国家各项基本制度、基本原则和公民的基本权利等国家根本问题的法。在成文宪法制国家，它通常具有最高的法律地位和法律效力。

这里所说的普通法是指宪法以外的、确认和规定社会关系各个领域的问题的法。其法律地位和效力低于根本法。

4. 一般法与特别法

这是按照法的效力范围的不同，对法进行的分类。一般法是针对一般人或一般事项，在全国适用的法；特别法是针对特定的人群或特别事项，在特定区域有效的法。

一般法与特别法的划分是相对的。有时，一部法律相对某一部法律是特别法，而相对于另一部法律，则是一般法。但是这种划分并不是没有意义，因为特别法的效力优于一般法，即特别法发布之后，一般法的相应规定在特殊地区特定时间，对特定人群将终止或暂时终止失效。

（二）食品法律法规的分类

我国的食品法律法规，根据其调整的范围可以分为以下几类：

1. 综合性法律法规

如《中华人民共和国食品卫生法》，是我国食品卫生最基本的法规，不仅规定了我国食品卫生法的目的、任务和食品卫生工作的基本法律制度，而且全面规定了食品卫生工作的要求和措施、管理办法和标准的制定，以及食品卫生管理、食品卫生监督、法律责任等。

2. 各种单项法律法规

针对食品的某一方面所制定的法规，如《进出口食品卫生管理暂行办法》等。

3. 食品标准和管理办法

我国已制定了很多食品卫生标准，如《粮食卫生标准》、《食用植物油卫生标准》，以及各种调味品、肉、乳、蛋、水产品、豆制品等卫生标准，为了保证食品卫生标准的执行，我国还对各类食品的包装容器、食品添加剂等制定了卫生管理办法。

三、食品法律法规的渊源

（一）宪法

宪法是我国的根本大法，是国家最高权力机关通过法定程序制定的具有最高法律效力的规范性法律文件。它规定和调整国家的社会制度和国家制度、公民的基本权力和义务等，是最根本的全局性的问题。它不仅是食品法的重要渊源，也是其他法律的重要渊源，是制定食品法律、法规的来源和基本依据。

（二）食品法律

食品法律是指由全国人大及其常委会经过特定的立法程序制定的规范性法律文件。它的地位和效力仅次于宪法。它又分为两种：一是由全国人大制定的食品法律，称为基本法；二是由全国人大常委会制定的食品基本法律以外的食品法律。

（三）食品行政法规

食品行政法规是由国务院根据宪法和法律，在其职权范围内制定的有关国家食品行政管理活动的规范性法律文件，其地位和效力仅次于宪法和法律、党中央和国务院联合发布的决议或指示，既是党中央的决议和指示，又是国务院的行政法规或其他规范性文件，具有法的效力、国务院各部委所发布的具有规范性的命令、指示和规章，也具有法的效力，但其法律地位低于行政法规。

（四）地方性食品法规

地方性食品法规是指省、自治区、直辖市以及省级人民政府所在地的市和经国务院批准的较大的市的人民代表大会及其常委制定的适用于本地方的规范性文件。除地方性法规外，地方各级权力机关及其常设机关、执行机关所制定的决定、命令、决议，凡属规范者，在其辖区范围内，也都属于法的渊源。地方性法规和其他地方其他规范性文件不得与宪法、食品法律和食品行政法规相抵触，否则无效。

（五）食品自治条例与单行条例

食品自治条例和单行条例是有民族自治地方的人民代表大会依照当地民族的政治、经济和文化的特点制定的食品规范性文件。自治区的自治条例报上一级人大常委会批准后生效。

（六）食品规章

食品规章分为两种类型：一是指由国务院行政部门依法在其职权范围内制定的食品行政管理规章，在全国范围内具有法律效力；二是指由各省、自治区、直辖市以及省、自治区人民政府所在地和经国务院批准的较大的市的人民政府，根据食品法律在其职权范围内制定和发布的有关地区食品管理方面的规范性文件。

（七）食品标准

由于食品法的内容具有技术控制和法律控制的双重性质，因此食品标准、食品技术规范和操作规程就成为食品法渊源的一个重要组成部分。这些标准、规范和规程可分为国家和地方两级。值得注意的是，这些标准、规范和规程的法律效力虽然不及法律、法规，但在具体的执法过程中，它们的地位又是相当重要的。因为食品法律、法规只对一些问题作了原则性规定，而对某种行为的具体控制，则需要依靠标准、规范和规程。所以从一定意义上说，只要食品法律、法规对某种行为作了规范，那么食品标准、规范和规程对这种行为的控制就有了极高的法律效力。

（八）国际条例

国际条例是指我国与外国缔结的或者我国加入并生效的国际法规范性文件。它可由国务院按职权范围同外国缔结相应的条约和协定。这种与食品有关的国际条约虽然不属于我国国内法的范畴，但其一旦生效，除我国声明保留的条款外，也与我国国内法一样对我国国家机关和公民具有约束力。

四、我国食品法律法规体系

食品法律法规体系是指以法律或政令形式颁布的，对全社会有约束力的权威性规定。它既包括法律规范，也包含以技术规范为基础所形成的各种法规。具体的食品法规，往往偏重于技术规范。各种技术规范也随着时代的发展而不断地发展和完善。我国现阶段食品卫生法规定体系的构成见图 2.1。

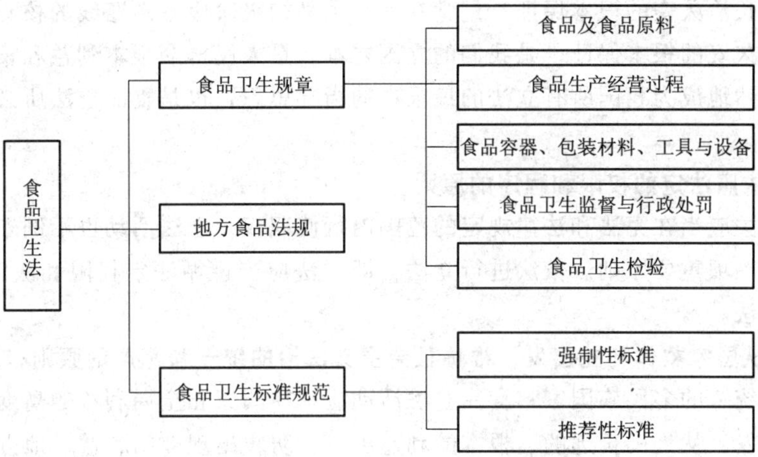

图 2.1 我国现阶段食品卫生法规定体系

任务二 食品法律法规的制定和实施

食品法的制定是指有权的国家机关依照法定的权限和程序，制定、认可、修改、补充或废止规范性食品相关法律文件的活动，又称为食品立法活动。

食品法的制定有狭义和广义之分，狭义的食品法制定，专指全国人大及其常委会制定食品法律的活动。广义的食品法制定，不仅包括狭义的食品法的制定，还包括国务院制定食品行政法规、国务院有关部门制定食品部门规章、地方人大及其常委会制定地方性食品法规、地方人民政府制定地方政府食品规章、民族自治地方的自治机关制定食品自治条例和单行条例、特别行政区的立法机关制定食品法律文件等活动。

食品法的制定具有如下特点：(1) 权威性：食品立法是国家的一项专门活动，只能由享有食品立法权的国家机关进行，其他任何国家机关、社会组织和公民个人均不得进行食品立法活动。(2) 职权性：享有食品立法权的国家机关只能在其特定的权限范围内进行与其职权相适应的食品立法活动。(3) 程序性：食品立法活动必须依照法定程序进行。(4) 综合性：食品立法活动不仅包括制定新的规范性食品法律文件的活动，还包括认可、修改、补充或废止等一系列食品立法活动。

一、食品法律法规制定的原则

食品法律法规制定的基本原则是指食品立法主体进行食品立法活动所必须遵循的基本行为准则，是立法指导思想在立法实践中的重要体现。根据立法法的规定，食品立法活动必须遵循以下基本原则。

(一) 遵循宪法的基本原则

遵循宪法的基本原则，即以经济建设为中心，坚持社会主义道路、坚持人民民主专政、坚持中国共产党的领导、坚持马克思列宁主义、毛泽东思想、邓小平理论，坚持改革开放。“一个中心，两个基本点”是党在社会主义初级阶段的基本路线的核心内容，是实现国家长治久安的根本保证，是党在社会主义初级阶段基本路线的核心内容，是实现国家长治久安的根本保证，是我们的立国之本，是人民群众根本利益和长远利益的保障，理所当然地成为我国所有立法的最根本的指导思想，也是食品立法所必须遵循的基本原则。

（二）依照法定的权限和程序的原则

国家机关应当在宪法和法律规定的范围内行使职权，立法活动也不例外。这是社会主义法治的一项重要原则。依法进行立法，即立法应当遵循法定权限和法定程序进行，不得随意立法。

（三）从国家整体利益出发，维护社会主义法治的统一和尊严的原则

我国是统一的多民族国家。食品立法活动应站在国家和全局利益的高度，从国家的整体利益出发，从人民长远的、根本的利益出发，防止出现部门利益、地方保护主义的倾向，维护国家的整体利益，维护社会主义法治的统一和尊严。这是依法治国，建设社会主义法治国家的必然要求。

（四）坚持民主立法的原则

食品法律的制定要坚持群众路线，采取各种行之有效的措施，广泛听取人民群众的意见，集思广益，在高度民主的基础上高度集中。这样也有利于加强食品立法的民主性、科学性。广泛吸收广大人民群众参与食品立法工作，调动他们的积极性和主动性，不仅使食品立法更具民主性，而且有利于食品法律在现实生活中得到真正的遵守。

（五）从实际出发的原则

食品法律法规的制定，最根本的就是从我国的国情出发，深入实际，调查研究，正确认识我国国情，充分考虑到我国社会经济基础、生产力水平、各地的生活条件、饮食习惯、人员素质等状况，科学、合理地规定公民、法人和其他组织的权利与义务、国家机关的权利与责任。坚持从实际出发也应当注意在充分考虑我国的基本国情，体现中国特色的前提下，适当借鉴、吸收外国及本国历史上食品立法的有益经验，努力与国际接轨。

（六）对人民健康高度负责的原则

健康是一项基本人权，保证食品质量与安全，防止食品污染和有害因素对人体健康的影响是判定和执行各项食品标准、管理办法的出发点。只有这样，才能充分体现出宪法的基本精神。

食品的安全性是实现人的健康权利的保证，也是食品质量安全制度的重要基础。虽然在不同的经济发展阶段，食品安全的内容和水平有所差别，但食品安全所体现的精神实质始终是一致的。概括地说，食品安全有两方面的内容：第一，人人有获得食品安全性保护的权利。任何人不分民族、种族、性别、职业、社会出身、宗教信仰、受教育程度、财产状况等都有权获得食品安全性保护，同时他们依法所取得的食品安全性保护权益都受同等的法律保护。第二，人人有获得优质食品安全性保护的权利。这一权利要求食品安全性保护的质量水平应达到一定的专业标准。食品安全性保护质量的高低、优劣，这就需要政府加以监督。

（七）预防为主的原则

食品污染和有害因素对人体所造成的危害，有些是急性的，如食物中毒等，也有些是慢性的，甚至是潜在的危害，如肿瘤、致畸形、致突变等。急性的疾病，可以通过急救和治疗后使患者痊愈。而慢性的则很难治愈，甚至可以延及子孙后代，其后果不堪设想。所以，必须防患于未然，把食品的立法，放到以预防为主的方针上。实践证明，预防为主不仅是费用低、效果好的措施，而且能更好地体现党和政府对人民群众的关心和爱护。

预防为主原则有以下几个基本含义：① 任何食品工作者都必须严格按照相应的规范标准实施生产，采取严格的生产程序，使生产出的食品质量和卫生都达到安全的标准；② 强调预防并不是轻视监督，它们之间并不是矛盾的，也不是分散的、互不通联的、彼此独立的两个系统，而是一个相辅相成的有机整体；③ 预防和监督都是保护健康的方法和手段。

（八）发挥中央和地方两方面积极性的原则

我国是一个地域辽阔、民族众多的国家。各地区、各民族的饮食习惯有很大的不同，并且食品生产、经营范围广，涉及面宽。因此，既不能强求一致，又要对直接危害人民健康的因素坚决制止；既要有中央的统一管理，又要各地区、各民族由省、直辖市制定具体办法，针对本地区的特点和各民族的风俗习惯加强管理。总之，要充分发挥中央和地方两方面的积极性。

二、食品法律法规制定的依据

（一）宪法是食品立法的法律依据

宪法是国家的根本大法，具有最高法律效力，是其他法律、法规的立法依据。下发有关保护人民健康的规定是食品法律法规制定的来源和法律依据。

（二）保护人体健康是食品立法的思想依据

健康是人类生存与发展的基本条件，人民健康状况是衡量一个国家或地区的发展水平和文明程度的重要标志。国家的富强和民族的进步，包含着健康素质的提高。增进人民健康，提高全民族的健康素质，是社会经济发展和精神文明建设的重要目标，是人民生活达到小康水平的重要标志，也是促进经济发展和社会可持续发展的重要保障。

食品是指各种供人食用或者饮用的成品和原料，以及按照传统既是食品又是药品的物品，但是不包括以治疗为目的的物品。食品是人类生存和发展最重要的物质基础，食品的安全、卫生和必要的营养是食品的基本要求。防止食品污染和有害因素对人体的危害，搞好食品安全是预防疾病，保障人民生命安全与健康的重要措施。以食品生产经营和食品安全监督管理活动中产生的各种社会关系为调整对象的食品法律法规必然要把保护和增进人体健康作为其立法的思想依据、立法工作的出发点和落脚点。

法律赋予公民的权利是极其广泛的。其中生命健康权是公民最根本的权益，是行使其他权利的前提和基础。失去了生命和健康，一切权利都成空谈。以保障人体健康为中心内容的食品法律法规，无论以什么形式表现出来，也无论调整的是哪一特定方面的社会关系，都必须坚持保护和增进人体健康这一思想依据。

（三）食品科学是食品立法的自然科学依据

食品行业是以生物学、化学、工程学、农学、畜牧学等为核心的科技密集型行业，现代食品行业是在现代自然科学及其应用工程技术高度发展的基础上展开的。因此食品立法工作在遵循法律科学的基础上，必须遵循食品工作上的客观规律，也就是必须把化学、生物学、食品工程和食品科学紧密联系在一起，科学地立法，促进食品科技进步，只有这样才能达到有效保护人体健康的立法目的。

（四）社会经济条件是食品立法的物质依据

社会经济条件是食品法律法规制定的重要物质基础。改革开放以来，我国社会主义建设取得了巨大成就，生产力有了很大发展，综合国力不断增强，社会经济水平有了很大提高，为新时期的食品立法工作提供了牢固的物质依据。不过我们也要看到，我国是发展中国家，与世界发达国家相比，我国的综合国力、生产力和人民生活水平都不高，地区间发展又严重不平衡，这些都是食品立法工作的制约因素。因此，食品法律法规的制定必须着眼于我国的实际，正确处理好食品立法与现实条件、经济发展之间的关系，以适应社会主义市场经济的需要，达到满足人民群众不断增长的多层次的需求、保护人体健康、保障经济和社会可持续发展的目的。

（五）食品政策是食品立法的政策依据

食品政策是党领导国家食品工作的基本方法和手段。它以科学的世界观、方法论为理论基础，正确反映了食品科学的客观规律和社会经济与食品发展的客观要求，是对人民共同意志的高度概括，充分体现了人民意志，使食品法律法规能够在现实生活中得到普遍遵守和贯彻，最终形成良好的食品法律秩序。因此，党的食品政策是食品法律法规的灵魂和依据，食品立法要体现党的政策的精神和内容。

此外，在食品立法过程中，我们应当体现和履行我国已参加的国际食品条例、贯彻的有关规定。同时对外国食品法律、立法经验以及立法技术加以深究、分析，对有益的地方进行借鉴，以使食品法律法规适应我国与国际交往的需要。

三、食品法律法规制定的程序

食品法律法规的制定程序是指由立法权的国家机关制定食品法律法规所必须遵循的方式、步骤、顺序等的总和。程序是立法质量的重要保证，是民主立法的保障。食品法律法规的制定必须依照法定程序进行。

（一）食品法律和制定程序

全国人大常委会制定食品法律的程序如下：

1. 食品立法的准备

主要包括编制食品立法规划、作出食品立法决策、起草食品法律草案等。

2. 食品法律案的提出和审议

主要包括食品法律草案的提出和列入议程、听取食品法律草案说明、常委会会议审议活全国人大教科文卫委员会、法律委员会审议等。列入常委会会议议程的食品法律案，全国人大教科文卫委员会，法律委员会和常委会工作机构应当听取各方面的意见。对于重要的食品法律草案，经委员长会议决定，可以将食品法律草案公布，向社会征求意见。

3. 食品法律草案的表决、通过与发布

食品法律草案提请全国人大常委会审议后，由常委会全体会议投票表决，以过半数全体组成人员同意为通过，由国家主席以主席令的形式公布食品法律。

（二）食品行政法规的制定程序

1. 立项

国务院的食品药品监督、卫生、检验检疫、进出口等行政管理部门根据社会发展状况，认为需要制定食品行政法规的，应当向国务院报请立项，由国务院法制局编制立法计划，报请国务院批准。

2. 起草

起草工作由国务院组织，一般由业务主管部门具体承担起草任务。在起草过程中，应当广泛听取有关机关、组织和公民的意见。

3. 审查

业务主管部门有权向公务员提出食品行政法规草案，送国务院法制局进行审查。

4. 通过

国务院法制局对食品行政法规草案审查完毕后，向国务院提出审查报告和草案修改稿，提请国务院审议，由国务院常务会议或全体会议讨论通过或者总理批准。

5. 公布

食品行政法规由国务院总理签署国务院令公布。

6. 备案

食品行政法规公布后30日内报全国人大常委会备案。

（三）地方性食品法规、食品自治条例和单行条例的制定程序

1. 地方性食品立法规划和计划的编制

2. 地方性食品法规草案的起草

享有地方立法权的地方人大常委会、教科文卫委员会或业务主管厅（局）负责起草地方性食品法规草案。

3. 地方性食品法规草案的提出

享有地方立法权的地方人大召开时，地方人大主席团、常委会、教科文卫委员会、本级人民政府以及10人以上代表联名，可以向本级人大提出地方性食品法规草案。人大闭会期间，常委会主任会议、教科文卫委员会、本级人民政府以及常委会组成人员5人以上联名，可以向本级人大常委会提出地方性食品法规草案。

4. 地方性卫生法规草案的审议

向地方人大提出的地方性食品法规草案由人大会议审议，或者先交教科文卫委员会审议后提请人大会议审议；向地方人大常委会提出的地方性食品法规草案由常委会会议审议，或者先交教科文卫委员会审议后提请常委会会议审议。

5. 地方性食品法规草案的表决、通过、批准、公布与备案

地方性食品法规案经地方人大、常委会表决，以全体代表、常委会全体组成人员的过半数通过，由有关机关依法公布，并在30日内报有关机关备案。

（四）食品规章的制定程序

1. 食品部门规章的制定程序

（1）立项。（2）起草：食品部门规章案的起草工作以国务院食品管理部门的职能司为主、法制与监督司或政策法规司参与配合。起草时可以请食品专家、法律专家参加论证。（3）审查：食品部门规章案一般由食品管理部门下属的业务主管司（局）在其职责范围内提出，送法制与监督司或政策法规司审核。（4）决定：食品部门规章草案审核后，提交部（局）务会议讨论，决定通过。（5）公布：食品部门规章由部门首长签署命令予以公布。（6）备案：食品部门规章公布后30日内报国务院备案。

2. 食品政府食品规章的制定程序

（1）起草：地方政府食品规章案由享有政府食品卫生规章制定权的地方食品行政部门负责起草。（2）审查：地方政府食品规章案由地方食品行政部门在其职责范围内提出，送地方人民政府法制局审核。（3）决定：地方政府食品规章草案经法制局审核后，提交政府常务会议或者全体会议讨论，决定通过。（4）公布：地方政府食品规章由省长、自治区主席或者直辖市长签署命令予以公布，并在30日内报国务院备案。

四、食品法律法规的实施

（一）食品法律法规实施的概念

食品法律法规的实施是指通过一定的方式使食品法律规范在社会生活中得到贯彻和实现的活动。食品法律法规的实施过程，是把食品法的规定转化为主体行为的过程，是食品法律法规作用于社会关系的特殊形式。食品法律法规的实施主要有食品法律法规的遵守和食品法律法规的适用两种方式。

（二）食品法律法规的适用

食品法律法规的适用由广义和狭义之分。广义的食品法律法规的适用，是指国家机关和法律、法规授权的社会组织依照法定的职权和程序，行使国家权力，将食品法律法规创造性地运用到具体人或组织，用来解决具体问题的一种专门活动。它包括食品行政管理部门以及法律、法规授权的组织依法进行的食品质量安全执法活动和司法机关依法处理有关食品违法和犯罪案件的司法活动。狭义的食品法律法规的适用仅指司法活动。这里指的是广义的食品法律法规的适用。

食品法律法规的适用是一种国家活动，不同于一般公民、法人和其他组织实现食品法律法规的活动。它具有以下特点：

1. 权威性

食品法律法规的适用是享有法定职权的国家机关以及法律、法规授权的组织，在其法定或授予的权限范围内，依法实施食品法律法规的专门活动，其他任何国家机关、社会组织和公民个人都不得从事此项活动。

2. 目的的特定性

食品法律法规适用的根本目的是保护公民的生命健康权。这是食品法律法规保护人体健康的宗旨所决定的。

3. 合法性

有关机关及授权组织对食品管理事务或案件的处理，应当有相应的法律依据。否则无效，甚至还须承担相应的法律责任。

4. 程序性

食品法律法规的适用是有关机关及授权组织依照法定程序所进行的活动。

5. 国家强制性

食品法律法规的适用是以国家强制力为后盾实施食品法律法规的活动，对有关机关及授权组织依法作出的决定，任何当事人都必须执行，不得违抗。

6. 要式性

食品法律法规的适用必须有标明适用结果的法律文书，如食品卫生许可证、罚款决定书、判决书等。

（三）食品法律法规的解释

食品法律法规的解释是指有关国家机关、组织或个人，为适用或遵守食品法规，根据立法原意对食品法律法规的含义、内容、概念、术语以及适用的条件等所作的分析、说明和解答。食品法律法规的解释是完备食品立法和正确实施食品法所必需的。按照解释的主题和解释的法律效力的不同，食品法律法规的解释可以分为正式解释和非正式解释

1. 正式解释

正式解释又称有权解释、法定解释、官方解释，是指有解释权的国家机关按照宪法和法律所赋予的权限对食品法律法规所作的具有法的效力的解释。正式解释是一种创造性的活动，是立法活动的继续，是对立法意图的进一步说明，具有填补法的漏洞的作用，通常分为立法解释、司法解释和行政解释。

（1）立法解释：是指由食品立法权的国家机关对有关食品法律文件所作的解释。包括全国人大常委会对宪法和食品法律的解释；国务院对其制定的食品行政法规的解释；地方人大及其常委会对地方性食品法规的解释；国家授权其他国家机关的解释。

（2）司法解释：是指最高人民法院和最高人民检察院在审判和检查工作中对具体应用食品法律的问题所进行的解释。包括最高人民法院作出的审判解释，最高人民检察院作出的监察解释以及最高人民法院和最高人民检察院联合作出的解释。

（3）行政解释：是指由解释权的行政机关在依法处理食品行政管理事务时，对食品法律、法规的适用问题所作的解释。包括国务院及其所属各部门、地方人民政府行使职权时，对如何具体应用食品法律的问题所作的解释。

2. 非正式解释

非正式解释又称作非法定解释、无权解释。分为学理解释和任意解释。学理解释一般是指宣传机构、文化教育机关、科研单位、社会组织、学者、专业工作者和报刊等对食品法律法规所进行的理论性、知识性和常识性解释。任意解释是指一般公民、当事人、辩护人对食品法律法规所作的理解和说明。非正式解释虽不具有法律效力，但对法律适用有参考价值，对食品法律法规的遵守有指导意义。

（四）食品法律法规的遵守

食品法律法规的遵守，又称食品守法，是指一切国家机关和武装力量、各政党和各社会团体、各企业事业组织和全体公民都必须恪守食品法律法规的规定，严格依法办事。食品法律法规的遵守是食品法律法规实施的一种重要形式，也是法治的基本内容和要求。

1. 食品法律法规遵守的主题

食品守法的主题，既包括一切国家机关、社会组织和全体中国公民，也包括在中国领域内活动的国际组织、外国组织、外国公民和无国籍人。

2. 食品法律法规的遵守范围

食品守法的范围极其广泛。主要包括宪法、食品法律、食品行政法规、地方性食品法规、食品自治条例和单行条例、食品规章、食品标准、特别行政区的食品法、我国参加的世界食品组织的章程、我国参与缔结或加入的国际食品条约、协定等。对于食品法律法规适用过程中有关国家机关依法作出的、具有法律效力的决定书，如人民法院的判决书、调解书、食品行政部门的食品卫生许可证、食品行政处罚决定书等非规范性文件也是食品法律法规的遵守范围。

3. 食品法律法规的遵守内容

食品法律法规的遵守不是消极、被动的，它既要求国家机关、社会组织和公民依法承担和履行食品质量安全义务（职责），也包含国家机关、社会组织和公民依法享有权利、行使权利，其内容包括依法行使权利和履行义务两个方面。

五、食品行政执法与监督

（一）食品行政执法概述

1. 食品行政执法的概念

食品行政执法是指国家食品行政机关、法律法规授权的组织依法执行适用法律，实现国家食品管理的活动。食品行政执法是食品行政机关进行食品管理、适用食品法律法规的最主要的手段和途径。

国家行政机关行使职权、实施行政管理时依法所作出的直接或间接产生行政法律后果的行为，成为行政行为。行政行为可以分为抽象行政行为和具体行政行为。抽象行政行为是指行政机关针对不特定的行政相对人制定或发布的具有普遍约束力的规范性文件的行政行为。如卫生部根据法律、法规的规定，在本部门的权限内，发布命令、指示和规章的行为。具体行政行为是指行政机关对特定的、具体的公民、法人或者其他组织，就特定的具体事项，作出有关该公民、法人或者组织权利义务的单方行为。食品行政执法即指具体食品行政行为。

2. 食品行政执法的特点

（1）执法的主体是特定的

食品行政执法的主体只能是食品行政管理机关，以及法律、法规授权的组织。不是食品行政主体或者没有依法取得执法权的组织不得从事食品行政执法。

（2）执法时一种职务性行为

食品行政执法时执法主体代表国家进行食品管理的活动，是行使职权的活动。即行政主体在行政管理过程中，处理行政事务的职权权力。因此，执法主体只能在法律规定的职权范围内履行其责任，不得越权或者滥用职权。

(3) 执法的对象时特定的

食品行政执法行为针对的对象是特定的、具体的公民、法人或者其他组织。特定的、具体的公民、法人或其他组织称为食品行政相对人。

(4) 执法行为的依据是法定的

食品行政机关作出具体行政行为的过程，实际上也是适用食品法律法规的过程。食品行政执法的依据只能是国家现行有效的食品法律、法规、规章以及上级食品行政机关的措施、发布的决定、命令、指示等。

(5) 执法行为是单方法律行为

在食品行政执法过程中，执法主体与相对人之间所形成的行政法律关系，是领导与被领导、管理与被管理。行为成立的惟一条件是其合法性。

(6) 执法行为必然产生一定的法律后果

食品行政执法行为是确定特定人某种权利或义务，剥夺、限制其某种权利，拒绝或拖延其要求，行政执法主体履行某种法定职责等。因此必然会直接或者间接地产生相关的权利义务关系，产生相应的、现实的法律后果。

3. 食品行政执法的依据

食品行政执法活动，是食品行政机关依法对食品进行管理，贯彻落实法律、法规等规范性文件的具体方法和手段。因此，食品行政执法的依据主要是现行有效的有关食品方面的规范性文件。我国行政诉讼法规定，人民法院审理行政案件，以法律和行政法规、地方性法规为依据，地方性法规适用于本行政区域内发生的行政案件；人民法院审理民族自治地方的行政案件，并以该民族自治地方的自治条例和单行条例为依据；人民法院审理行政案件，参照国务院部、委根据法律和国务院的行政法规、决定、命令制定、发布的规章以及省、自治区、直辖市和省、自治区的人民政府所在地的市和经国务院批准的较大的市的人民政府根据法律和国务院的行政法规制定、发布的规章；人民法院认为地方人民政府制定、发布的规章与国务院部、委制定、发布的规章不一致的，以及国务院部、委制定、发布的规章之间不一致的，由最高人民法院送国务院作出解释或者裁决。按照法院审理行政案件所依据的法律和参照的法规等规定，上述法律、法规、规章等，就应当是行政执法的依据。此外凡是我国承认或者参加的国际食品方面的条例、公约或者签署的双边或多边协议等，也是我国食品行政执法的依据。

4. 食品行政执法的有效条件

食品行政执法的有效条件，即食品行政执法行为产生法律效力的条件。只有符合有效条件的食品行政执法行为才能产生法律效力。一般情况下，食品行政执法行为产生法律效力需要同时具备四个要件。

(1) 资格要件

资格要件是指作出食品行政执法行为的主体符合法定的条件。实施食品执法行为的主体必须是具有该项食品行政执法权力的行政机关，或者法律、法规授权的机关，其他任何个人或者组织不得行使食品行政执法权力。

(2) 职权要件

职权要件是指享有实施食品行政执法行为资格的主体，必须在自己的权限范围内从事行政执法行为才具有法律效力。超出权限范围，实质上也就失去了执法主体的资格。

(3) 内容要件

内容要件是指食品行政执法行为的内容必须合法与合理，才能产生预期的法律效果。合法即严格依据食品法律、法规或者规章而做出的食品行政执法行为；合理即食品行政机关在自由裁量权的范围内公正、适当地实施食品行政执法行为。

(4) 程序要件

程序要件是指实施食品行政执法行为的方式、步骤、顺序、期限等，必须符合法律规定。违反法定程序，即使内容合法、正确，同样构成食品行政执法行为无效。

(二) 食品行政执法主体

1. 食品行政执法主体的概念

食品行政执法主体是指依法享有国家食品行政执法权力，以自己的名义实施食品行政执法活动并独立承担由此引起的职责的组织。

食品行政执法的主体是组织而非个人。尽管具体的执法行为是由行政机关的工作人员来行使，但是工作人员不是行政执法主体。在有些情况下，食品行政机关依法委托其他单位或组织行使执法权力，但受委托的单位或组织并不以自己的名义进行执法，执法后果也仍然由食品行政机关承担，因此，受委托的单位或组织也不是食品行政执法主体。

2. 食品行政执法主体的分类

根据执法主体资格取得的法律依据不同，食品行政执法主体可以分为职权性执法主体和授权性执法主体两种。

职权性执法主体是指根据宪法和行政组织法的规定，在机关依法成立时就拥有相应行政职权并同时获得行政主体资格的行政组织。也就是说，职权行执法主体资格的获得，是依据宪法和有关的组织法，是国家设立的专门的履行行政职能的国家行政组织，是以完成一定的国家行政职能为设立要素的，因此宪法和有关组织法对其行政职权与职责的规定有一定的原则性和概括性。职权性执法主体只能是国家行政机关，包括各级人民政府及其职能部门以及县级以上地区政府的派出机关。

授权性执法主体是指根据宪法和行政组织法以外的单行法律、法规的授权规定而获得行政执法资格的组织。也就是说，执法性执法资格的获得，是依据宪法和行政组织法以外的单行法律、法规，其职权的内容、范围和方式是专项的、单一的、具体的，必须按照授权规范所规定的职权标准去行使。

具体地讲，我国食品行政执法主体主要有以下单位和机构：

(1) 食品监督管理机关

食品监督管理机关是最新设立的履行综合监督食品、保健品、化妆品安全管理的国家行政组织，是最主要的食品行政执法主体，食品监督管理行政机关包括国务院食品监督管理行政主管部门，即中国国家食品药品监督管理局（SFDA），省、自治区、直辖市食品药品监督管理局，地（市）食品药品监督管理局，县（县级市、区、旗）食品药品监督管理局，统称为各级食品监督管理行政机关。

其主要执法职责是：① 组织有关部门起草食品、保健品、化妆品安全管理方面的法律、行政法规；组织有关部门制定食品、保健品、化妆品安全管理的综合监督政策、工作规划并监督实施；② 依法行使食品、保健品、化妆品安全监督工作；③ 依法组织开展对食品、保健品、化妆品重大安全事故的查处；根据国务院授权组织协调开展全国食品、保健品、化妆品安全的专项执法监督活动；组织协调和配合有关部门开展食品、保健品、化妆品安全重大事故应急救援工作；④ 综合协调食品、保健品、化妆品安全的检测和评价工作；会同有关部门制定食品、保健品、化妆品安全监管信息发布办法并监督实施，综合有关部门的食品、保健品、化妆品安全信息并定期向社会发布。

（2）食品卫生行政机关

卫生行政机关是依据宪法和行政组织法规定而设立的履行卫生行政职能的国家行政组织，是最主要的食品卫生行政执法主体。卫生行政机关包括国务院卫生行政主管部门，即卫生部，省、自治区、直辖市卫生厅（局），地（市）卫生局，县（县级市、区、旗）卫生局，统称为各级卫生行政机关。

其主要执法职责是：

① 在法定的职能范围内制定相关的规范性文件、政策、标准、规范；② 依法对辖区范围内的社区公共卫生、与健康相关的产品及其生产经营活动、医疗机构及人员进行监督检查；③ 依法对与健康有关的产品、与健康有关的社会活动进行审查、审批，颁发有关卫生许可证；依法对医疗事故，药品、食品中毒事故、职业中毒事故，其他与卫生和健康有关的事件进行调查处理；④ 依法对卫生先进单位和个人给予奖励，对各类卫生违法行为实施行政处罚等。

（3）食品质量技术监督检验机关

国家质量技术监督局与国家出入境检验检疫局合并，组建中华人民共和国国家质量监督检验检疫总局（正部级，简称国家质检总局），是我国食品行政执法主体之一。主管全国质量、计量、出入境卫生检疫，出入境动植物检疫和认证认可、标准化等工作，并行使行政执法职能的直属机构。

在食品质量安全市场准入方面的职责有：① 制定并颁布食品质量安全监督管理工作有关章程的规范性文件及《食品质量安全监督管理重点产品目录》、各类生产许可证实施细则；② 制定《食品生产许可证》证书、食品市场准入标志的式样及使用方法，统一印制《食品生产许可证》；③ 负责受理并审查有特殊规定的食品生产加工企业提出的《食品生产许可证》申请；④ 审核批准并向符合规定条件的企业颁发《食品生产许可证》；⑤ 负责统一制定审查人员、检验人员资格管理制度并组织实施；⑥ 负责制定承担食品检验任务的检验机构的基本条件和取得资格的程序及管理规定，并审定省级以上（含省级）承担食品检验任务的检验机构；⑦ 统一公告承担检验任务的机构名单、取得《食品生产许可证》企业名单和撤销《食品生产许可证》企业名单等有关信息；⑧ 负责对《食品生产许可证》审查、发证工作的检查，组织对无证生产销售违法行为的查处，受理食品生产许可证工作的有关投诉，处理食品生产许可证的争议事宜；

⑨ 统一编制管理软件，建立食品市场准入制度信息管理系统。

在进出口食品安全管理方面的职责有：研究拟定进出口食品和化妆品安全、质量监督和检验检疫的规章、制度及进出口食品、化妆品检验检疫目录。组织实施进出口食品、化妆品的检验检疫和监督管理。收集国内外有关食品安全、卫生质量信息，组织实施相关食品卫生风险分析评估和紧急预防措施。管理重大进出口食品卫生质量事故查处和食源性污染源处理工作。

(4) 工商行政主管机关

国家工商行政管理总局是国务院主管市场监督管理和有关行政执法工作的直属机构，也是食品行政执法主体之一。

其主要职责是：① 研究拟定工商行政管理的方针、政策，组织起草有关法律、法规草案，并发布工商行政管理规章；② 依法组织监督市场竞争行为，查处垄断、不正当竞争、走私贩私、传销和变相传销等经济违法行为；③ 依法组织监督市场交易行为，监督流通领域商品质量，组织查处假冒伪劣等违法行为，保护经营者、消费者合法权益；④ 依法对各类市场经营秩序实施规范管理和监督；⑤ 负责商标注册和商标管理工作，保护商标专用权，组织查处商标侵权行为，加强驰名商标的认证和保护。

(5) 法律、法规授权的其他组织

现实生活中，法律、法规授权的食品执法组织，主要是各级食品监督管理、卫生防疫机构、质量技术监督、工商管理等。例如，根据法律、法规的授权，县级以上卫生防疫机构承担重要的食品卫生执法活动，依法享有独立的监督检查权、处罚权等，各级卫生防疫机构可以对食品生产经营场所实施卫生监督检查并处罚。

(6) 联合执法主体

根据有关单行法律、法规规定，由食品监督管理部门会同其他部门如质量技术监督机关、公安机关、工商管理机关等共同进行食品行政执法时，这些部门、机关就成为联合执法主体，或者称为共同执法主体。

(三) 食品行政执法监督

1. 食品行政执法监督的概念

食品行政执法监督是指有权机关、社会团体和公民个人等，依法对食品行政机关及其执法人员的行政执法活动是否合法、合理进行监督的法律制度。

我国宪法明确规定，国家的一切权利属于人民。人民并不直接进行国家事务的管理，而是通过人民代表大会等形式和途径，授权国家机关或组织行使管理国家事务和社会事务的权利。因此，国家机关及其工作人员的行政活动必须依法而行，并且受到有关机关和广大人民群众的监督。食品行政执法是否公正、合理、合法，关系到食品法律法规的贯彻执行，关系到整个食品行业能否健康发展。对食品行政执法活动进行监督，是提高执法主体工作效率，克服官僚主义、防止腐败的有力武器，同时也是保护人民、法人和其他组织的合法权益，实行人民当家做主权利的重要保证。

2. 食品行政执法监督的特征

(1) 监督主体的广泛性

广义上的执法监督是指全社会的监督，包括特定的国家权力机关、行政机关、司法机关等直接生产法律效力的监督，也包括社会团体和公民个人等不直接产生法律效力的民主监督。因此，享有监督权的监督主体相当广泛。

（2）监督的对象是确定的

食品行政执法监督的对象是食品行政执法机关和执法人员。

（3）监督的内容完整、法定

监督主体对食品执法主体及执法人员行使职权、履行职责的一切执法活动都实行监督；对执法行为的合法性、合理性、公正性等也都进行监督。

3. 食品行政执法监督的种类

（1）权利机关的监督

我国宪法规定国家的一切权利属于人民，人民行使国家权利的机关是全国人民代表大会和地方各级人民代表会。国家行政机关由人民代表大会产生，对它负责，受它监督。

权力机关对食品行政机关的监督，属于全面性的监督，不仅监督食品行政行为是否合法，而且监督其工作是否有成效。监督的方式有：收听和审议工作报告；审查和批准财政预决算；质询和询问；视察和检查；调查、受理申诉、控告和检举；罢免和撤职等。

（2）司法机关的监督

司法机关的监督是指人民检察院人民法院依法对食品行政行为实施的监督。检查机关的监督主要是对食品行政机关的工作人员职务违法犯罪行为进行监督。人民法院的监督主要是通过对行政诉讼案件的审核和对食品行政机关的执法活动来实现。

（3）食品行政机关的监督

食品行政机关的监督是指食品行政机关内部、上级行政机关对下级行政机关的监督。食品行政机关内部的监督是经常、直接的监督。监督的方式包括：工作报告；调查和检查；审查和审批；考核；批评和处置等。

（4）非国家监督

上述三种情况下的监督一般称为国家监督。非国家监督包括执政党的监督、社会团体和组织监督、社会舆论监督和公民个人的监督等。

4. 食品行政执法监督的内容

食品行政执法监督的内容主要有以下两个方面：（1）对实施宪法、法律和行政法规等情况进行监督。监督主体对各级食品行政执法机关的执法活动是否合法、适当进行监督。（2）对执法人员的执法活动等情况进行监督。监督主体对食品行政执法人员在执法过程中，是否行政失职、行政越权和滥用职权等进行监督。

（四）食品行政执法与监督行为

1. 食品行政执法与监督行为的分类

从不同的角度，可以对食品行政执法行为进行不同的分类。根据行为方式的不同，行政执法可分为：行政监督、行政处理、行政处罚和行政强制执行四类。从执法行为的直接法律功能出发，食品执法行为可以分成行政赋权行为、行政限权行为、行政确认行为、行政裁决行为和行政救济行为。

行政赋权行为，就是创制权利，赋予行政相对人一定的权利和利益。主要有行政许可、行政认可、行政奖励、行政救助等。

行政限权行为，就是剥夺与限制权利，即赋予行政相对人一定的义务，限制或剥夺其一定的权利和利益。包括行政处罚、行政即时控制、行政强制控制、行政命令等。

行政确认行为，就是证明事实和法律关系，从性质上说它是一种中性行为，可能对行政相对人有利，也可能不利。主要有行政证明、行政鉴定等 。

行政裁决行为，就是行政主体以中间人的身份裁定一定范围内的行政纠纷和民事纠纷，从性质上说是一种准司法行为，对相对人来说也是一种中性行为。

行政竞技行为，就是行政主体中对已经做出的行政行为本身以及行政行为的后果进行补救，在性质上是中性行为。主要有撤销行政行为，变更行政行为，行政赔偿和行政补偿等。

食品行政法中，主要常用的执法行为有多种类型，这里重点介绍以上几种。

2. 食品卫生行政许可

(1) 食品卫生行政许可的概念和特征

食品卫生行政许可是指卫生行政部门根据食品生产经营者的申请，依法准许其从事食品生产经营活动的行政行为，通过授予卫生许可证来赋予其生产经营该食品的权利或者确认其具有该种食品生产经营的资格。食品经营生产企业的食品摊贩，必须先取得卫生行政部门发放的卫生许可证方可向工商管理行政部门申请登记，未取得许可证的，不得从事食品经营生产活动。

食品卫生行政许可具有以下法律特征：

① 食品卫生行政许是一种行政赋权行为，是行政主体赋予行为相对人一定的权利和权益，免除其一定义务的行政行为。

② 食品卫生行政许可以“禁止义务”的存在为前提。某些行为有对国家、社会或公民产生危害的潜在可能性，禁止一般人随意行为，也就是实行普遍制止。对于符合法定条件者解除禁止就是许可。

③ 食品卫生行政许可的内容是直接赋予相对人从事某种活动的权利和资格。例如，许可某企业可以生产某种食品，就是直接赋予该企业有从事某种食品生产的权利和资格。

④ 食品卫生行政许可是依据相对人的申请而做出的行为。申请是食品卫生许可的必要条件。符合一定条件的相对人申请后，经过食品卫生行政机关审核考核，符合条件的给予许可。

⑤ 食品卫生行政许可通常是要式法律行为。许可是一种赋权行为，是行为人获得某种权利和权益的根据，因此，多数的行政许可，法律要求采用书面形式，即采用许可证，食品卫生许可证就是其中的一种。取得许可证就意味着得到了国家法律上的承认，取得了法律的保障，任何人都不得侵犯许可证持有人的合法权益。

(2) 食品卫生行政许可的程序

申请人向卫生行政机关申请食品卫生行政许可后，相应的卫生行政机关应按照法律规定的步骤、程序、时间、方式等，审查申请人的特定条件，向申请人颁发许可证，或者告知不予颁发的决定及理由。

① 行政许可的申请。申请人必须向有权颁发申请事项许可证的卫生行政机关提出申请，这是行政许可的前提。申请要求以书面形式提出，要求明确具体。

② 对申请的审核。卫生行政机关在接到申请人的申请后，依法对申请许可的事项是否符合合法定程序、法定形势、法定条件等进行审查。

③ 许可证的颁发。卫生行政主体审核后，认为符合法定条件的，必须在法定的期限内依法颁发许可证。对不符合法定条件的，也应当在法定的期限内予以答复，拒绝颁发许可证并说明理由。

图 2. 2 是食品卫生许可证发放流程图。

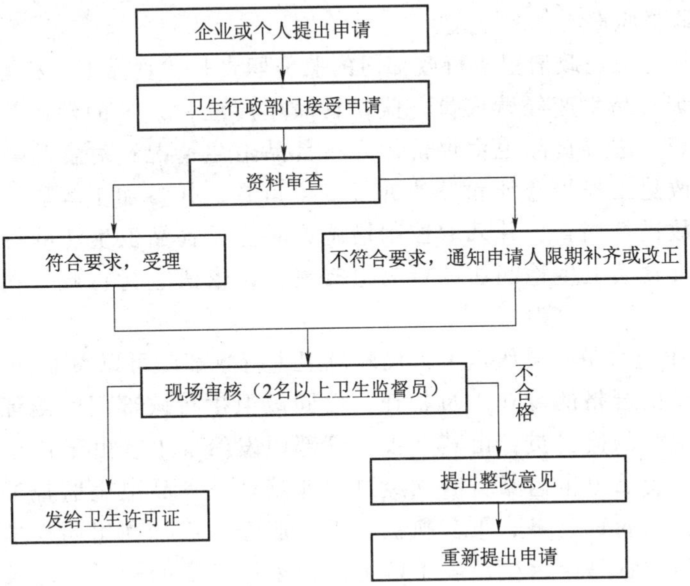

图 2. 2　食品卫生许可证发放流程图

3. 食品卫生行政监督检查

（1）食品卫生行政督察检查概念

食品卫生法规定，国家实行食品卫生行政监督检查制度。食品卫生行政监督检查作为国家对食品实行的一种法律监督，具有权威性和强制性。

食品卫生行政监督检查是指卫生行政部门为实现行政管理职能，对食品生产经营者是否遵守食品卫生法及相关法律规则所进行的监督检查。这种督察检查一般并不直接影响食品生产经营者的实体权利和义务，而只能监督检查食品卫生经营者是否正确行使法律、法规规定的权力义务。如果发现食品生产经营者不正当行使权力或不依法履行义务，卫生行政部门将另行做出相应的制裁性的行政处理决定或采取某种强制执行措施，其目的在于实现国家的卫生行政管理职能，卫生行政部门依法行使监督检查权。

（2）食品卫生行政监督检查管理机构及其职责

① 国务院卫生行政部门的监督职责。食品卫生法规定，国务院卫生行政部门主管

全国食品卫生监督管理工作。国务院有关部门在各自职责范围内负责食品卫生管理工作。

国务院卫生行政部门的监督职责是：指定卫生食品监督管理的规章；指定卫生技术规范；审批保健食品；监督检验进口食品、食品用工具、设备和审批标准；审批发放卫生许可证；审批新资源食品及食品用具等新产品；对食品生产经营企业实施预防性卫生监督；实施产品卫生监督；对造成食物中毒事故和食品污染进行调查和实施控制；对违反食品卫生法的单位和个人进行行政处罚。

② 县级以上地方人民政府卫生行政部门的监督职责。食品卫生法规定，县级以上地方人民政府卫生行政部门在管辖范围内行使食品卫生监督职责。铁道、交通行政主管部门设立的食品监督机构在国务院卫生行政部门会同国务院有关部门制定的职责范围内行使食品卫生监督职责。

县级以上地方人民政府卫生行政部门的监督职责是：食品卫生检测、检验和技术指导；协助培训食品生产经营人员，监督食品生产经营人员的健康检查；宣传食品卫生、营养知识，进行食品卫生评价，公布食品卫生情况；对食品经营生产企业的新建、扩建、改建工程的选址和设计进行卫生审查，并参加工程验收；对事物中毒和食品污染事故进行调查，并采取控制措施；对违反食品卫生法的行为进行巡回监督检查；对违反食品卫生检测法的行为追查责任，依法进行行政处罚；负责其他卫生监督事项。

③ 食品卫生监督员。县级以上人民政府卫生行政部门可以设立食品卫生监督员。食品卫生监督员由合格的专业人员担任，由同级卫生行政部门发给证书。铁道、交通部门的食品卫生的监督员，由其上级主管部门发给证书。由于食品卫生监督工作本身专业性强，食品卫生监督员必须经过专业培训。食品卫生监督员的职责是：执行卫生行政部门交付的任务；秉公执法，忠于职守，不得利用职权牟取私利；在执行任务时，可以向食品经营生产者了解情况，索取必要的资料，进入生产经营场所检查，按照规定无偿采样，生产经营者不得拒绝或者隐瞒；对生产经营者提供的技术资料负有保密的义务。

4. 食品卫生行政处罚

食品卫生法规定，县级以上人民政府卫生行政部门或依法行使卫生产品监督权的其他机关（铁道、交通行政主管部门设立的食品卫生监督机构）在规定的职责范围内，可以行使食品卫生法规定的行政处罚权。

食品卫生法规定的行政处罚除治安管理处罚外，主要有七种：（1）警告并限制改进；（2）责令停止生产经营或者使用；（3）责令追回并销毁违法食品；（4）责令停止改业；（5）没收违法所得；（6）罚款；（7）吊销卫生许可证。各项行政处罚可以单独或者合并适用。

5. 食品行政强制措施

（1）食品卫生行政强制措施的概念和特征

食品卫生强制措施是许多食品卫生法律、法规授予食品卫生行政执法主体的特别职权，主要是指卫生行政机关采用强制手段保障食品卫生行政管理秩序、维护公共利益、迫使行政相对人履行义务的行政执法行为。

食品卫生行政强制措施的主要特征是：

① 具体性

食品卫生行政强制措施是食品卫生行政主体为实现特定目标，针对特定的行政相对人或者特定的物，就特定的事项做出具体行政行为。

② 强制性

为了预防或者制止正在发生的或者可能发生的违法行为，保护社会秩序和公民的安全健康，卫生行政机关对于符合条件的违法者可以采取强制性行为，不需要相对人主动申请或者自觉接受。

③ 临时性

一旦采取强制措施的法定事由已经排除，食品卫生行政强制措施就得解除。

④ 非制裁性

强制措施不是以制裁违法为直接目的，而只是以实现某一行政目标为目地的一种手段，不是终结性的结果而是过程中的措施。

（2）食品卫生行政强制措施的种类与实施条件

食品卫生行政强制措施按照不同的对象，可以分为限制人身自由行政强制措施和对财产予以查封、扣押、冻结等行政强制措施。按照不同的性质，可以分为行政处置和行政强制执行。行政处置是在紧急情况下采取的强制措施，如强制隔离；行政强制执行是在行政相对人拒不履行义务时采取的强制措施，如强行查封。

由于行政强制措施要临时地对人身自由或者财产予以强制限制，而且运用时多在紧急情况下，使用不当会给相对人带来不必要的损害，因此，实施行政强制措施时，一定要严格按照法律规定适度地进行。具体的条件是：

① 实施主体必须是具有法定强制权的卫生行政机关或授权组织。

② 被强制对象必须符合法定条件。卫生行政机关只有在足够的证据证实对象符合法定条件时，才可以按照规定的程序采取强制措施，并且一定要适度，尽量减少对相对人权益的限制以及财务的损害，采取强制措施以达到特定的目的为限，不能超过一定的限度。

③ 必须办理必要的手续，符合规定的期限。

④ 必须按照法定的种类运用强制措施，不可随意滥用。

6. 食品质量安全市场准入

(1) 食品质量安全市场准入制度概念

所谓市场准入，一般是指货物、劳务与资本进入市场的程度的许可证。对于产品的市场准入，一般的理解是，市场的主体（产品的生产者与销售者）和客体（产品）进入市场的程度的许可。那么，食品质量安全市场准入制度就是，为保证食品的质量安全，具备规定条件的食品才允许生产销售的监管制度。因此，实行食品质量安全市场准入制度是一种政府行为，是一项行政许可制度。

食品质量安全市场准入制度包括三项具体制度：

① 对食品生产企业实施生产许可证制度。对于具备基本生产条件、能够保证食品

质量安全的企业，发放《食品生产许可证》，准予生产获证范围内的产品；未取得《食品生产许可证》的企业不准生产食品。这就从生产条件上保证了企业能生产出符合质量安全要求的产品。

② 对企业生产的食品实施强制检验制度。未经检验或经检验不合格的产品不准出厂销售。对于不具备自检条件的生产企业强令实行委托检验。这项规定适合我国企业现有的生产条件和管理水平，能有效地把住产品出厂安全质量关。

③ 对实施产品生产许可证的产品实行上市场准入标志制度。对于检验合格的食品要加印（贴）市场准入标志——QS 标志，没有加贴 QS 标志的食品不准进入市场销售。这样做，便于广大消费者识别和监督，便于有关执政部门监督检查，同时，也有利于促进生产企业提高对食品质量安全的责任感。

(2) 实行食品质量安全市场准入制度的法律依据

食品质量安全市场准入制度，是国家质检总局按照国务院批准的“三定”方案确定的职能，依据《中华人民共和国产品质量法》、《中华人民共和国标准化法》、《工业生产许可证试行条例》等法律法规以及《国务院关于进一步加强产品质量工作若干问题的决定》的有关规定，制定的对食品及其生产加工企业的监管制度。

①《中华人民共和国产品质量法》第十二条规定：“产品质量应当检验合格，不得以不合格的产品冒充合格产品。”第十三条规定：“可能危机人体健康和人身安全的工业产品，必须符合保障人体健康和人身、财产安全的要求。禁止生产、销售不符合保障人体健康和人身、财产安全的标准和要求的工业产品。”

②《中华人民共和国标准化法》第十四条规定：“强制性标准必须执行。不符合强制性标准的产品，禁止生产、销售和进口。”

③《工业产品生产许可证试行条例》第二条规定：“凡实施工业产品生产许可证的产品，企业必须取得生产许可证才具有生产该产品的资格。”“没有取得生产许可证的企业不得生产该产品。”根据国务院批准的国家质检总局的“三定”方案，国家质检总局负责管理全国工业产品生产许可证工作。发布实施生产许可证管理的产品目录。

④《工业产品质量责任条例》第七条规定：“所有生产、经销企业必须严格执行下列规定：不合格的产品不准出厂和销售；不合格的原材料、零部件和不准投料组装；国家已明令淘汰的产品不准生产和销售；没有产品质量标准，未经质量检验机构检验的产品不准生产和销售；不准弄虚作假、以次充好、伪造商标、假冒名牌。”

⑤《国务院与进一步加强产品质量工作若干问题的决定》第十一条明确要求：“对涉及人体健康和人身财产安全的产品，质量技术监督部门要通过严格生产许可证、产品质量安全认证制度和试行开业审查，加强监督管理。凡不具备基本生产条件、不能保证生产出合格产品的企业，一律不准开工生产。”

⑥ 国务院批准的国家质检总局“三定”方案中明确规定：“国家质量监督检验检疫总局负责对国内生产企业实施产品质量监控和强制检验”。国务院曾经专门研究有关职能部门对食品质量安全监管职能的问题，明确要求质检总局要全面负责食品生产加工领域食品质量安全的监督管理，从源头确保食品质量安全。

7. 产品质量监督

（1）产品质量监督体制的概念

所谓产品质量监督体制，是指执行产品质量监督的主体，以监督权限划分作基础，所设置的监督机构和监督制度，以及监督方式的方法体系的总称。产品质量监督体制是我国经济监督体制的主要组成部分，其主要内容包括多级监督主体权限划分，为实现科学、公正的监督而建立的各项制度，采取的方式方法。

（2）产品质量监督的体制

1993年实施的2000年修订的《产品质量法》第八条规定："国务院产品质量监督部门主管全国产品质量监督工作。国务院有关部门在各自的职责范围内负责产品质量监督工作。""县级以上地方产品质量监督部门主管本行政区域内的产品质量监督工作。县级以上地方人民政府有关部门在各自的职责范围内负责产品质量监督工作。""法律对产品质量的监督部门另有规定的，依照有关法律的规定执行。"

8. 计量监督

（1）计量监督的概念

计量监督是指为保证计量法的有效实施进行的计量法制管理，也可以说是为保障某项活动的顺利进行所提供的计量保证。它是计量管理的一种特殊形式。计量工作依法所进行的管理，都属于计量监督的范畴。所谓计量法制监督，就是依照计量法的有关规定所进行的强制性管理，或称作计量法制管理。

（2）计量监督的体制

计量监督体制是指计量监督工作的具体组织形式，它体现国家与地方各级政府计量行政部门之间、各企事业单位之间在计量监督中的关系。

我国的计量监督管理实施按行政区域统一领导、分级负责的体制。全国的计量工作由国务院计量行政部门负责实施统一的监督管理。各行政区域内的计量工作由当地人民政府计量行政部门监督管理。县级以上政府计量行政部门是同级人民政府的计量监督管理机构。中国人民解放军的国防科技工业系统的计量工作，另行制定监督管理条例。各有关部门设置的计量行政机构，负责监督计量法律、法规在本部门的贯彻实施。企事业单位根据生产、科研和经营管理的需要设置的计量机构，负责监督计量法律、法规在本单位的贯彻实施。

政府计量行政部门所进行的计量监督，是纵向和横向的行政执法监督；部门计量行政机构对所属单位的监督和企事业单位的计量机构对本单位的监督，则属于行政管理性监督，一般只对纵向发生效力。从全国来讲，国家、部门、企事业单位三者的计量监督是相辅相成的，各有侧重，相互渗透，互为补充，构成一个有序的计量监督网络。从法律实施的角度讲，部门和企事业单位的计量机构，不是专门的行政执法机构。因此，对计量违法行为的处理，部门和企事业单位或者上级主管部门只能给予行政处分，而政府计量行政部门对计量违法行为，则可依法给予行政处罚。因为行政处罚是由特定的具有执行监督职能的政府计量行政部门行使的。

课后训练

学以致用

1. 我国食品卫生法律的渊源是什么?
2. 食品法律法规制定的基本依据和程序是什么?
3. 食品法律法规的适用范围是什么?
4. 食品法律法规制定就遵循哪几条原则?
5. 我国食品卫生法规体系是什么?

知识拓展

我国法律基础知识

一、法的基本概念

(一) 法、法律、法规的基本概念

1. 法:法是由国家按照统治阶级意志制定或者认可,并有国家强制力保证其实施的行为规范的总称。

2. 法律:法律可作广义和狭义两种理解。广义的法律是与“法”在外延和内涵上相一致的,是指国家机关制定或认可的,由国家强制力保证实施的具有普遍效力的行为规范的总称。狭义的法律是指法的渊源的一种形式。

3. 法规:法规是泛指由国家制定和发布的规范性法律文件的总称。

(二) 法律的基本特征

1. 法律是一种特殊的社会规范。法律作为一种特殊的社会规范,是调整人们行为的社会规范,具有规范性,概括性和可预测性。

2. 法律是由国家制定或者认可的社会规范。

3. 法律是由国家强制力保证实施的并具有普遍约束力的社会规范。

4. 法是规定了人们的权利和义务的社会规范。

5. 法律有其确定的体制和表现形式。

二、我国的立法体系

(一) 立法的概念

立法,又称法律制定,通常有三重理解:

1. 广义的立法泛指国家机关依照其职权范围和法定程序制定(包括修正和废止)法律规范的活动,既包括拥有立法权的国家机关活动,也包括被授权的其他国家机关制定从属法律的规范性法律文件的活动。

2. 狭义的立法专指拥有立法权的国家依照一定程序制定(包括修正和废止)法律规范的活动。

3. 在制定法本身意义上使用,是某一类别法律规范的总称,如经济立法,民事立法，刑事立法等。严格意义上的立法是指狭义上的立法。

（二）立法主体

立法主体是指根据宪法和有关法律规定，有权制定、修改、补充、废止各种规范性法律文件以及认可法律规范的国家机关、社会组织、团体和个人。立法主体是立法权的载体，是立法权的行使者。

1. 当代世界各国的立法主体主要有以下几个方面：

① 具有代表性质的权利机关，即议会。

② 具有管理性质的行政机关，即政府。

③ 具有创制判例性质的司法机关，即法院及法官。

④ 被国家机关授权或由法律规定的社会组织、团体。

⑤ 由宪法和法律规定的享有全民公决权或立法否决权的公民个人。根据《中华人民共和国宪法》和《中华人民共和国立法法》的规定，我国的立法主体只包括前两类。

2. 立法机关是指在国家机构体系中有权制定、修改、补充或废止宪法和法律的国家机关。确认中国香港和澳门特别行政区立法机关为该地区的立法机关，行使立法权。

3. 立法过程。立法过程是指法的形成的结尾阶段中，各种立法活动所经历的发展阶段。它包括：

（1）立法的准备阶段

立法准备阶段又可称为立法的起草阶段。

（2）立法的确立阶段

立法的确立阶段又称为立法的通过阶段，在这一阶段中，各种立法活动主要是围绕着有关的四个程序进行的，即法律、法规、规章案的提出；法律、法规、规章案的审议和讨论；法律、法规、规章案的通过和决定；法律、法规、规章案的公布。

① 法律议案的提出：是指依法享有提案权的国家机关或个人向立法机关提出有关法律议案或关于制定、修改、补充，废止某项法律的建议。

② 法律议案的审议：是指立法机关对已列入立法日程的法律议案进行审核和讨论。

③ 法律议案的表决：是指立法机关对经过审议的法律议案进行表决，正式表示同意或不同意的活动。

④ 法律的公布：是指立法机关将表决通过的法律依法定形式公之于社会的一个法定程序。

4. 立法的完善阶段：立法的完善阶段又称为立法的后续阶段。

三、我国法律法规的体现和渊源

（一）法律规范

是由国家颁布或认可并以国家强制力保证其实施的行为规则。它规定了社会关系参与者在法律上权利和义务，并以国家强制力最为实施的保障，它是法的基本单位。

（二）法律体系

也称为“法的体系”，通常指一个国家全部现行法律规范按照不同的法律部门分类组合形成的一个呈体系化的有机联系的统一整体，简单地说，法律体系就是部门体系。我国法律体系是由法律、行政法规、地方性法规三个层次，宪法及宪法相关法、民法商法、行政法、经济法、社会法、刑法、诉讼与非诉讼程序法七个法律部门组成。

（三）法律渊源

是指法的“形式渊源”，指那些来源不同具有法的不同效力、意义和作用的法的外在表现形式。我国现行法律的渊源主要表现为有立法权的国家机关制定的具有不同法律效力的规范性文件，即以宪法为核心的制定法形式，我国的法律渊源可分为以下几类：

1. 宪法
2. 法律
3. 最高国家行政机关的行政法规和法规性文件
4. 地方国家机关的地方性法规和法规性文件
5. 规章
6. 民族自治地方的自治条例和单行条例
7. 特别行政区的规范性法律文件
8. 国际条约

关键术语

法渊　效力范围　食品行政执法　食品行政执法主体　食品行政执法监督

项目二　认识我国的食品法律法规

课前准备

【学习目标】

本项目主要介绍了我国与食品相关的重要的法律法规，通过本项目的学习，使学生掌握和理解《食品安全法》、《产品质量法》主要条款的内容，熟悉《食品安全法》等法律的适用范围，了解《食品安全法》等法律实施的意义，为将来的职业生涯打好法律基础。

【导入案例】

有人说，中国人的化学知识是通过食品普及的，近几年，我们从大米中认识了石蜡，从银耳、蜜枣里认识了硫磺，从奶粉里认识了三聚氰胺，从番茄酱里认识了苏丹红，从奶瓶中认识了增塑剂，从猪肉中认识了瘦肉精，从白酒中认识了甲醇……。一番番的食品安全事件像潮水一样一波波地涌来，让我们的神经不断地接受挑战，以至于当有核辐射灰尘飘来时，有人自嘲道：“我们都是被苏丹红、吊白块洗礼过的，身经百战、百毒不侵之体了，难道还怕那区区辐射？”这样的话让人颇感无奈。

改革开放以来，国产产品的数量和质量都已经发生了翻天覆地的变化，海尔电器美国分厂的建立充分说明了中国企业已经具有了走出国门的能力，国产品牌具备了与洋品牌竞争的实力。但是同时我们也认识到，在很多领域，国产产品的质量水平与国外发达国家和地区的质量水平相比还存在很大的差距，“MADE IN CHINA”在国际市场上还无法被认同于优质产品。为了改变这种局面，提高国产产品的质量，2012 年国家发布了《质量发展纲要》，提出了“以质取胜、建设质量强国”的口号。

问题：针对当前的食品安全状况和产品质量状况，我国都有哪些法律法规可以对其进行规范管理？我们又应该如何利用法律武器维护自身的合法权益？

教学内容

任务一 认识《中华人民共和国食品安全法》

自改革开放以来，随着我国经济水平的不断提升，食品加工及其相关行业也经历着产量、种类等快速提升的过程，特别是近十年来，随着食品加工现代化的推进，食品行业的面貌有了日新月异的变化。但同时我们也不能否认，在利益的驱使下，食品行业也进入了前所未有的混乱局面，食品安全事件层出不穷，食品安全隐患比比皆是。在这种情势下，为了加强对食品安全的监管力度，维护公众的身体健康和生命安全，第十一届全国人大常委会第七次会议审议通过了《中华人民共和国食品安全法》，于 2009 年 6 月 1 日起实施，同时，《食品卫生法》自行废止。

一、概述

《中华人民共和国食品安全法》（以下简称《食品安全法》）是食品安全监管的一部基本法律，共设 10 章 104 条，对食品安全监管体制、食品安全标准、食品安全风险监测和评估、食品生产经营、食品安全事故处置等各项制度进行了补充和完善。同时，该法还对食品生产、食品流通、餐饮服务活动等实行分段监督管理：农业部监督食用初级农产品生产领域、国家质量监督检验检疫总局（以下简称质检总局）监管食品生产和加工领域、工商总局监管食品流通领域、国家食品药品监督管理局监管餐饮服务领域，将原《食品卫生法》规定的各省市卫生部门与食品药品监督部门的职权范围进行了调整，由各级卫生部门负责协调上述 4 个部门在食品安全管理活动，不再具体负责餐饮服务领域的监管。

二、《食品安全法》的立法目的

向社会公布的《食品安全法》草案中的立法目的被描述为“为了防止、控制和消除食品污染以及食品中有害因素对人体的危害，预防和减少食源性疾病的发生，保证食品安全，保障人民群众身体健康和生命安全，增强人民群众体质，制定本法。”修改后制定本法的目的改为“为保证食品安全，保障公众身体健康和生命安全”。这种修改更加集中凸显“安全”两字。

“食品安全”（Food Safety）一词是1974年由联合国粮农组织提出的，其主要内容包括三个方面：(1) 从食品安全性角度看，要求食品应当“无毒无害”。“无毒无害”是指正常人在正常食用情况下摄入可食状态的食品，不会对人体造成危害。但无毒无害也不是绝对的，允许少量含有，但不得超过国家规定的限量标准。(2) 符合应当有的营养要求。营养要求不但应包括人体代谢所需要的蛋白质、脂肪、碳水化合物、维生素、矿物质等营养素的含量，还应包括该食品的消化吸收率和对人体维持正常的生理功能应发挥的作用。(3) 对人体健康不造成任何危害，包括急性、亚急性或者慢性危害。

世界卫生组织（WHO）将食品安全定义为“食物中有毒、有害物质对人体健康影响的公共卫生问题”。ISO在其制定的标准中将食品安全描述为“食品在按照预期用途进行制备和（或）食用时，不会对消费者造成伤害”的概念。上述的食品安全皆指相对安全而非绝对安全。

三、《食品安全法》实施的意义

这部法律是一部直接关系到广大人民群众身体健康和生命安全，关系到经济健康发展和社会和谐稳定发展的重要法律。该法体现了预防为主、科学管理、综合治理的食品安全工作指导思想，明确了各部门的职责和分工，进一步确立了我国的食品安全监管体制，打造“从农田到餐桌”的全过程监管，确保监管环节无缝衔接；赋予卫生行政部门食品安全综合协调职能，建立食品安全信息发布机制，建立食品安全风险评估和食品召回等制度，统一食品安全标准；加强了对食品添加剂和保健食品的监管力度，完善食品安全事故的处理机制，强化了监管责任，加大了处罚力度，严格赔偿责任。该法为系统有序地解决当前食品安全问题提供了强有力的法律保障。《食品安全法》的颁布实施标志着我国的食品安全工作进入了新阶段，为我国进一步加强食品安全监管奠定了坚定的法律基础。

四、《食品安全法》的条文理解

（一）关于食品安全监管体制

1. 设立食品安全委员会，明确界定食品安全监管部门的职责

第一章总则第四条规定：国务院设立食品安全委员会，其工作职责由国务院规定。国务院卫生行政部门承担食品安全综合协调职责，负责食品安全风险评估、食品安全标准制定、食品安全信息公布、食品检验机构的资质认定条件和检验规范的制定，组织查处食品安全重大事故。国务院质量监督、工商行政管理和国家食品药品监督管理部门依照本法和国务院规定的职责，分别对食品生产、食品流通、餐饮服务活动实施监督管理。

2. 完善食品监管体制，从单一许可转为分类许可

《食品安全法》第四章对食品生产经营的各个环节进行了规定，尤其是对企业及相关责任人增加了不少新规定，其核心的内容就是要强化行业责任，以“重”治“乱”。

其中，第二十九条规定国家对食品生产经营实行许可制度。从事食品生产、食品流通、餐饮服务，应当依法取得食品生产许可、食品流通许可、餐饮服务许可。在新法的规定中，无论什么类型的食品生产经营企业不再像过去一样都申请《卫生许可证》，而是按照不同的生产经营范围，申请不同的行政许可。如：食品生产→食品生产许可；食品流通→食品流通许可；餐饮服务→餐饮服务许可。

本着精简行政许可的精神，还针对一些情况作了特殊规定：

(1) 取得食品生产许可的食品生产者在其生产场所销售其生产的食品，不需要取得食品流通的许可。虽然从严格意义上讲，这种情况也属于销售，是食品经营的范畴，但这种情况又具有自己的特点，如生产者固定、销售条件具备，因此法律规定在这种情况下生产者不再需要取得食品流通的许可。

(2) 取得餐饮服务许可的餐饮服务提供者在其餐饮服务场所出售其制作加工的食品，不需要取得食品生产和流通的许可。如有的餐饮服务者在餐厅里生产手工水饺等供消费者购买，从防止行政许可过多、减轻餐饮服务者负担的角度，法律规定在这种情况下不需要取得食品生产和流通的许可。

(3) 农民个人销售其自产的食用农产品，不需要取得食品流通的许可。在一家一户分散经营占多数的农村，农民个人销售其自产的食用农产品很常见。这种现象地域分布广、季节性强，如果都要求办理食品流通的许可，难度很大。考虑到农民的实际需要，法律规定对这种情况，不需要取得食品流通的许可。

食品生产加工小作坊和食品摊贩是食品安全事故的多发地，食品监管相对薄弱，既不能都实施许可，又不能放任不管。另外，小作坊的问题具有地域性。实践中，一些地方人大常委会已经专门就此制定了地方性法规加以规范。因此，本法一方面规定食品生产加工小作坊和食品摊贩从事生产经营活动应当符合本法规定的与其生产经营规模、条件相适应的食品生产安全要求，保证所生产经营的食品卫生、无毒、无害，有关部门应当对其加强监督管理；另一方面，授权地方人大常委会根据本地实际情况制定对食品生产加工小作坊和食品摊贩的管理办法。

(二) 关于食品生产经营与食品安全标准

1. 明确11类食品违法生产经营行为

为了从制度上保证食品生产经营者成为食品安全的第一责任人，《食品安全法》第四章第二十八条明确规定，禁止任何单位或者个人从事11项食品生产经营活动。

(1) 用非食品原料生产的食品或者添加食品添加剂以外的化学物质和其他可能危害人体健康物质的食品，或者用回收食品作为原料生产的食品；

(2) 致病性微生物、农药残留、兽药残留、重金属、污染物质以及其他危害人体健康的物质含量超过食品安全标准限量的食品；

(3) 营养成分不符合食品安全标准的专供婴幼儿和其他特定人群的主、辅食品；

(4) 腐败变质、油脂酸败、霉变生虫、污秽不洁、混有异物、掺假掺杂或者感官性状异常的食品；

(5) 病死、毒死或者死因不明的禽、畜、兽、水产动物肉类及其制品；

(6) 未经动物卫生监督机构检疫或者检疫不合格的肉类，或者未经检验或者检验不合格的肉类制品；

（7）被包装材料、容器、运输工具等污染的食品；

（8）超过保质期的食品；

（9）无标签的预包装食品；

（10）国家为防病等特殊需要明令禁止生产、经营的食品；

（11）其他不符合食品安全标准或者要求的食品。

本条是对禁止生产经营的食品的要求。食品对人类造成的危害主要是食品本身含有毒素和食品受到污染。食品污染可以从加工、贮藏、运输、销售、烹调直到食用前的各个环节产生，由于各种条件和因素的作用，可能使某些有害物质进入动植物体内或直接进入食品，使食品的营养价值、卫生质量下降，甚至对人体造成不同程度的危害。

2. 强化食品生产经营者责任，建立系列制度确保可纪录可追寻

《食品安全法》规定企业应当建立并执行原料验收、生产过程安全管理、设备管理等食品安全管理制度；应当就原料、生产关键环节、检验和运输交付等事项制定并实施控制要求；生产过程中发生不符合控制要求的，要立即查明原因并采取整改措施；并应如实记录食品生产过程的安全管理情况，记录的保存期限不得少于2年，并且对生产经营者建立安全信用档案。

3. 对食品安全标准进行统一规定

在《食品安全法》第三章中明确了统一制定食品安全国家标准的原则，指出在我国除了食品安全标准外，不得制定其他的食品强制性标准，要求国务院卫生行政部门对现行的食用农产品质量安全标准、食品卫生标准、食品质量标准等予以整合，统一公布为食品安全国家标准。为改变我国食品标准散、乱、差，卫生标准、质量标准、国家标准等重复交叉、层次不清，部分标准老化、缺乏前瞻性的状况，《食品安全法》从四个角度严格食品安全标准——统一发布；动态调整；以人为本；鼓励企业制定严于、高于国家、地方标准的企业标准。

（三）关于食品安全风险监测和评估

《食品安全法》第二章共七条规定了国家建立食品安全风险监测和评估制度，要求对食源性疾病、食品污染以及食品中的有害因素进行监测；对食品、食品添加剂中生物性、物理性和化学性危害进行风险评估。

监测是指系统的收集整理和分析与食品安全相关危害因素的检测、监督和调查数据。建立食品安全风险监测制度能及时发现食品中的有害因素对人体健康的不利影响。《食品安全法》第11、12条确立食品安全风险监测制度，规定由国务院卫生行政部门会同国务院其他有关部门制定、实施国家食品安全风险监测计划。

食品安全风险评估指对食品、食品添加剂中生物性、化学性和物理性危害对人体健康可能造成的不良影响所进行的科学评估，包括危害识别、危害特征描述、暴露评估、风险特征描述等，危害识别一般采用定性方法，后三者可以采用定性方法但最后使用定量方法。评估过程中应当运用科学方法，根据食品安全风险监测信息、科学数据以及其他有关信息进行。《食品安全法》第13—17条确立了食品安全风险评估制度，由国务

院卫生行政部门负责组织食品安全风险评估工作，成立由医学、农业、食品、营养等方面的专家组成的食品安全风险评估专家委员会进行食品安全风险评估。

（四）食品安全事故处置

1. 突出强调食品安全事故处置法制化

《食品安全法》第七章明确食品安全事故处置制度。由国务院组织制定国家食品安全事故应急预案；县级以上地方人民政府应当根据有关法律、法规的规定和上级人民政府的食品安全事故应急预案以及本地区的实际情况，制定本行政区域的食品安全事故应急预案，并报上一级人民政府备案；食品生产经营企业应当制定食品安全事故处置方案，定期检查本企业各项食品安全防范措施的落实情况，及时消除食品安全事故隐患。

在国家食品安全事故应急预案中，按照食品安全事故的性质、危害程度和涉及范围，将食品安全事故分为特别重大食品安全事故（I 级）、重大食品安全事故（II 级）、较大食品安全事故（III 级）和一般食品安全事故（Ⅳ级）四个级别，并对适用范围、工作原则、应急处理指挥机构、监测预警报告制度、重大食品安全事故的应急相应、后期处置及应急保障作了规定。

本章内容还明确了生产企业是第一责任人，发现重大问题应及时向有关部门汇报，不报告将负有法律责任。“任何单位或者个人不得对食品安全事故隐瞒、谎报、缓报，不得毁灭有关证据”。

2. 明确法律责任，加大处罚力度

第九章法律责任部分共有 15 条，包括第 84 ~ 98 条。对食品生产经营者的违法行为、食品检验机构及检验员的违法行为、县级以上政府或相关行政部门违法行为等的处罚进行了规定。处罚方式包括没收违法所得，没收产品、工具、设备等，罚款，吊销许可证，责令停产或停止经营，记过等。

《食品安全法》在赔偿责任中体现了“十倍赔偿”及“民事赔偿优先”的原则。规定生产不符合食品安全标准的食品或者销售明知是不符合食品安全标准的食品，消费者除要求赔偿损失外，还可以向生产者或者销售者要求支付价款十倍的赔偿金。生产者或销售者应当承担民事赔偿责任和缴纳罚款、罚金，其财产不足以同时支付时，先承担民事赔偿责任。与此同时，明确提出违反本法规定，构成犯罪的，依法追究刑事责任。

3. 立法对“问题食品”实行召回制度

《食品安全法》第五十三条规定，国家建立食品召回制度。食品生产者发现其生产的食品不符合食品安全标准，应当立即停止生产，召回已经上市销售的食品，通知相关生产经营者和消费者，并记录召回和通知情况。食品生产者应当对召回的食品采取补救、无害化处理、销毁等措施，并将食品召回和处理情况向县级以上质量监督部门报告。食品生产经营者未依照本条规定召回或者停止经营不符合食品安全标准的食品的，县级以上质量监督、工商行政管理、食品药品监督管理部门可以责令其召回或者停止经营。

所谓“食品召回”，是指食品生产者按照规定程序，对由其生产原因造成的某一批次或类别的不安全食品，通过换货、退货、补充或修正消费说明等方式，及时消除或减少食品安全危害的活动。召回不同于企业根据“三包”规定进行的换货、退货活动。

前者针对的是某一批次或类别的产品，只要是该批次或类别可能存在安全隐患，该批次或类别的所有产品都要召回。而后者针对的是个别产品，如果消费者购买的个别产品存在质量问题，可按规定要求换货或者退货，通常，同一批次或者类别的其他产品不存在质量问题。

根据食品安全危害的严重程度，将食品召回分为三级：一级召回是指已经或可能诱发食品污染、食源性疾病等对人体健康造成严重危害甚至死亡的，或者流通范围广、社会影响大的不安全食品的召回；二级召回是指已经或可能引发食品污染、食源性疾病等对人体健康造成危害，危害程度一般或流通范围较小、社会影响较小的不安全食品的召回；三级召回是指已经或可能引发食品污染、食源性疾病等对人体健康造成危害，危害程度轻微的，或者含有对特定人群可能引发健康危害的成分，而在食品标签和说明书上未予以标示，或标示不全、不明确的不安全食品的召回。

根据食品召回程序的启动方式，食品召回可分为食品生产者主动召回和监管部门强制召回两种。在企业不主动召回的情况下，政府要责令企业召回不合格食品。县级以上质量监督、工商行政管理、食品药品监督管理部门可以责令其召回或者停止经营。为此，《食品安全法》中还明确规定了责令召回制度。

4. 明确名人代言虚假食品广告应承担连带责任

《食品安全法》第五十五条规定，社会团体或者其他组织、个人在虚假广告中向消费者推荐食品，使消费者的合法权益受到损害的，与食品生产经营者承担连带责任。

本条是关于组织、个人在虚假广告中推荐食品与食品产经营者承担连带责任的规定。在食品安全法草案审议过程中，名人代言食品广告，欺骗、误导消费者的现象，引起常委会组成人员的高度关注。为了防止食品广告欺骗、误导消费者，保护消费者的合法权益，本法在广告法、产品质量法等法律、法规的基础上进一步规定，社会团体或者其他组织、个人在虚假广告中向消费者推荐食品，使消费者的合法权益受到损害的，都要与食品生产经营者承担连带责任。承担责任的主体包括社会团体或者其他组织、个人。

任务二 认识《中华人民共和国产品质量法》

《中华人民共和国产品质量法》（以下简称《产品质量法》）于1993年2月22日第七届全国人民代表大会常务委员会第三十次会议通过，自1993年9月1日起施行；2000年7月8日第九届全国人民代表大会常务委员会第16次会议通过《关于修改〈中华人民共和国产品质量法〉的决定》，自2000年9月1日起施行。

《产品质量法》属于产品质量基本法，是我国产品质量法律体系的基础，是全面、系统地规范产品质量问题的重要经济法，是一部包含产品质量监督管理和产品质量责任两大范畴的基本法律。

一、立法宗旨

制定《产品质量法》的主要目的有四个方面：一是，为了加强国家对产品质量的监督管理，促使生产者、销售者保证产品质量。“产品质量”是指产品满足需要的适用性、安全性、可用性、可靠性、维修性、经济性和环境等所具有的特征和特性的总和。二是，为了明确产品质量责任，严厉惩治生产、销售假冒伪劣产品的违法行为；《产品质量法》中规定的产品质量责任包括行政责任、民事责任和刑事责任，因此产品质量责任是一种综合责任。三是，为了切实地保护用户、消费者的合法权益，完善我国的产品质量民事赔偿制度。《产品质量法》的制定就是加强对产品质量的监督管理，明确生产者、销售者保证产品质量的义务，确立产品生产者对因产品缺陷造成的人身、财产损害承担无过错责任的严格产品责任制度和销售者对其售出的不合格产品承担包修、包退、包换的“三包”责任制度，依法惩治生产、销售伪劣产品的行为。四是，为了遏制假冒伪劣产品的生产和流通，维护正常的社会经济秩序。生产销售假冒伪劣产品，既是破坏社会秩序的行为，又是破坏社会经济秩序的行为，为了建立和维护正常的市场经济秩序，有必要通过立法，以法律手段规范生产者、销售者的行为，保证产品质量，依法严惩产品质量违法行为。

二、《产品质量法》的调整对象与适用范围

在《产品质量法》第二条中对该法的调整对象及适用范围进行了界定。

（一）《产品质量法》的适用范围

《产品质量法》适用的地域范围是在中华人民共和国境内，调整的是在产品生产、销售活动中发生的权利、义务、责任关系。《产品质量法》适用的主体为我国境内的公民、法人和社会组织。凡是在中国境内（除台湾、香港、澳门地区外）从事产品生产、销售活动的公民、企业、事业单位、机关、社会组织以及个体工商业经营者，必须遵守《产品质量法》的规定。

《产品质量法》中的产品是一个特定的概念，有特定的范围，它仅是指经过加工、制作，用于销售的产品。这里所称的产品有两个特点：一是经过加工制作，也就是将原材料、半成品经过加工、制作，改变其形状、性质、状态，成为成品，而未经加工的如原煤、原油、初级农产品等不在其列；二是用于出售，也就是进入市场用于交换的商品，不用于销售仅是自己为自己加工制作所用的物品不在其列。建设工程，包括房屋、公路、桥梁、隧道等工程属于不动产的不适用本法规定，但是，建设工程使用的建筑材料、建筑构配件和设备，属于产品范围的，适用本法规定。

（二）《产品质量法》的调整对象

《产品质量法》的调整对象包括产品质量监督管理关系和产品质量民事关系。产品质量监督管理关系是指在产品质量监督管理中，执行监督管理的行政机关等主体与被监督管理的对象——产品生产者、销售者发生的社会关系，而企业内部建立的上级与下级之间的质量监督管理制度不属于该范畴。产品质量民事关系是指在产品质量民事活动中，产品的生产者、销售者与产品的用户、消费者和产品受害人发生的社会关系，这种社会关系主要体现在财产关系和人身关系两个方面。为此，《产品质量法》确立了因产品存在瑕疵，销售者必须向用户、消费者承担瑕疵担保责任；因产品存在缺陷，造成产品受害人人身、财产损害，缺陷产品的生产者、销售者必须承担侵权损害赔偿责任。

三、承担产品质量责任的主体

（一）责任主体

生产者、销售者依照《产品质量法》的规定承担产品质量责任，他们是承担产品质量责任的主体。“生产者”是指具有产品生产行为的人。“销售者（含供货者）”是指具有产品销售行为的人。

（二）产品质量责任

“产品质量责任”是指产品的生产者、销售者违反《产品质量法》的规定，不履行法律规定的义务，应当依法承担的法律后果。承担产品质量责任包括承担相应的行政责任、民事责任和刑事责任。承担民事责任包括承担产品的合同责任（瑕疵担保责任）和产品侵权损害赔偿责任。

（三）判定责任承担依据

判定承担产品的质量责任的依据是产品的默示担保条件、明示担保条件或者是产品缺陷。产品的默示担保条件是指国家法律、法规对产品质量规定的必须满足的要求。产品的明示担保条件是指生产者、销售者通过标明采用的标准、产品标识、使用说明、实物样品等方式，对产品质量作出的明示承诺和保证。产品缺陷是指产品存在危及人身、财产安全的不合理的危险，包括设计上的、制造上的和标识上的缺陷。

四、产品质量监督管理体制

国务院产品质量监督管理部门即国家质量监督检疫总局负责全国产品质量监督管理工作。国务院有关部门在各自的职责范围内负责产品质量监督管理工作。县级以上地方人民政府管理产品质量监督工作的部门，即技术监督行政部门负责本行政区域内的产品质量监督管理工作。县级以上地方人民政府有关部门在各自的职责范围内负责产品质量监督管理工作。

五、产品质量的监督管理

（一）产品质量合格的判定标准

产品出厂时应当经过检验，质量应当符合相应要求，检验合格方可出厂销售。不得以处理品或者劣质品作为或者充当合格品。可能危及人体健康和人身、财产安全的工业产品，必须符合保障人体健康，人身、财产安全的国家标准、行业标准；未制定国家标准、行业标准的，必须符合保障人体健康，人身、财产安全的要求。

（二）工业产品生产许可证制度

工业产品许可证制度是指由国家特定的行政机关，根据国家的产业政策，为保证国家需要控制的重要工业产品的质量，经过对企业质量体系检查和对产品质量检验，对符合要求的企业，以颁发证书的形式批准其生产的一种许可制度。国家对保护国家安全、保护人类健康或安全、保护动植物生命或健康、保护环境等重要工业产品实施生产许可证制度。如“食品质量安全市场准入”制度，即食品生产“QS”认证制度。

（三）质量认证制度

质量认证包括企业质量体系认证和产品质量认证制度。企业质量体系认证是指由国家有关部门认可的认证机构，依据国际通用的“质量管理和质量保证标准”，按照规定的程序，对企业的质量保证体系，包括企业的质量管理制度、企业的生产、技术条件等保证产品质量的诸因素进行全面的评审。对符合条件要求的，通过颁发认证证明书的形式，证明企业的质量保证能力符合相应标准要求的活动。这里所说的“国际通用的质量标准”，主要是指国际标准化组织（ISO/TC176）制定的 ISO 9000 质量管理体系系列国际标准。企业质量体系认证亦称为质量体系注册，质量体系评审，质量体系审核等。

产品质量认证，是由依法取得产品质量认证资格的认证机构，依据有关的产品标准和要求，按照规定的程序，对申请认证的产品进行工厂审查和产品检验，对符合条件要求的，通过颁发认证证书和认证标志以证明该项产品符合相应标准要求的活动。

企业体系认证与产品认证的区别表现在认证目的、认证对象、认证标准、认证结果方面。企业体系认证的目的是：在合同环境中为了提高供方的质量信誉，向需方提供质量担保，增强企业在市场上的竞争能力；在非合同环境下是为了加强企业内部的质量管理，实现质量方针和质量目标。产品质量认证制度的目的是，通过对符合认证标准的产品颁发认证证书和认证标志，便于消费者识别，同时也有利于提高经认证合格的企业和产品的市场信誉，增强产品的市场竞争能力。企业体系认证的对象是企业，认证依据是 ISO 9000 标准；而产品认证的对象是产品，产品质量认证的依据是具有国际水平的国家标准、行业标准及其他补充技术要求；对于我国名、特产品是依据经过国家技术监督局确认的标准开展认证；对于我国与国外认证机构签订了双边、多边认证合作协议的产品，依据协议中规定的标准开展认证工作。企业体系认证的结果是以颁发认证证书的形式，证明企业的质量体系和质量保证能力符合相应要求的活动；产品认证的结果是颁发产品质量认证标志，用以证明某项产品符合规定标准或者技术规范，经认证机构允许，可以在获准认证的产品上使用。

（四）产品质量监督制度

《产品质量法》规定国家对产品质量实行以抽查为主要方式的监督检查制度；其范围包括可能危及人体健康和人身、财产安全的产品，影响国计民生的重要工业产品，用户、消费者、有关组织反映有质量问题的产品。《产品质量法》明确规定生产者、销售者不得拒绝产品质量监督部门依法对其产品质量进行监督检查，对拒绝检查的有关产品质量按不合格论处。

产品质量监督检查是指县级以上人民政府质量技术监督行政部门及法律规定的其他部门，依据国家法律、法规的规定，遵循各级人民政府赋予的职权，代表政府履行职责、执行公务，对生产领域、流通领域的产品质量实施监督的一种具体行政行为。它既是一项强制性的行政措施，又是一项强化产品质量监督的法制手段。

监督抽查工作由国务院产品质量监督管理部门规划和组织，全国性抽查计划由国家技术监督局统一组织协调；各主管部门组织的全国性抽查计划，应报国家技术监督局审批，由主管部门组织协调、实施。县级以上地方人民政府技术监督行政部门也可以组织抽查，但要防止重复。地方性抽查计划要由省级技术监督部门统一协调。监督抽查不得向企业收费。各级技术监督部门组织的监督抽查，所需经费由各级财政拨款；其他有关主管部门组织的抽查，所需经费由部门自有资金中开支。

（五）对产品质量检验机构条件、资格及其管理的规定

产品质量检验机构是指县级以上人民政府产品质量监督管理部门依法设置和依法授权的、为社会提供公证数据的产品质量检验机构。其任务是承担产品质量的监督检验、仲裁检验等公证检验工作。产品质量检验机构必须具备相应的检测条件和能力，经省级以上人民政府产品质量监督管理部门或者其授权的部门考核合格后，方可承担产品质量检验工作。

（六）产品质量社会监督制度

社会监督是指除国家权力机关以外的民间监督，包括来自个人的或来自企事业单位、社会团体及其他组织的民间监督。尽管社会监督不像国家权力机关监督那样具有规范性、强制性的特点，但具有广泛的群众性。在社会监督体系中，消费者组织的监督发挥着重要的作用。个人方面的产品质量监督体现在用户和消费者具有查询权和申诉权上。用户、消费者有权就产品质量问题，向产品的生产者、销售者查询；向产品质量监督管理部门、工商行政管理部门及有关部门申诉，有关部门应当负责处理。保护消费者权益的社会组织对产品质量进行社会监督，享有建议有关部门负责处理产品质量问题的权利和支持受害人向人民法院提起产品责任诉讼的权利。

六、生产者、销售者的产品质量义务

产品质量义务是产品质量法律关系的主要内容之一，是指法律、法规所规定的产品质量法律关系主体必须做出或者不得做出一定行为的要求。

（一）生产者的产品质量义务

《产品质量法》规定生产者的产品质量义务主要有保证产品内在质量符合规定，保证产品标志符合要求，产品包装必须符合规定的要求，严禁生产假冒伪劣产品等。

1. 生产者应当对其生产的产品质量负责

产品质量应当不存在危及人身、财产安全的不合理的危险，有保障人体健康，人身、财产安全的国家标准、行业标准的，应当符合该标准；具备产品应当具备的使用性能，但是，对产品存在使用性能的瑕疵作出说明的除外，这是法律对产品质量规定的应当满足的默示担保条件；符合在产品或者其包装上注明采用的产品标准，符合以产品说明、实物样品等方式表明的质量状况，这是产品质量应当满足的明示担保条件。

瑕疵是指产品质量不符合应具有的性能要求或明示担保的要求，但不存在危及人身、财产安全的不合理的危险，或者未丧失原有的使用价值。瑕疵产品可以降价或处理销售。缺陷产品是指产品存在危及人身、财产安全的不合理的危险的产品，所以缺陷产品不能出厂及销售。

2. 产品标识的规定

产品标识是指用于识别产品或其特征、特性所做的各种表示的统称。产品标识可以用文字、符号、标志、标记、数字、图案等表示。根据不同产品的特点和使用要求，产品标识可以标注在产品上，也可以标注在产品包装上。生产的产品或者其包装上的标识应当符合下列要求：有产品质量检验合格证明；有中文标明的产品名称、生产厂厂名和厂址；根据产品的特点和使用要求，需要标明产品规格、等级、所含主要成份的名称和含量的，相应予以标明；限期使用的产品，标明生产日期和安全使用期或者失效日期；使用不当，容易造成产品本身损坏或者可能危及人身、财产安全的产品，有警示标志或者中文警示说明；裸装的食品和其他根据产品的特点难以附加标识的裸装产品，可以不附加产品标识。

3. 对生产者的特殊产品包装要求

剧毒（如农药）、危险如（易燃易爆品）、易碎如（玻璃制品）、储运中不能倒置（如电冰箱）以及有其他特殊要求的产品，其包装必须符合相应要求，有警示标志或者中文警示说明标明储运注意事项。

（二）销售者的产品质量义务

《产品质量法》规定销售者的产品质量义务主要有严格执行进货检查验收制度，验明产品合格证；采取措施，保持销售产品的原有质量；保证销售产品的标志符合法律规定等。

1. 销售者执行进货检查验收制度

销售者应当执行进货检查验收制度，验明产品合格证明和其他标识，包括产品标识检查、产品感观检查和必要的产品内在质量的检验。

2. 销售者应保持产品原有质量

销售者应当根据产品的特点，采取必要的防雨、防晒、防霉变措施，对某些特殊产品采取控制温度、湿度等措施，保持产品进货时的质量状况。例如，商家在售卖冰淇淋、速冻水饺等食品时，用冰柜等设备保持产品的冷冻状态。

3. 销售者销售的产品的标识要求

销售者所售产品的标识应当符合生产者产品标识相应要求的义务规定。

（三）生产者、销售者禁止性行为的规定

《产品质量法》中规定生产者、销售者不得生产或销售国家明令淘汰的产品。不得继续生产、销售、使用国家明令淘汰的产品是出于对其耗能高、技术落后、污染环境、危及人体健康等方面的因素的考虑。

《产品质量法》中还规定生产者、销售者不得伪造产地，不得伪造或者冒用他人的厂名、厂址；生产者、销售者不得伪造或者冒用认证标志、名优标志等质量标志；生产者、销售者生产或销售产品，不得掺杂、掺假，不得以假充真、以次充好，不得以不合格产品冒充合格产品；销售者不得销售失效、变质的产品。

“伪造或者冒用认证标志、名优标志等质量标志”是指非法制作产品质量认证标志、优质产品标志、获国际荣誉奖标志、生产许可证标志等质量标志的行为；或者未获准认证，未取得优质产品、国际奖等荣誉，未取得生产许可证等，而擅自使用相应质量标志的行为是一种欺骗行为。“掺杂、掺假”是指行为人在产品中掺入杂质或者造假，致使产品有关物质的成份或者含量不符合国家有关法律、法规、标准规定要求的欺骗行为。“失效”是指失去了原有的效力、作用；“变质”是指产品发生了本质性的物理、化学变化，失去了原有使用价值。

七、生产者、销售者的产品质量责任

产品质量责任就是当事人违反产品质量法律规范，不履行产品质量义务所应当承担的法律后果。法律规范，不论是命令性规范，还是禁止性规范，都规定了应当实施的行为和不应当实施的行为，这些要求即是行为人的义务。同时法律规范也规定了行为人不实施法律规范要求履行的义务的处置办法，即应当承担的法律后果，这就是法律责任。因此，产品质量责任不是产品质量义务本身，而是不履行产品质量义务的后果。

（一）产品质量的民事责任

《产品质量法》第四章对有关产品质量的民事责任问题做了规定，包括两类：一类是有关产品质量问题的合同责任即瑕疵担保责任；另一类是有关因产品存在缺陷造成人身、缺陷产品以外的其他财产（以下简称他人财产）损害的产品侵权损害赔偿责任。

1. 瑕疵担保责任

产品的出售和购买，在销售者和购买者之间构成买卖合同关系，不论这种合同关系是以事先订立书面合同的形式出现，还是以消费者与零售商之间用即时清结方式买卖商品的形式出现。在商品买卖合同关系中，销售者应在合理范围内，对其出售商品的质量向购买者承担合理的保证责任。违反这一责任的，如不具备产品应当具备的使用性能而事先未作说明的，不符合在产品或者其包装上注明采用的产品标准的，不符合以产品说明、实物样品等方式表明的质量状况的，具有其中一种情况的即构成买卖合同中的产品质量违约行为，应依照《产品质量法》第二十八条的规定及合同法的有关规定承担包括修理、更换、退货及赔偿损失的违约责任。若明确责任属于生产者或其供货者，则销售者在先行赔偿后，有权利向生产者或供货者追偿。

2. 产品侵权损害赔偿责任

（1）产品侵权损害赔偿责任的内容

产品侵权损害赔偿责任的确定包括三个要件：产品存在缺陷；造成了人身伤害或者除缺陷产品以外的其他财产的损失；缺陷与损害存在因果关系。《产品质量法》二十九条规定只要满足上述三个要件，生产者就应当承担赔偿责任，体现了对生产者实行严格责任的归责原则。对销售者承担产品侵权赔偿责任实行过错责任的归责原则：产品缺陷是销售者造成的，那么，销售者承担侵权赔偿责任；销售者不能指明造成损害的缺陷产品的生产者或者供货者的，例如销售匿名产品造成损害，则销售者承担侵权赔偿责任；销售者对自身没有过错，负有举证责任。

（2）《产品质量法》二十九条还规定了针对生产者的三种免责条件：未将产品投入流通的；产品投入流通时，引起损害的缺陷尚不存在的；将产品投入流通时的科学技术水平尚不能发现缺陷的存在的。生产者能够证明有上述情形之一的，不承担赔偿责任。其中的“科学技术水平”是指当时社会的科学技术水平，而非企业当时的技术水平。

（3）先行赔偿制度及追偿

在消费维权过程中，消费者无论与生产者或是销售者相比都是弱势一方，为了体现法律的公平原则，保护消费者的合法权益，《产品质量法》三十一条中对先行赔偿及追偿做出了规定，明确了消费者享有索赔对象的选择权利。因产品存在缺陷造成人身、他人财产损害的，受害人可以向产品的生产者要求赔偿，也可以向产品的销售者要求赔偿。属于产品的生产者的责任，产品的销售者赔偿的，产品的销售者有权向产品的生产者追偿。属于产品的销售者的责任，产品的生产者赔偿的，产品的生产者有权向产品的销售者追偿。

其中的"受害人"是指因产品存在缺陷，遭受人身伤害或者财产损失之后，有权要求获得损害赔偿的人。他可以是产品的购买者、使用者，也可以是缺陷产品的受害者。

（4）产品侵权损害赔偿范围

因产品存在缺陷造成受害人人身伤害的，侵害人应当赔偿医疗费、因误工减少的收入、残废者生活补助费等费用；造成受害人死亡的，并应当支付丧葬费、抚恤费、死者生前抚养的人必要的生活费等费用。

因产品存在缺陷造成受害人财产损失的，侵害人应当恢复原状或者折价赔偿。受害人因此遭受其他重大损失的，侵害人应当赔偿损失。

（5）产品侵权损害赔偿的诉讼时效期间和请求权期间的规定

因产品存在缺陷造成损害要求赔偿的诉讼时效期间为二年，自当事人知道或者应当知道其权益受到损害时起计算。因产品存在缺陷造成损害要求赔偿的请求权，在造成损害的缺陷产品交付最初用户、消费者满十年丧失；但是，尚未超过明示的安全使用期的除外。

3. 产品质量民事纠纷处理途径

因产品质量发生民事纠纷时，当事人可以通过协商或者调解解决。当事人不愿通过协商、调解解决或者协商、调解不成的，可以根据当事人各方的协议向仲裁机构申请仲裁；当事人各方没有达成仲裁协议的，可以向人民法院起诉。产品质量民事纠纷处理途径当事人可以自由选择。

（二）产品质量的行政责任

所谓行政责任是指有违反有关行政管理的法律、法规的规定，但尚未构成犯罪的行为所依法应当承担的法律后果。行政责任一般分为两类，即行政处罚和行政处分。

行政处罚是对有行政违法的单位或个人给予的行政制裁。按照行政处罚法的规定，行政处罚的种类包括警告、罚款、没收财物、责令停止生产或停止营业、吊销营业执照等。下列违法行为要承担产品质量的行政责任：生产、销售不符合保障人体健康和人身、财产安全的国家标准、行业标准的产品的；在产品中掺杂、掺假，以假乱真，以次充好，或者以不合格产品冒充合格产品的；生产国家明令淘汰的产品的，销售国家明令淘汰并禁止销售的产品的；销售失效、变质产品的；伪造产品产地的，伪造或者冒用他人厂名、厂址的，伪造或者冒用认证标志等质量标志的；产品标志不符合法律有关要求的；拒绝接受依法进行产品质量监督检查的。

行政处分是对国家机关工作人员及由国家机关委派到企业事业单位任职的人员的违法行为，由所在单位或者其上级主管机关所给予的一种制裁性处理。按照行政监察法及国务院的有关规定，行政处分的种类包括警告、记过、降级、降职、撤职、开除等。在《产品质量法》中，分别对包庇、放纵产品生产、销售中的违反本法规定行为的国家机关工作人员，对产品质量监督部门在产品质量监督抽查中超过规定索取样品或者向被抽查者收取检验费用的行为负有直接责任的主管人员和其他直接责任人员，对产品质量监督部门或者其他国家机关违反法律规定向社会推荐产品或者以监制、监销等方式参与产品经营活动的行为负有直接责任的主管人员和其他直接责任人员，以及产品质量监督部门或者工商行政管理部门的工作人员不依法履行对产品质量的监督职责，滥用职权、玩忽职守、徇私舞弊，但尚未构成犯罪的行为，规定了应依法给予行政处分。

（三）产品质量的刑事责任

刑事责任是指依照刑法规定构成犯罪的严重违法行为所应承担的法律后果。追究刑事责任的方式，是依照刑法的规定给予刑事制裁。刑事责任是最为严厉的法律责任。《刑法》的第三章第一节，对生产、销售伪劣商品构成犯罪的行为的刑事责任做了具体规定。《产品质量法》“罚则”一章的有关条款中，对严重违反本法的行为，规定了要依法追究刑事责任。这里讲的“依法”，主要就是指依照《刑法》第三章第一节的规定追究刑事责任。

任务三　我国与食品相关的其他法律法规

目前我国与食品行业有关的法律法规还有规范初级农产品的《中华人民共和国农产品质量安全法》，规范计量监督管理的《中华人民共和国计量法》，规范进出口商检行为的《中华人民共和国进出口商品检验法》，规范标准化工作和标准制定等工作的《中华人民共和国标准化法》等法律法规。

一、《中华人民共和国农产品质量安全法》

《中华人民共和国农产品质量安全法》（以下简称《农产品质量安全法》）由中华人民共和国第十届全国人民代表大会常务委员会第二十一次会议于2006年4月29日通过，自2006年11月1日起施行，全文共8章，56条。

人们每天消费的食物，有相当大的部分是直接来源于农业的初级产品，即《农产品质量安全法》所规范的农产品，如蔬菜、水果、水产品等；也有些是以农产品为原料加工、制作的食品。农产品的质量安全状况如何，直接关系着人民群众的身体健康乃至生命安全。

近年来，我国农产品质量安全状况总体上不断提高，但存在的问题依然不少。《农产品质量安全法》制定时，我国已制定了《食品卫生法》和《产品质量法》，但《食品卫生法》不调整种植业、养殖业等农业活动；《产品质量法》只适用于经过加工、制作的产品。为了全程监管和保障农产品质量安全，维护公众的身体健康，需要制定专门的农产品质量安全法。

（一）《农产品质量安全法》立法目的

《农产品质量安全法》立法目的是为保障农产品质量安全，维护公众健康，促进农业和农村经济发展。

为了保障农产品质量安全，农业部自2001年开始，以启动实施“无公害食品行动计划”为主线，以提高农产品质量安全水平为核心，以强化农产品质量安全保障体系建设为基础，以农产品产地环境、生产过程、投入品监管、质量追溯和市场准入等环节为重点，全面推进农产品质量安全监管的各项工作。2002 年 5 月农业部发布公告禁止了 29 种兽药用于食用动物、限制 8 种兽药作为动物促生长剂使用；停止受理一批高毒、剧毒农药的登记申请；撤销一批农药在一些作物上的登记并禁止使用 18 种农药等一系列的有效措施。

（二）主要内容

1. 有毒有害物质超标区域不得生产农产品

农产品产地环境对农产品质量安全具有直接、重大的影响。近年来，因为农产品产地的土壤、大气、水体被污染而严重影响农产品质量安全的问题时有发生。抓好农产品产地管理，是保障农产品质量安全的前提。

《农产品质量安全法》规定，县级以上政府应当加强农产品产地管理，改善农产品生产条件。禁止违反法律、法规的规定向农产品产地排放或者倾倒废水、废气、固体废物或者其他有毒有害物质；禁止在有毒有害物质超过规定标准的区域生产、捕捞、采集农产品和建立农产品生产基地。

县级以上地方政府农业主管部门应按照保障农产品质量安全的要求，根据农产品品种特性和生产区域大气、土壤、水体中有毒有害物质状况等因素，认为不适宜特定农产品生产的，应当提出禁止生产的区域，报本级政府批准后公布执行。同时规定，农业生产者应当合理使用化肥、农药、兽药、农用薄膜等化工产品，防止对农产品产地造成污染。

2. 转基因农产品应按规定进行标志

为了方便消费者识别农产品质量安全状况、逐步建立农产品质量安全追溯制度，建立农产品的包装和标志制度是很必要的。农产品生产企业、农民专业合作经济组织以及从事农产品收购的单位或者个人，要按照规定包装或者附加标志后才可以销售。属于农业转基因生物的农产品，应当按照农业转基因生物安全管理的规定进行标志。依法需要实施检疫的动植物及其产品，应当附具检疫合格的标志、证明。

农产品在包装、保鲜、贮存、运输中使用的保鲜剂、防腐剂和添加剂等材料，应当符合国家有关强制性的技术规范。

销售的农产品符合农产品质量安全标准的，生产者可以申请使用无公害农产品标志。农产品质量符合国家规定的有关优质农产品标准的，生产者可以申请使用相应的农产品质量标志。

3. 关于农产品质量安全标准的相关规定

国家将建立健全农产品质量安全标准体系，并将农产品质量安全标准作为强制性技术规范。制定农产品质量安全标准时应当充分考虑农产品质量安全风险评估结果，并听取农产品生产者、销售者和消费者的意见，保障消费安全。农产品质量安全标准是指依照有关法律、行政法规的规定制定和发布的农产品质量安全的强制性技术规范，一般包含农产品质量要求和卫生条件，以及保障人的健康、安全的技术规范和要求。如农产品中农药、兽药等化学物质的残留限量，农产品中重金属等有毒有害物质的允许量，致病性寄生虫、微生物或者生物毒素的规定，对农药、兽药、添加剂、保鲜剂、防腐剂等化学物质的使用规定等。

农产品质量安全标准应当根据科学技术发展水平以及农产品质量安全的需要，及时修订，以保证农产品质量安全标准科学、先进、适用。

4. 违反质量安全标准责任人可能被追究刑事责任

依法实施对农产品质量安全状况的监督检查，是防止不符合农产品质量安全标准的产品流入市场、危害人民群众健康的必要措施，是农产品质量安全监管部门必须履行的法定职责。

《农产品质量安全法》确立了比较全面的农产品质量安全监督检查制度，主要内容包括：

县级以上政府农业主管部门应当制定并组织实施农产品质量安全监测计划，对生产中或者正在销售的农产品进行监督抽查，监督抽查结果由省级以上政府农业主管部门予以公告，让老百姓了解农产品质量安全状况。

监督抽查检测要委托具有相应的检测条件和能力的检测机构承担，而且不能向被抽查人收取费用。

县级以上农业主管部门可以对农产品进行现场检查，对经检测不符合农产品质量安全标准的农产品，有权查封、扣押；责令停止销售、进行无害化处理或者予以监督销毁；对责任者依法给予没收违法所得、罚款等行政处罚，对构成犯罪的，由司法机关依法追究刑事责任。

二、《中华人民共和国计量法》

《中华人民共和国计量法》（以下简称《计量法》）由第六届全国人民代表大会常务委员会第十二次会议于1985年9月6日通过，1986年7月1日起施行。《计量法》共五章35条，在计量基准器具、计量标准器具和计量检定，计量器具管理，计量管理，法律责任等方面进行了规定。1987年2月1日国家计量局又发布了《计量法实施细则》，与《计量法》配套实施。

《计量法》是我国建立计量法律制度的依据，也是我国有关产品质量的一部重要的特别法。计量法实施以来，在加强计量监督管理，保障国家计量单位制的统一和量值的准确可靠，促进生产、贸易和科学技术的发展，适应社会进步和国民经济建设的需要，维护国家和人民的利益，做出了巨大的贡献。

（一）立法宗旨和调整范围

（1）《计量法》第一条规定其立法宗旨为：加强计量监督管理，保障国家计量单位制的统一和量值的准确可靠，有利于生产、贸易和科学技术的发展，适应社会主义现代化建设的需要，维护国家、人民的利益。

（2）调整范围和对象

《计量法》调整的地域是中华人民共和国境内。调整对象：一是机关、团体、部队、企事业单位和个人在建立计量基准和标准器具，进行计量检定、制造、修理、销售、使用计量器具等方面的各种法律关系；二是使用计量单位，实施计量监督管理等方面发生的各种法律关系。

（二）我国的法定计量单位

国家采用国际单位制单位。这种由国家以命令形式明确规定并且允许在全国范围内统一实行的计量单位，就称为法定计量单位。国家法定计量单位包括国际单位制单位、国家规定的其他计量单位或由以上两种单位构成的组合单位。县级以上各级政府部门对其行政区域内的计量工作负责。

国际单位制单位包括国际单位制的基础单位、辅助单位和具有专门名称的导出单位，例如七个基本量的单位：米（m），质量千克（kg），时间秒（s），温度开尔文（K），电流安培（A），发光强度坎德拉（cd），物质的量摩尔（mol）。国家选定的非国际单位制单位有：时间分（min），质量吨（t），体积升（L）等。

（三）计量基准器具、计量标准器具和计量检定

《计量法》中规定了计量的溯源制度。国务院计量行政部门负责建立各种计量基准器具，作为统一全国量值的最高依据；县级以上地方人民政府计量行政部门根据本地区的需要，建立社会公用计量标准器具，经上级人民政府计量行政部门主持考核合格后使用；国务院有关主管部门和省、自治区、直辖市人民政府有关主管部门，根据本部门的特殊需要，可以建立本部门使用的计量标准器具，其各项最高计量标准器具经同级人民政府计量行政部门主持考核合格后使用；企业、事业单位根据需要，可以建立本单位使用的计量标准器具，其各项最高计量标准器具经有关人民政府计量行政部门主持考核合格后使用。

对计量器具的检定，《计量法》做出了如下规定，县级以上人民政府计量行政部门对社会公用计量标准器具，部门和企业、事业单位使用的最高计量标准器具，以及用于贸易结算、安全防护、医疗卫生、环境监测方面的列入强制检定目录的工作计量器具，实行强制检定。未按照规定申请检定或者检定不合格的，不得使用。实行强制检定的工作计量器具的目录和管理办法，由国务院制定。计量检定必须按照国家计量检定系统表进行。

（四）计量监督管理

为保障国家计量单位统一和量值准确可靠，《计量法》规定建立计量监督管理制度。我国的计量监督管理实行统一领导、分级负责的监督管理体制。从全国整体看，国家、部门、企事业单位三者的计量监督是相辅相成的，各有侧重，互为补充，从而构成了一个协调有序的计量监督网络。

（五）计量器具监督管理的具体规定

对计量器具管理，实行制造（或修理）计量器具许可证制度。县级以上人民政府计量行政部门根据需要可设计量监督员和计量检定机构。计量器具是指能用以直接或间接测出被测对象量值的装置、仪器仪表、量具和用于统一量值的标准物质，包括计量基准、计量标准和工作计量器具。计量基准器具为全国统一量值的最高依据。计量器具是实施全国量值统一的重要手段，也是计量监督管理的重点。

（六）法律责任

未取得许可证或制造、销售、修理计量器具不合格等法律所规定的不法行为都应追究其法律责任，并予以相应处罚，当事人不服的可向人民法院起诉。

三、《中华人民共和国进出口商品检验法》

《中华人民共和国进出口商品检验法》（以下简称《进出口商品检验法》）由中华人民共和国第七届全国人民代表大会常务委员会第六次会议于1989年2月21日通过，自1989年4月1日起施行；根据2002年4月28日第九届全国人民代表大会常务委员会第二十七次会议《关于修改<进出口商品检验法>的决定》修订。《进出口商品检验法》共有6章41条，对进出口商品检验的体制、适用范围、法定程序和监督管理制度等方面进行了规范。

（一）立法宗旨

在《进出口商品检验法》第一章第一条中对立法宗旨做了如下规定：为了加强进出口商品检验工作，规范进出口商品检验行为，维护社会公共利益和进出口贸易有关各方的合法权益，促进对外经济贸易关系的顺利发展，制定本法。制定《进出口商品检验法》的目的是为了规范进出口商品检验行为，使中国商检法律制度更明确地发挥规范作用。这样，有利于在法制的轨道上加强中国的进出口商品检验的工作，建立、健全商检法制，增强商检活动中的法制观念，通过规范的商检行为，以保证实现商检立法维护社会共同利益，维护进出口贸易有关各方合法权益，促进对外经济贸易关系顺利发展的目的。

（二）法定工作管理体制

中国进出口商品检验的体制是由法律确定的，国家进出口商品检验工作管理体制是指国家管理进出口商品检验工作的组织形式和基本制度，包括管理机构的设置、职责范围的确定和管理职权的划分。这一体制分为三个层次：一是国务院设立进出口商品检验部门即国家质量监督检验检疫总局，主管全国进出口商品检验工作；二是国家商检部门在各地设立商检机构即各省市出入境检验检疫局，管理各所辖地区的进出口商品检验工作；三是经国家商检部门许可的检验机构，可以接受对外贸易关系人或者外国检验机构的委托，办理进出口商品检验鉴定业务。这三个层次、三种机构的性质、地位、职责在法律上有清楚的界定，不能混淆，也不应交叉。

（三）商检的法定目标和范围

确定必须实施检验的进出口商品范围的原则和依据是保护人类健康和安全，保护动物或者植物的生命和健康，保护环境，防止欺诈行为，维护国家安全。这五项目标是进出口商品检验的通行原则，是在全面考虑了国家的利益和社会经济的需要的基础上确立的。

由商检机构实施的进出口商品检验分为法定检验和抽查检验，这两种检验都是国家对进出口商品实施的监督管理。法定检验商品是依照法律规定必须经商检机构检验的进出口商品，这部分商品的范围，由国家商检部门依据法定目标，通过制定、调整必须实施检验的进出口商品目录来划定；目录以外的进出口商品，则根据国家规定实施抽查检验。对外贸易关系人或者外国检验机构也可以根据自身的需要委托经国家商检部门许可的检验机构进行委托检验，检验项目及内容由委托方决定，其性质属于商业性委托检验。

“必须实施检验的进出口商品目录”是由国家商检部门发布的必须实施检验的进出口商品的范围的法律文件形式，通过对商品名称、商品编码、商品检验项目等内容的规定，明确检验对象。凡是列入目录的进出口商品，属于必须实施检验的商品，由商检机构实施检验。

（四）商检的内容和依据

1. 商检的内容

“必须实施的进出口商品检验”是指确定列入目录的进出口商品是否符合国家技术规范的强制性要求的合格评定活动。合格评定程序包括：抽样、检验和检查；评估、验证和合格保证；注册、认可和批准以及各项的组合。合格评定活动是指直接或者间接地确定必须实施检验的进出口商品是否满足国家技术规范的强制性要求的活动。合格评定程序是指直接或者间接地确定必须实施检验的进出口商品是否满足国家技术法规的强制性要求的程序。

2. 检验依据——国家技术规范的强制性要求

确定了列入目录的进出口商品，按照国家技术规范的强制性要求进行检验。“国家技术规范的强制性要求”是指规定必须强制执行的产品特性或其相关工艺和生产方法，包括适用的管理规定在内的文件。该文件还可包括适用于产品、工艺或生产方法的专门术语、符号、包装、标志或标签要求。这里所表述的国家技术规范的强制性要求，是与《技术性贸易壁垒协定》中表述的技术法规、中国标准化法中表述的强制性标准相对应的，即相同的内容不同的表述，如此表述，实质上是为了做好衔接。

（五）进口商品的检验

在《进出口商品检验法》中，对进口商品的检验与出口商品的检验分别做出规定，因为两者各有一些特殊性。至于共同的规则，都集中在这部法律的总则和监督管理两章中做出规定。

进口商品的检验，商检法对有关事项主要做如下规定：

（1）属于法定检验的进口商品，其收货人或者其代理人，应当向报关地的商检机构报检。

（2）属于法定检验的进口商品，其收货人或者其代理人，应当在商检机构规定的地点和期限内，接受商检机构对该商品的检验。

（3）商检机构应当在国家商检部门统一规定的期限内检验完毕，并出具检验单证。

（4）海关凭商检机构签发的货物通关证明验放。

（5）法定检验以外的进口商品的收货人，发现进口商品质量不合格或者残损短缺，需要由商检机构出证索赔的，应当向商检机构申请检验出证。

（6）重要的进口商品和大型的成套设备，在出口国进行预检验、监造或者监装，商检机构可以根据需要派出检验人员参加。

（六）出口商品的检验

《进出口商品检验法》对出口商品也是根据对进出口商品检验的合法目标的规定进行检验，除在这部法律的总则中所做规定外还有以下几项规定：

（1）法定检验的出口商品，其发货人或者代理人，应当按照规定的地点和期限，向商检机构报检。

（2）检验机构按规定期限检验完毕，并出具检验单证。

（3）属于商检法规定必须实施检验的出口商品，海关凭商检机构签发的货物通关证明验收。

（4）经商检机构检验合格发给检验单证的出口商品，应在其规定期限内报关出口，超过期限的重新报检。

（5）为出口危险货物生产包装容器的企业，必须申请商检机构进行包装容器的性能鉴定；生产出口危险货物的企业，必须申请商检机构进行包装容器的使用鉴定；使用未经鉴定合格的包装容器的危险货物，不准出口。

（6）对装运出口易腐烂变质食品的船舱和集装箱，承运人或者装箱单位必须在装货前申请检验，未经检验合格的不准装运。

（七）监督管理制度

（1）抽查检验。这是指商检法所规定的，商检机构对法定检验的商品以外的进出口商品，根据国家规定实施抽查检验；国家商检部门可以公布抽查检验结果或者向有关部门通报抽查检验状况。之所以采取这种处置方式，是因为抽查检验的进出口商品不属于法定检验的进出口商品，不采用由商检机构签发货物通关证明的方式。

（2）出厂前的质量监督管理和检验。这是指《进出口商品检验法》中为便利对外贸易的需要，支持出口商品生产者提高质量，适应出口商品的法定检验目标，而规定由商检机构实施的一项特定的制度，即可以按照国家规定对列入目录的出口商品进行出厂前的质量监督管理和检验。

（3）报检代理人的管理。在修改后的商检法中，报检代理人具有了合法的地位，因而对其管理也做出了相应的、制度性的规定，即为进出口货物的收发货人办理报检手续的代理人应当在商检机构进行注册登记。办理报检手续时应当向商检机构提交授权委托书。

（4）对经许可的检验机构的监督管理。在这方面主要有两项基本规定：一是管理方面的，即国家商检部门可以按照国家有关规定，通过考核，许可符合条件的国内外检验机构承担委托的进出口商品检验鉴定义务；二是监督方面的，即国家商检部门和商检机构依法对经许可的商品检验鉴定业务活动进行监督，可以对其检验的商品抽查检验。

（5）使用质量认证标志。这是一种特定的认证，并根据认证的结果做出标示。《进出口商品检验法》的规定是，商检机构可获根据国家商检部门同外国有关机构签订的协议或者接受外国有关机构的委托进行进出口商品质量认证工作，准许在认证合格的进出口商品上使用质量认证标志。

（6）验证管理。这是《进出口商品检验法》修改后所规定的一项管理制度，也包含着监督的内容，它的具体内容是，商检机构依照《进出口商品检验法》对实施许可制度的进出口商品实行验证管理，查验单证，核对证货是否相符。

（7）加施商检标志、封识。这是一种监督管理的措施，明确商检机构根据需要，对检验合格的进出口商品，可加施商检标志或者封识。应当加以区别的是，商检标志或者封识只是加施的性质，并不是代替进出口商品上的其他标志、封识。法律上对此有明确界定，确定了这种标志或封识的特定作用。

(8) 复验、复议、诉讼。这是三个不同的概念，在《进出口商品检验法》中反映了不同的法律关系，有不同的规范，具体有以下几个方面：

① 复验。这是指进出口商品的报检人对商检机构做出的检验结论有异议的，可以向原商检机构或者其上级商检机构以至国家商检部门申请复验，由受理复验的商检机构或者国家商检部门及时做出复验结论。

② 行政复议。这是在复验之后或者受到行政处罚之后提出的，具体就是当事人对商检机构、国家商检部门做出的复验结论不服或者对商检机构做出的处罚决定不服的，可以依法申请行政复议。

③ 提起诉讼。这是指当事人对商检机构、国家商检部门做出的复验结论不服或者对商检机构做出的处罚决定不服的，可以直接向人民法院提起诉讼，不必将申请复议作为法定的前置条件，这样可以使当事人的合法权益得到更充分的保护。

(八) 执法机构、执法人员的行为规范

对于商检部门和商检机构的工作人员，《进出口商品检验法》不但为其规定了行为规范，而且还规定了违反法定的行为规范而应承担的法律责任，只有这样，行为规范才是有威力的，执法活动才能遵循法制的轨道。规定的两项内容为：

(1) 国家商检部门、商检机构的工作人员违反商检法规定，泄露所知悉的商业秘密的，依法给予行政处分，有违法所得的，没收违法所得；构成犯罪的，依法追究刑事责任。

(2) 国家商检部门、商检机构的工作人员滥用职权、故意刁难的，徇私舞弊、伪造检验结果的，或者玩忽职守、延误检验出证的，依法给予行政处分；构成犯罪的，依法追究刑事责任。

(九) 关于法律责任

《进出口商品检验法》经过修改后，法律责任共有六条，其内容在前面都已经述及。其立法目的在于通过依法追究责任，惩处违法行为，维护进出口商品检验的法律秩序，规范执法行为，使中国的商检在社会经济发展和对外开放中发挥更为积极有效的作用。

四、《中华人民共和国标准化法》

《中华人民共和国标准化法》（以下简称《标准化法》）由第七届全国人民代表大会常务委员会第五次会议于 1988 年 12 月 29 日通过，自 1989 年 4 月 1 日起施行。1990 年 7 月 23 日国家技术监督局颁布实施了《中华人民共和国标准化法条文解释》；1990 年 4 月 6 日国务院又颁发了《中华人民共和国标准化法实施条例》。

《标准化法》共 5 章 26 条，包括标准化工作的管理、标准的制定、标准的实施与监督及法律责任等内容。

(一) 立法目的

制定《标准化法》的目的就是为了发展经济，促进技术进步，改进产品质量，提高社会经济效益，维护国家和人民的利益。标准化立法的作用是，通过标准化立法，使标准化工作适应经济建设和发展对外经济关系的需要。

（二）法定体制

国务院标准化行政主管部门统一管理全国标准化工作，国务院有关行政主管部门分工管理本部门、本行业的标准化工作，省、自治区、直辖市人民政府标准化行政主管部门统一管理本行政区域的标准化工作。

（三）主要内容

国家鼓励采用国际标准和国外先进标准，积极参与制定国际标准。对下列需要统一的技术要求，应当制定以下标准：

（1）工业产品的品种、规格、质量、等级或者安全、卫生要求。

（2）工业产品的设计、生产、试验、检验、包装、贮存、运输、使用的方法或者生、贮存、运输过程中的安全、卫生要求。

（3）有关环境保护的各项技术要求和检验方法。

（4）建设工程的勘察、设计、施工、验收的技术要求和方法。

（5）有关工业生产、工程建设和环境保护的技术术语、符号、代号、制图方法、互换配合要求。

（6）农业（含林业、牧业、渔业，下同）产品（含种子、种苗、种畜、种禽，下同）品种、规格、质量、等级、检验、包装、贮存、运输以及生产技术、管理技术的要求。

（7）信息、能源、资源、交通运输的技术要求。

标准依适用范围分为国家标准、行业标准、地方标准和企业标准。标准按照强制力分为强制性标准、推荐性标准和标准化指导性技术文件。

强制性标准主要是对有些涉及安全、卫生方面的进出口商品规定了限制性的检验标准，以保障人体健康和人身、财产的安全。强制性标准在一定范围内通过法律、行政法规等强制性手段加以实施。包括：药品标准，食品安全标准，兽药标准，劳动安全、卫生标准，运输安全标准；工程建设的质量、安全、卫生标准及国家需要控制的其他工程建设标准；环境保护的污染物排放标准和环境质量标准；重要的通用技术术语、符号、代号和制图方法；通用的试验、检验方法标准，互换配合标准；国家需要控制的重要产品质量标准。

制定国家标准、行业标准和地方标准的部门应当组织由用户、生产单位、行业协会、科学技术研究机构、学术团体及有关部门的专家组成标准化技术委员会，负责标准草拟和参加标准草案的技术审查工作。未组成标准化技术委员会的，可以由标准化技术归口单位负责标准草拟和参加标准草案的技术审查工作。

从事科研、生产、经营的单位和个人，必须严格执行强制性标准。不符合强制性标准的产品，禁止生产、销售和进口。

五、《中华人民共和国商标法》

1982 年 8 月 23 日第五届全国人民代表大会常务委员会第 24 次会议通过《中华人

民共和国商标法》（以下简称《商标法》），2001 年 10 月 27 日第九届全国人民代表大会常务委员会第 24 次会议《关于修改 <商标法> 的决定》进行第二次修订，自 2001 年 12 月 1 日起施行。2002 年 8 月 3 日国务院令第 358 号公布了《商标法实施条例》，自 2002 年 9 月 15 日起施行。

《商标法》对于加强商标管理，保护商标专用权，促使生产者保证商品质量和维护商标信誉，保障消费者利益，促进社会主义商品经济的发展，有举足轻重的意义。《商标法》共 8 章 64 条，主要规定了商标法调整的范围，法的基本原则，商标注册的申请，商标注册的审查和核准，注册商标的续展、转让和使用许可，注册商标争议的裁定，商标使用的管理，注册商标专用权的保护。

国家严令禁止侵犯注册商标专用权，违法者依其情节和后果，处以相应处罚。

课后训练

学以致用

1. 案例分析

（1）案例一：商家踢皮球。

市民王先生从某社区超市买的酸奶还在保质期内，结果已经发馊变质。他打通厂家的电话投诉之后，对方回应，产品出厂前检查过没问题，问题应该出在超市的销售环节，比如保存温度过高。王先生又找到超市，结果对方却坚称不是自己的问题。“厂家怪商家，商家又推厂家，到底该找谁负责？”

请用《食品安全法》及《产品质量法》的理论分析判断。

（2）案例二：问题多宝鱼药物超标。

2006 年 11 月，上海市食品药品监督管理局公布了对多宝鱼的一次抽检结果，发现采集的 30 个样品全部检出了硝基呋喃类代谢物。有渔药经销商爆出了一个“潜规则”：不少多宝鱼养殖户都在用呋喃西林。事实上，不仅价值较高的水产品存在抗生素残留，牛奶中也有同样的问题。让人担心的是，如果长期食用抗生素残留的食品，会增加人体内细菌的耐药性，导致降低或完全抵消抗生素类药物的疗效。

请用《食品安全法》的理论分析判断。

（3）案例三

李某在 1995 年 2 月份时从本市某商场购买了“南极”牌电冰箱一台，使用了 3 个月后，冰箱起火，李某损失 7 000 多元。事发后，李某找到商场，商场同意赔偿了 3 000 元，李某认为商场至少赔 5 000 元，双方遂起纠纷。李某以产品责任为由诉到法院。法院审理后认为：认定产品质量问题，应由技术监督部门出具鉴定书。但技术监督部门提出，该冰箱已烧毁，又无库存，无法鉴定。法院开庭，认为不能排除消费者使用不当造成冰箱起火的可能性，虽然冰箱没有合格证，但产品质量问题证据不足，驳回起诉。

问题：请运用《产品质量法》的产品责任理论分析法院的判决是否正确，并阐明理由？

2. 问答题

（1）请简述《食品安全法》中阐述的我国食品风险监测和评估体制。

（2）简述《产品质量法》中对生产者的责任和义务的规定。

（3）《食品安全法》对食品安全标准作出了哪些规定？

（4）我国计量溯源制度内容是什么？

（5）试论述《食品安全法》、《产品质量法》及《农产品质量安全法》三部法律之间的关系？

知识拓展

我国食品标签管理

我国食品标签的管理主要集中在两部法律、一部行政法规及一个强制标准中，它们是《产品质量法》、《食品安全法》、《食品标识管理规定》及《国家食品安全标准 预包装食品标签通则》。前两部法律对食品标签的规定比较抽象、笼统，是关于食品标签管理的法律框架和法律基础；后面两个文件是针对食品标签管理制定的，具有针对性强、内容具体等特点，食品企业在制作食品标签时主要参照的是后两个文件。

《食品标识管理规定》是国家质量监督检验检疫总局制定的行政法规，2007 年 8 月 27 日公布，2009 年 10 月 22 日修订，共 5 章 41 条。本规定中对食品标识的规定有：

1. 管理范围

在中华人民共和国境内生产（含分装）、销售的食品的标识标注和管理，适用本规定。

2. 食品标识的基本要求

食品标识的内容应当真实准确、通俗易懂、科学合法。食品标识应当标注食品名称，食品名称应当表明食品的真实属性。

食品标识应当标注食品的产地，食品产地应当按照行政区划标注到地市级地域。

食品标识应当标注生产者的名称、地址和联系方式。生产者名称和地址应当是依法登记注册、能够承担产品质量责任的生产者的名称、地址。依法独立承担法律责任的公司或者其子公司，应当标注各自的名称和地址；依法不能独立承担法律责任的公司分公司或者公司的生产基地，应当标注公司和分公司或者生产基地的名称、地址，或者仅标注公司的名称、地址；受委托生产加工食品且不负责对外销售的，应当标注委托企业的名称和地址；对于实施生产许可证管理的食品，委托企业具有其委托加工的食品生产许可证的，应当标注委托企业的名称、地址和被委托企业的名称，或者仅标注委托企业的名称和地址。

食品标识应当清晰地标注食品的生产日期、保质期，并按照有关规定要求标注贮存条件。乙醇含量 10% 以上（含 10%）的饮料酒、食醋、食用盐、固态食糖类，可以免除标注保质期。

定量包装食品标识应当标注净含量，并按照有关规定要求标注规格。对含有固、液两种物质的食品，除标示净含量外，还应当标示沥干物（固形物）的含量。净含量应当与食品名称排在食品包装的同一展示版面。

食品标识应当标注食品的成分或者配料清单，配料清单中各种配料应当按照生产加工食品时加入量的递减顺序进行标注（含量小于2%的成分除外），在食品中直接使用甜味剂、防腐剂、着色剂的，应当在配料清单食品添加剂项下标注具体名称；使用其他食品添加剂的，可以标注具体名称、种类或者代码。专供婴幼儿和其他特定人群的主辅食品，其标识还应当标注主要营养成分及其含量。

食品标识应当标注企业所执行的产品标准代号。食品执行的标准明确要求标注食品的质量等级、加工工艺的，应当相应地予以标明。实施生产许可证管理的食品，食品标识应当标注食品生产许可证编号及QS标志。

混装非食用产品易造成误食，使用不当，容易造成人身伤害的，应当在其标识上标注警示标志或者中文警示说明。

食品在其名称或者说明中标注“营养”、“强化”字样的，应当按照国家标准有关规定，标注该食品的营养素和热量，并符合国家标准规定的定量标示。

3. 食品标识的标注形式

食品标识不得与食品或者其包装分离。食品标识应当直接标注在最小销售单元的食品或者其包装上。

食品标识应当清晰醒目，标识的背景和底色应当采用对比色，使消费者易于辨认、识读。

食品标识所用文字应当为规范的中文，但注册商标除外。食品标识可以同时使用汉语拼音或者少数民族文字，也可以同时使用外文，但应当与中文有对应关系，所用外文不得大于相应的中文，但注册商标除外。

食品或者其包装最大表面面积小于10平方厘米时，其标识可以仅标注食品名称、生产者名称和地址、净含量以及生产日期和保质期。但是，法律、行政法规规定应当标注的，依照其规定。

《国家食品安全标准　预包装食品标签通则》属于国家食品安全标准，是强制性标准，最新版本为2011年版本，2012年4月开始实施。该标准的主要内容包括（与《食品标识管理办法》重复的内容不再赘述）：

1. 应用范围

本标准适用于直接提供给消费者的预包装食品标签和非直接提供给消费者的预包装食品标签。

2. 基本要求

通俗易懂、有科学依据，不得标示封建迷信、色情、贬低其他食品或违背营养科学常识的内容。真实、准确，不得以虚假、夸大、使消费者误解或欺骗性的文字、图形等方式介绍食品，也不得利用字号大小或色差误导消费者。

应直接或以暗示性的语言、图形、符号，误导消费者将购买的食品或食品的某一性质与另一产品混淆。

应标注或者暗示具有预防、治疗疾病作用的内容，非保健食品不得明示或者暗示具有保健作用。

食品真实属性的专用名称因字号或字体颜色不同易使人误解食品属性时，也应使用同一字号及同一字体颜色标示食品真实属性的专用名称。为不使消费者误解或混淆食品的真实属性、物理状态或制作方法，可以在食品名称前或食品名称后附加相应的词或短语。如干燥的、浓缩的、复原的、熏制的、油炸的、粉末的、粒状的等。

配料表应以“配料”或“配料表”为引导词。当加工过程中所用的原料已改变为其他成分（如酒、酱油、食醋等发酵产品）时，可用“原料”或“原料与辅料”代替“配料”、“配料表”，并按本标准相应条款的要求标示各种原料、辅料和食品添加剂。加工助剂不需要标示。食品制造或加工过程中，加入的水应在配料表中标示。在加工过程中已挥发的水或其他挥发性配料不需要标示。

如果在食品标签或食品说明书上特别强调添加了或含有一种或多种有价值、有特性的配料或成分，应标示所强调配料或成分的添加量或在成品中的含量。如果在食品的标签上特别强调一种或多种配料或成分的含量较低或无时，应标示所强调配料或成分在成品中的含量。

3. 推荐标示的内容

生产厂家可以根据需要标注产品的批号、食用方法、致敏物质等内容。

关键术语

风险监测和评估　食品安全标准　食品安全事故应急预案　食品进货查验制度　食品召回　先行赔偿　国家法定计量单位

项目三　国际和发达国家食品法律法规

课前准备

【学习目标】

本项目主要介绍了国际和发达国家食品方面的法律法规，通过本项目的学习，使学生熟悉和了解ISO、CAC等国际组织及其制定的食品方面条款的主要内容，熟悉美国、欧盟、日本等发达国家及地区食品法律法规。

【导入案例】

随着我国加入WTO，我国食品企业与境外的合作越来越频繁，食品出口也从初期单一的原料出口发展成为半成品（如芦荟原汁等）、成品（罐头等）出口的局面。在食品出口呈现上升势态的同时，我们也看到了我国企业因对进口国或地区法律法规理解不全面或不彻底，导致了一些经济纠纷或财产损失的情况。作为食品行业将来的从业者，我们应当将目光放远，不能仅着眼于国内的食品市场，应当勇敢地开拓国外市场，提高中国食品的国际认可率。

问题：如何提高我国食品的国际认可度？

任务一 认识 WTO/TBT 协议和 WTO/SPS 协议

一、WTO/TBT 协议

WTO/TBT 协议是《世界贸易组织贸易技术性贸易壁垒协议》（Agreement on Technical Barriers to Trade of The World Trade Organization）的简称，1994 年在“乌拉圭回合”中签署。它的前身是《关税和贸易总协定技术贸易性壁垒协议》（Agreement on Technical Barriers to Trade of the General Agreement on Tariffs and Trade，GATT/TBT）。在“乌拉圭回合”谈判中，WTO/TBT 协议已经成为 WTO 的各项协议中最重要的协议之一。

（一）WTO/TBT 协议概述

在国际贸易中，由于各国实施的技术法规和标准各不相同，差异较大，给生产者和进出口商造成困难，甚至形成了障碍。在这种情况下，各成员普遍认为有必要制定有关规则，以约束大家的贸易行为。在“东京回合”谈判期间，经过反复讨论、协商，最终就技术法规、标准和合格评定程序的制定与实施，以及解决争端等问题达成一致，并于 1979 年 4 月签署了《关贸总协定贸易技术性贸易壁垒协议》，自 1980 年 1 月 1 日起正式实施，简称 GATT/TBT 协议。

1986 年“乌拉圭回合”在日内瓦举行，GATT/TBT 经过 6 年运作，各国充分认识到了它的重要意义。同时也发现了新的问题，并对《关税与贸易总协定技术性贸易壁垒协议》（GATT/TBT）重新进行了修改。1994 年，乌拉圭回合结束时，在马拉喀什正式签署了《世界贸易组织贸易技术性贸易壁垒协议》（WTO/TBT 协议）。

WTO/TBT 的宗旨：为使国际贸易自由化和便利化，在技术法规、标准、合格评定程序以及标签标志制度等技术要求方面开展国际协调，遏制以带有歧视性的技术要求为主要表现形式的贸易保护主义，最大限度地减少和消除国际贸易中的技术性贸易壁垒，为世界经济全球化服务。

（二）WTO/TBT 的基本原则

WTO/TBT 是 WTO 下设的货物贸易理事会管辖的若干个协议之一。在 WTO 的众多协议中，WTO/TBT 是一个帮助各成员减少和消除技术性贸易壁垒的重要协调文件，是惟一一项专门协调各成员在制定、发布和实施技术法规、标准和合格评定程序等方面行为的国际准则。

目前，各国政府及地方机构制定的技术法规、标准及合格评定程序对国际贸易的影响越来越广，所产生的障碍越来越大。据统计，有 80% 的贸易壁垒来自于技术法规、标准及相关的合格评定程序。许多国家藉此抬高国外产品进入本国市场的门槛。因此，在这一领域起协调和争端解决作用的 WTO/TBT 协定也显得愈来愈重要。

WTO/TBT 协议的基本原则，大致可归纳如下：

一是无论技术法规、标准，还是合格评定程序的制定，都应以国际标准化机构制定的相应国际标准、导则或建议为基础；它们的制定、采纳和实施均不应给国际贸易造成不必要的障碍。

二是在涉及国家安全、防止欺诈行为、保护人类健康和安全、保护动植物生命和健康以及保护环境等情况下，允许各成员方实施与上述国际标准、导则或建议不尽一致的技术法规、标准和合格评定程序，但必须提前一个适当的时期，按一般情况及紧急情况下的两种通报程序，予以事先通报；应允许其他成员方对此提出书面意见，并考虑这些书面意见。

三是实现各国认证制度相互认可的前提，应以国际标准化机构颁布的有关规则或建议作为其制定合格评定程序的基础。此外还应就确认各出口成员方有关合格评定机构是否具有充分持久的技术管辖权，以便确信其合格评定结构是否持续可靠，以及接纳出口成员方指定机构所作合格评定结果的限度进行事先磋商。

四是在市场准入方面，TBT 协定要求实施最惠国待遇和国民待遇原则。

五是就贸易争端进行磋商和仲裁方面，TBT 协定要求遵照执行此次乌拉圭回合达成的统一规则和程序——“关于争端处理规则和程序的谅解协议”。

六是为了回答其他成员方的合理询问和提供有关文件资料，TBT 协定要求每一成员方确保设立一个查询处。

（三）WTO/TBT 协议主要内容

WTO/TBT 协议全文覆盖六大部分、十五个条款、三个附件和八个术语。突出论述了实现技术协调的两项基本措施：采用国际标准或实施通报制度。此外，在执行 WTO 原则、特别条款、成员间技术援助、对发展中国家的特殊待遇和争端解决等方面都作了详细规定。WTO/TBT 协议体现了大家必须共同遵循的国际贸易准则，体现了 WTO 各成员权利与义务的平衡。其中六大部分可以概括为：

1. 总则

主要说明讨论技术性贸易壁垒问题时，应使用本文件规定的术语。本协定覆盖所有的工业产品和农业产品（政府采购和动植物检疫除外）。

2. 技术法规与标准

主要规范中央政府、地方政府和非政府机构在制定技术法规、标准和合格评定程序方面须采用国际标准作为基础，否则必须在文件的草案阶段进行通报。

3. 符合技术规范与标准

主要论述中央政府，地方政府，非政府机构和国际及区域性组织在合格评定方面须采用通用的国际规范，尽可能承认其他国家的认证结果，并要求各国积极参与国际和区域的合格评定活动。

4. 信息与援助

主要论述通报咨询机构的建立和承担的法律责任，WTO 要求每个国家都设立国家级 WTO/TBT 咨询点，在成员的中央和地方政府制定技术法规、标准和合格评定程序的草案阶段，代表政府履行向 WTO 秘书处进行通报的义务。WTO 有责任对来自其他成员的有关请求特别是发展中国家的有关请求给予援助。对 WTO/TBT 协定的某些条款，经 TBT 委员会批准，发展中国家可以在一定期限内享受暂时不执行该条款的权利。

5. 机构、磋商与争端解决

主要论述 WTO/TBT 委员会的建立和运作。TBT 委员会由每个国家派一位政府代表组成，每年召开一次会议，审查各成员执行协定的情况。争端解决机制是 WTO 非常有效的解决各成员之间贸易纠纷的措施。

6. 最后条款

要求每个成员在加入 WTO 时便通知 WTO/TBT 委员会，对保证执行本协定各条款作出承诺，并说明已经采取的有关措施。没有 WTO/TBT 其他成员的同意，任何成员不得对本协定的条款提出保留意见。

此外，WTO/TBT 协议的三个附件中，附件 1 规定了本协定中所使用的名词术语及定义；附件 2 规定了解决争端的技术专家组；附件 3 规定了制定、批准和实施标准的良好行为规范。

（四）WTO/TBT 委员会简介

根据世界贸易组织技术性贸易壁垒协定第 13 条规定，为监督和管理 TBT 协定在 WTO 各成员的执行，成立 TBT 委员会。委员会的成员是 WTO 各成员派出的代表，目前来自 144 个国家和地区。

委员会至少每年召开一次会议。正常情况下，委员会在每年的第一次会议上选出一位主席，该主席的任期到本年年末结束。目前 TBT 委员会每年召开三次会议，此外，每两年召开一次至少要有各成员国家咨询点负责人参加的信息交流会。委员会会议分为正式会议和非正式会议。WTO 成员可以参加正式会议和非正式会议，WTO 观察员只能够参加正式会议。

TBT 委员会可以成立工作组或其他适当机构。履行委员会交办的任务。

委员会的另一项职责是监督本委员会在技术机构中的工作不要与各成员政府相重叠。

通常情况下，委员会会议的议程如下：

1. 通过议程
2. 选举官员
3. 讨论要求以观察员身份参加委员会的国际组织的申请
4. 执行和管理 TBT 协定的声明
5. 讨论 TBT 信息交换事宜
6. 讨论对协定进行三年一次审议时提出的问题
7. 观察员名录的更新
8. 讨论技术援助问题

9. 就部长会议声明中的相关部分讨论协定执行中的突出问题

10. 其他事项

TBT委员会会议通常在日内瓦召开，各国与会代表的人数不一，少则一人，多则6~8人，每人承担某一个议题的任务，国家咨询点通常派代表参加本国代表团，承担有关通报和咨询方面的讨论任务。

二、WTO/SPS协议

WTO/SPS协议全称为《实施动植物卫生检疫措施的协议》，是世界贸易组织（WTO）在长达8年之久的乌拉圭回合谈判中一个重要的国际多边协议成果。随着国际贸易的发展和贸易自由化程度的提高，各国实行动植物检疫制度对贸易的影响已越来越大，某些国家尤其是一些发达国家为了保护本国农畜产品市场，多利用非关税壁垒措施来阻止国外尤其是发展中国家农畜产品进入本国市场，其中动植物检疫就是一种隐蔽性很强的技术性贸易壁垒措施。由于GATT和TBT对动植物卫生检疫措施约束力不够，要求不具体，为此，在乌拉圭回合谈判中，许多国家提议制定了SPS协议，它对国际贸易中的动植物检疫提出了具体的严格的要求，它是WTO协议原则渗透的动植物检疫工作的产物。

SPS协议包括14条42条款，以及3个附件，内容丰富，涉及面较广，具体如下：

第一条　总则

1. 本协定适用于所有可能直接或间接影响国际贸易的动植物检疫措施。这类措施应按照本协定的规定制定和实施。

2. 为本协定之目的，附件1中规定的定义都适用。

3. 各附件是本协定的不可分割组成部分。

4. 对不在本协定范围的措施，本协定不应影响各成员在技术性贸易壁垒协议项下所享有的权利。

第二条　基本权利和义务

1. 各成员有权采取为保护人类、动物或植物的生命或健康所必需的动植物检疫措施，但这类措施不应与本协定的规定相抵触。

2. 各成员应确保任何动植物检疫措施的实施不超过为保护人类、动物或植物的生命或健康所必需的限度，并以科学原理为依据，如无充分的科学证据则不再维持，但第五条第7款规定的情况除外。

3. 各成员应确保其动植物检疫措施不在情形相同或相似的成员之间，包括在成员自己境内和其他成员的境内之间构成任意或不合理的歧视。动植物检疫措施的实施方式不应对国际贸易构成变相限制。

4. 符合本协定有关条款规定的动植物检疫措施，应被认为符合各成员根据1994关贸总协定有关采用动植物检疫措施的义务，特别是第二十条（b）款的规定。

第三条　协调一致

1. 为在尽可能广泛的基础上协调动植物检疫措施；各成员的动植物检疫措施应以国际标准、指南或建议为依据，除非本协定、特别是第3款中另有规定。

2. 符合国际标准、指南或建议的动植物检疫措施应被视为是保护人类、动物或植物的生命或健康所必需的措施并被认为本协定和1994关贸总协定有关条款的规定。

3. 各成员可以实施或维持比以有关国际标准、指南或建议为依据的措施所提供的保护水平更高的动植物检疫措施，但要由科学依据，或一成员根据第五条1款至第8款中有关规定，认为该措施所提供的保护水平是合适的。除上述外，若某措施所产生的动植物卫生保护水平不同于以国际标准、指南或建议为依据制定的是所提供的保护水平，则一概不得与本协定中任何其他条款的规定相抵触。

4. 各成员应尽其所能全面参与有关国际组织及其附属机构，特别是食品法典委员会，国际兽疫局，以及在《国际植物保护公约》范围内运行的有关国际和区域组织，以促进在这些组织中制定和定期审议有关动植物检疫措施各个方面的标准、指南和建议的制定和定期审议。

5. 第十二条第1款和第4款规定的动植物检疫措施委员会（本协定中称“委员会”）应制定程序，以监控国际协调进程，并在这方面与有关国际组织协同努力。

第四条 等同对待（等效）

1. 如果出口成员客观地向进口成员表明它所采用的动植物检疫措施达到进口成员适当的动植物检疫保护水平，即使这些措施不同于进口成员自己的措施，或不同于从事同一产品贸易的其他成员使用的措施，各成员应同等地接受其他成员的动植物检疫措施。为此根据请求，应给予进口成员进行检验、测试以及执行有关程序的合理机会。

2. 各成员应请求进行磋商，以便就所规定地动植物检疫措施的等同性的承认达成双边和多边协定。

第五条 风险评估和适当的动植物卫生检疫保护水平的确定

1. 各成员应保证其动植物检疫措施是依据对人类、动物或植物的生命或健康所做的适应环境的风险评估为基础，并考虑有关国际组织制定的风险评估技术。

2. 在进行风险评估时，各成员应考虑可获得的科学证据：有关工序和生产方法；有关检查、抽样和检验方法；某些病害或虫害的流行；病虫害非疫区的存在；有关的生态和环境条件；以及检疫或其他处理方法。

3. 各成员在评估对动物或植物的生命或健康构成的风险，并决定采取措施达到适当的动植卫生物检疫保护水平，在防止这类风险所时，应考虑下列相关经济因素：由于虫害或病害的传入、定居或传播，对生产或销售造成损失的潜在损害；在进口成员境内上控制或根除病虫害的成本；以及采用其他方法来控制风险的相对成本效益。

4. 各成员在确定适当的动植物检疫保护水平时，应考虑将对贸易的消极影响减少到最低程度这一目标。

5. 为达到运用适当的动植物卫生检疫保护水平的概念，在防止对人类生命或健康，动物和植物的生命和健康构成方面取得一致性的目的，每一成员应避免在不同情况下任意或不合理的实施它所认为适当的不同的保护水平，如果这类差异在国际贸易中产生歧视或变相限制。各成员应根据本协定第十二条第1、第2和第3款中的规定，在委员会中相互合作来制定指南，以推动本条款的实际贯彻。委员会在制定指南时应考虑所有有关因素，包括人们自愿遭受的人身健康风险的例外情况。

6. 在不损害第三条第2款规定的前提下，各成员在制定或维持动植物检疫措施以达到适当的动植物卫生保护水平时，各成员应确保对贸易的限制不超过为达到适当的动植物卫生检疫保护水平所要求的限度，同时考虑其技术和经济可行性。

7. 在有关科学证据不充分的情况下，一成员可根据现有的有关信息，包括来自有关国际组织以及其他成员方实施的动植物检疫措施的信息，临时采用某种动植物检疫措施。在这种情况下，各成员应寻求获得额外的补充信息，以便更加客观地评估风险，并相应地在合理期限内评价动植物检疫措施。

8. 当一成员有理由认为另一成员制定或维持的某种动植物检疫措施正在限制或潜在限制其产品出口，而这种措施不是以有关国际标准、指南或建议为依据，或这类标准、指南或建议并不存在，则可要求其解释采用这种动植物检疫措施的理由，维持该措施的成员应提供此种解释。

第六条　病虫害非疫区和低度流行区适用地区的条件

1. 各成员应确保其动植物检疫措施适应地——产品的产地及发运地的动植物卫生检疫特点——不论该地区是一个国家的全部或其部分地区，或几个国家的全部或部分地区。在评估一个地区的动植物卫生特点时，各成员应特别考虑特定病害或虫害的流行程度，是否存在根治或控制方案，以及由有关国际组织制定的适当标准或指南。

2. 各成员应特别认识到病虫害非疫区和低度流行区的概念，对这些地区的确定，应根据诸如地理、生态系统、流行病监测，以及动植物检疫有效性等因素。

3. 出口成员声明其境内某些地区是病虫害非疫区或低度流行区的，应提供必要的证据，以便向进口成员客观地表明这些地区分别是，并很可能继续分别是病虫害非疫区或低度流行区。为此，根据要求应向进口成员提供检验、测试以及执行其他有关程序的合理的机会。

第七条　透明度

各成员应依照附件B的规定通知其动植物检疫措施的变更，并提供有关其动植物检疫措施的信息。

第八条　控制、检查和批准程序

各成员在实施控制、检查和批准程序时，包括批准在食品、饮料或饲料中使添加剂，或确定污染物允许量的国家制度时，应遨守附件3的规定，并应保证其程序不与本协定规定相抵触。

第九条　技术援助

1. 各成员同意从促成以双边形式或通过适当的国际组织便利向其他成员、特别是发展中国家成员提供技术援助。这些援助尤其可以在加工技术、研究和基础设施，包括成立国家管理机构，也可以采取咨询、信贷、捐赠和转让，包括以寻求技术知识为和设备等方式，以使这些国家能调整并遵从为达到其出口市场上的适当的动植物卫生检疫保护水平所必需的动植物检疫措施。

2. 当发展中国家出口成员为达到进口成员的动植物卫生检疫要求而需要大量投资时，后者应考虑提供这类技术援助，以使发展中国家成员得以维持和扩大其相关产品市场准入的机会。

第十条　特殊和差别待遇

1. 各成员在准备和实施动植物检疫措施时，应考虑发展中国家成员。特别是最不发达国家成员的特殊需要。

2. 在适当的动植物卫生检疫保护水平允许留有分阶段采用新的动植物检疫措施的余地时，则应给予发展中国家成员有利害关系的产品更长的适应期，以维持其出口机会。

3. 为确保发展中国家成员能遵从本协定的规定，委员会有权根据这些成员的要求，并视其财政、贸易和发展需要，允许这些这些国家对于本协定项下义务的全部或部分享有具体和有时限的例外。

4. 各成员应鼓励和促进发展中国家积极参加有关国际组织。

第十一条　磋商和争端解决

1. 除非另有特别规定，经争端解决谅解和适用的1994关贸总协定第二十二条和第二十三条的规定，应适用于本协定的磋商和争端解决。

2. 在本协定涉及科学或技术问题的争端中，专家组应征询由专家组与争端各方磋商后选出的专家的意见。为此，专家组可根据争端双方中任何一方的要求或自己主动在它认为适当时候，成立技术专家咨询组，或与有关国际组织协商。

3. 本协定中的任何内容不应损害各成员在其他国际协定项下的权利，包括利用其他国际组织或根据任何国际协定建立的斡旋或争端解决机制的权利。

第十二条　管理

1. 现在成立动植物检疫措施委员会，为磋商提供经常性场所。它应履行为必要的职能，以执行本协定的各项规定，并推动其目标，特别是有关协调一致的目标的实现。委员会应通过商一致作出决定。

2. 委员会应鼓励和促进各成员之间就特定的动植物卫生检疫问题进行不定期的磋商或谈判。委员会应鼓励所有成员使用国际标准、指南和建议。在这方面，它应举办技术磋商并开展研究，以提高在批准使用食品添加剂，或确定食品，饮料或饲料中污染物允许量的国际和国家制度或方法方面的协调性和一致性。

3. 委员会应同动植物卫生检疫保护领域同有关国际组织，特别是食品法典委员会、国际兽疫局和《国际植物保护公约》秘书处保持密切联系，以获得用于管理本协定的最佳科学和技术意见。并确保避免不必要的重复工作。

4. 委员会应制定程序，监督国际协调进程及国际标准、指南或建议的采用。为此，委员会应与有关国际组织一起拟定一份它认为对贸易有较大影响的与动植物检疫措施方面的国际标准、指南或建议清单。该清单应包括各成员对国际标准、指南或建议所作的说明：哪些被用作进口的条件，或者在符合哪些标准的基础上进口产品才能进入他们的市场。在一成员不将国际标准、指南或建议作为进口条件的情况下，该成员应说明其中的理由，特别是它是不以为国际标准、指南或建议该标准不够严格，而无法提供适当的动植物检疫保护水平，如一成员在对采用标准、指南或建议作为进口条件做出说明之后又改变立场，则它应对改变做出解释，并通知秘书处以及有关国际组织，除非它以根据附件2程序做出这样的通知和解释。

5. 为避免不必要的重复，委员会可酌情决定使用通过有关国际组织实行的程序、特别是通知程序所产生的信息。

6. 委员会可根据一成员的倡议，通过适当渠道邀请有关国际组织或其分支机构审议与某个标准、指南或建议有关的具体问题，包括根据第4款对采用有关标准所作解释的依据。

7. 委员会应在WTO协议生效之日起的3年后，并在此后有需要时，对本协定的运作和执行情况进行审议。委员会在适当时，特别是根据在本协定实施过程中所取得的经验，可向货物贸易理事会提议修改本协定条款。

第十三条　实施

各成员有责任全面履行本协定中规定的所有义务。各成员应制定和执行积极的措施和机制，以支持中央政府机构以外的机构遵守本协定的规定。各成员应采取现有的合理措施，以确保其境内的非政府实体以及其境内有关实体是其成员的地方机构，遵守本协定的相关规定，此外，各成员不应采取产生直接或间接地要求或鼓励这类地方或非政府实体、或地方政府机构以不符合本协定规定的方式行事影响的措施。各成员应保证只有在非政府实体遵守本协定规定的前提下，才能依赖其提供的服务实施动植物检疫措施。

第十四条　最后条款

对于最不发达国家成员影响进口或进口产品的动植物检疫措施，最不发达国家成员可在WTO协议生效之日起推迟5年执行本协定的规定。对于其他发展中国家成员影响进口或进口产品的现有动植物检疫措施，如由于缺乏技术知识、技术性基础设施或资源而妨碍实施时，发展中国家可在WTO协议生效之日起，推迟2年实施本协定的规定，但第五条第8款和第七条的规定除外。

附件A　定义

附件B　动植物卫生检疫法规的透明度

附件C　控制检验和批准程序

任务二　认识部分发达国家食品法律法规

一、欧盟食品安全法律法规

（一）欧盟食品安全管理机构

欧盟委员会（European Commission）和欧洲理事会（European Council）是欧盟有关食品安全和卫生的政府立法机构。其中，欧盟委员负责起草和制定与食品质量安全相应的法律法规，如有关食品化学污染和残留法规以及各项委员会指令等。而欧洲理事会同样也负责制定食品卫生规范要求，在欧盟的官方公报上以欧盟指令或决议的形式发布。以上两个部门在控制食品链的安全方面只负责立法，而不介入具体的执行工作。欧盟委员会2000年11月8日正式宣布，欧盟委员会为在更高水平上，保护人类健康，保证欧盟内部市场的“良好”运转，避免因英国的疯牛病、比利时的二噁英污染等食品问题造成市场混乱，将成立“欧洲食品署”，以保证欧盟有关食品卫生与安全的政策和措施得以贯彻，重建消费者对欧洲食品安全的信心。

（二）欧盟《通用食品法》

2002 年 2 月 21 日，欧盟《通用食品法》生效启用。这是欧盟历史上首次采用这样的通用食品法，欧盟委员会追求的目标是伴随着制定《通用食品法》，使得在欧盟内部食品的安全达到最高的标准和通过较高的透明度，在食品政策上重新赢得消费者的信任。除建立欧盟食品安全局外，《通用食品法》包括如下要素：

（1）确定对从饲料和食品"从农田、家畜圈到消费者的餐桌"的整个食品链的通则和要求，除了对主要概念进行定义之外，特别对下列诸点提出了普遍性的准则：预防措施的原则；食品和饲料的追查性；对食品和饲料安全的要求；食品和饲料企业的责任。

（2）对危及健康的保护措施（如驾驭危机、拓宽快速预警机制和处理防止不安全的食品和饲料的流通）。

欧盟委员会和所有成员国应该恪守对危机管理措施的权限（如果断的措施、禁止市场销售或者限制性销售）。快速预警机制的拓宽应该囊括整个食品链包括饲料在内。快速预警机制将由欧盟委员会在欧洲食品局和所有成员国的参加下以网络形式进行。

（三）欧盟最新实施的三部有关食品卫生的新法规

欧盟从 2006 年 1 月 1 日起实施三部有关食品卫生的新法规，即《有关食品卫生的法规》（EC）852/2004；《规定动物源性食品特殊卫生规则的法规》（EC）853/2004；《规定人类消费用动物源性食品官方控制组织的特殊规则的法规》（EC）854/2004。

《有关食品卫生的法规》规定了食品企业经营者确保食品卫生的通用规则，主要包括：企业经营者承担食品安全的主要责任；从食品的初级生产开始确保食品生产、加工和分销的整体安全；全面推行危险分析和关键控制点（HACCP）；建立微生物准则和温度控制要求；确保进口食品符合欧洲标准与之等效的标准。

《规定动物源性食品特殊卫生规则的法规》规定了物源性食品的卫生准则，其主要内容包括：只能用饮用水对动物源性食品进行清洗；食品生产加工设施必须在欧盟获得批准和注册；动物源性食品必须加贴识别标志；只允许从欧盟许可清单所列国家进口动物源性食品。

《规定人类消费用动物源性食品官方控制组织的特殊规则的法规》规定了对动物源性食品实施官方控制的规则，其主要内容包括：欧盟成员国官方机构实施食品控制的一般原则；食品企业注册的批准；对违法行为的惩罚，如限制或禁止投放市场、限制或禁止进口等；进口程序，如允许进口的第三国或企业清单。

（四）技术法规

欧盟为实现商品在欧盟范围内的自由流通制定了技术法规，涉及到工业产品的安全、卫生、技术标准、商品包装、标签规定以及认证制度，还涉及到农产品的生产、加工、运输、贮藏等方面。建立了关于食品、工业产品和农业产品的全面的安全标准，其中一些安全标准是强制性的，一些是由生产者自愿采用的。

（五）有机农业条例

若要向欧盟出口或在欧盟市场上销售农产品必须要满足欧盟 1991 年初次颁布并不

断修订的有机农业条例及其附则上的要求，并获得相应颁证组织的认证。欧盟对有机农业的要求非常严格，包括：原产地无任何污染，生产过程中不使用任何人工合成的农药、肥料、饲料、除草剂等，加工过程中不使用人工合成的添加剂、防腐剂等，贮藏、运输过程中未受到有害化学物质的污染等。

（六）欧盟食品法规对我国食品出口的影响

欧盟上述新法规的实施将有可能对食品出口企业造成较大影响。这些新出台的食品安全法规强化了食品安全的检查手段，大大提高了食品市场准入的要求，增加了对食品经营者的食品安全问责制。另外，欧盟将更加注意食品生产过程的安全。不仅要求进入欧盟市场的食品本身符合新的食品安全标准，而且从食品生产的初始阶段就必须符合食品生产安全标准，特别是动物源性食品，不仅要求最终产品要符合标准，在整个生产过程中的每一个环节也要符合标准。因此，我国的食品出口企业应该不断增强质量意识建立符合欧盟要求的管理体系，提高自身的技术实力。密切关注欧盟食品法规和标准的制定和修订，尽快了解和熟悉欧盟进口国的有关要求，严格根据要求组织生产，及早采取措施应对这一新的变化。根据欧盟食品法规，所有食品业经营者必须全面推行危险分析和关键控制点（HACCP），建立食品溯源制度，确保食品生产、加工和分销的整体安全并符合相应的欧洲标准。

二、美国食品法律法规

（一）美国的食品安全体系及管理机构

美国的食品安全体系是以联邦和各州法律及行业生产安全食品的法定职责为基础，通过联邦政府授权机构的合作，在各州及地方政府的积极参与下，形成了一个互为补充、相互独立、复杂而有效的食品安全体系。

美国关于食品安全的法律法规包括两个方面的内容：一是议会通过的法案称为法令（ACT）。二是由权力机构根据议会的授权制定的具有法律效力的规则和命令，如政府行政当局颁布的有关食品安全的法规。

在美国，至少有 12 个部门来管理食品安全，法律条例达 35 件之多。制定美国食品安全法规、条例和政策一直是以危险性分析为基础，并拥有切实可行的预防措施做保障。比较重要的部门如：

食品安全检验局（FSIS），隶属美国农业部（USDA），负责所有国内和进口肉类、禽类及一些在州间流通的蛋制品，野味除外。

食品与药物管理局（FDA），隶属美国卫生部（DHHS），其工作范围是在州间市场流通的所有的国内和进口食品（除了肉、禽和部分蛋制品），还有野味、食品添加剂、动物饲料和兽药。

环境保护局（EPA），负责对农药生产、销售颁发许可证，并且制定食品农、兽药残留的最大允许限量（FDA 与 FSIS 在其管辖范围对有关商品检测农药的残留水平），另外 EPA 还负责对水中和食源性有毒化学物制定相关条例和研究方案。

动植物健康检验局（APHIS）负责动植物疾病监控、跟踪，进行风险评估工作。

（二）美国有关食品安全法律法规

1. 美国联邦法典（CFR）

美国联邦法典是联邦政府发布的永久性法规。美国联邦法典共分 50 章，涉及联邦规定的各个领域。与食品有关的主要是第 9 章与第 21 章，其中第 9 章为“动物与动物产品”，第 21 章为“食品与药品”。

2. 《联邦食品、药品和化妆品法》

《联邦食品、药品和化妆品法》是美国食品安全法律的核心，它为美国食品安全的管理提供了基本原则和框架。它要求食品药品管理局管辖除畜禽肉和部分蛋类以外的国产和进口食品的生产、加工、包装、贮存。此外，还包括对新型动物药品、加药饲料和所有可能成为食品成分的食品添加剂的销售进行监督。该法禁止销售那些须经食品药品管理局批准而未获得批准的食品、未获得相应报告的食品和拒绝对规定设施进行检查的厂家生产的食品。该法还对食品的贮藏卫生条件和食品生产车间的卫生条件做出了规定。《联邦食品、药品和化妆品法》中与食品有关的规定主要包括食品的定义与标准、食品中有毒成分的法定剂量、农产品中杀虫剂和其他化学品的残留量和食品的进出口管理规定。

3. 《联邦肉类检查法》、《禽类食品检验法》、《蛋类产品检验法》

这三部法律用来规范畜禽肉制品和蛋制品的生产，确保销售给消费者的畜肉类、禽类和蛋类产品是卫生安全的，并对产品进行正确的标记、标志和包装。畜肉类、禽类和蛋类产品只有在盖有美国农业部的检验合格标记后，才允许销售和运输。这三部法律还要求向美国出口畜肉类、禽类和蛋类产品的国家必须具有等同于美国检验项目的检验能力，这种等同性要求不仅仅针对各国的检验体系，而且也包括在该体系中生产的产品质量的等同性。

4. 《联邦杀虫剂、杀真菌剂和灭鼠剂法》与《食品、药品和化妆品法》

这二部法联合赋予国家环境保护署对用于特定作物的杀虫剂的审批权，并要求环境保护署规定食品中最高残留限量（允许量）；保证人们在工作中使用或接触杀虫剂、食品清洁剂和消毒杀菌剂时是安全的，避免环境中的其他化学物质，包括空气和水中的细菌污染物混入食品中，以及那些可能威胁食品供应链安全性的其他物质。

5. 《食品质量保护法》

《食品质量保护法》对应用于所有食品的全部杀虫剂制定了一个单一的、以健康为基础的标准，为婴儿和儿童提供了特殊的保护，对安全性较高的杀虫剂可以进行快速批准。要求定期对杀虫剂的注册和容许量进行重新评估，以确保杀虫剂的相关注册数据是最新的。

6. 《公共卫生服务法》

《公共卫生服务法》又称《美国检疫法》是美国关于防范传染病的联邦法律，该法明确了严重传染病的界定程序，制定传染病控制条例，规定检疫官员的职责，同时对来自特定地区的人员、货物、有关检疫站、检疫场所与港口、民航与民航飞机的检疫等均做出了详尽规定。此外，还对战争时期的特殊检疫进行了规范。它要求食品药品管理局负责制定防止传染病传播方面的法规，并向州和地方政府的相应机构提供有关传染病的流行信息。

7.《总统食品安全行动计划》

1997年1月，美国总统宣布了《总统食品安全计划》（President's National Food Safety Initiative）。1997年10月，总统宣布“确保进口和国产水果及蔬菜的安全计划，以保证水果和蔬菜符合最高的健康安全标准”。作为此计划的一部分，发布新鲜果蔬的“良好农业操作规范”（GAP）和“良好加工操作规范”（GMP）指南。因此，食品药品管理局和美国农业部联合发布了《行业指南——最大限度地降低果蔬食品中的微生物对安全危害的指南》，该指南列出了大多数未加工或初级加工的新鲜果蔬在食品安全、微生物危害，以及生长、收获、清洗、整理、包装和运输的GAP和GMP。该指南不是强制性法规，没有法律效力，只是从农场到餐桌提高新鲜果蔬安全的第一步，重点强调生产和包装。

总统食品安全计划关注的另一问题就是大力资助和扶持相关的食品安全研究领域，提高美国食品安全研究领域的水平。该计划还将长期对新鲜食品进行风险评价和安全性研究，干预和预防是研究的总体目标，以此减少食源性疾病的发生，同时也开展对污染源检验检测方法的研究。

8.《生物反恐法》

2001年“9-11”事件发生以后，美国国会出于对来自生物恐怖主义威胁的担心，于2002年提交了《2002年公共健康安全与生物恐怖主义预防应对法》（简称为《生物反恐法》）。布什总统于2002年6月12日签署了该法案。该法案授权美国食品药品管理局针对国际或意外事件造成的污染和其他与食品相关的公共卫生突发事件造成的威胁采取行动以维护美国食品供应安全。食品药品管理局（FDA）于2003年5月6日草拟出所有的配套法规，这些法规于2003年12月12日起开始实施。

三、日本食品法律法规

（一）日本食品安全管理机构

日本拥有较完善的食品安全法律法规体系，主要有《食品卫生法》和《食品安全基本法》，以及伴随而生的有关法律的实施令和实施规则，对该法律加以补充说明和规范。

根据相关的法律规定，分别由厚生劳动省与农林水产省承担食品卫生安全方面的行政管理职能。其中，厚生劳动省负责稳定的食物供应和食品安全，农林水产省负责食品生产和质量保证。

（二）《食品卫生法》

日本的《食品卫生法》颁布于二战结束后，后根据需要经多次修订，该法由36个条款组成，该法的主要特点如下：

（1）涉及众多的对象。该法规定食品卫生的宗旨是防止人因食物消费而受到健康危害。该法不仅涉及食物和饮料，还涉及包括天然调味剂在内的添加剂和用于处理、制造、加工或输送食物的设备和容器（包装）。该法还涉及开展与食物有关的企业活动，如食品制造和食品进口的人员。

（2）该法将权力授予健康、劳动和福利部。这项授权使健康、劳动和福利部能够迅速采取维护食品安全的执法行动，同时根据需要制定相应的保证公共健康的标准和规范，如食品添加剂标准、转基因食品的管理规范等。

（3）该法规定从公共健康的角度出发，管理了与食物有关的众多企业。管理对象的数量在全国范围内大约有400万人，其中大约260万人需要得到健康、劳动和福利部的营业执照。该法授权各地方政府在其管辖范围内，可对当地企业采取必要措施，其中包括为企业制定必要的标准，发放或吊销执照，给予安全卫生方面的指导，以及暂停或终止其营业活动。另外，日本还设有专门负责地区健康和卫生事宜、被称作保健中心的组织，这一组织对保证本地区的食品安全发挥了重要作用。

（4）建立以HACCP为基础的卫生控制系统。1995年修订《食品卫生法》时，强调建立食品生产的HACCP系统的重要性，并最终建立了该系统。在该系统中，制造商或加工商根据危害分析和临界控制点系统确定对象食物的制造或加工方法及卫生控制方法。然后，健康、劳动和福利部确认这些确定的方法是否符合审批标准。在该系统中得到批准的制造或加工方法被认为符合该法规定的制造或加工标准，这意味着该系统使人们能够对食品生产采用众多的方法而同时需遵循统一的标准。

（三）《食品安全基本法》

日本参议院于2003年5月16日通过了《食品安全基本法》草案。同时设立的食品安全委员会依据食品安全基本法，作为独立的机构负责开展危险性评估并向管理部门提供管理建议、与社会各界开展危险性信息交流、处理突发的食源性事件。《食品安全基本法》为日本的食品安全行政制度提供了基本的原则和要素，其主要特点如下：

（1）确保食品安全。体现了消费者至上的原则，基于科学的风险评估之上，对从农场到餐桌的全程进行监控（可溯性）。

（2）强调地方政府和消费者共同参与。食品的生产和流通企业对确保食品安全负有首要责任，而消费者也应接受食品安全方面的教育并参与食品安全政策的制定过程。

（3）协调政策原则。政策的制定要建立在风险评估的基础上，以必要的危害管理和预防措施为重点，风险评估人员和风险管理者协同行动，并且要促进风险信息的交流。

（4）建立食品安全委员会（FSC）。食品安全委员会为内阁下属的部门，并直接向首相报告。食品安全委员会将独立进行风险评估，并向风险管理部门即厚生劳动省和农林水产省提供科学的规避风险和处置风险的建议。

（四）日本有关进口食品监管措施

日本是一个重要的食品进口国家，为了保证进口食品安全制定了一系列法律法规，对从海外进入其境内的动植物及食品实行严格的检疫和卫生防疫制度。相关法规条例主要有：《植物防疫法》、《家畜传染病预防法》、《食品卫生法》、《食品安全法》、《农业化学品（农药、兽药及饲料添加剂等）“肯定列表制度”》。

课后训练

学以致用

1. 简答题

（1）请简述 ISO 组织的机构设置？

（2）ISO 组织中与食品有关的技术委员会是哪些？

（3）请简述食品法典的主要内容？

（4）作为食品方面的国际组织，CAC 与 ISO 有哪些相同点和不同点？

2. 论述题

以学习的国外先进国家及地区食品法律法规内容为基础，阐述我国食品法律法规未来的发展方向及需要改进的地方。

知识拓展

我国 28 类纳入生产许可证制度管理目录的食品

28 类纳入生产许可证制度管理目录的食品是：米、面、油、酱油、醋、肉制品、乳制品、饮料、调味品、方便面、饼干、罐头、冷冻饮品、速冻面米食品、膨化食品、糖果制品、茶叶、葡萄酒及果酒、啤酒、黄酒、酱腌菜、蜜饯、炒货食品、蛋制品、可可制品、焙炒咖啡、水产加工品、淀粉及淀粉制品等。

换食品生产许可证须提前半年申请

据《青岛日报》2011 年 4 月 26 日报道，市质监局日前提醒广大食品及食品相关产品生产企业，生产许可证到期前，应提前 6 个月向质量技术监督部门提交换证申请，以免因为补充材料、等待审核时间长，造成无证生产，被追究法律责任。

这位负责人提醒有关企业，根据有关法规，食品生产加工企业有下列情况之一的，即未取得食品生产许可证而擅自生产加工已实行生产许可证管理的食品的；已经被注销食品生产许可证或者食品生产许可证超过有效期仍继续生产加工已实行生产许可证管理的食品的；超出许可范围擅自生产加工已实行生产许可证管理的食品的，执法人员将责令其停止生产销售，没收违法生产销售的产品，并处违法生产销售产品（包括已售出和未售出的产品）货值金额等值以上、3 倍以下的罚款；有违法所得的，没收违法所得；构成犯罪的，依法追究刑事责任。

关键术语

ISO 标准　食品法典　通用食品法

单元三　食品标准与法规文献检索

项目一　食品标准文献检索

课前准备

【学习目标】

本项目主要介绍了标准文献的基础知识，通过该项目的学习，使学生了解文献的类型、表现形式和加工程度以及作用，明确标准文献检索的重要性，熟悉国际标准、国家标准、行业标准分类和代号及其含义，掌握食品标准文献的检索系统和工具以及网络查询方法。

【导入案例】

标准文献是按照规定程序编制并经过一个公认的权威机构（主要机关）批准的，供在一定范围内广泛而多次使用，包括一整套在特定活动领域必须执行的规格、定额、规划、要求的技术文件。通常统称为“标准”。标准文献与图书、期刊、专利、学位论文、技术报告、会议文献等完全不同，标准文献的制定要通过起草、提出、批准、发布等，并规定出实施时间与范围。

标准文献有利于企业或生产实现经营管理统一化、制度化、科学化。标准文献反映的是当前的技术水平，国外先进的标准可以为我们提高工艺技术水平、开发新产品提供参照。另外，标准文献还可以为进口设备的检验、装配、维修和配置零部件提供参考。因此，标准文献可以说是世界重要的情报资源，它为整个社会提供了协调统一的标准规范，起到了解决混乱和矛盾的整序作用。

问题：

通过上述文字材料，你了解的标准文献有哪些？可以某种食品标准文献进行快速查询吗？

教学内容

任务一 学习食品标准文献检索

随着社会主义市场经济体制的完善和科技的进步，我国的综合国力不断增强，国民生产总值连续数年保持高速增长，市场经济法规体系建设和新产品、新技术、新工艺成倍增长，随之出现的新的法规和标准文献的数量也在猛增。因此，要在一定范围和时间内，了解和掌握国内外法规和标准的动态和发展趋势，利用现代法规和标准文献检索已经是继承和发展科学技术、推动社会进步的不可缺少的条件之一。因此，掌握食品标准与法规检索，对制定完善食品法规体系和食品标准的制定、修订也有十分重要的意义。

一、文献的概述

（一）文献的类型与作用

现代文现根据划分标准不同，文献有多种分类形式。

1. 按文献的载体划分

（1）印刷型文献

印刷型文献是指以纸张为存贮介质，以印刷为记录手段的一种文献形式。目前仍然是文献的一种主要形式，其优点是便于阅读，容易传播；缺点是占用的空间比较大，整理保存相对费力、费时。

（2）缩分型文献

缩分型文献是指以感光材料为载体，以缩微照相为记录手段而产生的一种文献形式。主要包括缩分胶卷、缩分胶片等，其优点是体积小、成本低、存储密度大，节约空间，便于携带；缺点是不能直接进行阅读，必须在缩分阅读设备上进行。

（3）声像型文献

声像型文献是以磁性材料、光学材料为记录载体，利用专门的机械装置记录与显示声音和图像的文献，又称声像资料、视听资料、音像制品，如常见的有磁带、录像带等，其优点是直观、传播速度快、可以随时修改、有利于更新。缺点是需要特殊的设备和一定的技术条件，成本也比较高。

（4）机读型文献（磁盘或光盘文献）

机读型文献是正在日益被人们广泛接受和利用的文献载体形式。它是通过一定的技术将文字、图像以声音等转换成二进制数字代码，记录在磁性介质记录介质载体上，采用计算机进行阅读、游览的文献载体。相对其他载体文献具有突出的特点：存储密度高、占用空间小、更新换代快、增删复制易、检索效率高、图文声响全。但由于人们的阅读习惯方面的原因，在今后较长一段时间内，其仍然不可能取代传统印刷型文献。

2. 按文献的表现形式划分

按文献的外在表现形态及编辑出版形式不同，可以把文献归结为 11 类，即图书、报刊、科技报告、会议文献、学术论文、标准资料、产品资料、科技档案、政府出版物、专利文献、网络文本等。

政府出版物指各国政府部门及其设立的专门机构出版的文献。政府出版物的内容十分广泛，既有科学技术方面的，也有社会经济方面的。就文件性质而言，政府出版物可分为行政性文件（国会的记录、政府法令、方针政策、规章制度及调查统计资料等）和科学技术文献两部分。

3. 按文献加工程度划分

人们在利用文献传递信息的过程中，为了及时报道和揭示文献、便于信息交流，对文献进行不同程度的加工。按加工程度分为零次文献、一次文献和二次文献。从零次文献到一次、二次、三次文献都是人们为了方便地利用文献信息而对文献信息进行加工、整理、浓缩，使文献由分散到集中、由无序到有序化的结果。

（1）零次文献

零次文献又称为原始文献。它是生产和科学技术以及实践经验的科学结晶的原始文件。如科技论文、专利、技术标准和法规等等，无论其形式是哪一种，统统属于零次文献这一类。

（2）一次文献

一次文献是对零次文献的第一次加工整理、简化的系统性文献。如书目、索引、题录等称为一次文献。一次文献一定发表在零次文献之后，它是报道零次文献、检索零次文献的一种有效检索工具。

（3）二次文献

二次文献是对一次文献的进一步综合分析和研究对比而编写产生的文献。如专题评述、年鉴、数据手册、分科文献大全等。

零次文献是一次文献和二次文献的来源和基础，离开了零次文献，一次文献和二次文献就会成为无本之木。由一次文献到二次文献是一个由博到专、由分散到集中，由无组织到系统化的过程。就文献检索而言，零次文献是我们要检索的目标和对象，一次文献主要是一些检索方法和工具，二次文献则是上述两者的综合。

4. 文献的作用

文献的作用，概括起来主要有：

（1）集合保存人类知识财富，供全人类分享和利用；

（2）作为载体记录和传播科技信息与情报；

（3）衡量学术水平和成就的重要标志；

（4）帮助人们认识客观事物和社会，启发思路，丰富知识，开阔视野，继承先知，少走弯路。

（二）文献检索系统

文献检索（Docment Retrieval）有时也称为情报检索（Information Retrieval）。广义来看包括两个方面，一是检索系统的建立和检索工具的组织和积累；二是文献的查找。我们所涉及的文献检索主要是文献的查找，也就是狭义的文献检索。

文献检索系统是指按多种方式、方法建立起来的供读者查阅信息的一种有层次的体系，是表征有序的信息特征的集合。在这个集合中，对所收录的信息的外部特征和内容特征都按需要有着详略不同的描述，每条描述记录都表明有可供检索的表示，按一定序列编排，科学地组成一个有机的整体，同时应具有多种必要的检索手段。

1. 文献检索系统的类型

按照文献储存与检索采用的设备手段划分，文献检索系统的类型可分为手工信息检索系统和计算机信息检索系统两种。

（1）手工检索系统

手工信息检索是在电子数据库及因特网出现以前进行文献信息检索的主要检索工具，主要包括书本式和卡片式两种。

① 书本式检索系统：书本式检索系统是以图书或连续出版物形式出现的，人们用来查找各种信息的检索工具，如《标准目录》、《报刊索引》等。书本式检索系统是最早形成的信息检索系统，其编制原理是现代计算机检索系统产生的基础。

② 卡片式检索系统：卡片式检索系统是将各种文献信息的检索特征记录在卡片上并按照一定的规则进行排序的供人们查找的检索工具。随着计算机技术在图书馆管理中的应用，卡片式检索系统正在逐渐被计算机目录所取代。

（2）计算机检索系统

计算机检索系统是借助于计算机设备进行人机对话的方式进行检索。计算机信息检索系统主要由计算机硬件及软件系统、数据库、数据通讯等设施组成。根据其内容的不同，计算机信息检索系统又可分为以下几种：

① 计算机光盘检索系统：光盘检索系统是一大容量的光盘存储器为数据库的存储介质，利用计算机和光盘驱动器进行读取和检索光盘上的数据信息，其只能满足较小范围的特定用户的信息检索的要求。

② 计算机联机检索系统：计算机联机检索系统是由大型计算机联网系统、数据库、检索终端及通讯设备组成的信息检索系统，能满足较大范围的特定用户的信息检索要求。

③ 计算机网络检索系统：计算机网络信息检索系统包括局域网信息检索系统（如图书馆检索系统）和广域网络 Internet 信息检索系统。尤其是后者，可以支持因特网用户信息检索要求。

2. 文献信息的类型

按揭示信息的程度来划分，常见的文献信息类型有书目、题录、文摘、全文数据库等几种类型。

（1）书目

按揭示信息的不同，书目还可以划分为图书出版发行目录图书馆馆藏目录、全国（或地区、行业、图书馆文献资料）联合目录等。

就文献的载体来看，书目系统的载体也是多样的，手工信息检索有卡片目录、书本目录等。如《最新食品卫生国家标准实施手册》等。提供计算机检索的电子版目录包括机读目录，以及在网络上运行的联机公共检索目录等。

（2）题录

题录是揭示一篇文章的的题目，也是一种提供信息详细程度高于书目的检索系统。

题录的作用是帮助人们查找并掌握某篇文章的标题、作者及准确的信息出处（线索），如《国家食品强制性标准目录》、《全国报刊索引》、《中国学术会议文献通报》等。

（3）文摘

文摘是在题录的基础上增加了文章的摘要检索系统。同题录一样，主要为人们提供有关文献的准确出处（线索），但是它们提供的信息的详细程度大大高于题目。

（4）全文数据库

全文数据库是计算机检索系统诞生以后出现的，它是一种不仅具有其他类型检索系统的检索功能，而且揭示文献全貌的检索系统。它是计算机检索系统中的佼佼者，满足了人们方便、快捷地检索到原始文献信息的需求。

（三）食品标准文献概述

1. 概述

食品是指各种供人们食用或饮用的成品和原料以及按照传统既是食品又是药品的物品，但不包括以治疗为目的物品。食品标准主要包括食品产品标准、食品分析方法标准，食品管理标准、食品添加剂标准、食品术语标准等。按照《标准化法》的规定，我国标准分为国家标准、行业标准、地方标准和企业标准四个层次。因此，标准文献也就相应的包括上述四个方面，还包括国际标准文献。国家标准主要有国际食品法典（CAC）标准，国际标准（ISO）以及有关国际组织区域的标准化组织的标准。

2. 食品标准文献检索的作用

标准文献是指标准化的产物，它在国民经济、科研、工业生产、企业管理、日常生活等领域起着重要作用。通过标准化文献可以了解和研究国民经济政策、技术政策、工农业生产发展水平，有利于合理利用资源，节约原材料，提高技术和劳动生产率，保证产品的质量与安全。对于开发新产品、提高工艺和技术水平都有着重要的作用。

标准文献是国际贸易和合作的技术依据。我国作为 WTO 成员，对外开放将向更深层次发展，技术标准也将随之不断升级、补充和修订。国际贸易经济的发展，也将促进标准日趋国际化，因此掌握有关标准的基本知识和国内外标准的获取和利用方法，无论对生产建设者、商品经营者、外贸人员或是商品消费者都具有重要的作用。

二、标准文献的类型、内容及特点

（一）标准文献的类型

按适用范围和颁布机关不同来划分，标准文献可以分为国际标准、区域标准、国家标准、行业标准、地方标准和企业标准。

（1）国际标准是指经过国际标准化组织审查通过的标准或从事标准化活动的国际组织审查通过的标准。国际标准在世界范围内都是具有适用性，如国际标准化组织（ISO）。

（2）区域性标准是指由世界某一区域的标准化组织或在一定情况下从事标准化活动的区域性组织通过的技术标准，如欧洲共同体标准（CEN）等。

（3）国家标准是指经过全国性标准化组织通过，在全国范围内统一遵循的标准，由国家标准化管理委员会颁布的标准，分为强制性和推荐性标准。

(4) 行业标准是指没有国家标准而又需在全国某个行业范围内统一的技术标准。我国行业标准是由国务院有关行政主管部门制定，并报国务院标准化行政主管部门备案的标准。也分为强制性和推荐性标准。就目前国家的惯例来看主要由卫生部、农业部、国家林业局、国家食品与药品监督管理局、国家粮食局、中国轻工业联合会、全国农业供销总社等国家部门的标准和规范。

(5) 地方标准是指没有国家标准和行业标准而又需在省、自治区、直辖市范围内统一的工业产品的安全、卫生要求。由省、自治区、直辖市标准化行政主管部门负责备案。

(6) 企业生产的产品没有国家标准和行业标准的，由企业制定企业标准作为组织生产的依据，企业标准须报当地政府标准化行政主管部门备案。已有国家标准和行业标准的，国家鼓励企业制定严于国家标准和行业标准的企业标准，在企业内部使用。

上述几类标准文献，除企业标准文献难以检索之外，其他标准文献相对检索要容易一些。这一原因是在市场经济条件下，企业的市场竞争激烈，尤其是生产同类产品的企业有一个技术秘密的缘故。

（二）标准文献的内容

标准文献按内容划分为：基础标准、技术标准和组织管理标准。基础标准是具有广泛指导意义的最基本的标准，如对专业名词、术语、符号、计量单位所作的统一规定；技术标准是为科研、设计、工艺、检测等技术工作以及产品和工程的质量而制定的标准，它可以分为产品标准（对品种、检验方法、技术要求、包装、运输、贮存等所作的统一规定）和方法标准（对检查、分析、抽样、统计等所作的统一规定）。通常所说的标准大多是指基础标准和技术标准。

食品标准主要包括食品产品标准、食品卫生标准、食品分析方法标准、食品管理标准、食品添加剂标准、食品术语标准等。

食品标准：为保证食品的食用价值，对食品必须达到的某些或全部要求作的规定。食品产品标准的主要内容包括：产品分类、技术要求、试验方法、检验规则以及标签与标志、包装、贮存、运输等方面的要去。

食品卫生标准：为保护人体健康，对食品中具有卫生学意义的特性所作的统一规定。

食品分析方法标准：对食品的质量要素进行规定、测定、试验、计量所作的统一规定，包括感官、物理、化学、微生物、生物化学分析。

食品企业卫生规范：为保证食品的安全，对企业的选址、设计、施工、设施、设备、操作人员、工艺等方面的卫生要求所作的统一规定。

（三）标准文献的特点

标准文献具有一般文献的属性和作用之外，与科技文献相比，标准文献具有以下显著的特点。

1. 具有法律性

标准文献是经过一个公认的权威机构或授权单位的批准认可而审查通过的标准，具有一定的法律约束力。如企业制定的产品标准就是判定产品质量的依据。

2. 具有时效性

标准不是一成不变的，随着国民经济的发展和科学技术的不断提高，标准要不断地进行补充、修订或废止，同样标准文献也要不断地更新，这时标准将会失去其应有的作用和效力。因此标准文献具有时效性。

3. 具有检索性

由于标准文献通常包括本标准级别、标准名称、标准代号、标准提出单位、审批单位、批准时间、实施时间、具体内容等项目，这就为标准文献提供各种检索的内容，具有检索性。

三、标准文献分类体系与代号

（一）我国标准文献分类体系

我国标准文献的分类依据是《中国标准文献分类法》，这是一部标准文献专用的分类法，其分类体系以专业划分为主，由一级类目和二级类目组成，一级类目的类号用除 I 和 O 以外的一位大写的英文字母表示，二级类目的类号是在一级类号后加两位阿拉伯数字组成。一级类目下设 24 个专业大类，具体见表 3.1。

表 3.1　　我国标准一级分类与代号

代号	一级类别	代号	一级类别	代号	一级类别
A	综合	J	机械	S	铁路
B	农业、林业	K	电工	T	车辆
C	医药、卫生、劳动保护	L	电子元件、与信息技术	U	船舶
D	矿业	M	通信、广播	V	航空、航天
E	石油	N	仪器仪表	W	纺织
F	能源、核技术	P	工程建设	X	食品
G	化工	Q	建材	Y	轻工、文化与生活品
H	冶金	R	公路、水路运输	Z	环境保护

（二）标准代号

1. 中国标准代号

我国标准的代号规定为：标准代号 + 顺序代号 + 年号（年代以 4 位阿拉伯数字表示），其中：国家标准代号为 GB，推荐性国家标准代号为 GB/T。

行业标准代号均由两个汉语拼音字母组成。如中国轻工业联合会标准代号为 QB，中国商业联合会 SB \ 农业部标准代号为 NY 等，推荐性农业标准表示方法为在标准代号后加斜线加 T，如中国轻工业联合会的推荐性标准的代号为 QB/T。

地方标准代号由 DB 和省、自治区代号前两位数字加斜线组成。如广东省推荐性地方标准代号为 DB44/T、陕西省推荐性标准的代号 DB61/T。

企业标准代号规定为以 Q 为分子，以企业区号为分母来表示。如 Q/YTG，YTG 为杨凌太白葛业有限公司。

为了使同学们快速检索有关的国家标准和行业标准以及地方标准，我们把国家标准、行业标准和地方标准以及企业标准的代号、含义、管理部门或主管部门等情况分别列于表3.2、表3.3、表3.4、表3.5。

表3.2 国家标准代号

序号	代号	含　义	管理部门
1	GB	中华人民共和国强制性国家标准	国家标准化管理委员会
2	GB/T	中华人民共和国推荐性国家标准	国家标准化管理委员会
3	GB/Z	中华人民共和国国家标准化指导性技术文件	国家标准化管理委员会

表3.3 行业标准代号

序号	代号	含义	主管部门
1	BB	包装	中国包装工业总公司包改办
2	CB	船舶	国防科工委中国船舶工业集团公司、中国船舶重工集团公司（船舶）
3	CH	测绘	国家测绘局国土测绘司
4	CJ	城镇建设	建设部标准定额司（城镇建设）
5	CY	新闻出版	国家新闻出版总署印刷业管理司
6	DA	档案	国家档案局政法司
7	DB	地震	国家地震局震害防御司
8	DL	电力	中国电力企业联合会标准化中心
9	DZ	地质矿物	国土资源部国际合作与科技司（地质）
10	EJ	核工业	国防科工委中国核工业总公司（核工业）
11	FZ	纺织	中国纺织工业协会科技发展中心
12	GA	公共安全	公安部科技司
13	GY	广播电影电视	国家光部电影电视总局科技司
14	HB	焊工	国防科工委中国航空工业总公司（航空）
15	HG	化工	中国石油和化学工业协会质量部（化工、石油化工、石油天然气）
16	HJ	环境保护	国家环境保护总局科技标准司
17	HS	海关	含关总署政法司
18	HY	海洋	国家海洋局海洋环境保护司
19	JB	机械	中国机械工业联合会

续表

序号	代号	含义	主管部门
20	JC	建材	中国建筑材料工业协会质量部
21	JG	建筑工业	建设部（建筑工业）
22	JR	金融	中国人民银行科技与支付司
23	JT	交通	交通部科教司
24	JY	教育	教育部基础教育司（教育）
25	LB	旅游	国家旅游局质量规范与管理司
26	LD	劳动和劳动安全	劳动和社会保障劳动工资司（工资定额）
27	LY	林业	国家林业局科技司
28	MH	民用航空	中国民航管理局规划科技司
29	MT	煤炭	中国煤炭工业协会
30	MZ	民政	民政部人事教育司
31	NY	农业	农业部市场与经济信息司（农业）
32	QB	轻工	中国轻工业联合会
33	QC	汽车	中国汽车工业协会
34	QJ	航天	国防科工委中国航天工业总公司（航天）
35	QX	气象	中国气象局监测网络司
36	SB	商业	中国商业联合会行业发展部
37	SC	水产	农业部（水产）
38	SH	石油化工	中国石油和化学工业协会质量部（化工、石油化工、石油天然气）
39	SJ	电子	信息产业部科技司（电子）
40	SL	水利	水利部科教司
41	SN	商检	国家质量监督检验检疫总局
42	SY	石油天然气	中国石油和化学工业协会质量部（化工、石油化工、石油天然气）
43	SY >（10000）	海洋石油天然气	中国海洋石油总公司
44	TB	铁路运输	铁道部科教司
45	TD	土地管理	国土资源部（土地）
46	TY	体育	国家体局总局体育经济司
47	WB	物资管理	中国物资流通协会行业部

续表

序号	代号	含义	主管部门
48	WH	文化	文化部科教司
49	WJ	民工民品	国防科工委中国兵器工业总公司（兵器）
50	WM	外经贸	对外经济贸易合作部科技司
51	WS	卫生	卫生部卫生法制与监督司
52	XB	稀土	国家计委稀土办公室
53	YB	黑色冶金	中国钢铁工业协会科技环保部
54	YC	烟草	国家药草专卖局科技司
55	YD	通信	信息产业部科技司（邮电）
56	YS	有色冶金	中国有色金属工业协会规划发展司
57	YY	医药	国家药品监督管理局医药司
58	YZ	邮政	国家邮政局计划财务部

注：行业标准分为强制性和推荐性标准。表中给出的是强制性行业标准代号，推荐性行业标准的的代号是在强制性行业标准代号后面加“/T”，例如农业行业的推荐性行业标准代号是 NY/T。

表 3.4　　地方标准代号

序号	代号	含　义	管理部门
1	DB + *	中华人民共和国强制性地方标准代号	省级质量技术监督局
2	DB + */T	中国人民共和国推荐性地方标准代号	省级质量技术监督局

注：* 表示省级行政区划代码前两位。

表 3.5　　企业标准代号

序号	代号	含　义	管理部门
1	Q + *	中华人民共和国企业产品标准	企业

2. 国际标准化组织代号

国际标准化组织的代号、含义和负责机构列于表 3.6。

表 3.6　　国际标准化组织代号和含义

序号	代号	含　义	负责机构
1	BISFA	国际人造纤维标准化局标准	国际人造纤维标准化局（BISFA）
2	CAC	食品法典委员会标准	食品法典委员会（CAC）
3	CCC	关税合作理事会标准	关税合作理事会（CCC）
4	CIE	国际照明委员会标准	国际照明委员会（CIE）
5	CISPR	国际无线电干扰特别委员会标准	国际无线电干扰特别委员会（CISPR）

续表

序号	代号	含 义	负责机构
6	IAEA	国际原子能机构标准	国际原子能机构（IAEA）
7	IATA	国际航共运输协会标准	国际航共运输协会（IATA）
8	ICAO	国际民航组织标准	国际民航组织标准（ICAO）
9	ICRP	国际辐射防护委员会标准	国际辐射防护委员会（ICRP）
10	ICRU	国际辐射单位和测量委员会标准	国际辐射单位和测量委员会（ICRU）
11	IDF	国际乳制品联合会标准	国际乳制品联合会（IDF）
12	IEC	国际电子委员会标准	国际电子委员会（IEC）
13	IFLA	国际签书馆协会和学生联合会标准	国际签书馆协会和学生联合会（IFLA）
14	IIR	国际制冷学会标准	国际制冷学会（IIR）
15	ILO	国际劳工组织标准	国际劳工组织（ILO）
16	IMO	国际海事组织标准	国际海事组织（IMO）
17	IOOC	国际橄榄油理事会标准	国际橄榄油理事会（IOOC）
18	ISO	国际标准化组织标准	国际标准化组织（ISO）
19	ITU	国际电信联盟标准	国际电信联盟（ITU）
20	OIE	国际兽疾局标准	国际兽疾局（OIE）
21	OIML	国际法制计量组织标准	国际法制计量组织（OIML）
22	OIV	国际葡萄与葡萄酒局标准	国际葡萄与葡萄酒局（OIV）
23	UIC	国际铁路联盟标准	国际铁路联盟（UIC）
24	UNESCO	联合国科教文组织标准	联合国科教文组织（UNESCO）
25	WHO	世界卫生组织标准	世界卫生组织（WHO）
26	WIPO	世界知识产权组织标准	世界知识产权组织（WIPO）

四、标准文献的检索

（一）标准文献的检索工具

1. 国内标准文献主要检索工具

（1）《中华人民共和国国家标准和行业标准目录》由中国标准出版社出版，自1972年出版以来，每两年修订一次，收录截至当年年底公开发布的国家标准和部标准。同时列有最近一年代替的标准号，采用分类法和顺序号两种形式编排，是查找我国国家标准和行业标准的主要检索工具。

（2）《中华人民共和国国家标准目录》是由国家质量监督检测检疫总局编，中国标准出版社出版。每年出版一次，自1999年每年上半年出版新版，收录截至上年批准发布的全部现行国家标准。正文按《中国标准文献分类法》进行编排，正文后福顺序号索引，是查阅国家标准的重要检索工具。

(3)《标准化年鉴》由国家标准化管理委员会编辑，中国标准出版社出版。自1985年起每年出版一册，主要介绍我国标准化的基本情况和成就，年鉴的主要内容是以《中国标准文献分类法》分类编排的国家标准目录，年鉴最后附有以顺序号编排的国家标准索引。

(4)《中国国家标准汇编》中国标准出版社出版，该汇编从1983年起分若干分册陆续出版，收集全部现行国家标准。按国家标准序号编排，顺序号空缺处，除特殊注明外，均为作废标准号。该汇编是查阅国家标准（原始文献）的重要工具。它在一定程度上反映我国建国以来标准化事业发展的基本情况和主要成就。

(5)《中国标准化》中国标准化协会编辑出版，月刊，刊载新发布的和批准的国家标准、行业标准和地方标准。收录包括标准号、标准名称和代替的标准号以及发布时间、实施时间。

(6)《中国食品工业标准汇编》中国标准出版社陆续出版，是我国食品标准方面的一套大型丛书，按行业分类分别立卷，视察月食品标准的重要检索工具。

(7)《中国食品卫生标准汇编》共出版了6册，分别为：《食品卫生标准汇编》(1)、(2)、(3)、(4)、(5)、(6)，由中国标准出版社出版发行，是从事食品卫生、食品加工、食品科研人员在工作中必备的工具书。

(8) 中华人民共和国农业行业标准《无公害食品标准汇编》(1) 卷、(2) 卷等。

(9)《标准新书目》由中国标准化协会主办。1983年创刊，月刊。主要提供标准图书的出版发行信息，是国内最齐全的一份标准图书目录。

查询国内食品标准除使用以上检索工具外，还可以登陆国内的专业网站，主要有：国家质量技术监督检验检疫总局（www. aqsiq. gov，cn）；国家标准化管理委员会网（http：//www. sac. gov. cn）；标准网（http：//www. standardcn. com）；中国标准咨询网（http：//www. chinastandard. com. cn）；中国标准网（http：//www. zgbzw. com）；中国质量信息网（http：//www. cqi. gov. cn）；中国食品网（http：//www. cnfoodnet. com）；中国食品监督网（http：//www. cnfdn. com）；万方数据库（http：//www. wanfangdata. com. cn）；中国农业质量标准网（http：//www. caqs. gov. cn）。

登陆以上网站，均可查到有关食品标准。另外，中国标准出版社读者服务部、各省市自治区的标准化研究院均设有专门的标准查询检索服务，可以加快检索到需要的标准文献，通常这些服务是要收费的。

2. 国外的主要标准检索工具

目前世界上至少有50多个国家制定标准，其中有强制性标准和推荐性标准，每个国家的标准都有其相应的检索工具。

(1)《国际标准化组织标准目录》(ISO Catalogue) 是ISO标准的主要检索工具，年刊，每年2月出版，英法文对照报道截至上年12月底的全部现行标准。该目录有主题索引、分类目录、标准与郝索引、作废标准、国际十进制分类号（UCD）ISO技术委员会（TC）序号对照表5个部分组成，是ISO标准的主要检索工具。ISO编号规则；代号序号；年代标准名称。如 ISO 1079：1989 金属材料、硬度试验机。

（2）WHO（World Health Organization）即世界卫生组织，它颁布的一些国际标准与食品科学、人类饮食和健康具有密切的关系，其检索工具是《世界卫生组织出版物目录》（Catalogue of WHO Publication）、《世界卫生组织公报》（Bulletin of WHO）、《国际卫生规则》（International Digest of Health Legislation）、《国际健康法规选编》（International Digest Health Legislation）等，食品添加剂和农药残留日允许摄入量、国际饮用水标准等标准均可在此查询到。FAO（Food Agriculture Organization）即联合国粮农组织，检索工具是《联合国粮农组织在版书目》（FAO Book in Print）、《联合国粮农组织会议报告》（FAO Meeting Reports）、《食品和农业法规》（Food and Agricultural Legislation）。

（3）《国际电工委标准出版目录》（Catalogue of IEC Publications）。国际电工委员会（IEC）标准是与 ISO 标准并列的国际标准。IEC 主要负责电工、电子方面的国际标准化活动，与食品标准无关，这里不做详细介绍。

（4）《美国国家标准目录》（NASI Catalogue）和《美国材料与实验协会标准目录》美国国家标准学会是美国国家标准化中心，美国各界标准化活动都围绕它进行。美国材料与实验协会（ASTM）主要制定各种材料的性能和试验方法的标准。从 1973 年起，扩大了业务范围，开始制定关于产品、系统和服务等领域的试验方法标准。

（5）《法国国家标准目录》（AFNOR Catalogue）。法国标准化协会（AFNOR）是个公益性民间团体，也是一个被政府承认、为国家服务的组织。他接受标准化专署领导，负责标准的制定、修订等工作。

（6）《英国标准年鉴》（BS）和《英国标准目录》（中译本）。英国标准学会（BSI）是世界上最早的全国性标准化机构。BSI 制定和修订英国标准，并促进其贯彻执行。

（7）《日本工业标准目录》（JIS 总目录/JIS Yearbook 英文版）。日本工业标准（JIS）是日本国家标准，由日本工业工业标准调查委员会制定，由日本标准化协会发行。日本标准检索工具还有《日本工业标准年鉴》。

（8）《德国技术规章目录》德国标准是由德国标准化学会制定的，为德国统一的标准。《德国技术规程目录》每年出版一次，德、英文对照。德国标准化学会是德国标准化主管机关，作为全国标准化机构参加国际和地域的非政府性标准化机构。

（二）标准文献检索途径和方法

1. 国内食品标准文献检索途径和方法

国内标准文献的检索往往要借助于两本以上的工具书，其检索途径主要有：

（1）分类途径

首先分析课题，利用《中国文献分析方法》确定某食品一级类目的类号，再根据该分类号检索相关的标准目录，可得到进一步的细节，若想索取标准原件，则可根据查得的标准号查《中国国家标准汇编》。

（2）标准号途径

如果已知标准号，则可直接查《中国国家标准汇编》的目次表，得到该标准在

《中国国家标准汇编》正文中的页码，根据该页码即可查到该标准的详细内容。

（3）网络途径

在网络上可以检索中国标准文献的网站很多，一般可以查到该标准文献的名称等基本信息，但要获得原始文献全文是需要付费的。

中国国家标准化管理委员会（Standardization Administration of the People`s Republic of China，简称 SAC）作为国务院授权履行行政管理职能，统一管理全国标准化工作的主管机构，在其网页的主业网站上设置了“标准目录”栏目，提供中国标准文献题目信息。需要全文标准的用户可以通过中国标准咨询网（http://www.chinastandard.com.cn）或国家科技图书文献中心付费获取。

查询食品标准还可以登陆中国质量检测监督检验检疫总局信息中心的中国质量信息网（中质网，http://www.cqi.gov.cn）、中国食品标准信息中心的中国食品网（http://www.cnfoodnet.com）、中国质量协会的中国食品监督网（http://www.cnfdn.com）、北京北标科技发展有限公司的中国标准网（http://www.zgbzw.com）等网站。

具体查询方法如利用中质网查询：登陆中质网（http://www.gov.cn），点击国内标准查询后①选择 GB 国家标准查询：国家标准查询→输入标准号如：GB 1535－2003，只需输入 1535－2003 即可，或输入标准名称，只需输入关键字，如：食品→点击提交即可。② 选择 SB 行业标准查询→输入标准号或输入标准名称→点击提交即可。又如：利用中国标准网查询：登陆中国标准网（http://www.zgbzw.com），点击中国标准检索→输入标准编号/标准名称/标准级别（所有标准/国际标准/行业标准/地方标准）→查询即可。

2. 国外标准的检索途径和方法

国外标准的检索途径主要有主题途径、分类途径、标准号途径。

主题途径：主题词→查得 TC 目录→有关标准号→选择→索取原文。

分类途径：确定 TC 类号→查 TC 目录→找到所需类目→选择切题的标准→按有关标准号查阅原文→索取原文。

标准号途径：确定标准号→查标准号目录→得 TC 类号→查 TC 目录→得标准名称→核对标准是否为现行有效标准→查作废目录。（注：TC 号就是 ISO 的分类。）

通过网络检索国际标准可访问以下站点：国际标准化组织（ISO）（瑞士，http://www.iso.com）、ISO 国际标准（http://www.iso.ch/cate/03123010.html）、国际标准草案目录（http://iso.ch）、法国标准化协会（http://catafnor.afnor.fr/cgi-bin/）、日本工业标准调查会（http://hike.te.chibau.ac.jp/ikeda/jis/index.html）、美国国家标准系统网络（http://nssn.org）、加拿大标准委员会（http://www.scc.ca.）、新西兰标准（组织，http://www.standars.co.nz/）、爱尔兰国际标准局（http://www.nsai.ie/）、马来西亚标准和工业研究所（http://sirim.my/）。

IOS 国际标准数据库有“基本检索”、“扩展检索”和分类检索三种方式，其中“基本检索”只需在其主页上部“Search”后的检索框内输入检索要求，然后点击“GO”按钮即可。

IOS 主页上部选项栏中最左侧的“ISO store”处单机进入该栏目，再点击“search

and buy standards”则进入分类检索界面。该页面列出 ICS 的全部 97 大类，可通过层层点击分类号，最后就可以检索出该类所有标准的名称和标准号，点击“标准号”，即看到该项标准的提录信息和订购标准全文的价格。

利用“扩展搜索”方式是既快又准地查找到所需标准的方式。单机 ISO 主页上部项栏中“GO”右侧的“Exteded Search”即进入“扩展检索”界面，“扩展检索”界面的上部为“检索区”，在其下面的 2 个区域内分别点击不同的选项，可对检索范围和检索结果的排序进行限定，分为关键词检索和标准号检索。

任务二　国内外主要标准数据库的概况

一、国内主要标准数据库

《中国标准数据库》收录了所有的国家标准（GB）、中国行业标准、国家建设标准（GBJ）的题录信息，共计标准约 13 万条，标准的内容来源于中国标准化研究院国家标准馆，相关的文献、成果等信息来源于 CNKI 各大数据库。可以通过标准号、中文标题、英文标题、中文关键词、英文关键词、发布单位、摘要、被代替标准、采用关系等检索项进行检索。

（一）中国国家标准（GB）

国家标准在我国由国务院标准化行政主管部门制定，制定标准应当有利于合理利用国家资源，推广科学技术成果，提高经济效益，保障安全和人民身体健康，保护消费者的利益，保护环境，有利于产品的通用互换及标准的协调配套等。中国国家标准按内容划分有基础标准（一般包括名词术语、符号、代号、机械制图、公差与配合等）、产品标准、辅助产品标准（工具、模具、量具、夹具等）、原材料标准、方法标准（包括工艺要求、过程、要素、工艺说明等）；按格式划分有法定标准、推荐标准、试行标准、标准草案。

（二）中国行业标准

在全国某个行业范围内统一的标准。行业标准由国务院有关行政主管部门制定，并报国务院标准化行政主管部门备案。当同一内容的国家标准公布后，则该内容的行业标准即行废止。行业标准由行业标准归口部门统一管理。行业标准的归口部门及其所管理的行业标准范围，由国务院有关行政主管部门提出申请报告，国务院标准化行政主管部门审查确定，并公布该行业的行业标准代号。包含机械、电子、建筑、化工、冶金、轻工、纺织、交通、能源、农业、林业、水利等共 67 大类。

（三）国家建设标准

由国家工程建设标准化主管部门建设部标准定额司制定。囊括了截至 2003 年 5 月批准发布实施的工程建设强制性条文（房屋建筑部分、城乡规划部分、城市建设部分）、现行工程建设国家标准、建设部城镇建设行业标准、建设部建筑工程行业标准、中国工程建设标准化协会标准、相关的建设工业产品标准（国标、行标）、工程项目建设标准、其中新修订发布的勘察设计规范和施工验收规范全部纳入系统中，共计 1 054 项，另外，还将已废止标准 120 项纳入系统中供查询。

二、国外主要标准数据库

《国外标准数据库》收录了国际标准（ISO）、国际电工标准（IEC）、欧洲标准（EN）、德国标准（DIN）、英国标准（BS）、法国标准（NF）、日本工业标准（JIS）、美国标准（ANSI）、美国部分学协会标准（如 ASTM，IEEE，UL，ASME）等题录信息，共计标准约 31 万条，标准的内容来源于中国标准化研究院标准馆，相关的文献、成果等信息来源于 CNKI 各大数据库。可以通过标准号、中文标题、英文标题、中文关键词、英文关键词、发布单位、摘要、被代替标准、采用关系等检索项进行检索。

（一）ISO 国际标准

ISO 国际标准是国际标准化组织（International Organization for Standardization 简称 ISO）颁布的标准。ISO 成立于 1947 年，是世界上最大的国际标准化机构，目前已有成员国 100 多个，任务是制订国际标准，协调世界范围内的的标准化工作，促进标准的开发及有关活动，在全球实现交流和合作，它负责除电工领域外的一切国际标准化工作。ISO 的所有标准每隔 5 年将重新审定一次，使用时应注意利用最新版本国际标准化组织制订的正式标准和标准草案，其标准号均由代号、序号及制订年份三部分组成。

（二）国际电工标准 IEC

IEC 标准是由国际电工委员会（International Electrotechnical Commission 简称 IEC）统一制订的。IEC 成立于 1906 年，1947 年曾合并于 ISO，目前 IEC 与 ISO 相互独立工作，并列为两大国际性标准化组织。IEC 专门负责研究和制订电工电子技术方面的国际标准，包括综合性基础标准，电工设备标准，电工材料标准，日用电器标准，仪器仪表及工业自动化标准，安全标准等。IEC 设有 79 个技术委员会（TC）和 27 个分委员会（SC）。1975 年以前 IEC 公布的为推荐标准，1975 年以后为 IEC 国际标准。

（三）美国国家标准（ANSI）

美国国家标准中有一小部分是美国国家标准学会（American National Standards Institute，简称 ANSI）制订的，大部分是该学会各专业标准中选择的对全国具有重要经济意义的标准，这些标准经 ANSI 各专业委员会审核后提升为国家标准，并给以 ANSI 代号和分类号。标准号的形式是：ANSI - 分类号 - 序号 - 年代，共有标准 1 万多件。此外，ANSI Catalogue 已有中译本，由科学技术文献出版社出版。该中译本是参考 1977 年版美国国家标准原文目录及馆藏资料编译而成。

（四）英国标准（BS）

英国标准是英国标准学会（British Standards Institution，简称 BSI）制订的，标准的编号方法是 BS——序号年代，现有标准 11 000 多件。英国国家标准不分类，标准目录按专业出版，共分 40 种专业目录。

（五）NF 标准

NF 是法国标准的代号，1938 年开始实行，其管理机构是法国标准化协会（AFNOR）。NF 标准的制定及适用范围法国每 3 年编制一次标准制修订计划，每年进行一次调整。法国标准化协会指导 17 个大标准化规划组（GPN）的技术工作，指导其与规划委员会（COP）的工作进行协调。每一个规划组有一个战略方针委员会（COS）指导工作，它集中了相关经济领域的决策者，还负责确定优先开展的工作，参与寻找资助，以及预定项目的经费分配。1942 年，法国国家经济财政部长级国务秘书、农业部长级国务秘书和工业生产国务秘书联合颁布了《国家标志章程》，从而进一步完善了 NF 标志制度。目前已获得 NF 标志的产品有近 20 000 个。

（六）德国标准（DIN）

DIN 标准由 26 000 名外部专家起草。DIN 有 76 个标准委员会，每个标准委员会负责其领域内的所有活动，并在国际和欧洲范围内与相关其他标准相协调。所有标准在正式出版前都会出版草案，供公众评审；公众意见会被一一审议，然后标准才会出版。已经出版的标准会持续修订至少 5 年。DIN 的标准超过 14 500 种（英文），涵盖物理、工程、材料学等领域。大多数的 DIN 标准都有英文版或英文翻译版。

（七）日本工业标准

日本工业标准（Japanese Industrial Standard，简称 JIS）为国家标准，由日本工业标准调查会（JISC）制订，范围几乎包括日本所有工业领域的标准，还包括药品、化肥、农药、畜产品、水产品及农林产品的标准。标准的编号方法是JIS－字母类号－数字类号－序号年代，共有标准 8 000 多件。

课后训练

学以致用

1. 食品标准文献检索的作用有哪些？
2. 简述标准文献的类型、内容及特点。
3. 标准文献检索途径和方法有哪些？

知识拓展

我国食品标准标准审查应包括哪些方面？

技术标准在批准发布前，需进行一次综合的、政策性的、全面的审查，其审查内容与要点如下：

1. 宏观审查。审查标准的幅面是否符合规定，标准的名称与内容是否相符，页数是否齐全，有无签字和公章，附件是否齐全。

2. 完整性审查。标准内容是否完整。

3. 内容审查。标准中的各项规定是否正确，有无互相矛盾之处，指标水平定的是否合适。

4. 格式审查。封面、正文各栏的位置是否符合规定，章、条等的编号、移行等是否符合规定，公式、表格、标题的格式是否符合规定等。

5. 统一性审查。名称、计量单位及符号、引用标准的条文与原文等是否统一，与有关标准是否统一。

6. 数字审查。审查数值是否正确、是否符合一定的规律，有关数值之间有无矛盾。

7. 图形审查。是否符合机械制图标准；文字审查。是否做到了层次分明，语言通顺，文字简练，限定准确，用语得当，用字正确，标点清楚。

关键术语

国家标准　行业标准　食品标准　标准文献　检索途径

项目二　食品法规文献检索

课前准备

【学习目标】

本项目主要介绍了食品法规文献检索的知识，通过该项目的学习，使学生了解食品法规文献的内容，明确法规文献检索的重要性，掌握食品法规文献的检索系统和工具以及网络查询方法。

【导入案例】

食品安全法律体系是一国为保障其公民的食品安全而制定的一系列法律、法规以及规范性文件的总称。在我国，于1995年10月出台的《食品安全法》则是这一法律体系的主体，再配合《食品卫生法》、《食品卫生监督程序》等行政法规及其他法律中对食品安全的规定，如《消费者权益保护法》、《产品质量法》、《传染病防治法》、《中华人民共和国刑法》等，这样一些法律法规就构成了我国食品安全的法律体系。

问题：

通过上述文字材料，你了解的食品法律法规文献有哪些？可以某种食品法规文献进行快速查询吗？

教学内容

任务一　学习国内食品法规文献的检索

一、检索工具

（一）国内食品法规的检索

（1）《中华人民共和国食品监督管理使用法规手册》（以下简称《法规手册》）是

由国务院法制办工交司及国家质量监督检验检疫总局监督司审定，中国食品工业协会编辑。此《法规手册》将食品监督管理的重要的现行法规、有效的法律、法规和规章汇编成册，其内容包括：食品监督管理法规、国务院部门规章和文件、地方性法规和地方政府规章。《法规手册》是各级政府食品监督管理部门、质量技术检测机构、食品生产经营企业等的必备的实用法规工具书。

（2）《食品卫生法配套规定》（常用法律配套规定便携本），该书由中国法制出版社编，全书共分两大部分，第一部分是主体法《中华人民共和国食品卫生法》，第二部分为配套规定，共收集编录包括《食品卫生行政处罚办法》、《食品生产加工企业质量安全监督管理办法》、《茶叶卫生管理办法》等50个配套规定，是政府部门、食品质量技术检验机构和食品生产经营企业和社会各界快速方便查找食品法规的重要工具。

（3）《中华人民共和国国家质量监督检验检疫总局公告》由国家质量监督检验检疫总局编，2001年创刊，属于政府部门出版的政报类期刊。主要刊载全国人大或全国人大常委会通过的与质量技术监督行政法规以及决定、命令等规范性文件；国家质量监督检验检疫总局发布的局长令、决定和重要文件，以及与质量技术监督相关的地方性法规、地方政府规章；质量技术监督重要行政审批公告等。它将为政府机关、广大企业事业单位和社会各界提供政策法规。

（4）《中华人民共和国法规汇编》是国家出版的法规、行政法规汇编正式版本。由中国法制出版社出版，国务院法制办公室编辑。本汇编逐年编辑出版，每年一册，收集当年全国人民代表大会及其常务委员会通过的法律和有关法律问题的决定，国务院公布的行政法规和法规性文件，还收集了国务院部门公布的规章。汇编按宪法类、民法类、商法类、行政法类、经济法类、社会法类、刑法类分类，每大类下面按内容设二级类目。类目中排列顺序为法律、行政法规、法规性文件、部门规章，法律、行政法规、法规性文件、部门规章按公布时间先后排列，便于查找。

（5）《中华人民共和国新法规汇编》是国家出版的法律、行政法规汇编正式版本，是刊登报国务院备案的部门规章的指定出版物。本汇编收集内容按下列分类顺序编排：法律、行政法律、法规性文件、国务院部门规章司法解释。每类中按公布时间顺序排列。报国务院备案的地方性法规和地方政府规章目录按1987年国务院批准的行政区划顺序排列，同一行政区域报备案的两件以上者，按公布时间排列，本汇编每年出版十二辑，每月出版一辑，刊登上月有关内容。

（6）除上述检索工具外还可以通过有关网站查询，主要网站有：

中国食品网（http://cnfoodnet.com）；

中国食品安全网（http://www.bgc.com.cn）；

中国标准咨询网（http://chinastandard.com.cn）；

中国标准网（http://www.zgbzw.com）；

中国质量信息网（http://www.cqi.gov.cn）；

中国食品监督网（http://www.cnfdn.com）；

万方数据库（http://www.wanfangdata.com.cn）；

中国食品标准网（http://cfsi.cn）；

中国食品商务网（http：//www. foodwindows. com）。

各网站均可进行食品法规及有关食品标准查询。

二、检索方法

选择合适的检索工具如《中华人民共和国食品监督管理使用法规手册》、《中华人民共和国法规汇编》等书目检索工具，利用手工检索方法从中找到有关食品法规。

通过前边列举的有关网站可以查询到国内外及各地方的相关食品法规。例如：(1) 利用万方数据资源系统检索，首先点击万方数据资源系统中科技信息系统，选择法律法规全文库（该库中又分为：国家法律法规、人民法院条例及惯例、地方法律法规），再点击行政法规中药品食品监督管理法规库，即可查找到食品法规。(2) 利用中国食品商务网（http：//www. foodwindows. com）查询：从食品资讯进入，点击食品法规→输入法规名称关键词→点击搜询即可找到相关国内法律法规。(3) 利用中国食品网（http：//bqc. com. cn）查询；登陆中国食品安全网，点击国内法规检索→输入法规名称关键词→点击检索即可完成。

任务二　学习国外食品法规文献的检索

一、检索工具

(1)《欧洲共同体法规目录》由中国标准研究中心标准馆编，中国标准出版社出版。《欧洲共同体法规目录》收集、翻译和分类整理了各种欧共体条例、指令、决定、建议和意见等法规题录，是一部有实用价值的检索工具。书中涉及的全部法规，在中国标准研究中心标准馆均有馆藏，读者可以利用目录检索到的法规，可在标准馆找到原文。本书编排说明如下：① 根据欧洲共同体法规内容，将欧共体法规划分为 12 类。② 法规条目的编写说明：法规编号、英文标题、中文标题。法规编号举例说明：90/424/EEC（欧洲经济共同体）。欧共体法规 5 种形式的性质和效力又有所不同。条例是具有普遍适用性，具有总体约束力，对所有成员国直接适用，对成员国来说，实施条例时原则上没有自由选择的余地；指令是对所有的成员国有约束力，但实施指令的方式和手段则由成员国机构作出选择；决定根据起草者的意图，可以对个人发出，也可以对成员国发出。其约束力的方式同法规一样，对所有条文具有实施义务，特别是对成员国发出的决定，其实施的方式和手段同指令不同，成员国没有自由裁量的余地。建议具有约束力，它不是法律，建议和意见可由理事会或委员会通过。

欧共体标准可以通过以下途径检索和获取全文：

① CEN（欧洲标准化委员会）、CENELEC（欧洲电工标准化委员会）、ETSI（欧洲电信标准协会）的网站或各成员国标准化组织的网站。

CEN：http：//www. cenorm. be/

CENELEC：http：//www. cenelec. org/

ETSI：http：//www. etsi. org/

② 中国标准服务网（http：//www. cssn. cn. net/）也可以提供欧洲标准中文题目，用户可按中文关键词进行检索查询。

另外，美国 HIS 公司的检索光盘、德国 Perinorm 检索光盘等也可以检索欧洲的标准。

（2）《最新国内外食品管理制度规范与政策法规使用手册》刊登国内外有关食品的技术规范和政策法规，是一本很好的食品国外法规检索工具。有关网站有：

中国食品网（http：//www. cnfoodnet. com）；

中国食品安全网（http：//www. bqc. com. cn）；

中国标准咨询网（http：//www. chinastandard. com. cn）；

中国标准网（http：//www. zgbzw. com）；

中国质量信息网（http：//www. cqi. gov. cn）；

中国食品监督网（http：//www. cnfdn. com）；

万方数据库（http：//www. wanfangdata. com. cn）；

中国食品商务网（http：//www. foodwindows. com）。

从以上网站均可通过法规查询找到国内、国外、地方有关食品的法律法规。

二、检索方法

选择合适的检索工具如《欧共体法规汇编》等书目检索工具，利用手工检索方法从中找到有关食品法规。

通过 Internet 检索食品法规，从前边列举的有关网站可以查询国内外及各地方食品法规。例如：

（1）利用万方数据资源系统检索，首先点击万方数据资源系统中科技信息系统，选择法律法规全文库（该库中又分为：国家法律法规、人民法院条例及惯例、地方法律法规）再点击行政法规中药品食品监督管理法规库，即可查找到食品法规，点击国际条约及惯例中国际条约库，或点击地方法律法规［包括 33 个省（市）地方法规库］可以找到相应法规内容。

（2）用食品伙伴网（http：//www. foodmate. net）查询：从食品资讯进入，点击政策法规→输入法规名称关键词→搜询即可找到相关国外法律法规。

（3）用中国食品网（http：//bqc. com. cn）查询；登陆中国食品安全网，点击国外法规速递国际法规检索→输入法规名称关键字点击检索即可。其他网站查询方法也同样是先登录网站后，点击政策法规查询后即可。

课后训练

学以致用

论述：国内外主要的食品法规工具及主要的检索方法有哪些，并举例说明。

知识拓展

专业文献检索方法与技巧

文献检索是科学研究中一个非常重要的部分，一般包括以下几个步骤：(1) 确定课题；(2) 进行初期的检索；(3) 发现问题或者产生设想；(4) 再次通过搜索相关文献获得新的信息并解决问题或者设想提供解决的思路（当然这一步骤也可能产生新的问题或设想）；(5) 管理检索到的文献。

值得一提的是，上述5个步骤不是线性的、单向性的，事实上，文献检索是一个不断获得信息、不断反馈并不断修改深化的过程，换句话说，步骤 (1)、(2) 将影响到 (3)、(4) 的执行，而步骤 (3)、(4) 可能又会不断地影响到 (1)、(2) 的修正；同时，步骤 (3)、(4) 之间也会产生相互的影响。而步骤 (5) 则贯穿始终，对检索到的文献进行有效的管理，以获得更高效率的科研活动。

整个文献检索的过程可以如下图所示：

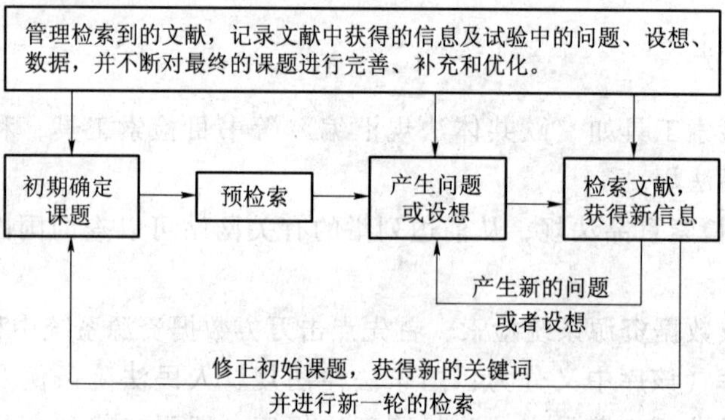

关键术语

食品法规　中华人民共和国法规汇编　欧洲共同体法规目录

单元四　食品生产许可证和市场准入制度

项目一　申办食品生产许可证

课前准备

【学习目标】

本项目主要介绍食品生产许可证申办的相关知识。通过该项目的学习，使学生了解食品生产许可证的内涵、相关的法律法规和实施的意义；掌握食品生产许可证的申办流程、准备食品生产许可证申请所需的文件、食品生产许可证的现场审核和生产许可证的日常管理。

【导入案例】

山东：食品生产许可审核7%拿不到“准生证”

据齐鲁晚报2012年6月25日报道，从山东省质监局获悉，通过采取质量安全风险排查、食品生产资质严审、加大加工产品抽检力度及专项整治等形式的食品安全综合整治，目前，我省食品生产许可证审核中不通过率提至7%。

据介绍，是否能获取食品生产许可证是食品生产企业合法开展生产的前提条件。我省首先从严审食品许可审查关入手，严把市场准入关。截至目前，全省共发放食品生产许可证10 789张，发放不予许可决定书813张，综合看有7%的生产项目因拿不到“准生证”而被拒之门外。

问题：

1. 什么是食品生产的“准生证”？

2. 食品生产许可证对企业意味着什么？

教学内容

任务一 食品生产许可证概述

一、食品生产许可证的内涵

食品生产许可证是工业产品许可证制度的一个组成部分，是为保证食品的质量安全，由国家主管食品生产领域质量监督的行政部门制定并实施的一项旨在控制食品生产加工企业生产条件的监督制度。县级以上地方质量技术监督部门在职责范围内负责本行政区域的食品生产许可监督管理工作。

该制度规定：从事食品生产加工的公民、法人或其他组织，必须具备保证产品质量安全的基本生产条件，按规定程序获得《食品生产许可证》，方可从事食品的生产。没有取得《食品生产许可证》的企业不得生产食品，任何企业和个人不得销售无证食品。

国家质检总局按照“统一管理、分类监管、重心下移、层级负责”的原则，对食品生产加工企业实施分类、分级管理。所谓分类、分级管理，就是对食品和食品生产加工企业按照风险高低划分等级，实施相应的管理措施，对重点的企业进行监督管理。国家质检总局负责制定《食品质量安全监督管理重点产品目录》，国家质检总局对纳入《食品质量安全监督管理重点产品目录》的食品实施食品质量安全市场准入制度。

按照食品质量安全市场准入制度的有关规定，食品生产许可证的发放工作实行“两级发证、三级操作”。国家质检总局负责全国食品生产许可证的统一管理；负责高风险食品的生产许可；确定由省、自治区、直辖市（以下简称省级）质量技术监督部门负责审查发证的产品及具体办法，并对省级食品生产许可工作进行监督和指导。省级质量监督部门负责生产许可的食品，由国家质检总局根据食品的风险性、生产工艺、检验难易程度、行业发展状况和规范程度、食用对象和食用范围等确定，并分批公告发布。省级质量技术监督部门可以将部分事项委托市级质量技术监督部门实施，但是许可审批权不得委托。截至目前，国家质检总局已经公布了 4 批由省级质量技术监督部门发放食品生产许可证的产品目录。

第 1 批包括小麦粉、大米、食用植物油、糖果制品、茶叶、黄酒、酱腌菜、蜜饯、炒货制品、蛋制品、可可制品、焙炒制品、水产加工品、淀粉及其制品等 14 种食品；2005 年 7 月 26 日国家质检总局 2005 年第 102 号公告，自 2005 年 9 月 1 日期各省级质量技术监督部门组织实施上述 14 种产品的生产许可审查发证工作。

第 2 批包括糕点、豆制品、蜂产品、果冻、挂面、鸡精调味品、酱类等 7 种食品；2006 年 8 月 25 日国家质检总局 2006 年第 120 号公告，自 2006 年 9 月 1 日起各省级质量技术监督部门组织实施上述 7 种产品的生产许可审核发证工作。

第 3 批包括食用油脂制品、其他粮食加工品、食用动物油脂、调味料产品、方便食品、蜂花粉及蜂产品制品、速冻食品、薯类食品、含茶制品和代用茶、其他酒、蔬菜制品、水果制品、淀粉糖等 12 种食品以及原由国家质检总局许可的酱油、食醋、糖、味精、饼干、速冻面米食品、膨化食品等7种食品（2006年12月27日国家质检总局2006年第202号公告，自2007年1月1日起交由省级质量技术监督局实施许可）。

第4批包括乳制品、婴幼儿配方奶粉（2008年10月30日国家质检总局2008年120号公告，自公告发布之日起各省级质量技术监督部门组织实施上述食品的生产许可审查发证工作）。

二、食品生产许可证相关法律法规

(一)《中华人民共和国食品安全法》

第二十九条　国家对食品生产经营实行许可制度。从事食品生产、食品流通、餐饮服务，应当依法取得食品生产许可、食品流通许可、餐饮服务许可。

(二)《中华人民共和国食品安全法实施条例》

第二十条　设立食品生产企业，应当预先核准企业名称，依照食品安全法的规定取得食品生产许可后，办理工商登记。县级以上质量监督管理部门依照有关法律、行政法规规定审核相关资料、核查生产场所、检验相关产品；对相关资料、场所符合规定要求以及相关产品符合食品安全标准或者要求的，应当作出准予许可的决定。

其他食品生产经营者应当在依法取得相应的食品生产许可、食品流通许可、餐饮服务许可后，办理工商登记。法律、法规对食品生产加工小作坊和食品摊贩另有规定的，依照其规定。

食品生产许可、食品流通许可和餐饮服务许可的有效期为3年。

第二十一条　食品生产经营者的生产经营条件发生变化，不符合食品生产经营要求的，食品生产经营者应当立即采取整改措施；有发生食品安全事故的潜在风险的，应当立即停止食品生产经营活动，并向所在地县级质量监督、工商行政管理或者食品药品监督管理部门报告；需要重新办理许可手续的，应当依法办理。

县级以上质量监督、工商行政管理、食品药品监督管理部门应当加强对食品生产经营者生产经营活动的日常监督检查；发现不符合食品生产经营要求情形的，应当责令立即纠正，并依法予以处理；不再符合生产经营许可条件的，应当依法撤销相关许可。

(三)《中华人民共和国工业产品生产许可证管理条例》

第二条　国家对生产下列重要工业产品的企业实行生产许可证制度：

乳制品、肉制品、饮料、米、面、食用油、酒类等直接关系人体健康的加工食品。

(四)《食品生产许可管理办法》

第二条　在中华人民共和国境内，企业从事食品生产活动以及质量技术监督部门实施食品生产许可，必须遵守本办法。

第三条　企业未取得食品生产许可，不得从事食品生产活动。

第四条　国家质量监督检验检疫总局（以下简称国家质检总局）在职责范围内负责全国食品生产许可管理工作。

县级以上地方质量技术监督部门在职责范围内负责本行政区域内的食品生产许可管理工作。

（五）《食品生产加工企业质量安全监督管理实施细则（试行）》

第五条 国家实行食品质量安全市场准入制度。从事食品生产加工的企业，必须具备保证食品质量安全必备的生产条件（以下简称“必备条件”），按规定程序获取工业产品生产许可证（以下简称食品生产许可证），所生产加工的食品必须经检验合格并加印（贴）食品质量安全市场准入标志后，方可出厂销售。

三、食品生产许可证实施的意义

食品生产许可证制度的实施，是国家实施食品安全工程的具体举措。通过食品生产许可证制度的实施，可以有效促进我国食品企业生产条件的改善，提高产品质量，满足我国消费者日益增长的需求，满足食品安全的需求，保护消费者的利益，同时还可以缩小国内企业与世界先进生产企业的差距，突破技术壁垒，增加食品贸易出口份额。为了进一步规范食品生产许可证管理，充分发挥《食品安全法》针对食品生产许可管理的法律效应，国家质量检验检疫总局发布实施了《食品生产许可证管理办法》，使食品生产许可证管理步入了法制化轨道的同时，更加科学合理。

任务二 申办食品生产许可证

一、食品生产许可证的申办流程

（一）申报初审

企业将提交的申请材料送至市局初审。

（二）受理申请

如所提交的申请材料齐全，且符合法定要求，立即受理并签发《行政许可申请受理解决书》。如所交材料存在可以当场更正的错误，申请人可当场更正，更正后，立即受理，并签发《行政许可申请受理决定书》；如所交材料不齐全或不符合法定要求，将在5个工作日内一次性告知申请人须补齐的全部内容，并发《行政许可申请材料补正告知书》，企业需在20个工作日内完成补正，逾期未补的，视为撤回申请；如申请事项依法不需要取得食品生产许可证的，或者不属于本部受理的，应当即时告知申请人不受理，发给《行政许可不予受理决定书》，或者告知申请人向有关行政机关申请。

（三）现场核查

《行政许可申请受理决定书》发出后，由市局组成核查组，依照食品生产许可证审查通则和审查细则，在20个工作日内完成企业必备条件和出厂检验能力现场核查。对现场核查合格的企业，由核查组按照食品生产许可证审查通则和审查细则的要求在现场抽取和封存样品，并告知企业有资格承担该产品发证检验任务的检验机构的名单和联系方式，由企业自主选择。企业对不合格项的整改应当在核查之日起10日内完成。

（四）发证检验

企业应当在封样后7个工作日内将样品送达检验机构。检验机构收到样品后，应当按照规定的标准和要求进行检验，在15个工作日内完成检验工作（检验项目有特殊要求的除外)。企业对检验的结果有异议的，可以自接到检验结果之日起15日内，向组织检验的质量技术监督部门或者其以上一级质量技术监督部门提出复检申请。受理申请的质量技术监督部门应当在5日内作出是否受理复检的书面答复。除国家标准规定不允许复检等客观情况外，对符合附件条件的，应当及时组织复检。复检应当采用核查组封存的样品，按照原检验方案进行检验、判定。承担复检的检验机构由受理复检申请的质量技术监督部门在有资质的检验机构中确定。

(五) 材料上报

自受理之日起30个工作日内，市局将企业申请材料、现场核查和产品检验材料报省级质量技术监督部门。

(六) 决定

上一级质检部门对市质量技术监督局上报的企业申请材料和审查结果进行审定，在20日内作出准予或者不予核发食品生产许可证的书面决定。

(七) 证书颁发

自准予许可决定之日起10日内，向申请人颁发、送达食品生产许可证证书。

二、准备食品生产许可证申请的文件

(一) 申请材料的要求

申请人向所在地区(县)质量技术监督部门申请核发食品生产许可证，按照下列目录提交申请材料：

(1) 食品生产许可证申请书(一式三份)；

(2) 营业执照(复印件，一式三份)；

(3) 企业代码证(不需办理代码证书的企业除外；复印件，一式三份)；

(4) 企业负责人(法人代表人)身份证(复印件，一式三份)；

(5) 企业生产场所布局图(一份)；

(6) 企业生产工艺流程图(一份)；

(7) 企业质量管理文件(一份)；

(8) 企业标准文本(执行企业标准的企业提供，一份)；

(9) HACCP体系认证书、出口食品卫生注册(登记)证(已获得的企业提供；复印件，一式三份)。

(二) 食品生产许可证申请书文本基本内容

《食品生产许可证申请书》(以下简称《申请书》)适用于企业发证、换证、迁址和增项等食品生产许可证申请。具有集团公司性质与所属单位一起取证的，集团公司与所属单位分别填写《申请书》。增项包括增加规格型号、产品升级、增加集团公司所属单位等。

1. 封面内容

产品类别：填写列入食品生产许可证产品目录的产品名称；产品名称：填写实施细则的食品生产许可证产品名称；企业名称：填写企业营业执照上的注册名称，并加盖公章；联系电话：填写有效的企业联系电话；联系人：填写企业负责办理食品生产许可证工作的人员姓名；申请类别：根据企业申请的情况分别在发证、迁址、增项和其他后面的“□”中打“√”，集团公司增加所属单位在“增项”后的“□”中打“√”；申请日期：填写企业的实际申请时间，用大写数字填写，如二〇〇五年七月十五日。

2. 申请企业的基本情况

企业名称、住址、经济类型等：填写企业营业执照上的注册名称、住所、经济类型等；生产地址：填写申请企业的实际生产场地的详细地址，要注明省（自治区、直辖市）、市（地）、区（县）、路（街道、社区、乡、镇）、号（村）等；年总产值、年销售额、年缴税金额、年利润：填写企业上一年度实际完成的情况，新投产或实际生产期未满一年的企业，该四项指标可不填写。

3. 申报产品的基本情况

涉及国家产业政策的情况：对照国家产业政策的要求，按企业实际情况填写；产品单元、产品品种、规格型号：按照产品《实施细则》填写；一次申报产品数量多的申请企业可附页，附页注明“申报产品基本情况附页”。

4. 企业所属单位明细

申请表适用于企业、公司取证的情况。集团公司和其所属单位一起申请食品生产许可证的，由集团公司填写与其一起申请的所属单位的情况。与集团公司的关系：填写子公司、分公司、生产基地及其他情况。一页不够，可增加页数，附页中注明“集团公司所属单位明细附页”。

三、食品生产许可证的现场审核

（一）《现场核查表》

《现场核查表》主要用于食品生产加工企业申请食品质量安全市场准入时的现场核查，也就是申领食品生产许可证的现场核查。食品生产加工企业现场核查合格，并且其产品抽样检验业合格，方可获得食品生产许可证。

《现场核查表》分6部分，共计42个核查项目。第1部分：质量管理职责——5个核查项目；第2部分：企业场所要求——11个核查项目；第3部分：生产资源提供——5个核查项目；第4部分：采购质量控制；第5部分：过程质量管理。第6部分：产品质量检验——7个核查项目。

每一项核查项目（包括重点核查项目）都有“合格”、“一般不合格”或“严重不合格”3种核查评定结论。

“一般不合格”是指食品生产加工企业出现的一种偶然的、孤立的、性质轻微的不合格。基本属于一种偶然出现的情况。

“严重不合格”是指食品生产加工企业出现的性质严重的不合格；或是区域性的、系统性的不合格。严重不合格主要有3种情况：① 性质严重的不合格：如食品生产加工企业缺少一台必备的生产设备；或是产品出厂不检验、产品检验不合格仍出厂；或是食品生产加工过程中造成了比较严重的交叉污染等等。② 区域性的不合格：如某生产车间管理混乱，人工不按工艺文件操作，半成品不注意防护，整个区域几乎处于失控状态等等。③ 系统性的不合格：如某食品生产企业的各个部门、车间都存在着技术文件管理不善的问题，或各道工序都不按规定开展过程质量检验，或厂长、经理、各级干部及企业职工都不了解质量知识等等。

（二）企业标准合理性审查

根据《现场核查表》的要求，核查员在现场核查时，主要是核查各食品企业是否具备必备的与其生产食品相应的产品标准（含产品卫生标准）文本。此外，还需要核查在各类《审查细则》中未列出，但在食品《审查通则》中提出来的5个标准和规定：GB 5749《生活饮用水卫生标准》，GB 7718《定量包装商品计量监督管理规定》，GB 2760《食品添加剂食用卫生标准》，GB 14880《食品营养强化剂食用卫生标准》，以及出厂检验项目对应的检验方法标准。

1. 对企业标准的要求

企业标准应符合国家标准、行业标准的要求，并经当地标准化主管部门备案。企业制定的标准有两种：一种是用于内部控制的企业产品标准；另一种是明示的用于交易的企业产品标准。这里所讲的企业标准，是指企业产品标准。企业产品标准，必须经过当地标准化部门备案。企业标准备案的前提条件有两个：一是企业产品标准要符合（达到）相关强制性标准在健康、安全、环保等方面的要求；二是不能与国家、行业推荐标准的要求相抵触。当然，企业产品标准中技术指标的高低，可参照相关国家、行业推荐性标准，由企业根据市场需求自行确定，但应当具备合理性。

2. 企业标准的合理性审查

应当在书面材料审查阶段完成。企业标准的合理性审查的主要内容是：企业标准是否有过备案，是否符合强制性标准的要求，低于国家标准、行业标准推荐性指标要求的是否具有合理性，没有合理理由的，企业应当进一步完善其标准。如SB/T 10015—1999《雪糕》的“技术要求”中规定“总糖（以蔗糖汁）应≥14%”，如果食品企业在其产品标签上明示产品名称为“无糖雪糕”，在雪糕中添加了甜味剂“甜蜜素”，不添加白砂糖，总糖指标在企业标准中可不作要求。可视为企业标准具有合理性。又如，GB 5408.1—1999《巴氏杀菌乳》中的蛋白质标准虽然是推荐性指标，但企业不得降低蛋白质指标的要求。国家标准中规定蛋白质应≥2.9%，某企业标准规定蛋白质≥2.5%，则有降低成本的嫌疑，可视为该企业标准不合理。

（三）现场核查

承担企业现场核查任务的核查人员（专家除外）必须经过考试取得核查员资格，核查组长必须是注册核查员并经省级质检局批准，并报国家质检总局备案。

一个企业如拥有多个不具备营业执照的分厂或生产加工点时，核查组应当使用一份《现场核查表》进行企业现场核查，各个分厂或生产加工点出现的一般不符合项和严重不符合项应当累加计算。但各个分厂或生产加工点出现的内容相同的一般不合格项，只按一项计算。其一般不合格项的总数不能超过8项（其中，重点项目的一般不合格项不能超过4项），也不能出现严重不合格项。

（四）免于现场核查

对通过HACCP认证和出口食品卫生注册（登记）的企业，可免于现场核查。但应查验认证机构的资质（含获准认可的业务范围）和企业提交的认证，注册（登记）证书（包括证书的有效期和认证的产品范围等内容）以及不合格项记录等材料，生产并确认企业是否具备出厂检验能力，然后再《食品生产加工企业必须具备条件现场核查报告》上填写核查结论。根据国家认证认可制度规定，在国内开展 HACCP 认证的认证机构，需要获得国家认监委的批准。获得国家认监委批准的 HACCP 认证机构名单及其获准认可的业务范围，应当以国家认监委网站（www.cnca.gov.cn）公布的为准。

原则上免于现场核查的企业，其核查结论可定为合格（A）级；但核查组在确认企业是否具备出厂检验能力等过程中，发现企业有一般不合格或者严重不合格问题的，应当按照食品生产加工企业必备条件现场核查结论确定原则，确定其核查结论。

（五）分装企业要求

实施食品质量安全市场准入食品，原则上不允许分装生产。所谓分装生产，是指大包换小包、大袋换小袋的加工生产。如果在换袋过程中有其他的加工工序，例如调配工序、抛光工序等，则应该视为生产加工，而非分装生产。

《审查细则》中允许分装的食品生产加工企业，应当具备与生产企业同样的生产环境、原辅材料仓库、成品库，具有《审查细则》中规定的分装包装设备，具有原材料及成品的检验能力以及《审查细则》中要求的与其分装产品相适应的其他必备条件。其分装的食品来源于国内的，必须提供供货企业的食品生产许可证复印件；来源于境外的，必须具有出入境检验检疫机构出具的合格证明。

（六）不合格项改进

核查组应当将企业存在的不合格项内容填入《食品生产加工企业不合格项改进表》，企业应当依据质量技术监督部门的要求对不合格项通常在 3 个月内完成改进。质量技术监督部门应当及时检查督促企业整改到位。

（七）抽样

对现场核查合格的企业，核查组要按照相关食品《审查细则》规定进行抽样。抽样基数、抽样量和抽样品种应符合相应《审查细则》的规定，所抽样品应为企业产量较大、生产加工难度较大的或容易出现质量安全问题的产品品种。

在发证检验抽样时，一般是根据食品生产加工企业申证产品品种，在每个申证单元抽取一种产品进行发证检验。根据《审查通则》的要求，所抽样品应为企业产量较大的产品（有的《审查细则》里提到“所抽产品应为企业生产的主导产品”，是指企业生产量较大的产品）；或者是企业生产加工难度较大的产品，如《碳酸饮料申证单元生产许可证审查细则》中规定，若企业同时生产充气运动饮料，则应抽查其充气运动饮料，主要是因为充气运动饮料的生产加工难度和产品质量控制内容比碳酸饮料要大很多。《乳制品生产许可证审查细则》规定，乳粉类制品生产加工企业如果只生产一种产品，只对该种产品抽样。如果企业生产多种产品，如调味乳粉、全脂加糖乳粉、全脂乳粉、脱脂乳粉等，抽样时应按上述排列顺序，抽取一种产品进行检验。这也是根据抽取生产加工难度较大的产品品种的原则作出的规定。

在发证检验抽样时，一般根据食品生产加工企业的产品品种，每个申证单元抽取一种产品进行发证检验。但特殊情况下，根据发证产品的性质，需要对每个申证单元的所有品种进行抽样。如《乳制品生产许可证审查细则》中规定：液体乳类（包括巴氏杀菌乳、灭菌乳、酸牛乳）和其他乳制品类（包括炼乳、奶油、硬质干酪），根据企业申请取证的产品品种，每个品种均按要求进行抽样检验。也就是说，如果乳制品企业生产以上两类产品（两个申证单元）中的6种产品，这6种产品每种都要按规定抽取样品。

四、生产许可证的日常管理

（一）食品生产许可证

食品生产许可证由国家质检总局统一印制，并加印食品生产许可证审批部门印章，证书分为正本和副本。证书应当载明企业名称和住所、证书编号、发证日期、有效期等相关内容。食品生产许可证副本用于质量技术监督部门记载接受监督检查的基本情况。

（二）年审

取得食品生产许可证的企业当年在证书有效期内，每满1年前的1个月内向所在地县级质量技术监督部门提交继续保证食品质量安全必备条件情况的年度报告。

（三）许可延续

食品许可证的有效期3年。有效期届满，企业继续生产的，应当在食品生产许可证有效期满6个月前，向原受理食品生产许可证申请的质量技术监督部门提出换证申请。质量技术监督部门应当按规定的程序对企业进行审查并换发证书。

（四）扩项、重新审核和检验、变更与补证

1. 扩项

获证企业需要增加申请项目的，应当向原申请受理部门提出扩项申请，提交申请书和相关材料。省级或者市（地）级质量技术监督部门按规定组织核查和检验。

2. 重新核查和检验

在食品生产许可证有效期内，产品的有关标准、要求发生改变的，省级或者市（地）级质量技术监督部门应当按国家质检总局的统一要求组织必要的现场核查和产品检验。

企业的生产条件、检验手段、技术或者工艺发生变化的，企业应当在变化后20天内提出申请。省级或者市（地）级质量技术监督部门应当按照食品生产许可证审查通则和审查细则的规定重新组织现场核查和产品检验。

3. 食品生产许可证的变更

企业名称发生变化时，应在名称变更后20天内向原受理食品生产许可证申请的质量技术监督部门提出食品生产许可证更名申请。受理的质量技术监督部门应当自受理之日起10天内完成变更审查和材料上报，由原发证部门在10天内核批。

4. 食品生产许可证的补证

企业应当妥善保管食品生产许可证证书，因毁坏或者不可抗力等原因造成生产许可证证书遗失或者无法辨认的，应当及时在省级以上报纸上刊登声明，同时报省级质量技术监督部门。企业提出补证申请的，质量技术监督部门应当及时受理，由省级质量监督部门按规定办理补领证书手续。

取得食品生产许可证的企业连续停止生产加工获得产品1年以上的，重新生产加工时，应当向原受理食品生产许可证申请的质量技术监督部门提出重新现场核查的申请。

课后训练

学以致用

1. 食品生产许可证制度的内容是什么？
2. 食品生产许可证实施的意义是什么？
3. 食品生产许可证的申办流程有哪些？
4. 食品生产许可证的现场审核有哪些内容？

知识拓展

许可证相关时间

证书

食品生产许可证的有效期一般不超过5年。不同食品其生产许可证的有效期限在相应的规范文件中有规定。

换证

在食品生产许可证有效期满前6个月内，企业应向原受理食品生产许可证申请的质量技术监督部门提出换证申请。质量技术监督部门应当按规定的申请程序进行审查换证。

年审

对食品生产许可证实行年审制度。取得食品生产许可证的企业，应当在证书有效期内，每满1年前的1个月内向所在地的市（地）级以上质量技术监督部门提出年审申请。年审工作由受理年审申请的质量技术监督部门组织实施。年审合格的，质量技术监督部门应在企业生产许可证的副本上签署年审意见。

变更

食品生产加工企业在食品原材料、生产工艺、生产设备等生产条件发生重大变化，或者开发生产新种类食品的，应当在变化发生后的3个月内，向原受理食品生产许可证申请的质量技术监督部门提出食品生产许可证变更申请。受理变更申请时，质量技术监督部门应当审查企业是否仍然符合食品生产企业必备条件的要求。

企业名称发生变化时，应当在变更名称后3个月内向原受理食品生产许可证申请的质量技术监督部门提出食品生产许可证更名申请。

关键术语

食品生产许可证　法律法规　申办流程　申请文件　现场审核　日常管理

项目二　食品质量安全市场准入

课前准备

【学习目标】

本项目主要介绍了食品质量安全市场准入的相关知识。通过本项目的学习使学生掌握食品质量安全市场准入制度的内容、适用范围和相关法律法规，以及 QS 的认证的内容和意义。

【导入案例】

购买食品请认准“QS”标志

食品质量安全直接关系到人民群众的身体健康和生命安全，消费者在购买食品时最担心的就是质量安全问题，最怕的就是买到假冒伪劣食品。那么如何能买到比较放心的食品呢？我告诉你，请认准“QS”标志。

为从源头上严把食品质量关，国家质检总局决定从 2002 年下半年开始，首先对小麦粉、大米、食用植物油、酱油、食醋 5 类食品实行生产许可证管理的质量安全市场准入制度；自 2003 年下半年起，又启动了对肉制品、乳制品、饮料、调味品、方便面、饼干、肉灌制品、冷冻饮品、速冻米面食品、膨化食品 10 类食品实施质量安全市场准入制度，企业生产上述 15 类食品必须申办食品生产许可证。获得许可证的企业生产的食品必须在外包装上加印“QS”标志。从 2004 年 4 月 1 日起前 5 类食品、从今年 7 月 1 日起后 10 类食品，未获证的企业不允许继续生产，其产品不许进入市场销售。

“QS”是国家质检总局统一制定的食品质量安全市场准入标志。企业申请办理食品生产许可证时，其生产环境、卫生条件、生产设备、生产工艺、添加剂使用、检验手段、产品包装等必须按照国家有关规定达到必备的条件，质量技术监督部门将到现场进行严格审查，达到标准的方可办证。获证的企业都是规模较大、质量管理比较完善的正规企业，而那些达不到标准无法保证产品质量的小企业、家庭作坊、黑加工点就不能取得许可证。实行生产许可证管理后，无证企业不允许生产上述食品，即使有的企业偷摸生产，市场上也不允许销售。据悉，国家质检总局还将对糖果制品、茶叶、葡萄酒、酱腌菜、蜜饯等 13 类食品实行质量安全市场准入制度。

了解了以上情况，大家就会知道，标有“QS”标志的都是有可靠质量保证手段的正规企业生产的食品，其质量相对来说比较可靠，其安全系数比较高。因此，消费者在选购食品时要认准“QS”标志。

问题：

1. 如何才能买到放心的食品？
2. “QS”标志是什么？

教学内容

任务一　食品质量安全市场准入概述

一、食品质量安全市场准入的内容

市场准入也叫市场准入管制，是指为了防止资源配置低效过度竞争，确保规模经济效益、范围经济效益和提高经济效率，政府职能部门通过批准和注册，对企业的市场准入进行管理。市场准入制度是关于市场主体和交易对象进入市场的有关准则和法规，市政府是市场管理和经济发展的一种制度安排。它具体通过政府有关部门对市场主体的登记、发放许可证、执照等方式来体现。

对于产品的市场准入，一般理解为允许市场的主体（产品的生产者与销售者）和客体（产品）进入市场的程度。食品市场准入制度也称食品质量安全市场准入制度，是指为保证食品的质量安全，具体规定条件的生产者才允许进行生产经营活动，具体规定条件的食品才允许生产销售的监管制度。因此，实行食品质量安全市场准入制度是一种政府行为，是一项行政许可制度。

食品市场准入制度的核心内容主要包括以下三个方面：（1）食品生产加工企业实行生产许可证管理。（2）食品出厂实行强制检验。（3）实施食品质量安全市场准入标志管理。

自 2002 年 7 月起，国家质量监督检验检疫总局开始研究实施食品质量安全市场准入制度。2002 年 7 月 11 日，国家质检总局发布《关于印发小麦粉等 5 类食品生产许可证实施细则的通知》，首批对小麦粉、大米、食用植物油、酱油、食醋五类食品实施了食品质量安全市场准入管理。自 2004 年 1 月 1 日起，依法实施无证查处。

经过几年的努力，食品质量安全市场准入制度的实施已初见成效。2001 年，大米、小麦粉、食用植物油、酱油、醋五类食品的平均合格率为 59.9%。到了 2009 年，这五类食品的平均合格率已达到 97.42%。目前，国家质量监督检验检疫总局已将食品质量安全市场准入制度管理范围扩大到 28 大类 525 个品种，基本涵盖了食品工业的所有生产品种。

二、食品质量安全市场准入适用范围

根据《加强食品质量安全监督管理工作实施意见》规定：“凡在中华人民共和国境内从事食品生产加工的公民、法人或其他组织，必须具备保证食品质量的必备条件，按规定程序获得《食品生产许可证》，生产加工的食品必须经检验合格并加贴（印）食品市场准入标志后，方可出厂销售。进出口食品的管理按照国家有关进出口商品监督管理规定执行。”同时规定国家质检总局负责制定《食品质量安全监督管理重点产品目录》，国家质检总局对纳入《食品质量安全监督管理重点产品目录》的食品实施食品质量安全市场准入制度。

按照上述规定，食品质量安全市场准入制度的适用范围如下：

适用地域：中华人民共和国境内。

适用主体：一切从事食品生产加工并且产品在国内销售的公民、法人或者其他组织。

适用产品：列入国家质检总局公布的《食品质量安全监督管理重点产品目录》且在国内生产和销售的食品。进出口食品按照国家有关进出口商品监督管理规定办理。

三、食品质量安全市场准入相关法律法规

食品质量安全市场准入制度主要涉及的法律、法规、规章主要有三个方面：

（一）法律、行政法规和部门规章

《中华人民共和国产品质量法》、《中华人民共和国食品安全法》、《中华人民共和国标准化法》、《中华人民共和国计量法》、《工业产品生产许可证试行条例》、《工业产品质量责任条例》、《工业产品生产许可证管理办法》、《查处食品标签违法行为规定》、《产品标志标注规定》等法律法规，是我们实施食品质量安全市场准入制度、制定相应的工作文件的法律依据。

（二）规范性文件

为了解决国内食品生产加工领域存在的严重的质量问题，国家质检总局根据国务院以上述法律为依据，根据国务院赋予的管理职能，制定了《进一步加强食品质量安全监督管理工作的通知》和《加强食品质量安全监督管理工作实施意见》，确立了食品质量安全市场准入制度的基本框架，明确了实施食品质量安全市场准入制度的目的、职责分工、工作要求和主要工作程序。

（三）技术法规

为了在全国范围内统一食品生产加工企业的准入标准，规范质量技术监督部门的管理行为，国家质检总局还针对具体食品生产证许可实施细则。这次印发的《大米生产许可证实施细则》、《小麦粉生产许可证实施细则》、《食用植物油生产许可证实施细则》、《酱油生产许可证实施细则》、《食醋生产许可证实施细则》，属于技术性很强的技术规范，也就是大家通常所说的技术法规，用以指导企业完善保证产品质量必备条件，指导各个实施食品生产许可证的审查工作和食品强制检验工作。

上述三个方面的法律法规和规范性文件，对规范食品生产加工行为，切实从源头加强食品质量安全的监督管理，提高我国食品质量，保证消费者人身健康、安全，提供了一个基本的工作依据。

任务二 QS与食品质量安全市场准入制度

一、QS简介

QS原意是食品“质量安全”（Quality Safety）的缩写，带有QS标志的产品说明此产品经过强制性的检验合格，准许进入市场销售。这就是依托食品生产许可证制度的食品质量安全市场准入制度。具体来说，所有的食品生产企业必须经过强制性的检验合格，且在最小销售单元的食品包装上标注食品生产许可证编号，并加印食品质量安全市场准入标志（“QS”标志）后才能出厂销售。没有食品质量安全市场准入标志的，不得出厂销售。2010年4月12日，国家质量监督检验检疫总局发布《关于使用企业食品生产许可证标志有关事项的公告》（总局2010年第34号公告），公告规定：自2010年6月起，国家质检总局将QS标志中的“质量安全”变更为“生产许可”，之前取得食品生产许可的企业有18个月的过渡期完成旧版生产许可证标志包装物的更替。企业食品生产许可证标志以“企业食品生产许可”的拼音“Qiyeshipin Shengchanxuke”的缩写“QS”表示，并标注“生产许可”中文字样。企业食品生产许可证标志由食品生产加工企业自行加印（贴）。企业使用企业食品生产许可证标志时，可根据需要按式样比例放大或者缩小，但不得变形和变色。

二、QS标志

食品质量安全市场准入标志即食品生产许可证标志，该标志由“企业产品生产许可”拼音“Qiyechanpin Shengchanxuke”的缩写“QS”和“生产许可”四个中文字样组成。标志主色调为蓝色，字母“Q”与“生产许可”四个中文字样为蓝色，字母“S”为白色。其式样见图4.1。该标志的式样、尺寸及颜色都有具体的制作要求。

图4.1 QS标志

2005年9月1日中华人民共和国国家质量监督检验检疫总局令（第79号）颁布

《食品生产加工企业质量安全监督管理实施细则（试行）》。原国家质检总局 2003 年 7 月 18 日颁布的《食品生产加工企业质量安全监督管理办法》同时废止。

《食品生产加工企业质量安全监督管理实施细则（试行）》第五章第四十六条‘食品质量安全市场准入标志即食品生产许可证标志，属于质量标志，以“质量安全”的英文 Quality Safety 缩写 QS 表示，其式样由国家质检总局统一制定（以下简称 QS 标志）。’第四十七条“实施食品质量安全市场准入制度的食品，出厂前必须在其包装或者标志上加印（贴）QS 标志。没有 QS 标志的，不得出厂销售。”

食品质量安全市场准入制度，自 2002 年开始，首先在米、面、油、酱油、食醋五类食品中推行。2003 年 5 月 1 日起，五类食品中凡取得《食品生产许可证》并且未加印（贴）QS 标志的，不得出厂销售。2003 年下半年，又扩大到肉制品、乳制品、饮料、调味品（糖、味精）、方便面、饼干罐头、冷冻食品、速冻米面食品、膨化食品等 10 类食品。近期，将对包括余下 13 类食品在内的所有食品实行食品质量安全市场准入制度。

消费者在选购已经实施食品质量安全市场准入制度的食品时，应当选购已经加印（贴）QS 标志的食品。

三、QS 认证的内容和意义

（一）食品市场准入制度的内容

该制度的核心内容主要包括以下三个方面：

1. 食品生产加工企业实行生产许可证管理

实行生产许可证管理是指对食品生产加工企业的环境条件、生产设备、加工工艺过程、原材料把关、执行产品标准、人员资质、储运条件、检测能力、质量管理制度和包装要求等条件进行审查，并对其产品进行抽样检验。对符合条件且产品经全部项目检验合格的企业，颁发食品质量安全生产许可证，允许其从事食品生产加工。已获得出入境检验检疫机构颁发的《出口食品厂卫生注册证》的企业，其生产加工的食品在国内销售；以及获得 HACCP 认证的企业，在申办食品安全质量许可证时可以简化或免于工厂生产必备条件审查。

2. 食品出厂实行强制检验

其具体要求有两个：一是那些取得食品质量安全生产许可证并经质量技术监督部门核准，具有产品出厂检验能力的企业，可以自行检验其出厂的食品。实行自行检验的企业，应当定期将样品送到指定的法定检验机构进行定期检验；二是已经取得食品质量安全生产许可证，但不具备产品出厂检验能力的企业，按照就近就便的原则，委托指定的法定检验机构进行食品出厂检验；三是承担食品检验机构，必须具备法定资格和条件，经省级以上（含省级）质量技术监督部门审查核准，由国家质检总局统一公布承担食品检验工作的检验机构名录。

3. 实施食品质量安全市场准入标志管理

获得食品质量安全生产许可证的企业，其生产加工的食品经出厂检验合格的，在出厂销售之前，必须在最小销售单元的食品包装上标注有国家统一制定的食品质量安全生产许可证编号并加印或者加贴食品质量安全市场准入标志，并以“质量安全”英文名称 Quality Safety 的缩写“QS”表示。国家质检总局统一制定食品质量安全市场准入标志的式样和使用办法。

（二）食品市场准入制度实施的意义

实行食品质量安全市场准入制度，是从我国的实际情况出发，为保证食品的质量安全所采取的一项重要措施。它从食品生产加工的源头上确保食品的质量安全，对提高产品质量、保证消费者的身体健康和生命安全、强化食品生产法制管理、进一步适应改革开放、创造良好的经济运行环境具有重要意义。

（1）实行食品质量安全市场准入制度是提高食品质量、保证消费者安全健康的需要。

食品是一种特殊的商品，它是直接的关系到每一个消费者的身体健康和生命安全。近年来，在人们群众生活水平不断提高的同时，食品质量安全问题也日益突出。食品生产工艺水平较低，产品抽样合格率不高，假冒伪劣产品屡禁不止，因食品质量安全问题造成的中毒及伤亡事故屡有发生，已经影响到人民群众的安全和健康，也引起了党中央、国务院的高度重视。2001 年 7 月 13 日，朱镕基总理视察国家质检总局时明确指示：“对关系人民生命健康的食品，质检总局一定要管好”。为从事食品生产加工的源头上确保食品质量安全，必须制定一套符合社会主义市场经济要求、运行有效、与国际通行做法一致的食品质量安全监管制度。

（2）实行食品质量安全市场准入制度是保证食品生产加工企业的基本条件，强化食品生产法制管理的需要。

我国食品工业的生产技术水平总体上同国际先进水平还有较大差距。许多食品生产加工企业规模极小、加工设备简陋，环境条件很差，技术力量薄弱，质量意识淡薄，难以保证食品的质量安全。2001 年，国家质检总局对全国米、面、油、酱油、醋五类产品的生产加工企业进行了专项调查结果显示，半数以上的生产企业不具备生产检验能力，产品出厂不检验，管理混乱，不按标准组织生产。企业是保证和提高产品质量的主体，为保证食品的质量安全，必须加强食品生产加工环节的监督管理，从企业的生产条件上把住市场准入关。

（3）实行食品质量安全市场准入制度是适应改革开放、创造良好经济运行环境的需要。

在我国的食品生产加工和流通领域中，降低标准、偷工减料、以次充好、以假充真等违法活动也比较猖獗。为规范市场经济秩序，维护公平竞争，适应加入 WTO 以后我国社会经济进一步开放的形势，保护消费者的合法权益、也必须实行食品质量安全市场准入制度，采取审查生产条件、强制检验、加贴标准等措施，对此类违法活动实施有效的监督管理。

四、QS 编号规则

（1）食品生产许可证编号由“字母 QS 和 12 位数字”组成。编号前四位数字为受理机关编号，具体按行政区划代码区分；中间四位数字为产品类别编号，由国家质检总局统一规定；后四位数字为获证企业序号，由发证机关按发证顺序给出。每四位数字之间为一个半角空格。

（2）受理机关编号。参照 GB/T 2260—1999《中华人民共和国行政区化代码》的有关部门规定，受理机关编号由阿拉伯数字组成，前 2 位代表省、自治区、直辖市，由国家质检总局统一确定；后 2 位代表各市（地）由省级质量技术监督部门确定，并上报国家质检总局产品质量监督司备案。

（3）产品类别编号。产品类别编号由阿拉伯数字组成，位于 QS 代码第 5 位至第 8 位，编号由国家质检总局统一确定。

具体类别编号规定：

粮食加工品：小麦粉 0101，大米 0102，挂面 0103，其他粮食加工品 0104。

食用油、油脂及其制品：食用植物油 0201，食用油脂制品 0202，食用动物油脂 0203。

调味品：酱油 0301，食醋 0302，味精 0304，鸡精调味料 0305，酱类 0306。

其他调味品 0307。

肉制品：肉制品 0401。

乳制品：乳制品 0501，婴幼儿配方乳粉 0502。

饮料：饮料 0601。

方便食品：方便面 0701。

饼干：饼干 0801。

罐头：0901。

冷冻饮品：冷冻饮品 1001。

速冻食品：速冻米面食品 1101。

薯类和膨化食品：膨化食品 1201，薯类食品 1202。

糖果制品（含巧克力及制品）：糖果、巧克力及巧克力制品 1301，果冻 1302。

茶叶及相关制品：茶叶 1401，含茶制品和代用茶 1402。

酒类：白酒 1501，葡萄酒及果酒 1502，啤酒 1503，黄酒 1504，其他酒 1505。

蔬菜制品：酱腌菜 1601。

水果制品：蜜饯 1701，水果制品 1702。

炒货食品及坚果制品：炒货食品 1801。

蛋制品：蛋制品 1901。

可可及焙烤咖啡产品：可可制品 2001，焙炒咖啡 2101。

食糖：糖 0303，淀粉糖 2302。

水产制品：水产加工品 2201，其他水产加工品 2202。

淀粉及淀粉制品：淀粉及淀粉制品 2301。

糕点：糕点食品 2401。

豆制品：豆制品 2501。

蜂产品：蜂产品 2601。

特殊膳食食品：婴幼儿及其他配方谷粉产品 2701。

课后训练

学以致用

1. 食品质量安全市场准入的内容是什么？
2. 食品质量安全市场准入适用范围是什么？
3. 与食品质量安全市场准入相关法律法规有哪些？
4. 什么是“QS”？
5. QS 认证的内容和意义是什么？

知识拓展

食品质量安全强制检验制度的要求

强制检验是指，为了保证食品质量安全和符合规定的要求，法律法规要求企业或者监督管理部门必须开展的食品检验。在食品质量安全市场准入制度中，强制检验包括发证检验、出厂检验和监督检验。

(1) 发证检验：发证检验是指质量技术监督部门在受理企业食品生产许可证申请时，由检验机构对企业生产的食品进行的质量安全检验。检验机构出具的检验报告作为发证的必备证明材料，检验合格是企业获得食品生产许可证的必备条件之一。

(2) 出厂检验：出厂检验是企业应当承担的保证产品质量的义务。《中华人民共和国食品安全法》第三十七条规定：“食品生产企业应当建立食品出厂检验记录制度，查验出厂食品的检验合格证和安全状况”，要求生产加工食品的企业，在产品出厂前依据标准规定的出厂检验项目进行逐项检验，经检验合格方可出厂销售。

(3) 监督检验：《中华人民共和国产品质量法》规定，国家对产品质量实行以抽查为主要方式的监督检查制度，根据监督抽查的需要，可以对产品进行检验。质量技术监督部门依法对产品质量进行监督检查，属于强制性的监督检验。监督检验通常采取抽样检验，并将检验结果与产品标准要求相比较得出检验结论。

(4) 食品质量安全强制检验的几种检验方式之间的区别和联系：在食品质量安全市场准入制度中的发证检验、出厂检验和监督检验 3 种强制检验形式，既相互联系又有所区别：这 3 种形式贯穿于食品质量安全监督管理的整个过程，是保证食品质量安全所采取的必要措施，缺一不可，但又各有侧重，相互区别。发证检验和监督检验是质量技术监督部门为加强食品质量安全监督管理所采取的一种行政行为；而出厂检验是企业为保证其生产加工的食品必须合格所采取的一种企业行为，是企业必须履行的一项法定义务。

关键术语

内容　适用范围　相关法律法规　QS　简介　标志　内容　意义　编号规则

单元五　食品质量管理体系标准

项目一　良好操作规范（GMP）

课前准备

【学习目标】

本项目主要介绍良好操作规范（GMP）的基本概念和内容。通过该项目的学习，使学生了解良好操作规范的内容，掌握GMP认证的程序，能对工厂选址、厂房、布局提出要求，能针对某厂房车间指出不符合GMP要求之处并提出改造建议。

【导入案例】

欣弗事件

2006年7月27日，青海省药监局最先向国家药监局报告，在青海省西宁市部分患者使用了“安徽华源”生产的“欣弗”注射液后，先后出现胸闷、心悸、肾区疼痛、腹痛、过敏性休克、肝肾功能损害等严重不良反应。同时，黑龙江省哈医大二院收治9例因使用“欣弗”而产生不良反应的患者。他们的年龄在20岁至75岁之间，均是在当地医院或在药店中购买“欣弗”后在诊所静脉点滴的。点滴结束后，这9名患者均出现寒颤、发冷、发热等症状，其中5例伴有顽固性低血压性休克，4例出现意识障碍。随后广西、浙江、山东等地也相继出现了相同药物所引发的严重不良反应病例。

国家食品药品监督管理局会同安徽省食品药品监督管理局对安徽华源生物药业有限公司进行现场检查。经查，该公司2006年6月至7月生产的克林霉素磷酸酯葡萄糖注射液未按批准的工艺参数灭菌，降低灭菌温度，缩短灭菌时间，增加灭菌柜装载量，影响了灭菌效果。经中国药品生物制品检定所对相关样品进行检验，结果表明，无菌检查和热原检查均不符合规定。

问题：

通过上述案例，你认为导致这起不良事件的主要原因是什么？如何从根源上来杜绝这一现象？

教学内容

任务一　学习 GMP 基础知识

一、GMP 概述

（一）GMP 的概念

GMP 是英文"Good Manufacturing Practice"的缩写，中文意思是良好操作规范或良好生产规范，食品良好操作规范是通过对产品生产加工应具备的硬件条件（如厂房、设施、设备和用具等）和管理要求（如生产和加工控制、包装、仓贮和分销、人员卫生、培训等）加以规定，并在生产的全过程实施科学管理和严格监控来获得产品预期质量的全面质量管理制度。国际上，为了确保食品生产加工有足够的软硬件保障，食品领域的 GMP 多以法律、法规和技术规范等形式体现，是对食品生产经营企业强制性的要求。

GMP 管理有四个关键要素：由合适的人员来生产与管理；选用良好的原材料；采用规范的厂房及机器设备；采用适当的工艺。

食品 GMP 认证标志如图 5.1 所示。OK 手势：安心，代表消费者对认证产品的安全、卫生相当安心。笑颜：满意，代表消费者对认证产品的品质相当满意。认证产品编号由 9 位数组成，12 号代表产品类别，35 号代表工厂编号，69 号代表产品编号。

图 5.1　食品 GMP 认证标志

（二）GMP 与一般食品标准的区别

虽然中国的 GMP 是以标准形式颁布，但其在性质、内容和侧重点上与一般食品标准有根本的区别。

从性质上来讲，GMP 是对食品企业的生产条件、操作和管理行为提出的规范性要求，而一般食品标准是对食品企业生产出的终产品提出的量化指标要求。

从内容上来讲，GMP 的内容可概括为硬件和软件两个部分。所谓硬件是指食品企业厂房、设备、卫生设施等方面的技术要求；软件则是指对人员、生产工艺、生产行为、管理组织、管理制度和记录、教育培训等方面的管理要求。一般食品标准的内容主要是产品必须符合的卫生和质量指标，如理化、微生物等污染物的限量指标，水分、过氧化物值、挥发性盐基氮等食品腐败变质的特征指标，纯度、营养素、功效成分等与产品品质相关的指标等。

从侧重点上来讲，GMP的内容体现于食品的整个生产过程中，所以GMP是将保证食品质量的重点放在成品出厂前的整个生产过程的各个环节上，而不仅仅是着眼于终产品，一般食品标准侧重于对终产品的判定和评价等方面。

我国食品GMP与国际组织相比存在的差距体现在：国际食品法典委员会（CAC）《食品卫生通则》强调整个“食品链”的卫生控制，而我国尚未引入“食品链”的概念；我国《食品企业通用卫生规范》没有引入“HACCP”概念、没有对“产品信息和消费者意识”和“培训”做任何说明；我国没有对每一环节卫生标准进行准确、细致的描述；与发达国家GMP等效性差。

二、GMP内容

（一）原材料采购、运输的卫生要求

1. 采购

（1）采购原材料应按该种原材料质量卫生标准或卫生要求进行。

（2）购入的原料，应具有一定的新鲜度，具有该品种应有的色、香、味和组织形态特征，不含有毒有害物，也不应受其污染。

（3）某些农、副产品原料在采收后，为便于加工、运输和贮存而采取的简易加工应符合卫生要求，不应造成对食品的污染和潜在危害，否则不得购入。

（4）采购人员应具有简易鉴别原材料质量、卫生的知识和技能。

（5）盛装原材料的包装物或容器，其材质应无毒无害，不受污染，符合卫生要求。

（6）重复使用的包装物或容器，其结构应便于清洗、消毒。要加强检验，有污染者不得使用。

2. 运输

（1）运输工具（车厢、船舱）等应符合卫生要求，应备有防雨防尘设施，根据原料特点和卫生需要，还应具备保温、冷藏、保鲜等设施。

（2）运输作业应防止污染，操作要轻拿轻放，不使原料受损伤，不得与有毒、有害物品同时装运。

（3）建立卫生制度，定期清洗、消毒，保持洁净卫生。

3. 贮存

（1）应设置与生产能力相适应的原材料场地和仓库。

新鲜果、蔬原料应贮存于遮阳、通风良好的场地，地面平整，有一定坡度，便于清洗、排水，及时剔除腐败、霉烂原料，将其集中到指定地点，按规定方法处理，防止污染食品和其他原料。各类冷库，应根据不同要求，按规定的温、湿度贮存。其他原材料场地和仓库，应地面平整，便于通风换气，有防鼠、防虫设施。

（2）原料场地和仓库应设专人管理，建立管理制度，定期检查质量和卫生情况，按时清扫、消毒、通风换气。

各种原材料应按品种分类分批贮存，每批原材料均有明显标志，同一库内不得贮存相互影响风味的原材料。原材料应离地、离墙并与屋顶保持一定距离，垛与垛之间也应有适当间隔。先进先出，及时剔除不符合质量和卫生标准的原料，防止污染。

（二）工厂设计与设施的卫生要求

1. 设计

（1）凡新建、扩建改建的工程项目有关食品卫生部分均应按本规范和各该类食品厂的卫生规范的有关规定，进行设计和施工。

（2）各类食品厂应将本厂的总平面布置图，原材料、半成品、成品的质量和卫生标准，生产工艺规程以及其他有关资料，报当地食品卫生监督机构备查。

2. 选址

（1）要选择地势干燥、交通方便、有充足的水源的地区。厂区不应设于受污染河流的下游。

（2）厂区周围不得有粉尘、有害气体、放射性物质和其他扩散性污染源；不得有昆虫大量孳生的潜在场所，避免危及产品卫生。

（3）厂区要远离有害场所。生产区建筑物与外缘公路或道路应有防护地带。其距离可根据各类食品厂的特点由各类食品厂卫生规范另行规定。

3. 总平面布置（布局）

（1）各类食品厂应根据本厂特点制订整体规划。

（2）要合理布局，划分生产区和生活区；生产区应在生活区的下风向。

（3）建筑物、设备布局与工艺流程三者衔接合理，建筑结构完善，并能满足生产工艺和质量卫生要求；原料与半成品和成品、生原料与熟食品均应杜绝交叉污染。

（4）建筑物和设备布置还应考虑生产工艺对温度、湿度和其他工艺参数的要求，防止毗邻车间受到干扰。

（5）道路

厂区道路应通畅，便于机动车通行，有条件的应修环行路且便于消防车辆到达各车间。厂区道路应采用便于清洗的混凝土、沥青及其他硬质材料辅设，防止积水及尘土飞扬。

（6）绿化

厂房之间，厂房与外缘公路或道路应保持一定距离，中间设绿化带。厂区内各车间的裸露地面应进行绿化。

（7）给排水

给排水系统应能适应生产需要，设施应合理有效，经常保持畅通，有防止污染水源和鼠类、昆虫通过排水管道潜入车间的有效措施。生产用水必须符合 GB 5749—2006 的规定。污水排放必须符合国家规定的标准，必要时应采取净化设施达标后才可排放。净化和排放设施不得位于生产车间主风向的上方。

（8）污物

污物（加工后的废弃物）存放应远离生产车间，且不得位于生产车间上风向。存放设施应密闭或带盖，要便于清洗、消毒。

（9）烟尘

锅炉烟筒高度和排放粉尘量应符合 GB 3841—1983 的规定，烟道出口与引风机之间须设置除尘装置。其他排烟、除尘装置也应达标准后再排放，防止污染环境。排烟除尘装置应设置在主导风向的下风向。季节性生产厂应设置在季节风向的下风向。

（10）实验动物待加工禽畜饲养区应与生产车间保持一定距离，且不得位于主导风的上风向。

4. 设备、工具、管道

（1）材质

凡接触食品物料的设备、工具、管道，必须用无毒、无味、抗腐蚀、不吸水、不变形的材料制作。

（2）结构

设备、工具、管道表面要清洁，边角圆滑，无死角，不易积垢，不漏隙，便于拆卸、清洗和消毒。

（3）设置

设备设置应根据工艺要求，布局合理。上、下工序衔接要紧凑。各种管道、管线尽可能集中走向。冷水管不宜在生产线和设备包装台上方通过，防止冷凝水滴入食品。其他管线和阀门也不应设置在暴露原料和成品的上方。

（4）安装

安装应符合工艺卫生要求，与屋顶（天花板）、墙壁等应有足够的距离，设备一般应用脚架固定，与地面应有一定的距离。传动部分应有防水、防尘罩，以便于清洗和消毒。各类料液输送管道应避免死角或盲端，设排污阀或排污口，便于清洗、消毒，防止堵塞。

5. 建筑物和施工

（1）高度

生产厂房的高度应能满足工艺、卫生要求，以及设备安装、维护、保养的需要。

（2）占地面积

生产车间人均占地面积（不包括设备占位）不能少于 $1.50m^2$，高度不低于 3m。

（3）地面

生产车间地面应使用不渗水、不吸水、无毒、防滑材料（如耐酸砖、水磨石、混凝土等）铺砌，应有适当坡度，在地面最低点设置地漏，以保证不积水。其他厂房也要根据卫生要求进行。地面应平整、无裂隙、略高于道路路面，便于清扫和消毒。

（4）屋顶

屋顶或天花板应选用不吸水、表面光洁、耐腐蚀、耐温、浅色材料覆徐或装修，要有适当的坡度，在结构上减少凝结水滴落，防止虫害和霉菌滋生，以便于洗刷、消毒。

（5）墙壁

生产车间墙壁要用浅色、不吸水、不渗水、无毒材料覆涂，并用白瓷砖或其他防腐蚀材料装修高度不低于 1.50m 的墙裙。墙壁表面应平整光滑，其四壁和地面交界面要呈漫弯形，防止污垢积存，并便于清洗。

（6）门窗

门、窗、天窗要严密不变形，防护门要能两面开，设置位置适当，并便于卫生防护设施的设置。窗台要设于地面 1m 以上，内侧要下斜 45°。非全年使用空调的车间、门、窗应有防蚊蝇、防尘设施，纱门应便于拆下洗刷。

(7) 通道

通道要宽畅，便于运输和卫生防护设施的设置。楼梯、电梯传送设备等处要便于维护和清扫、洗刷和消毒。

(8) 通风

生产车间、仓库应有良好通风，采用自然通风时通风面积与地面积之比不应小于1:16；采用机械通风时换气量不应小于每小时换气三次。机械通风管道进风口要距地面2m以上，并远离污染源和排风口，开口处应设防护罩。饮料、熟食、成品包装等生产车间或工序必要时应增设水幕、风幕或空调设备。

(9) 采光、照明

车间或工作地应有充足的自然采光或人工照明。车间采光系数不应低于标准Ⅳ级；检验场所工作面混合照度不应低于540lx；加工场所工作面不应低于220lx；其他场所一般不应低于110lx。位于工作台、食品和原料上方的照明设备应加防护罩。

(10) 防鼠、防蚊蝇、防尘设施

建筑物及各项设施应根据生产工艺卫生要求和原材料贮存等特点，相应设置有效的防鼠、防蚊蝇、防尘、防飞鸟、防昆虫的侵入、隐藏和滋生的设施，防止受其危害和污染。

6. 卫生设施

(1) 洗手、消毒

洗手设施应分别设置在车间进口处和车间内适当的地点。要配备冷热水混合器，其开关应采用非手动式，龙头设置以每班人数在200人以内者，按每10人一个，200人以上者每增加20人增设一个龙头。洗手设施还应包括干手设备（热风、消毒干毛巾、消毒纸巾等）；根据生产需要，有的车间、部门还应配备消毒手套，同时还应配备足够数量的指甲刀、指甲刷和洗涤剂、消毒液等。生产车间进口，必要时还应设有工作靴鞋消毒池（卫生监督部门认为无需穿靴鞋消毒的车间可免设）。消毒池壁内侧与墙体呈45°坡形，其规格尺寸应根据情况务使工作人员必须通过消毒池才能进入为目的。

(2) 更衣室

更衣室应设储衣柜或衣架、鞋箱（架），衣柜之间要保持一定距离，离地面20cm以上，如采用衣架应另设个人物品存放柜。更衣室还应备有穿衣镜，供工作人员自检用。

(3) 淋浴室

淋浴室可分散或集中设置，淋浴器按每班工作人员计每20~25人设置一个。淋浴室应设置天窗或通风排气孔和采暖设备。

(4) 厕所

厕所设置应有利生产和卫生，其数量和便池坑位根据生产需要和人员情况适当设置。生产车间的厕所应设置在车间外侧，并一律为水冲式，备有洗手设施和排臭装置，其出入口不得正对车间门，要避开通道；其排污管道应与车间排水管道分设。设置坑式厕所时，应距生产车间25m以上，并应便于清扫、保洁，还应设置防蚊、防蝇设施。

（三）工厂的卫生管理

1. 机构

（1）食品厂必须建立相应的卫生管理机构，对本单位的食品卫生工作进行全面管理。

（2）管理机构应配备经专业培训的专职或兼职的食品卫生管理人员。

2. 职责（任务）

（1）宣传和贯彻食品卫生法规和有关规章制度，监督、检查在本单位的执行情况，定期向食品卫生监督部门报告。

（2）制定和修改本单位的各项卫生管理制度和规划。

（3）组织卫生宣传教育工作，培训食品从业人员。

（4）定期进行本单位从业人员的健康检查，并作好善后处理工作。

3. 维修、保养工作

（1）建筑物和各种机械设备、装置、设施、给排水系统等均应保持良好状态，确保正常运行和整齐洁净，不污染食品。

（2）建立健全维修保养制度，定期检查、维修，杜绝隐患，防止污染食品。

4. 清洗和消毒工作

（1）应制定有效的清洗及消毒方法和制度，以确保所有场所清洁卫生，防止污染食品。

（2）使用清洗剂和消毒剂时，应采取适当措施，防止人身、食品受到污染。

5. 除虫、灭害的管理

（1）厂区应定期或在必要时进行除虫灭害工作，要采取有效措施防止鼠类、蚊、蝇、昆虫等的聚集和滋生。对已经发生的场所，应采取紧急措施加以控制和消灭，防止蔓延和对食品的污染。

（2）使用各类杀虫剂或其他药剂前，应做好对人身、食品、设备工具的污染和中毒的预防措施，用药后将所有设备、工具彻底清洗，消除污染。

6. 有毒有害物管理

（1）清洗剂、消毒剂、杀虫剂以及其他有毒有害物品，均应有固定包装，并在明显处标示“有毒品”字样，贮存于专门库房或柜橱内，加锁并由专人负责保管，建立管理制度。

（2）使用时应由经过培训的人员按照使用方法进行，防止污染和人身中毒。

（3）除卫生和工艺需要，均不得在生产车间使用和存放可能污染食品的任何种类的药剂。

（4）各种药剂的使用品种和范围，须经省（自治区、直辖市）卫生监督部门同意。

7. 饲养动物的管理

（1）厂内除供实验动物和待加工禽畜外，一律不得饲养家禽、家畜。

（2）应加强对实验动物和待加工禽畜的管理，防止污染食品。

8. 污水、污物的管理

（1）污水排放应符合国家规定标准，不符合标准者应采取净化措施，达标后排放。

（2）厂区设置的污物收集设施，应为密闭式或带盖，要定期清洗、消毒，污物不得外溢，应于24小时之内运出厂区处理。做到日产日清，防止有害动物集聚滋生。

9. 副产品的管理

（1）副产品（加工后的下料和废弃物）应及时从生产车间运出，按照卫生要求，贮存于副产品仓库，废弃物则收集于污物设施内，及时运出厂区处理。

（2）使用的运输工具和容器应经常清洗、消毒，保持清洁卫生。

10. 卫生设施的管理

洗手、消毒池，靴、鞋消毒池，更衣室、淋浴室、厕所等卫生设施，应有专人管理，建立管理制度，责任到人，应经常保持良好状态。

11. 工作服的管理

（1）工作服包括淡色工作衣、裤、发帽、鞋靴等，某些工序（种）还应配备口罩、围裙、套袖等卫生防护用品。

（2）工作服应有清洗保洁制度。凡直接接触食品的工作人员必须每日更换。其他人员也应定期更换，保持清洁。

12. 健康管理

（1）食品厂全体工作人员，每年至少进行一次体格检查，没有取得卫生监督机构颁发的体检合格证者，一律不得从事食品生产工作。

（2）对直接接触入口食品的人员还须进行粪便培养和病毒性肝炎带毒试验。

（3）凡体检确认患有：

① 肝炎（病毒性肝炎和带毒者）；

② 活动性肺结核；

③ 肠伤寒和肠伤寒带菌者；

④ 细菌性痢疾和痢疾带菌者；

⑤ 化脓性或渗出性脱屑性皮肤病；

⑥ 其他有碍食品卫生的疾病或疾患的人员均不得从事食品生产工作。

（四）生产过程的卫生要求

1. 管理制度

（1）应按产品品种分别建立生产工艺和卫生管理制度，明确各车间、工序、个人的岗位职责，并定期检查、考核。具体办法在各类食品厂的卫生规范中分别制定。

（2）各车间和有关部门应配备专职或兼职的工艺卫生管理人员，按照管理范围，做好监督、检查、考核等工作。

2. 原材料的卫生要求

（1）进厂的原材料应符合采购质量卫生的规定。

（2）原材料必须经过检、化验，合格者方可使用；不符合质量卫生标准和要求的，不得投产使用，要与合格品严格区分开，防止混淆和污染食品。

3. 生产过程的卫生要求

（1）按生产工艺的先后次序和产品特点，应将原料处理、半成品处理和加工、包装材料和容器的清洗、消毒、成品包装和检验、成品贮存等工序分开设置，防止前后工序相互交叉污染。

(2) 各项工艺操作应在良好的情况下进行。防止变质和受到腐败微生物及有毒有害物的污染。

(3) 生产设备、工具、容器、场地等在使用前后均应彻底清洗、清毒。维修、检查设备时，不得污染食品。

(4) 成品应有固定包装，经检验合格后方可包装；包装应在良好的状态下进行，防止异物带入食品。使用的包装容器和材料，应完好无损，符合国家卫生标准。包装上的标签应按 GB 7718—2004 的有关规定执行。

(5) 成品包装完毕，按批次入库、贮存，防止差错。

(6) 生产过程的各项原始记录（包括工艺规程中各个关键因素的检查结果）应妥为保存，保存期应较该产品的商品保存期延长 6 个月。

(五) 卫生和质量检验的管理

(1) 食品厂应设立与生产能力相适应的卫生和质量检验室，并配备经专业培训、考核合格的检验人员，从事卫生、质量的检验工作。

(2) 卫生和质量检验室应具备所需的仪器、设备，并有健全的检验制度和检验方法。原始记录应齐全，并应妥善保存，以备查核。

(3) 应按国家规定的卫生标准和检验方法进行检验，要逐批次对投产前的原材料、半成品和出厂前的成品进行检验，并签发检验结果单。

(4) 对检验结果如有争议，应由卫生监督机构仲裁。

(5) 检验用的仪器、设备，应按期检定，及时维修，使经常处于良好状态，以保证检验数据的准确。

(六) 成品贮存、运输的卫生要求

(1) 经检验合格包装的成品应贮存于成品库，其容量应与生产能力相适应。按品种、批次分类存放，防止相互混杂。成品库不得贮存有毒、有害物品或其他易腐、易燃品。

① 成品码放时，与地面、墙壁应有一定距离，便于通风。要留出通道，便于人员、车辆通行；要设有温湿度监测装置，定期检查和记录。

② 要有防鼠、防虫等设施，定期清扫、消毒，保持卫生。

(2) 运输工具（包括车厢、船舱和各种容器等）应符合卫生要求。要根据产品特点配备防雨、防尘、冷藏、保温等设施。

① 运输作业应避免强烈震荡、撞击，轻拿轻放防止损伤成品外形，且不得与有毒有害物品混装、混运，作业终了，搬运人员应撤离工作地，防止污染食品。

② 生鲜食品的运输，应根据产品的质量和卫生要求，另行制定办法，由专门的运输工具进行。

(七) 个人卫生与健康的要求

(1) 食品厂的从业人员（包括临时工）应接受健康检查，并取得体检合格证者，方可参加食品生产。

(2) 从业人员上岗前，要先经过卫生培训教育，方可上岗。

(3) 上岗时，要做好个人卫生，防止污染食品。

① 进车间前，必须穿戴整洁划一的工作服、帽、靴、鞋，工作服应盖住外衣，头发不得露于帽外，并要把双手洗净。

② 直接与原料、半成品和成品接触的人员不准戴耳环、戒指、手镯、项链、手表，不准浓艳化妆、染指中、喷洒香水进入车间。

③ 手接触赃物、进厕所、吸烟、用餐后，都必须把双手洗净才能进行工作。

④ 上班前不许酗酒，工作时不准吸烟、饮酒、吃食物及做其他有碍食品卫生的活动。

⑤ 操作人员手部受到外伤，不得接触食品或原料，经过包扎治疗戴上防护手套后，方可参加不直接接触食品的工作。

⑥ 不准穿工作服、鞋进厕所或离开生产加工场所。

⑦ 生产车间不得带入或存放个人生活用品，如衣物、食品、烟酒、药品、化妆品等。

⑧ 进入生产加工车间的其他人员（包括参观人员）均应遵守本规范的规定。

任务二 GMP 认证

一、GMP 认证的基本原则

（1）明确各岗位人员的工作职责。

（2）在厂房、设施和设备的设计、建造过程中，充分考虑生产能力、产品质量和员工的身心健康。

（3）对厂房、设施和设备进行适当的维护，以保证始终处于良好的状态。

（4）将清洁工作作为日常的习惯，防止产品污染。

（5）开展验证工作，证明系统的有效性、正确性和可靠性。

（6）起草详细的规程，为取得始终如一的结果提供准确的行为指导。

（7）认真遵守批准的书面规程，防止污染、混淆和差错。

（8）对操作或工作及时、准确地记录归档，以保证可追溯性，符合 GMP 要求。

（9）通过控制与产品有关的各个阶段，将质量建立在产品生产过程中。

（10）定期进行有计划的自检。

二、GMP 认证的意义

（1）为食品生产过程提供一套必须遵循的组合标准。

（2）有助于食品生产企业采用新技术、新设备，保证食品质量。

（3）为卫生行政部门提供监督检查依据。

（4）便于食品的国际贸易。

三、GMP 认证的程序

食品 GMP 认证包括申请、资料审查、现场评审、产品检验、签约、授证、追踪管理等程序。

（一）受理申请

（1）申请食品 GMP 认证时，应具备下列文件：

① 食品 GMP 认证申请书。

② 企业概况。

③ 企业卫生许可证、营养执照复印件。

④ 产品配方、工艺流程、质量标准。

⑤ 各种专门技术人员的学历证件与相关培训证书复印件。

⑥ 企业生产的产品及设备目录。

⑦ 企业总平面图及各生产车间布局平面图（包括人流、物流图）。

⑧ 检验室人员、设施、设备情况介绍。

⑨ 质量保证体系（企业生产管理、质量管理文件目录）。

⑩ 近期的卫生质量检测报告。

其他相关资料。

（2）食品 GMP 现场评审小组秘书处于受理申请案件后，进行初步资格审查。

（3）资格审查通过后，依产品类别转请认证执行机构办理资料审查。

（二）资料审查

（1）认证执行机构应于申请案收文日起两周内审查完毕，并将资料审查结果通知申请厂商，副本抄送食品 GMP 现场评审小组。

（2）资料审查未通过者，认证执行机构应以书面通知申请厂商补正或驳回。

（3）资料审查通过者，由认证执行机构报请食品 GMP 现场评审小组办理现场评审。

（三）现场评审

（1）现场评审由食品 GMP 现场评审小组执行，该小组由主管部门、认证执行机构人员及相关学者专家组成。

（2）食品 GMP 认证的现场评审程序如表 5.1 所示。

表 5.1　食品 GMP 认证的现场评审程序

序号	工作项目	预计时间/min	人员	主要内容
1	厂方致欢迎辞	5	工厂负责人	1. 厂方代表致辞 2. 介绍工厂主要干部
2	评核小组致辞	5	领队	1. 领队致辞 2. 介绍评审委员
3	工厂概况演示文稿	20	工厂负责人	1. 公司营运概况 2. 工厂简介（含厂区环境） 3. 工厂组织与人事

续表

序号	工作项目	预计时间/min	人员	主要内容
4	加工流程及厂房配置演示文稿	20	生产部门等	1. 加工流程 2. 厂房及机器设备配置
5	GMP实施现况演示文稿	90	工厂各部门	1. 卫生管理制度 2. 制造管理制度（含制程及品质管制工程图等） 3. 品质管制制度（含异常处理、仪器校验、客诉处理、成品回收等） 4. 食品GMP管理制度（含文件管制、合约管理、内部品质稽核制度、供货商评鉴与管理等） 5. 仓储与运输管理制度 6. 员工教育训练制度 7. 食品GMP的建制经过 8. 现场审核路线图
6	讨论		评审委员 厂方人员	评审委员针对演示文稿及认证内容提出问题，厂方人员回答或提出说明
7	资料评审	90	评审委员 厂方人员	评审厂方与GMP有关之书面作业程序、标准、生产报表及记录报告等书面资料
8	现场评审	60～90	评审委员 厂方人员	由厂方各部门主管陪同评核委员赴现场评审GMP的实施状况
9	内部讨论	60	评审委员	由现场评核小组领队主持内部讨论，并请厂方人员暂时回避
10	评审总结	15	评审委员	1. 评审委员与厂方人员逐项确认评审缺点后，请厂方代表于《食品GMP现场评审缺点记录表》上签名 2. 由现场评审小组领队宣布评审结果

（3）食品GMP现场评审的结果汇总程序如下：

① 现场评审小组在资料评审及现场评审后，应请厂方人员回避，并由领队召开小组内部讨论会议，讨论评审结果。

讨论时，先就各评审委员所提缺点事实逐项讨论，并列入《食品GMP现场评审缺点记录表》，讨论时原则上以“共识决为主、多数决为辅”。若委员间未能达成一致共识，则由无记名投票表决。

②《食品 GMP 现场评审缺点记录表》的缺点事项经过讨论确定后，再针对各项缺点的事实逐项讨论《现场评审表》的缺点及扣分项目，讨论时委员间如有异议，则由无记名投票表决。

③ 统计现场评审表的缺点及扣分项目，判定现场考核的评审结果。

(4) 现场评审结束后，由食品 GMP 现场评审小组发文告知评核结果，并告知认证执行机构。

(5) 现场评审通过者，当天由认证执行机构进行产品抽样。

(6) 现场评审未通过者，申请厂商应于改善后提出改善报告书，经食品 GMP 现场评审小组确认改善完成后，方得申请复核，如超过 6 个月未申请复核者，应重新办理资料审查。

(7) 复核仍通过者，申请厂商于驳回通知文发出当日起 3 个月后，才能重新提出申请，且应另案由资料审查重新办理。

(四) 产品检验

(1) 产品抽样由认证执行机构人员进行。

(2) 抽样检验未通过者，由认证执行机构以书面通知改善，申请厂商应于改善后提出改善报告书，经认证执行机构确认改善完成后，方得申请复验，复验以一次为限。

(3) 复验未通过者，从申请案驳回通知文到 3 个月后才可重新申请，且应由资料审查重新办理。

(4) 产品的抽样与检验费用依认证执行机构的既定收费标准酌收工本费，并由推广宣导执行机构代收转付。

(5) 取样数量。以申请认证产品每单位包装净重为依据：200kg 以下者抽 10 件，201～500kg 者抽 7 件，超过 500kg 者抽 5 件。

(6) 新增产品。申请新增产品认证时，应备齐相关资料报请认证执行机构办理资料审查及产品检验。

(7) 产品检验项目。

① 各类产品的检验项目由食品 GMP 技术委员会制定。

② 产品标签应与其内容物相符，其标示方法并应符合食品 GMP 通（专）则的相关规定。

(五) 确认

(1) 申请认证工厂在通过现场评审及产品检验，并将认证产品的包装标示样稿送请认证执行机构核实后，由认证执行机构编定认证产品编号，并将相关资料报请食品 GMP 现场评审小组确认。

(2) 认证产品编号共有九码，前二码为认证产品类别，第三码至第五码为认证工厂序号，后四码为产品序号。

(3) 认证执行机构应将食品 GMP 现场评审小组确认结果书面通知推广宣传执行机构、食品 GMP 现场评审小组及申请认证工厂。

(六) 签约

(1) 推广宣传执行机构在接获申请工厂通过确认的书面通知后，应通知申请认证工厂于1个月内办妥认证合约签约手续；申请认证工厂逾期视同放弃认证资格。

(2) 食品GMP认证工厂申请新增产品认证，应向认证执行机构申办，经产品检验合格及确认产品标签后，通知推广宣传执行机构办理签约手续，并由推广宣传执行机构逐案报请食品GMP现场评审小组备查。

(3) 新增认证工厂或产品，在办妥签约手续后，应由推广宣传执行机构通知食品GMP现场评审小组备查，并通知认证执行机构。

(七) 授证

申请食品GMP认证工厂于完成签约手续后，由推广宣传执行机构代理食品GMP现场评审小组核发《食品GMP认证书》。

(八) 追踪管理

认证工厂应于签约日起，依据《食品GMP追踪管理要点》接受认证执行机构的追踪查验。依认证工厂的追踪结果，按食品GMP推行方案及本规章的相关规定，对表现成绩优者予以适当鼓励；对严重违规者，予以取消认证。

课后训练

学以致用

1. 食品良好操作规范（GMP）包括哪些内容？
2. GMP管理的四个关键要素是什么？
3. 我国食品厂厂址选择应注意什么？
4. 食品加工过程为什么要按：原料→半成品→成品的加工的进程顺序进行布局？
5. 案例练习

现场场景：某食品加工车间或食品加工工艺实训室。

实训内容：对照GB 14881—1994食品企业通用卫生规范的要求，以小组为单位进行讨论，指出现场场景中存在的不符合卫生规范之处，并提出整改意见。

知识拓展

GMP起源

食品良好操作规范（GMP）起源于美国药品生产。第二次世界大战期间发生了几次较大的药品灾难，使人们逐步认识到以成品抽样分析检验结果为依据的质量控制方法并不能保证药品安全。1963年美国食品药品管理局（FDA）根据修改法的规定，制定了世界上第一部药品的GMP，并通过美国国会第一次以法令的形式予以颁布。1969年，美国食品药品管理局将实施GMP管理的观点引用到食品的生产法规中。世界卫生组织（WHO）在1969年第22届世界卫生大会上，向各成员国首次推荐了GMP。自美国之后，日本、英国、德国、澳大利亚、新加坡、中国等很多国家都积极引进食品GMP。

关键术语

良好操作规范（GMP）　认证标志　认证内容　认证程序

项目二　危害分析与关键控制点（HACCP）

课前准备

【学习目标】

本项目主要介绍危害分析与关键控制点（HACCP）的基本概念和内容。通过该项目的学习，使学生了解危害分析与关键控制点的原理，掌握HACCP认证的基本程序，能制定某食品加工过程HACCP计划。

【导入案例】

HACCP案例

北京华都肉鸡公司是北京地区的一家大型肉鸡产品生产企业，连续多年产品出口量在2 000吨左右徘徊，2006年产品出口量从2 000多吨增加到6 000吨，每吨产品价格从1 000多美元增加到3 000多美元，原因是2001年12月华都取得了HACCP认证证书。

2004年12月2日，两位美国FDA高级审核官现场考核华都公司的食品安全控制情况，以决定华都产品能否进入美国市场，对生产线上的每一个环节和细节都按照国际标准要求检查，例如：屠宰车间，装鸡肉用的盘子是否有水珠、油渍；不锈钢工具上有无水渍；掏膛车间检验点的灯泡照度；流水线的转动链条是否生锈；下水道的盖板背面是否有污渍等。

养殖场管理措施是：北京检验检疫局要求出口禽类产品备案养殖场；有良好的环境隔离措施；必须实行“五统一”管理模式（统一供应禽苗、统一防疫消毒、统一供应饲料、统一使用药物、统一收购屠宰）；有效保证了出口禽肉原料无药残、无疫病，降低企业出口风险。

该案例说明：HACCP是国际公认的食品安全控制体系，取得了HACCP体系认证就等于取得了国际市场的通行证。一些国外客户在签订单时，已无需再实地考察企业环境，而直接在订单上签字。

问题：

通过上述案例，你认为北京华都肉鸡公司销量增加和价格增长的主要原因是什么？

教学内容

任务一 学习HACCP基础知识

一、HACCP体系概述

（一）HACCP的概念

HACCP是英文“Hazard Analysis Critical Control Point”的首字母缩写，又称为“危害分析与关键控制点”。HACCP是一种控制食品安全危害的预防体系而不是反应性体系，它的目的不是零风险而是用来使食品安全危害的风险降到最小或可接受的水平。HACCP被用于确定食品原料和加工过程中可能存在的危害，建立控制程序并有效监督这些控制措施。危害分析与关键控制点强调企业的自身作用，以预防为主。危害可能是有害的微生物、寄生虫，也可能是化学的、物理的污染。实施HACCP的目的是对食品生产、加工进行最佳管理，确保提供给消费者更加安全的食品，而且还可以用它来提高消费者对食品加工企业的信心。

（二）HACCP的特点

传统的食品控制方法，主要采用以成品的逐批抽样检验和现场检查，并以成品的抽样检验合格率作为判定食品是否合格的惟一标准。在工农业高度发展的今天，食品污染物、食品残留物、食品添加剂及新的不确定因素繁多而复杂，人们对食品安全危害的认识越来越深入，所提出的要求也越来越高，这种靠逐批抽样检验的方法已不能满足人们对食品安全所提出的要求。HACCP作为食品安全控制体系的重要意义，在于它提出对食品的生产全过程进行控制，从原料生产、采购、加工、包装、运输、贮存和销售等诸环节进行危害分析，鉴别其存在的危害，确定关键控制点，按科学的方法进行监控，从而做到了“从农场到餐桌”食品生产链的全过程防止危害的引入并消除危害，降低了食品的安全风险。HACCP是建立在GMP、SSOP基础之上的科学的食品安全预防体系，有较强的针对性，有以下的特点。

1. 安全性

HACCP针对性强，主要针对食品的安全。食品安全问题可引发以下后果。

（1）食品失去消费者、消费市场和产品信誉，将对品牌持有者造成难以估量的损失。

（2）对人体造成直接或间接的伤害。

（3）造成巨大的经济损失。

（4）可能带来诉讼和巨额赔偿。

2. 预防性

HACCP是一种用于保护食品，防止生物、化学、物理危害的管理工具。美国FDA委员David Kessler在宣布水产品HACCP法规正式实施时，讲过这样一句话：“我们的安全检验应该集中在整个过程中的预防上，而不是等马出了马厩才追赶它们。”HACCP

是一个建立在GMP、SSOP基础之上，能对食品生产全过程涉及食品安全特别是关键工序进行监管和控制的预防性体系。HACCP的重点是放在对生产过程可能引入危害的预防上，预防生物、化学、物理危害在生产加工、包装、储存、运输过程中进入食品。

3. 全过程控制

涉及从“农场到餐桌”，从养殖到餐桌，从水中到餐桌的生产全过程的卫生安全管理和控制。对原料中化学危害的控制取决于整个生产链的药物残留监控体系。

4. 非零风险

HACCP不是控制所有的危害，而是重点控制食品安全危害或发生对消费者造成不可接受的健康危害上。因此HACCP不是零风险体系，不能完全消除所有的危害，旨在于尽可能地降低和预防危害存在的风险。

5. 高度的灵活性和先进的技术性

HACCP的灵活性体现在对具体产品具体分析，没有统一的蓝本可以套用；还体现在鼓励采用新的方法和新的发明，不断改进工艺和设备。如HACCP要求始终警惕可能出现的新的危害，一旦出现则要求立即控制。这种灵活性也表明HACCP先进的技术性。危害的分析、关键限值的制定、监控方法的采用等，都需要科学的检测、分析、验证或论证，有的甚至涉及高难技术的科研攻关。

6. 克服传统的食品安全控制方法的缺陷

HACCP计划管理下的食品生产安全控制与传统的食品安全保障的检查方法有极大的区别，HACCP强调加工控制，强调集中在影响产品安全的关键控制点（CCP）上，强调执法人员和企业之间的交流。传统的方法一般是检查、评价哪一天或哪几天的加工操作和对产品逐批进行检测，而HACCP方法由工厂技术管理人员或官方执法人员首先通过考察工厂，然后检查公司的HACCP计划及监控和纠偏行动记录，查看发生在工厂中的所有事情，检查者通过判断，适当地确定显著的食品安全危害和企业怎样不断控制这些危害来保障食品安全。

HACCP克服了传统的食品以现场检查和最终产品测试的缺陷。它可使官方检查人员和企业检验人员在食品生产中将精力集中到加工过程中最易发生安全危害的环节上。

7. 强制性

HACCP体系所控制的是食品加工过程中可能产生的影响人体健康安全的危害，这就决定了HACCP体系被世界各国的官方所接受，并被强制执行。中国对出口食品生产企业中的六类产品（见表5.2）规定必须实施HACCP体系方能获得出口资格，其他食品生产企业和餐饮业推荐实施HACCP体系，今后有可能根据需要由推荐性改为强制性。

表5.2　卫生注册需评审HACCP体系的产品目录

序号	产品类别
1	罐头类
2	水产品类（活品、冰鲜、晾晒、腌制品除外）
3	肉及肉制品

续表

序号	产品类别
4	速冻蔬菜
5	果蔬汁
6	含肉或水产品的速冻方便食品

8. 动态性

动态性主要体现在HACCP中的CCP是可以改变的。CCP的改变是随工厂的位置、产品配方、加工过程、仪器设备、原料供应、卫生控制和其他支持性计划发生改变而改变。

食品卫生与安全的法制化规范化管理，体系化控制是必然趋势，也是各国政府不断加大对食品安全行政监管力度的重要方向。食品安全管理体系就好比一个金字塔，GMP和SSOP是基础，HACCP是建立在GMP和SSOP之上的食品安全控制体系。要搞好食品卫生与安全的控制，确保食品的安全，就必须充分了解食品卫生与安全原理、微生物学、化学知识及食源性疾病的发生规律，才能深刻理解和运用国际、国内的相关法规、标准。从HACCP实施的现实性来看，HACCP不需要很大的投资，一般企业管理人员通过培训就能够理解和掌握。

（三）HACCP相关术语

(1) 危害（Hazard）：食品中产生的、潜在的能危害人体健康的生物、化学或物理因素。

(2) 危害分析（Hazard Analysis）：收集信息和评估危害及导致其存在的条件的过程，以便决定哪些危害对食品安全有显著意义，从而应被列入HACCP计划中。

(3) 显著危害（Significant Hazard）：有可能发生并且可能对消费者造成不可接受的危害，有发生的可能性和严重性。

(4) 控制（Control）：使操作条件符合规定的标准或使生产按正确的程序进行，并满足标准的各项要求。

(5) 控制措施（Control Measure）：为防止、消除食品安全危害或将其降低到可接受的水平，所采取的任何行动或活动。

(6) 关键控制点（Critical Control Point，CCP）：可进行控制，并能防止或消除食品安全危害，或将其降低到可接受水平的必需的步骤。

(7) 关键控制点判定树（CCP Decision Tree）：通过一系列问题的推理来判断一个控制点是否是关键控制点的组图。

(8) 危害分析与关键控制点（HACCP）：对食品安全显著危害加以识别、评估以及控制的体系。

(9) HACCP计划（HACCP Plan）：依据预先制定的一套HACCP文件，为使食品在生产、加工、销售等食品链各环节与食品安全有重要关系的危害得到控制的程序和步骤。

（10）必备程序（Perquisite Program）：为实施 HACCP 体系提供基础的操作规范，包括 GMP 和 SSOP，也称前提条件。

（11）流程图（Flow Diagram）：生产或制造特定食品所用操作顺序的系统表达。

（12）关键限值（Critical Limit）：与关键控制点相关的用于区分可接受与不可接受水平的标准值。

（13）操作限值（Operating Limits）：比关键限值更严格的，由 HACCP 小组为操作者设定的用来减少偏离关键限值风险的参数。

（14）监控（Monitor）：为了评估关键控制点是否处于控制之中，对被控制参数所作的有计划的、连续的观察或测量活动。

（15）偏差（Deviation）：不符合关键限值。

（16）纠偏措施（Corrective Action）：也称纠偏行动，当关键控制点（CCP）与控制标准不符合时，即 CCP 发生偏离时所采取的任何措施。

（17）确认（Validation）：验证工作的一部分，指收集和评估证据，以确定 HACCP 计划正常实施时能否有效控制食品安全危害。

（18）验证（Verification）：确认 HACCP 计划的有效性和符合性，或 HACCP 计划是否需要修改和重新确认的活动。

（19）步骤（Step）：包括原材料，从初级生产到最终消费的食品链中的某个点、程序、操作或阶段。

二、HACCP 体系的原理

HACCP 体系是鉴别特定的危害并规定控制危害措施的体系，对质量的控制不是在最终检验，而是在生产过程各环节。从 HACCP 名称可以明确看出，它主要包括 HA（危害分析）和 CCP（关键控制点）。HACCP 体系经过实际应用与完善，已被 FAO/WHO 食品法典委员会（CAC）所确认，由以下七个基本原理组成。

1. 危害分析（HA）

危害是指引起食品不安全的各种因素。显著危害是指一旦发生对消费者产生不可接受的健康风险的因素。危害分析是确定与食品生产各阶段（从原料生产到消费）有关的潜在危害性及其程度，并制定具体有效的控制措施。危害分析是建立 HACCP 的基础。

2. 确定关键控制点（CCP）

关键控制点（Critical Control Point，CCP）是指能对一个或多个危害因素实施控制措施的点、步骤或工序，它们可能是食品生产加工过程中的某一操作方法或流程，也可能是食品生产加工的某一场所或设备。例如原料生产收获与选择、加工、产品配方、设备清洗、储运、雇员与环境卫生等都可能是 CCP。通过危害分析确定的每一个危害，必然有一个或多个关键控制点来控制，使潜在的食品危害被预防、消除或减少到可以接受的水平。

3. 建立关键限值（CL）

（1）关键限值

关键限值（Critical Limit，CL）是与一个 CCP 相联系的每个预防措施所必须满足的标准，是确保食品安全的界限。安全水平有数量的内涵，包括温度、时间、物理尺寸、湿度、水活度、pH、有效氯、细菌总数等。每个 CCP 必须有一个或多个 CL 值用于显著危害，一旦操作中偏离了 CL 值，可能导致产品的不安全，因此必须采取相应的纠正措施使之达到极限要求。

（2）操作限值

操作限值（Operational Limit，OL）是操作人员用以降低偏离的风险的标准，是比 CL 更严格的限值。

4. 关键控制点的监控

监控是指实施一系列有计划的测量或观察措施，用以评估 CCP 是否处于控制之下，并为将来验证程序时的应用做好精确记录。监控计划包括监控对象、监控方法、监控频率、监控记录和负责人等内容。

5. 建立纠偏措施

当控制过程发现某一特定 CCP 正超出控制范围时应采取纠偏措施。在制定 HACCP 计划时，就要有预见性地制定纠偏措施，便于现场纠正偏离，以确保 CCP 处于控制之下。

6. 记录保持程序

建立有效的记录程序对 HACCP 体系加以记录。

7. 验证程序

验证是除监控方法外用来确定 HACCP 体系是否按计划运作或计划是否需要修改所使用的方法、程序或检测。验证程序的正确制定和执行是 HACCP 计划成功实施的基础，验证的目的是提高置信水平。

三、HACCP 计划的制定与实施

1. 组建 HACCP 工作小组

HACCP 工作小组应包括产品质量控制、生产管理、卫生管理、检验、产品研制、采购、仓储和设备维修等各方面的专业人员。

HACCP 工作小组的成员应具备该产品相关专业知识和技能，必须经过 GMP、SSOP、HACCP 原则、制定 HACCP 计划工作步骤、危害分析及预防措施、相关企业 HACCP 计划等内容的培训，并经考核合格。

HACCP 工作小组的主要职责有制定、修改、确认、监督实施及验证 HACCP 计划；对企业员工进行 HACCP 培训；编制 HACCP 管理体系的各种文件等。

2. 确定 HACCP 体系的目的与范围

HACCP 是控制食品安全质量的管理体系，在建立该体系之前应首先确定实施的目的和范围，例如整个体系中要控制所有危害，还是某方面的危害；是针对企业的所有产品还是某一类产品；是针对生产过程还是包括流通、消费环节等。只有明确 HACCP 的重点部分，在编制计划时才能正确识别危害，确定关键控制点。

3. 产品描述

HACCP 计划编制工作的首要任务是对实施 HACCP 系统管理的产品进行描述。描述的内容包括：产品名称（说明生产过程类型）；原辅材料的商品名称、学名和特点；成分（如蛋白质、氨基酸等）；理化性质（包括水分活度、pH、硬度、流变性等）；加工方式（如产品加热及冷冻、干燥、盐渍、杀菌到什么程度等）；包装系统（密封、真空、气调等）；储运（冻藏、冷藏、常温储藏等）；销售条件（如干湿与温度要求等）、销售方式和销售区域；所要求的储存期限（保质期、保存期、货架期等）；有关食品安全的流行病学资料；产品的预期用途、消费人群和食用方式等。

4. 绘制和验证产品工艺流程图

产品工艺流程图可对加工过程进行全面和简明的说明，对危害分析和关键控制点的确定有很大帮助。产品工艺流程图应在全面了解加工全过程的基础上绘制，应详细反映产品加工过程的每一步骤。流程图应包括的主要内容有：原料和辅料和包装材料的详细资料；加工、运输、储存等环节所有影响食品安全的工序与食品安全有关的信息（如设备、温度、pH 等）；工厂人流、物流图；流通、消费者意见等。

流程图的准确性对危害分析的影响很大，如果某一生产步骤被疏忽，就可能使显著的安全问题未被记录。因此应将绘制的工艺流程图与实际操作过程进行认真比对（现场验证），以确保与实际加工过程一致。

5. 危害分析

危害分析是 HACCP 系统最重要的一环，HACCP 小组对照工艺流程图以自由讨论的方式对加工过程的每一步骤进行危害识别，对每一种危害的危险性（危害可能发生的概率或可能性）进行分析评价，确定危害的种类和严重性，找出危害的来源，并提出预防和控制危害的措施。

由食品对人体健康产生危害的因素有生物（致病性或产毒的微生物、寄生虫、有毒动植物等）、化学（杀虫剂、杀菌剂、清洁剂、抗生素、重金属、添加剂等）或物理（各类固体杂质）污染物。

危害的严重性指危害因素存在的多少或所致后果程度的大小。危害程度可分为高、中、低和忽略不计。例如一般引起疾病的危害可分为：威胁生命（严重食物中毒、恶性传染病等）、后果严重或慢性病（一般食物中毒或慢性中毒）、中等或轻微疾病（病程短、病症轻微）。

危害识别的方法有对既往资料进行分析、现场实地观测、实验采样检测等。

6. 确定关键控制点（CLP）

（1）CCP 的特征

食品加工过程中有许多可能引起危害的环节，但并不是每一个都 CLP，只有这些点作为显著的危害而且能够被控制时才认为是关键控制点。对危害的控制有以下几种情况。

① 危害能被预防。例如通过控制原料接收步骤（要求供应商提供产地证明、检验报告等）预防原料中的农药残留量超标。

② 危害能被消除。例如杀菌步骤能杀灭病原菌；金属探测装置能将所有金属碎片检出、分离。

③ 危害能被降低到可接受的水平。例如通过对贝类暂养或净化使某些微生物危害

降低到可接受水平。

原则上关键控制点所确定的危害是在后面的步骤不能消除或控制的危害。

（2）CCP的确定方法

确定CCP的方法很多，例如用“CCP判断树表”来确定或用危害发生的可能性和严重性来确定。

CCP判断树（见图5.2）是能有效确定关键控制点的分析程序，其方法是依次回答针对每一个危害的一系列逻辑问题，最后就能决定某一步骤是否是CCP。

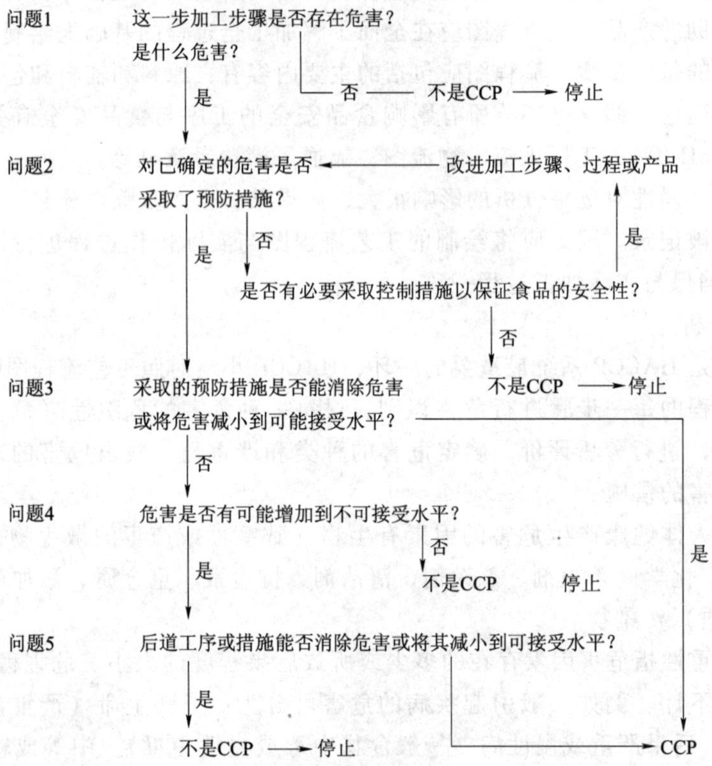

图5.2　CCP判断树

关键控制点应根据不同产品的特点、配方、加工工艺、设备、GMP和SSOP等条件具体确定。一个危害可由一个或多个关键控制点控制到可接受水平；同样，一个关键控制点可以控制一个或多个危害。一个HACCP体系的关键控制点数量一般应控制在6个以内。

7. 建立关键限值（CL）

在掌握了每一个CCP潜在危害的详细知识，搞清楚与CCP相关的所有因素，充分了解各项预防措施的影响因素后，就可以确定每一个因素中安全与不安全的标准，即设定CCP的关键限值。通常用物理参数和可以快速测定的化学参数表示关键限值，其指标包括；温度、时间、湿度、pH、水分活性、含盐量、含糖量、物理参数、可滴定酸度、有效氯、添加剂含量以及感官指标，如外观和气味等。

关键限值的确定应以科学为依据，可来源于科学刊物、法规性指南、专家建议、试验研究等。关键限值应能确实表明 CCP 是可控制的，并满足相应国家标准的要求。确定关键限值的依据和参考资料应作为 HACCP 方案支持文件的一部分，必须以文件的形式保存以便于确认。这些文件应包括相关的法律、法规要求，国家或国际标准、实验数据、专家意见、参考文献等。

建立 CL 应做到合理、适宜、适用和可操作性强：如果过严，会造成即使没有发生影响到食品安全危害，也采取纠正措施；如果过松，又会产生不安全产品。

好的 CL 应是直观、易于监测、能使只出现少量不合格产品就可通过纠正措施控制并且不是 GMP 或 SSOP 程序中的措施。

在实际生产中，为对 CCP 进行有效控制，可以在关键限值内设定操作限值（OL）和操作标准。操作限值可作为辅助措施用于指示加工过程的偏差，这样在 CCP 超过关键限值以前就进行调节以维持控制。确定 OL 时，应考虑正常的误差，例如油炸锅温度最小偏差为 2℃，OL 确定比 CL 相差至少大于 2℃，否则无法操作。

8. 建立监控程序

对每一个关键控制点进行分析后建立监控程序，以确保达到关键限值的要求，是 HACCP 的重点之一，是保证质量安全的关键措施。监控程序包括以下内容。

(1) 监控内容（对象）。是针对 CCP 而确定的加工过程或可以测量的特性，如温度、时间、水分活性值等。

(2) 监控方法。有在线检测和终端检测两类方法。要求使用快速检测方法，因为关键限值的偏差必须要快速判定，确保及时采取纠偏行动以降低损失。一般采用视觉观察、仪表测量等方法。例如：

时间——观察法；

温度——温度计法；

水分活度——水分活度仪法；

pH——pH 计法。

(3) 监控设备。例如温湿度计、钟表、天平、pH 计、水分活度计、化学分析设备等。

(4) 监控频率，如每批、每小时、连续等。如有可能，应采取连续监控。连续监控对许多物理或化学参数都是可行的。如果监测不是连续进行的，那么监测的数量或频率应确保关键控制点是在控制之下。

(5) 监控人员，是授权的检查人员，如流水线上的人员、设备操作者、监督员、维修人员、质量保证人员等。负责监控 CCP 的人员必须接受有关 CCP 监控技术的培训，完全理解 CCP 监控的重要性，能及时进行监控活动，准确报告每次监控工作，随时报告违反关键限值的情况以便及时采取纠偏活动。

监控程序必须能及时发现关键控制点可能偏离关键限值的趋势，并及时提供信息，以防止事故恶化。提倡在发现有偏差趋势时就及时采取纠偏措施，以防止事故发生。监测数据应有专业人员评价以保证执行正确的纠偏措施。所有监测记录必须有监测人员和审核人员的签字。

9. 建立纠偏措施

食品生产过程中，HACCP 计划的每一个 CCP 都可能发生偏离其关键限值的情况，这时候就要立即采取纠正措施，迅速调整以维持控制。因此对每一个关键控制点都应预先建立相应的纠偏措施，以便在出现偏离时实施。

纠偏措施包括两方面的内容：

（1）制定使工艺重新处于控制之中的措施。

（2）拟定 CCP 失控时期生产的食品的处理办法，包括将失控的产品进行隔离、扣留、评估其安全性、退回原料、原辅材料及半成品等移做他用、重新加工（杀菌）和销毁产品等。纠偏措施要经有关权威部门认可。

当出现偏差时操作者应及时停止生产，保留所有不合格品并通知工厂质量控制人员。当 CCP 失去控制时，立即使用经批准的可替代原工艺的备用工艺。在执行纠偏措施时，对不合格产品要及时处理。纠偏措施实施后，CCP 一旦恢复控制，要对这一系统进行审核，防止再出现偏差。

整个纠偏行动过程应做详细的记录，内容包括：

① 产品描述、隔离或扣留产品数量；

② 偏离描述；

③ 所采取的纠偏行动（包括失控产品的处理）；

④ 纠偏行动的负责人姓名；

⑤ 必要时提供评估的结果。

10. 建立验证程序

验证的目的是通过一定的方法确认制定的 HACCP 计划是否有效、是否被正确执行。验证程序包括对 CCP 的验证和对 HACCP 体系的验证。

（1）CCP 的验证

必须对 CCP 制定相应的验证程序，以保证其控制措施的有效性和 HACCP 实施与计划的一致性。CCP 验证包括对 CCP 的校准、监控和纠正记录的监督复查，以及针对性的取样和检测。

对监控设备进行校准是保证监控测量准确度的基础。对监控设备的校准要有详细记录，并定期对校准记录进行复查，复查内容包括校准日期、校准方法和校准结果。

确定专人对每一个 CCP 的记录（包括监控记录和纠正记录）进行定期复查，以验证 HACCP 计划是否被有效实施。

对原料、半成品和产品要进行针对性的抽样检测，例如对原料的检测是对原料供应商提供的质量保证进行验证。

（2）HACCP 体系的验证

HACCP 体系的验证就是检查 HACCP 计划是否有效以及所规定的各种措施是否被有效实施。验证活动分为两类：一类是内部验证，由企业自己组织进行；另一类是外部验证，由被认可的认证机构进行，即认证。

验证的频率应足以确认 HACCP 体系在有效运行，每年至少进行一次或在系统发生故障时、产品原材料或加工过程发生显著改变时或发现了新的危害时进行。

体系的验证活动内容：检查产品说明和生产流程图的准确性；检查 CCP 是否按 HACCP 的要求被监控；监控活动是否在 HACCP 计划中规定的场所执行；监控活动是否按照 HACCP 计划中规定的频率执行；当监控表明发生了偏离关键限制的情况时，是否执行了纠偏行动；设备是否按照 HACCP 计划中规定的频率进行了校准；工艺过程是否在既定的关键限值内操作；检查记录是否准确和是否按照要求的时间来完成等。

11. 建立 HACCP 文件和记录管理系统

必须建立有效的文件和记录管理系统，以证明 HACCP 体系有效运行、产品安全及符合现行法律法规的要求。制定 HACCP 计划和执行过程应有文件记录。需保存的记录包括以下内容：

（1）危害分析小结。包括书面的危害分析工作单和用于进行危害分析和建立关键限值的任何信息的记录。支持文件包括：制定抑制细菌性病原体生长的方法时所使用的充足的资料，建立产品安全货架寿命所使用的资料，以及在确定杀死细菌性病原体加热强度时所使用的资料。除了数据以外，支持文件也可以包含向有关顾问和专家进行咨询的信件。

（2）HACCP 计划。包括 HACCP 工作小组名单及相关的责任、产品描述、经确认的生产工艺流程和 HACCP 小结。HACCP 小结应包括产品名称、CCP 所处的步骤和危害的名称、关键限值、监控措施、纠偏措施、验证程序和保持记录的程序。

（3）HACCP 计划实施过程中发生的所有记录，包括关键控制点监控记录、纠偏措施记录、验证记录等。

（4）其他支持性文件例如验证记录，包括 HACCP 计划的修订等。

HACCP 计划和实施记录必须含有特定的信息，要求记录完整，必须包括监控过程中获得的实际数据和记录结果。在现场观察到的加工和其他信息必须及时记录，写明记录时间，有操作者和审核者的签名。记录应由专人保管，保存到规定的时间，随时可供审核。

任务二　HACCP 认证的基本程序

一、认识 HACCP 认证申请书

管理体系认证申请书

编号：____________

申请人名称______________________________________（公章）

注册地址____

通讯地址/邮编____

（填写至省、市、区、县、乡村、街道及门牌号）

总经理：____________手机　____________办公电话____________

联系人：____________手机　____________传　　真____________

（一）申请人声明及承诺

本申请人已详读认证中心公开文件的所有条款，并作出承诺，遵守国家、地方、行业及认证的相关规定，履行合同，提供的所有资料真实准确。

（二）认证申请

1. 申请认证的类别、准则

□质量管理体系认证《GB/T 19001－2008　idt ISO 9001：2008 质量管理体系　要求》：

□初审　□再认证　□转入（□监督转入、□再认证转入、□初审转入）

□环境管理体系认证《GB/T 24001－2004　idt ISO 14001：2004 环境管理体系　要求及使用指南》：

□初审　□再认证　□转入（□监督转入、□再认证转入、□初审转入）

□职业健康安全管理体系认证《GB/T 28001－2011　职业健康安全管理体系　要求》：

□初审　□再认证　□转入（□监督转入、□再认证转入、□初审转入）

2. 申请认证的范围

营业执照注册地址：

□质量管理体系认证范围：

序号	生产/服务场所名称	所在地址	过程内容	删减条款
场所 1				
场所 2				
场所 3				

□环境管理体系认证范围：

序号	生产/服务场所名称	所在地址	过程内容
场所 1			
场所 2			
场所 3			

□职业健康安全管理体系认证范围：

序号	生产/服务场所名称	所在地址	过程内容
场所 1			
场所 2			
场所 3			

注：（1）原则上，认证范围应以执行的产品标准为准。

（2）认证范围应在营业执照范围内，申请的认证范围可能在认证的各阶段被修改，以认证结果为准。

（三）基本信息

1. 成立时间

2. 所有制性质

3. 与认证范围有关的人数

序号	/工程项目 /生产服务场所名称	生产地址 及产品	距总部 （公里）	认证范围内 各场所人数	轮班班次/ 轮班人数	负责人/ 联系电话
固定场所 1	公司名称（总部）		0			
固定场所 2						
固定场所 3						
以上认证范围内各场所人数及轮班人数合计						—
临时场所 1						
临时场所 2						
临时场所 3						
以上认证范围内各场所人数及轮班人数合计						—
备注：						

注：认证范围内所覆盖的管理体系内员工数包括全职人员、兼职人员、外包人员，不包括非认证范围内所覆盖的人员。若涉及临时场所，请将该表在现场审核前30天传真至认证中心审核部。

4. 申请组织所处地理位置

□工业区　□商业服务区　□城市居住区　□自然保护区　□其他区域

认证范围内的管理体系内员工数统计表（包括多场所）

5. 在其他认证机构认证信息

认证领域	发证机构	认证证书有效期	暂停、撤销信息
质量管理体系			□否　□是被暂停撤销
环境管理体系			□否　□是被暂停撤销
职业健康安全管理体系			□否　□是被暂停撤销

6. 拟申请实施审核的时间

管理体系（□质量管理体、□环境管理体系、□职业健康安全管理体系）认证现场审核时间预定在：

第一阶段：　年　月

第二阶段：　年　月

7. 认证审核使用的语言和接受咨询情况

国内审核一律使用汉语普通话，有特殊情况时请列出：

接受咨询情况：□无，□有（注明咨询单位）：

（四）提交材料

（1）营业执照复印件；

（2）组织机构代码证复印件；

（3）适用时，许可证/资质证书复印件（如：CCC 认证证书、生产许可证、矿山开采许可证、矿山安全生产许可证、卫生许可证、施工/装修资质证等）；

（4）适用时，注册商标复印件；

（5）生产或活动/服务流程图（可在手册或程序文件中体现）；

（6）管理体系文件（手册、程序文件）；

（7）环评批复文件复印件（适用于环境管理体系认证）；

（8）管理体系认证时，申请认证的产品无国家或行业标准时，需提交企业标准在当地技监部门的备案材料复印件。

说明：申请再次认证换证时，仅需要提交变化部分的内容。

二、HACCP 认证申报材料的准备

HACCP 需准备的记录和硬件。

（一）各部门需按下面的要求准备好记录

1. 办公室方面需准备的文件、记录

（1）3 个月前到现在的受控文件清单、记录清单、所有的文件发放回收记录、文件修改通知单；

（2）关键工序和检验人员的上岗证、健康证、员工档案、员工花名册、特种工种（司炉、电工、司机、制冷工）的上岗证；

（3）各项证件的复印件（经营许可、出口卫生注册、法人代码、卫生许可证等）；

（4）外来文件；

（5）职工档案的整理、所属外来文件的整理；

（6）本部门及收到的受控文件清单；

（7）内部审核计划、内部审核通知、内部审核记录、管理评审记录；

（8）将厂区内所有的垃圾都清理走；厂区垃圾桶内不存放太多垃圾；

（9）将厂区内的绿化搞好。

2. 检部方面需准备的记录

（1）各项培训记录：新招聘员工的培训和考试记录、卫生培训记录、HACCP 培训考试记录、关键工序培训记录、检验人员培训记录；

（2）3 个月前到现在的厂区环境卫生检查记录、所有的成品检测报告、不合格品报告单、纠偏行动记录、辅料包材进货检验记录、供应厂家的检验报告、水质检验报告、工艺卫生检查报告、药品配置记录、仪表计量校准记录、各种外检报告、相关国际标准的收集、近几个月生产期间的过程品控记录、产品发货检验报告和登记表、发货记录、化学品出入库账簿、化学品领用记录、化学品的出入库单据。

3. 车间方面需准备的工作

（1）需准备的记录：各 CCP 生产期间的监控记录、清洗消毒记录、更衣室清扫消

毒记录、车间卫生检查表、个人卫生检查表、消毒液配置检测记录、PQC 日报表、关键工序监控记录、纠偏行动记录、不合格品报告单、记录的复核、受控文件清单、记录清单、车间温度湿度记录、计量校准记录、化学品出入库账簿、化学品领用记录、化学品的出入库单据；

（2）硬件：CCP 计划上墙、工具的标记必须作好、打扫好车间的卫生死角、容器的标识一定要作好（将车间现在的 CCP4、CCP5 牌子摘除，换成 CCP4 金属探测）；

（3）3 个月前到现在的个人环境卫生检查记录、车间卫生检查记录。

4. 设备方面

记录：配电室检查记录、锅炉运行记录、锅炉检修保养记录、水质检验记录、冷库运行记录和温度记录及保养记录、厂区设备检查维修记录、受控文件清单、记录清单、设备维修记录、设备每日巡检记录、设备周报月报记录。

5. 采购部

合格供方名录、供方评审表、各供应商的资料（尤其是添加剂等几项）具体资料包括：营业执照、卫生许可证、获得的认证的证明材料、产品遵循的标准（国标、行标或企标）、在质检所或卫生防疫站或其他权威部门检验的检验报告、每批进货的检验报告等；受控文件清单、记录清单。

需具备的文件：采购控制程序、合格供方评审办法、收购管理办法、原料标准。

6. 库房方面

记录：所有自 3 个月到现在内部发货的调拨单或销售合同、出入库单据、受控文件清单、记录清单、库房温度湿度记录、发货记录、库房温度湿度记录。

硬件：所有产成品必须作好规范的标识、库房放好温度湿度测量表。

7. 营销部方面

记录：发货的销售合同、顾客投诉登记单、顾客投诉处理记录、顾客满意度调查表、受控文件清单、记录清单。

（二）外审需涉及到的硬件、操作规程和软件及责任部门（外审时需检查的项目）

1. 卫生防疫站的水质检验证明（品管部）
2. 每月一次水质检验（品管部）
3. 水龙头编号一览表　各部门都要准备好（品管部）
4. 车间卫生检查表（生产部）
5. 内部审核、管理评审记录
6. 车间生产过程中的清洗消毒记录（生产部）
7. 车间生产期间所有的更衣室清扫、消毒记录和消毒液配置检测记录（生产部）
8. 空间消毒记录（生产时每天一次）（生产部）
9. 工艺卫生检查记录（品管部）
10. 所有的原料验收记录（品管部）
11. 所有的培训记录（品管部）
12. 放废料的周转箱和周转桶要有明显标识（品管部）
13. 不同清洁度的工器具要有明显标识（生产部）

14. 合格供方的评审、合格供方名录（采购部）

15. 包材和辅料验收记录（库房、研发部）

16. 化学品的使用培训记录（生产、品管部）

17. 各部门的设备维修保养计划和维修保养记录（生产、设备、品管部）

18. 化学品领用记录、化学品出入库账簿、出入库单据（生产部、品管部）

19. 各车间、各库房的温度湿度记录（生产、库房、品管部）

20. 化学品一览表、化学品管理规程（生产、品管部）

21. 个人卫生检查表（生产部）

22. 职工健康档案、职工花名册（办公室）

23. 车间内的线路不得有明线（生产部）

24. 各辅料供应商的材料（采购部）

25. 温度计、压力表、流量计、实验仪器的校验（品管部、设备部）

26. 冷库的温度记录（仓库、品管部）

27. 农残、重金属的检验报告（品管部、采购部）

28. 各部门所有的记录和表格必须由主管签字审核（各部门）

29. 生产过程中产生的所有返工、报废等不合格品时的不合格品报告单、纠偏行动记录（生产部）

30. HACCP 小组活动记录和培训记录（品管部、办公室）

31. 各部门、车间的 HACCP 培训记录（品管部、办公室）

32. 检验人员各关键工序人员的培训记录（品管部）

（三）外审时在硬件和操作方面的注意事项

1. 生产车间

（1）作好车间设备及表面的卫生，表面绝对不能有油污；

（2）车间内的物品摆放，尤其是辅料和化学品必须定位，且有标识；

（3）更衣室、洗手设施、消毒设施、灭蝇灯、卫生间运行良好，必须保证干净，运行正常；

（4）无关的门要关闭；

（5）风幕开启良好，软门帘干净良好；

（6）清理车间的卫生死角；

（7）车间一定要监督好员工进出车间严格按规定程序：出车间要换衣服，入车间要按规定洗手；

（8）保证车间员工对 CCP 点的规定和监控、纠偏等知识、卫生标准知识应知应会，外审人员会在现场抽查。

2. 库房

（1）种物品标识分类存放都必须符合要求；

（2）放好挡鼠板，粘鼠板要在有效期内；

（3）作好库房的卫生和产品防护；

（4）清理好化学品库；

(5) 各部门检查好灭火器的情况。

三、HACCP 认证现场审核

(一) 现场审核准备

审核的准备阶段是 HACCP 体系审核必不可少的重要阶段。准备得越充分，就越能保证审核工作的具体实施。审核准备就是指配备审核资源、确定审核范围、制订审核计划、编制检查表等活动，以确保审核的有序性和完整性。和其他体系的审核一样，在进行现场审核之前一定要做好审核准备工作。对于 HACCP 审核来说，专业性要求非常强，这就要求审核组成员不论是否专业审核员，均应了解产品的特点、生产工艺、CCP 点、与产品安全有关的法律法规要求、了解相应产品的产品标准等。准备工作包括以下内容：

1. 组成审核组

组成审核组最关键的是审核组长的指定。审核组通常由审核组长和审核员组成。但审核组中对人员的组成应满足：

(1) 至少配备一名主任审核员；

(2) 至少配备一名经认可的具有相关专业能力的成员（专业审核员或技术专家）；

(3) 必要时审核组成员由顾客认可。

2. 确定审核范围

确定审核范围就是界定受审核方对于产品安全承诺和实施的责任范围，就是确认所审核的 HACCP 体系所覆盖的产品、过程和场所。HACCP 审核认证是高风险的审核认证，所以一定要界定好 HACCP 体系所覆盖的产品、过程与场所。审核范围由审核委托方作最后决定，由认证机构派出的审核组通过审核加以确认。审核范围应是受审核方 HACCP 体系实际覆盖的产品、过程和场所，不能无依据地放大范围。例如：

不可取的例子：高酸罐装产品、低酸罐装产品、低酸纸包产品。这个例子的范围太大了。

可取的例子：巧克力、植脂鲜奶油的生产。这个例子明确了产品就是巧克力和植脂鲜奶油，并且明确鲜奶油是植脂的而不是笼统地写鲜奶油。

3. 文件审核

文件审核是要在第一阶段现场审核之前就应该完成的。通过初步审查文件化的 HACCP 体系来对受审核方的 HACCP 体系进行初步评价。文件审核主要包括如下的内容：

(1) 是否明确了法律法规和其他要求；

(2) 是否明确了最高管理者对食品安全的承诺；

(3) 是否明确了 HACCP 小组成员及组长，以及他们的职责、权限，培训要求；

(4) 是否有良好操作规范 GMP 的文件化的要求；

(5) 是否有卫生标准操作程序（SSOP）的 8 个方面的文件化要求；

(6) 产品描述；

(7) 流程图；

(8) 是否进行了危害分析、确定了 CCP 点与 CL 值;

(9) 是否有明确的 CCP 监控要求，明确了对象、方法、频率、人员；以及监控设备的校准要求;

(10) 对 GMP 及 SSOP 的执行情况是否有卫生检查计划;

(11) 是否有验证程序、产品回收计划、纠偏措施的规定。

通过对以上内容的审查，就基本能了解组织的文件化的 HACCP 体系建立情况。如果存在不符合项，应一一记录下来递交给受审核方（如《文件审核具体意见表》)，限期整改。

4. 制订审核计划

因 HACCP 体系审核是分二个阶段进行的，所以对于审核计划的制订也要分阶段进行。

审核计划的内容一定要包括：审核目的、审核范围、审核组成员、审核日期、审核日程、保密承诺、其他。

另外审核计划中要注意以下内容:

(1) 审核人日数：一定要满足规定的要求，有充足的人天日，使审核有效实施。

(2) 审核组成员分工：要关注专业能力，对于专业的条款/项目一定要由专业审核员来审核，如 CCP 点、HACCP 原理一定要由专业审核员完成，

(3) 审核路线：可按过程，也可按部门。

5. 其他准备

为了能使审核容易并有效实施，作者觉得，在审核之前一定要充分了解该产品的特性、工艺、生产设备、控制要求、卫生要求、安全等知识，了解相关产品的国内及国际上的一些安全的信息等资料，以及对于该产品的相关国家或国际上（如果出口）的与安全有关的标准、法律、法规要求。

(二) 实施现场审核

HACCP 现场审核分二个阶段进行。

1. 第一阶段现场审核

首先要明确第一阶段审核的目的、范围，这些在审核计划中都应以确认。第一阶段的审核对审核员来说，主要的工作是现场查看而不是记录。具体可包括以下内容:

(1) 管理情况。最高管理层的食品安全承诺、HACCP 小组成员组成结构以及培训情况、取得相应卫生许可证或其他资格的情况、HACCP 体系建立的基本情况、验证程序执行情况、法律法规的收集情况、实验室的管理及设备、设施配置情况、产品回收计划的实施情况、GMP 及 SSOP 的适宜性及充分性确认，等等。

(2) 厂区、车间、储存卫生检查。对厂区布局、环境、设施、原料及成品储存及运输、以及车间卫生设施的检查，判断其是否符合 GMP、SSOP 的要求。

(3) 工艺流程和 CCP 核查。检查工艺流程是否与提供的文件中相符、对每一个 CCP 点进行现场确认是否科学合理，CL 值是否适宜等。

由此可见，第一阶段审核主要是通过现场查看与交谈，来了解受审核方的 HACCP 体系的运行情况，是否具备了第二阶段审核的条件。

对于第一阶段中发现的所有不符合项应一一列出（如列在观察项报告中），并提交给受审核方。并确定这些不符合项是需在第二阶段时验证还是验证后再实施第二阶段审核。

第一阶段的审核报告应就如下方面进行评价：HACCP 体系文件符合性、同相关法律法规的符合性、HACCP 计划制定的科学合理性。并确定审核范围。

2. 第二阶段现场审核

第二阶段现场审核在第一阶段现场审核实施后的基础上再进一步验证 HACCP 体系的符合性，所以比起第一阶段的审核，第二阶段的审核需要更进一步深入地审查，第二阶段现场审核的内容如下：

(1) 危害分析、HACCP 计划执行情况审核、CCP 点监控情况（包括现场监控情况）、验证程序的实施情况；

(2) GMP 及 SSOP 实施情况、以及其卫生监控情况；

(3) 实验室；

(4) 其他必要的审核：法律法规符合性、管理层的承诺、标识的使用（监督）、上次不符的验证（监督）、顾客投诉、监督抽检情况。

和其他体系的审核一样，现场审核记录要有可追溯性。审核发现开出不符合项，不符合项的事实描述要明确时间、地点、客观事实证据，不能用“很多”、“可能”、“差不多”、“比较”等含糊的词。如：不能说“某些 CCP 点的监控记录不规范”。对不符合项的判定依据要明确不符合什么。不符合项要由受审核方确认。

审核报告是对 HACCP 体系审核的综述，对 HACCP 体系的有效性的评价，审核报告的编写要有个性，避免通用性，要能体现出企业的产品特点。

另外，不论是第一阶段还是第二阶段审核，程序中均应有首次会议、末次会议等议程，这与其他体系审核是一样的，在这里就不讨论了。

（三）纠正措施的跟踪验证

对开出的不符合项的纠正措施的有效性评价可考虑以下几个方面：

(1) 不合格原因是否已准确分析、调查并确定；

(2) 是否确定了纠正措施，如制定了纠正措施计划；

(3) 措施是否按期实施；

(4) 实施结果是否有记录（证据）；

(5) 结果是否有效，如防止再发生和持续改进。

另外，审核员在验证时要注意受审核方的原因分析是否恰当，有的原因分析往往会把不符合事实推翻，这也就要求审核员在开具不符合项时要能够具有说服力和可追溯性。例如：

不符合事实：压力表超过有效期 2003.5，未检定。

原因分析：于 3 月已经检定，旧证书未及时抽出。新证书 2003.3.11—2003.9.10。从这个原因分析来看，这个不符合项没有必要存在了。

对纠正措施进行书面验证的经常需要该不符合项的见证性材料，即纠正后的记录、纠正措施的证据、举一反三的证据（必要时）。形式多种多样，有的用照片来说明纠正，有的用记录来说明实施情况，等等都可以。

课后训练

学以致用

1. 什么是危害分析？
2. 什么是关键控制点？
3. 简述 HACCP 的特点。
4. 简述 HACCP 七个原理。
5. 案例练习

根据给出的工艺流程及条件，对桑果西番莲复合饮料生产过程进行危害分析，找出关键控制点并制定 HACCP 计划。

（1）工艺流程

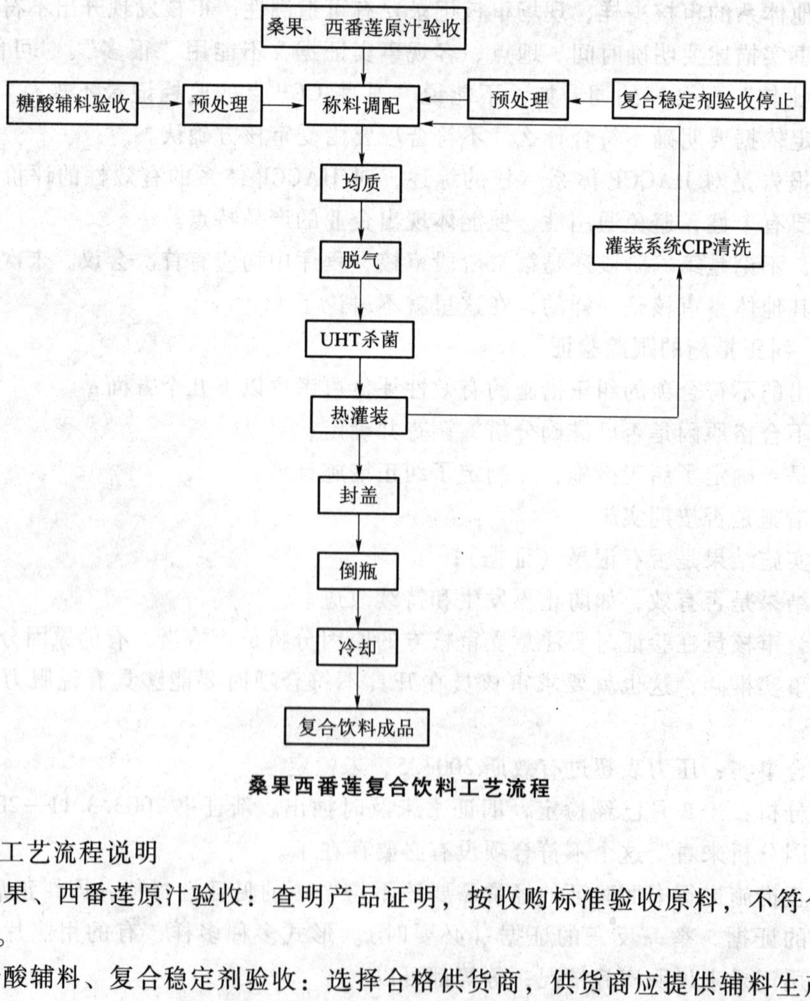

桑果西番莲复合饮料工艺流程

（2）工艺流程说明

① 桑果、西番莲原汁验收：查明产品证明，按收购标准验收原料，不符合要求的原料拒收。

② 糖酸辅料、复合稳定剂验收：选择合格供货商，供货商应提供辅料生产企业的

卫生许可证、每批辅料检验合格证明，保证符合相应卫生标准。依照辅料验收标准验收合格后方可接收。

③ 称料调配：按配方称料调配，要求成品可溶性固形物含量不低于6.5%，酸度0.25%～1.4%。

④ 均质：要求均质机压力控制在12～20MPa。

⑤ 脱气：通过脱气罐排出饮料中的空气。

⑥ UHT杀菌：采用高温瞬时杀菌，杀菌温度130℃，杀菌时间2秒，杀菌后迅速冷却至88℃进行灌装。

⑦ 热灌装：灌装时物料温度不低于83℃。

⑧ 封盖：封盖机进行封盖。

⑨ 倒瓶：封好盖的瓶装饮料倒瓶15秒。

⑩ 冷却：冷却至室温。

知识拓展

HACCP的由来

HACCP是由美国太空总署（NASA）、陆军Natick实验室和美国皮尔斯柏利（Pillsbury）公司共同发展而成。20世纪60年代，Pillsbury公司为给美国太空项目提供100%安全的太空食品，研发了一个预防性体系，这个体系可以尽可能早地对环境、原料、加工过程、储存和流通等环节进行控制。实践证明，该体系的实施可有效防止生产过程中危害的发生，这就是HACCP的雏形。1971年，皮尔斯柏利公司在美国食品保护会议上首次提出HACCP，几年后美国食品与药物管理局（FDA）采纳并作为酸性与低酸性罐头食品法规的制定基础。之后，美国加利福尼亚州的一个家禽综合加工企业Poster农场于1972年建立了自己的HACCP系统，对禽蛋的孵化、饲料的配置、饲养的安全管理、零售肉的温度测试、禽肉加工制品等都严格控制了各种危害因素。1974年以后，HACCP概念已大量出现在科技文献中。

实施HACCP体系的必要条件是良好操作规范（GMP）和卫生标准操作程序（SSOP），如果没有GMP和SSOP做基础，实施HACCP只是一句空话，因为HACCP体系本身只是一个原理或是一种管理方法，而大量的工作实际是在GMP。

关键术语

危害分析与关键控制点（HACCP）　HACCP原理　HACCP计划　认证程序　CCP判断树

项目三 ISO 22000 食品安全管理体系

课前准备

【学习目标】

本项目主要介绍危害分析与关键控制点（HACCP）的基本概念和内容。通过该项目的学习，使学生了解危害分析与关键控制点的原理，掌握 HACCP 认证的基本程序，能制定某食品加工过程 HACCP 计划。

【导入案例】

×××食品有限公司审核

不符合项描述："查监视和测量装置的控制情况，对公司使用的温度表、台秤等国家强制检定校准的计量器具，不能提供校准记录和合格证明。不符合 ISO 22000 标准 8.3 条款要求。"

不符合项报告中使用国家强制检定校准的概念不准确。实行强制检定的计量器具有：社会公用计量标准器具、部门和企业、事业单位使用的最高计量标准器具，以及用于贸易结算、安全防护、医疗卫生、环境监测方面的列入强制检定目录的工作计量器具。其他计量器具不属于此范围。

计量器具的准确性是通过检定或校准来确定的，所以证明计量器具准确度的文件应是检定证书或校准报告，不能是合格证明。

ISO 22000 标准关注的是组织的食品安全管理体系，其他不在此范围内的问题，审核员在审核时如发现可以指出并记录，也可以在审核报告中说明评价，一般不建议出具书面的不符合项报告。

问题：

通过上述案例，你认为×××食品有限公司审核不符合项描述不正确的主要原因是什么？如何从根源上来杜绝这一现象？

教学内容

任务一 学习 ISO 22000：2005 基础知识

一、ISO 22000：2005 食品安全管理体系的适用范围

（一）食品安全管理体系概述

食品安全管理体系是指与食品链相关的组织（包括生产、加工、包装、运输、销

售的企业和团体）以 GMP 和 SSOP 为基础，以国际食品法典委员会 CAC《HACCP 体系及其应用准则》（即食品安全控制体系）为核心，融入组织所需的管理要素，将消费者食用安全为关注焦点的管理体制和行为。

食品安全不仅直接威胁到消费者的健康，影响其消费信心，而且还直接或间接影响到食品生产、制造、运输和销售组织或其他组织的声誉，甚至还影响到食品主管机构或政府的公信度。因此，对从事食品生产、加工、贮运或供应食品的所有组织而言，食品安全的要求是第一位的。由于在食品链的任何环节都可能引入食品安全危害，且食品本身和加工过程的复杂性，导致影响食品安全的因素繁多，因而通过食品链的所有参与者共同努力，并在食品链上建立有效的沟通，才可能充分地预防和控制食品安全危害。

ISO 22000《食品安全管理体系要求》于 2005 年 9 月 1 日由国际标准化组织颁布实施，这是 ISO 继 ISO 9000、ISO 14000 标推后推出的又一管理体系国际标准。建立在 GMP、SSOP 和 HACCP 基础上的 ISO 22000 标准，首次提出针对整个食品供应链进行全程监管的食品安全管理体系要求，是对各国现行的食品安全管理标难和法规的整合，是在食品贸易领域得到广泛认可的国际标准，也是食品链内的各类组织包括饲料生产者、初级生产者及食品制造者、运输和仓储经营者，直至零售分包商和餐饮经营者对食品安全自我控制的最有效手段之一，同时也适用于食品链内的其他辅料生产供应组织，如设备、包装材料、清洁剂、添加剂及配料生产商。ISO 22000 标准和 HACCP 体系那是一种食品安全风险管理工具，能使实施者合理地识别将要发生的危害，并制订一套全面有效的计划来防止和控制危害的发生。但 HACCP 体系源于对企业产品实现过程中的显著危害的控制，以生产过程监控为主，而 ISO 22000 不仅包含了 HACCP 体系的全部内容，并将其融入到企业的食品安全整个管理活动中，控制产品实现过程中对食品安全造成影响的所有危害，体系要求完整、逻辑性强。在企业中建立和实施 ISO 22000 食品安全管理体系，可以帮助企业加强食品卫生安全管理，满足食品卫生安全法规的要求。

ISO 22000《食品安全管理体系要求》强调在食品链中的所有组织都必须具备能够控制食品安全危害的能力，以便能提供持续安全的产品来满足顾客的需求和符合相对应的食品安全规则。ISO 22000 标准已成为审核标准，可以单独作为认证、内审或合同的依据，也可与其他管理体系，如 ISO 9001：2008 组合实施。

ISO 22000《食品安全管理体系要求》还强调食品链中的组织应证实其有能力控制食品安全危害，确保其提供给人类消费的食品是安全的。使组织能够：

（1）策划、实施、运行、保持和更新食品安全管理体系，确保提供的产品按预期用途对消费者是安全的；

（2）证实其符合适用的食品安全法律法规要求；

（3）评价和评估顾客要求，并证实其符合双方商定的、与食品安全有关的顾客要求，以增强顾客满意度；

（4）与供方、顾客及食品链中的其他相关方在食品安全方面进行有效沟通；

（5）确保符合其声明的食品安全方针；

（6）证实符合其他相关方的要求；

（7）按照本准则，寻求由外部组织对其食品安全管理体系的认证，或进行符合性自我评价，或自我声明。

（二）食品安全管理体系的适用范围

ISO 22000 标准的所有要求都是通用的，无论组织的规模、类型，还是直接介入食品链的一个或多个环节或间接介入食品链的组织，只要其期望建立食品安全管理体系就可采用该标准。这些组织包括饲料加工者、种植者、辅料生产者、食品生产者、零售商、食品服务商、配餐服务商，提供清洁、运输、贮存和分销服务的组织，以及间接介入食品链的组织如设备、清洁剂、包装材料以及其他食品接触材料的供应商。

二、ISO 22000：2005 食品安全管理体系建立的意义

ISO 22000 作为一种与传统食品安全质量管理体系截然不同的崭新的食品安全保障模式，它的实施对保障食品安全具有广泛而深远的意义。

（一）对食品工业企业

1. 增强消费者和政府的信心

因食用不洁食品将对消费者的消费信心产生沉重的打击，而食品事故的发生将同时动摇政府对企业食品安全保障的信心，从而加强对企业的监管。

2. 减少法律和保险支出

若消费者因食用食品而致病，可能向企业投诉或向法院起诉该企业，既影响消费者信心，也增加企业的法律和保险支出。

3. 增加市场机会

良好的产品质量将不断增强消费者信心，特别是在政府的不断抽查中，总是保持良好的企业，将受到消费者的青睐，形成良好的市场机会。

4. 降低生产成本（减少回收/食品废弃）

因产品不合格，使企业产品的保质期缩短，使企业频繁回收其产品，提高企业生产费用。如在美国 300 家的肉和禽肉生产厂在实施 ISO 22000 体系后，沙门氏菌在牛肉上降低了 40%，在猪肉上降低了 25%，在鸡肉上降低了 50%，所带来的经济效益不言而明。

5. 提高产品质量的一致性

ISO 22000 的实施使生产过程更规范，在提高产品安全性的同时，也大大提高了产品质量的均匀性。

6. 提高员工对食品安全的参与

ISO 22000 的实施使生产操作更规范，并促进员工对提高公司产品安全的全面参与。

7. 降低商业风险

日本雪印公司金黄色葡萄球菌中毒事件使全球牛奶巨头日本雪印公司一蹶不振的事例充分说明了食品安全是食品生产企业的生存保证。

（二）对消费者

1. 减少食源性疾病的危害

良好的食品质量可显著提高食品安全的水平，更充分地保障公众健康。

2. 增强卫生意识

ISO 22000的实施和推广，可提高公众对食品安全体系的认识，并增强自我卫生和自我保护的意识。

3. 增强对食品供应的信心

ISO 22000的实施，使公众更加了解食品企业所建立的食品安全体系，对社会的食品供应和保障更有信心。

4. 提高生活质量（健康和社会经济）

良好的公众健康对提高大众生活质量，促进社会经济的良性发展具有重要意义。

（三）对政府

1. 改善公众健康

ISO 22000的实施将使政府在提高和改善公众健康方面，能发挥更积极的影响。

2. 更有效和有目的的食品监控

ISO 22000的实施将改变传统的食品监管方式，使政府从被动的市场抽查，变为政府主动地参与企业食品安全体系的建立，促进企业更积极地实施安全控制的手段。并将政府对食品安全的监管，从市场转向企业。

3. 减少公众健康支出

公众良好的健康，将减少政府在公众健康上的支出，使资金能流向更需要的地方。

4. 确保贸易畅通

非关税壁垒已成为国际贸易中重要的手段。为保障贸易的畅通，对国际上其他国家已强制性实施的管理规范，须学习和掌握，并灵活地加以应用，减少其成为国际贸易的障碍。

5. 提高公众对食品供应的信心

政府的参与将更能提高公众对食品供应的信心，增强国内企业竞争力。

任务二　建立ISO 22000：2005食品安全管理体系

一、ISO 22000食品安全体系建立的准备

（一）组织人员、基本条件的准备

1. 领导层的支持

在制定HACCP计划前首先须得到管理层同意，只有得到公司负责人的支持，HACCP计划才能有效地实施。因此在HACCP计划制定后和实施之前，应由企业最高决策者发布实施指令，必要时还应建立企业的组织结构图。

2. 成立HACCP小组

HACCP小组应由具有不同专业知识的人员组成，其中包括生产管理、工艺技术、设备维修、销售、实验室检验等方面人员，HACCP小组成立后还应制定出小组各成员的职责。HACCP小组承担制定GMP、SSOP等前提条件，制定HACCP计划，验证和实施HACCP体系的职责。

HACCP小组成员应具备以下经验和知识：

能够正确进行危害分析；

识别潜在危害；

识别必须控制的危害；

推荐控制方法、关键限值、监控、验证程序、纠偏行动；

推荐要开展的相关 HACCP 计划的研究工作；

确认 HACCP 计划。

HACCP 小组组长应具有以下基本素质：

食品加工生产的实际工作经验；

具有微生物学及食源性疾病的基本知识；

对 GMP、SSOP 有良好的理解；

了解与本企业产品有关的生物危害、化学危害和物理危害及其控制措施；

了解食品加工设备基本知识；

高效的表达和组织能力。

3. HACCP 知识培训

HACCP 培训必须有计划、记录或录像。

4. 制定设备维修计划

对生产加工过程中所使用的仪器设备建立相应的维护和检修计划。

5. 制定产品回收计划

出厂的产品有可能退回时应建立回收计划。

6. 建立卫生标准操作程序（SSOP）

HACCP 计划的建立和实施必须以良好操作规范和卫生标准操作程序为基础，只有根据良好操作规范的要求制定符合本企业生产加工合格产品的卫生标准操作程序，才能保证 HACCP 体系的完整性。

（二）资料的准备

1. 绘制和验证生产工艺流程图

将每一个加工工序用方框框起来并连接，建立生产加工工艺流程图的同时应对每一加工工序予以说明，并须对工艺流程图的准确性和完整性进行验证。建立生产工艺流程图的目的是为了进行危害分析。

2. 确定生产加工企业的名称及详细地址

3. 描述与产品有关特性和包装形式

包括商品品名、主要成分、最终产品的形式、加工流水线、加工方法、包装方法等。

4. 描述产品贮存和销售方法

如冷藏或常温贮藏。

5. 确定产品的消费者

如一般大众、老人、病人等。

6. 确定产品的预期用途

即食食品、充分加热后食用的食品或其他作为原料使用的食品，因用途不同其危害分析结果和危害的控制方法是不同的。

二、ISO 22000 体系应用中前提方案的确定、实施与保持

组织根据 ISO 22000 标准 7.2 条款的要求建立前提方案，目的是控制食品安全危害通过 工作环境进入产品的可能性，并对产品的生物、化学和物理污染包括产品之间的交叉污染以及产品和产品加工环境的食品安全危害水平进行控制。

制定的这些方案应主要考虑以下方面：

（1）建筑物和相关设施的构造与布局；

（2）包括工作空间和员工设施在内的厂房布局；

（3）空气、水、能源和其他基础条件的供给；

（4）包括废弃物和污水处理在内的支持性服务；

（5）设备的适宜性，及其清洁、保养和预防性维护的可实现性；

（6）对采购材料（如原料、辅料、化学品和包装材料）、供给（如水、空气、蒸汽、冰等）、清理（如废弃物和污水处理）和产品处置（如贮存和运输）的管理；

（7）交叉污染的预防措施；

（8）清洁和消毒；

（9）虫害控制；

（10）人员卫生；

（11）其他有关方面。

下面是一个粮食筛选精加工企业的前提方案，粮食筛选精加工企业主要的加工目的是将粮食、油料作物籽粒中的杂物、霉变籽粒和杂质去除。该组织在《食品安全手册》中对前提方案进行了概述，并以《GMP 手册》和《SSOP 计划》的形式作为三级文件进行具体规范。

GMP 手册

目　的

使公司在原料的种植、生产和包装及储运等过程中，有关人员、建筑、设施、设备、卫生、制造过程及品质管理均符合良好条件的指引。借此防范在不卫生的条件，或可能引起污染及品质恶化的环境下作业，并减少企业错误发生，以确保食品的安全及稳定的产品质量。

制定依据与适用范围

（1）本规范适用于从事生产供人类消费，并经适当包装之粮食、油料籽粒精加工工厂。

（2）本规范是依据《食品安全管理体系　食品链中各类组织的要求》（GB/T 22000—2006）、《食品卫生通则》［CAC/RCP l—1969，Rev. 3（1997）］、《HACCP 体系及其应用准则》［Annes to CAC/RCP l—1969，Rev. 3（1997）］、美国 21CFR part 110

(CGMP)法规、《出口食品生产企业卫生要求》、GB 14881—94 来编写的。

专门用词定义

1 通用定义

1.1 食品：根据《中华人民共和国食品卫生法》第五十四条的规定，食品是指各种供人食用或者饮用的成品和原料以及按照传统既是食品又是药品的物品，但是不包括以治疗为目的的物品。食品包括已经加工能够直接食用的各种食物如饮料、酒类、豆制品、调味品、瓜果、茶叶等，还包括一切食品的半成品及原料如粮食、糖类、肉类、禽类、蔬菜、水产等。

1.2 食品应是食物的总称，也应包括仅能咀嚼而不能吞咽的口香糖等食品。

1.3 食品卫生：在食品链的所有环节保证食品的安全性和适宜性所必须具有的一切条件和措施。

1.4 危害：在食品链中可能对健康产生有害影响的食品中的生物、化学或物理因子的状态。

1.5 食品处理者：任何与包装或非包装食品、食品设备和器具或者食品表面直接接触，并因此要遵守食品卫生要求的人。

1.6 食品安全性：当根据食品的用途进行烹调或食用时，食品不会对消费者带来伤害的保证。

1.7 食品的适宜性：根据食品的用途，食品可以被人们接受的保证。

1.8 HACCP 体系：对食品安全性重要危害进行鉴别、评定和控制的一种体系。

2 原材料：指原料及包装材料。

2.1 原料：指果蔬加工食品之构成材料，包括主原料、配料。

2.1.1 主原料：指构成成品之主要材料。

2.2 包装材料：包括内包装和外包装。

2.2.1 内包装材料：指与食品直接接触之食品容器，如瓶、罐、盒、袋等及直接包装或覆盖食品之包装材料，如箔、膜等，其材质应符合卫生法令规定。

2.2.2 外包装材料：指未与食品接触之包装材料，包括标签、钢桶、捆包材料等。

3 产品：包括半成品、最终半成品和成品。

3.1 半成品：指任何成品制造过程中所得的产品，此产品经随后的制造过程，可制成成品者。

3.2 最终半成品：指经过完整的制造过程但未包装标识完成的产品。

3.3 成品：指经过完整的制造过程并包装标识完成的产品。

4 厂房：指用于各种果仁加工食品的制造、包装、贮存等或相关作业的全部或部分建筑和设施。

4.1 验收场：指原料的验收和准备场所。

4.2 加工场所：指从事各种果仁粗加工和精加工等过程的场所。

4.3 包装室：指从事成品包装的场所。

4.4 内包装材料的准备室：指不必经任何清洗消毒程序即可直接适用的内包装材

料进行拆除外包装或成型等作业场所。

4.5　管制作业区：指清洁度要求较高，对人员与原材料的进出及防止有害动物侵入等，须有严密管制的作业区域，包括清洁作业区和准清洁作业区。

4.5.1　清洁作业区：指加工场、包装场等清洁度最高的作业区域。

4.5.2　准清洁作业区：清洁度要求次于清洁作业区的作业区域。

4.6　一般作业区：指原料验收场、原料处理场、原料仓库、材料仓库等清洁度要求次于管制作业区的作业区域。

4.7　非食品处理区：指品管（检验）室、办公室、更衣及洗手消毒室、厕所等非直接处理食品的区域。

5　清洁：除去泥土、残留食物、污物、油脂或其他不应有的物质。

清洗：指去除尘土、残屑、污物或其他可能污染食品的不良物质的处理作业。

污染物：任何有损于食品的安全性和适宜性的生物或化学物质、异物或者非故意加入食品的其他物质。

污染：在食品和食品环境带进去或出现污染物。

6　消毒：指以符合食品卫生的药剂和物理方法，有效的杀灭有害微生物，但不影响食品品质或其安全的适当处理作业。

7　食品级清洗剂：指直接用于清洁食品设备、器具、容器及包装材料，且不得危害食品安全及卫生的物质。

8　产品质量标准

8.1　无机杂质：玻璃、金属物、泥土、沙石、砖瓦块及其他无机物质。

8.2　有机杂质：籽皮、异种籽粒、生芽粒、发霉仁、毛发、绳、线及其他有机物质。

9　有害动物：指会直接或间接污染食品或传染疾病的小动物和昆虫，如老鼠、蟑螂、蚊、蝇、臭虫、蚤、虱等。

10　有害微生物：指造成食品腐败、品质劣化或危害公共卫生的微生物。

11　食品器具：指直接接触食品或食品添加物的器具、工具或器皿。

12　食品接触面：指直接或间接与食品接触的表面，包括器具及与食品接触的设备表面。间接的食品接触面，是指在正常作业情形下，由其流出的液体会与食品或食品直接接触面接触的表面。

13　适当的：指在符合良好卫生作业下，为完成预期目标或效果所需的（措施）。

14　批号：指表示“批”的特写文字、数字或符号，可据此追溯每批的资料，而“批”则以批号表示在某一特定时段或某一特定场所，所生产的特定数量的产品。

15　标识：指标识于食品、食品添加物、食品级清洁剂的容器、包装或说明书上用以记载品名或说明的文字、图画和符号。

16　隔离：场所与场所之间用有形手段予以隔开者。

17　区隔：较隔离广义，包括有形和无形的区隔手段。作业场所的区隔可以下列一种或一种以上的方法予以达成，如场所区隔、时间区隔、控制空气流向、采用密闭系统或其他有效方法。

厂区环境

1 工厂周围无大的污染源。加工车间距公路20m，中间有围墙和绿化带隔离。

2 厂区内禁止堆放一切可能对食品、食品接触面及原辅料、包装材料造成污染的污物和污水，一经发现立即消除。

3 厂区的路面为水泥铺设，无积水，厂区的空地完全绿化，以防灰尘并美化环境。

4 厂区内无足以发生不良气味、有害（毒）气体、烟尘或其他有碍卫生的设施。

5 厂区内设置了有效的排水系统，排水管道都有适当的倾斜度，且没有严重的积水、渗漏、淤泥、污垢、破损及滋生有害动物的地方。

6 生活区和生产区完全隔离。

7 相关文件

《害虫的控制及灭除》

8 记录

《防鼠记录》附：捕鼠器具分布图和编号

《防蝇虫、蚂蚁执行记录》

《环境卫生检查评价记录表》附：检查地点分布图和《环境卫生检查评价标准》

《车间卫生检查记录》附：车间卫生检查地点分布图和《车间卫生检查标准》

《库房卫生检查记录》附：库房卫生检查地点分布图和《库房卫生检查标准》

厂房和设施

1 厂房配置与空间

1.1 厂房依据生产流程的需要和卫生要求，有序而整齐的配置，并且有足够的空间，以利于设备安置、卫生作业、物流贮存，以确保食品的安全与卫生。

1.2 制造作业场所内的设备之间或设备与墙壁之间有适当的通道或工作空间，其宽度足以容许工作人员完成工作（包括清洁和消毒），且不致因衣服或身体的接触而污染食品、食品接触面及内包装材料。

1.3 化验室有足够空间安置实验台、仪器和设备等。微生物检验场所与其他场所适当隔开并且设有单独隔离的无菌间，同时化验室与加工车间有效隔离。

2 厂房隔离

2.1 生产车间与成品库、生活区、办公区及包装材料库、工器具仓库隔离。

2.2 生产车间按由准清洁区到清洁区的顺序分为粗加工区、精加工区、包装区，包装区与加工区进行有效隔断并配有标识。隔板应采用不渗漏、无毒材料建造。

3 厂房结构

厂房的各项建筑都由坚固耐用的材料构成，并且易于维护和保持清洁。生产车间以钢混结构为主。生产车间内的加工工人的人均拥有面积（除设备外），不少于1.5m。车间的顶面高度为5m。

4 地面与排水

4.1 地面用无毒、非吸湿性、不透水、平坦不滑、无裂缝易清洗消毒的自流平地面铺成。

4.2 全部排水管道均在地面以下，排水口有防止有害动物侵入的网罩。此外车间的地漏和排水沟都设有水封，以防虫防臭。

4.3 车间整个地面的水平在设计和建造时都比厂区的地面水平略高，且有1/100以上的排水斜度。

5 屋顶及天花板

5.1 屋顶由钢制结构构成，并且室内屋顶由白色防水材料（铝板）构筑而成，平坦无缝隙，并易于清洗、不易脱落。

6 墙壁与门窗

6.1 墙壁用平滑、非吸湿性、易清洗、不透水的白瓷砖铺成，高度为2m。

6.2 车间门窗装不锈钢纱窗或塑料门帘及自动门并经常保持关闭，以防尘、防虫和防鼠。窗台离地面1m。

6.3 所有生产车间门窗玻璃均贴防爆膜。

6.4 门的表面应当光滑、无吸附性并易于清洁，需要时便于消毒处理。

7 照明设施

7.1 生产车间全部使用防爆灯，防止灯管爆裂污染食品和食品接触面。

7.2 车间的窗户面积与车间面积之比不少于1:4。车间内加工操作用的照度为220lx，检验工作场所工作台面的照度为540lx，并且光线不会改变被加工物的本色。

8 通风设施

8.1 车间采用自然通风，通风面积与车间地面面积之比为1:15，车间的气流方向是从清洁区向非清洁区流动。

8.2 通风口都设有防止有害动物进入的装置。

9 供水设施

9.1 工厂的供水系统能提供所需的充足水量、适当压力及水质。

9.2 车间内生产用水的供水管都采用不易生锈、无毒的热镀锌钢管，供水方向由清洁区向非清洁区流动。

9.3 冷水管未从操作台上通过，以免冷凝水滴落在产品上。

9.4 水源远离污染源，为密云县市政自来水。

10 洗手消毒设施

车间入口处配有2个洗手龙头。洗手龙头为非手动开关，洗手处配有肥皂和50mg/L的次氯酸钠溶液用于对手进行清洗消毒。干手用具为一次性纸巾。车间入口处还配有消毒脚垫，用浓度为150~200mg/L的次氯酸钠溶液浸泡后对鞋进行消毒。排水管道设有防止有害动物进入及臭味产生的装置。

11 仓库

11.1 公司成品库和原材料库的建筑材料为无毒、坚固、易清洗的材料，并设有防止虫、鼠类及鸟类进入的设施，以及酒精温度计、湿度计。

11.2 化学药品贮藏仓库分别设置，同一仓库通常不存放性质不同的物品。设置数量足够的仓板，且通风良好，能遮阳挡雨，并配有防止有害动物侵入的装置。

11.3 包装材料库

库房清洁、干燥，配有防蝇虫和防鼠设施，并把内外包装材料分开放置，材料堆垛与地面、墙面要保持10cm的距离，并加盖防尘罩，每天用紫外灯对库房进行消毒。

11.4 仓库按先进先出的原则进行出货。

11.5 所有库房内的照明设备都配有防爆装置。

12 更衣室

12.1 加工车间更衣室设有更衣架、鞋架、水鞋消毒池、防蝇虫纱窗、紫外灯（对空气和工作服、鞋进行灭菌消毒）。个人衣物和鞋必须与工作服、鞋分开放置，同时保持良好的通风和采光。

12.2 更衣室内直接与车间相连，且容量与加工人员数量相适宜。

12.3 男女更衣室分开，室内有适当照明，且通风良好。

12.4 更衣室配有镜子和除尘设备。

12.5 每班班后进行紫外线灭菌和更衣室清理。

13 相关文件

《质量安全卫生手册·产品防护》

《库房管理制度》

《生产车间管理制度》

《装卸工管理制度》

14 相关记录

《防鼠记录》

《防蝇虫、蚂蚁执行记录》

《环境卫生检查评价记录表》

《车间卫生检查记录》

《库房卫生检查记录》

《领料单》

《入库单》

机器设备

1 设计

1.1 公司使用的加工设备、工器具的结构在设计上都便于清洗、消毒和检查、维护。尤其槽罐设备在设计制造时，都能保证使内容物排空。

1.2 食品接触面光滑，无凹陷或裂缝，以减少食品碎屑、污垢及有机物的聚积，使微生物生长减至最低程度。

2 材质

设备和工器具的制作材料都符合以下条件：

2.1 无毒，不会对产品造成污染；

2.2 耐腐蚀，不易生锈，不易老化变形；

2.3 易于清洗消毒；

2.4　车间使用的软管的材质必须符合有关食品卫生标准（GB 11331—89）要求；

2.5　食品接触面不使用木质和竹质材料。

3　设备安装与测试

3.1　加工设备的安装，一方面符合整个生产工艺布局的要求，另一方面又便于生产过程的卫生管理及日常的维护与清洁。留一定的距离和空间，以便设备维护人员和清洁人员的进入。在安装大型设备时，与墙壁和顶面之间分别保持 50cm 和 4.5cm 的距离。

3.2　进料口上方设有风帘，成品出口处同样也采取合理措施，以防止蝇虫进入。此外为设备提供动力的电动机下方设有挡板，传动机构加装保护罩，以避免漏油和杂质污染。

3.3　用于测定、控制和记录的测量器和记录仪，一年进行一次调校，结果填写于《监（检）测设备校准记录表》中。

4　质量检验仪器

4.1　公司有足够的设备仪器供质控人员对原料、半成品和成品进行检验。必要时，可委托有公信力的研究或检验机构代为检验厂内无法检测的项目。

5　相关文件

《质量安全卫生手册·基础设施》

《质量安全卫生手册·监视和测量装置的控制》

《检验检测卫生》

《重要设备操作规程》

《原料、辅料验收制度》

《生产车间管理制度》

《重要岗位作业指导书》

6　相关记录

《监（检）测设备校准记录表》

卫生管理

1　卫生管理制度的制定与执行

1.1　工厂制定了卫生管理制度，以此作为卫生管理及评核的依据，其内容已包括了本项目各任务的规定，修订时亦同。

2　环境卫生控制

2.1　保持工厂道路的清洁，消除车间外的一切可能聚集、滋生蚊蝇的场所，冬春季每月一次，夏秋季每月两次，对上述场所喷洒杀虫剂，结果填写于《防蝇虫、蚂蚁执行记录》中。在车间安装灭蝇灯。捕杀的飞虫每天进行一次清理。

2.2　厂区地面平整、无积水。地面的裸露处都做成绿化带。

2.3　环境捕鼠采用捕鼠笼或鼠夹。次日进行清理，并将死鼠统一回收深埋，同时填写《防鼠记录》。

2.4　排水管道随时保持通畅，无淤泥堆积，并做到当天的废弃物当天清理。

2.5 厂区内的草木每半年修剪一次，同时严禁堆放不必要的器材和物品。

2.6 加工完一班后立即清除废弃物，并对运送废弃物的车辆进行清洗消毒。

3 厂房设施卫生管理

3.1 生产用水达到国家饮用水标准（GB 5749—85）的要求，综合部每年送水样两次到密云县进行水质全项分析。检测报告由综合部保存。

3.2 厂房内各项设施保持清洁并受到良好维修，厂房屋顶、天花板和墙壁出现破损时，立即加以修补，通风、温控、空气湿度控制系统应每月清理一次，并按照《质量安全卫生手册》中“6.3基础设施的管理”进行保养和检修。

3.3 灯具和各管线的外表保持清洁并在开工前进行清扫。

3.4 成品库内一周进行一次整理，并保持清洁。

3.5 粗加工区和精加工区内设有用于收集废弃物的容器，容器由不透水、易清理的塑料制成，容器的颜色应具有特殊的可辨认性。反复使用的塑料筐（桶）在倒空内容物后，立即对其进行清理。废弃物用专用车辆迅速运离厂区，以防有害动物滋生及水源、地面等遭受污染。对于处理废弃物的机器设备必须在每班前后进行清理。

3.6 加工区不得堆放非即将使用的原料、内包装材料或其他不必要的杂物。

3.7 清洗、消毒用具有专门的场所妥善保管。

3.8 加工作业场所内不得堆有毒物质。

4 人员的卫生控制

4.1 加工和检验人员每年进行一次健康检查，必要时还要做临时健康检查，新进厂的人员必须持有县卫生防疫站签发的健康证方可上岗。同时建立人员的健康档案。

4.2 车间作业人员工作前必须对手部进行彻底的清洗消毒。不能留指甲、涂指甲油及佩戴饰物等。进车间必须穿着工作服、帽、鞋。员工个人衣物应存放于更衣室。

4.3 工作中不得抽烟、吃零食、口香糖，不能随地吐痰。工作前、如厕后，或手部受污染时，必须即时清洗手部，并予以消毒。

4.4 凡患有出疹、脓疮、外伤、结核等传染病人不能从事食品加工。

4.5 参观者：进入生产车间的参观人员，应穿着防护性工作服并遵守上述相关个人卫生的要求，同时参观者不应直接接触产品。

5 清洁和消毒用品的管理

5.1 用于清洗及消毒的药剂经证实尚在有效期内之后才可使用。

5.2 食品工厂内，除维护卫生及实验室检验上所必须使用的药剂外，不得存放其他药物。

5.3 对清洁剂、消毒剂及危险药剂要标明，并说明其毒性和使用方法。由专人负责，存放在固定场所并上锁，以免污染食品，并填写《化学药品入库管理记录表》。

5.4 杀虫剂和消毒剂的使用必须采取严格预防措施或限制，以防止污染食品、食品接触面和内包装材料。必须由明了其危害性的质管人员使用或在其监督下使用。

6 相关文件

《厂区清洁卫生制度》

《水的安全性》

《员工的卫生控制》

《害虫的控制及灭除》

《检验检测卫生》

《环境卫生》

《生产车间管理制度》

《车间工作服清洗消毒作业规程》

7　相关记录

《环境卫生检查评价记录表》

《车间卫生检查记录》

《库房卫生检查记录》

《水质全项目检测报告》

《纠正/预防措施报告》

《工作服清洗消毒记录》

《防鼠记录》

《防蝇虫、蚂蚁执行记录》

仓储与运输管理

1　贮存作业与运输管理

1.1　原料库、成品库地面、墙面、顶面必须经常清洗，保持清洁和通风。

1.2　成品入库必须标明产地、日期、数量、批次、类别，按先进先的原则发货。

1.3　储运方式及环境必须避免日光直射、雨淋、激烈的温度或湿度变动以及强烈的撞击，以防食品的品质受到不良影响。

1.4　成品和原料均应与地面、墙壁保持一定距离，便于仓库通风，同类货物堆放距离0.2m，不同类货物堆放距离应不小于0.5m。货堆距墙壁大于0.3m，距库房顶大于0.5m，距风道口大于0.3m，货物最大堆放高度不能超过15层。货物应进行正确标识。

1.5　每周对仓库进行一次整理，存放物品不得直接放置地面上。库内做到堆垛整齐，批次清楚，管理有序。

1.6　对成品库和原料库内的温度记录仪或温度计每年进行一次调校并填写记录表——《监（检）测设备校准记录表》。

1.7　库内物品要定期查看，如有异状及早处理。包装破损或经长时间贮存的物品必须重新检查。

1.8　有可能造成原料、半成品和成品污染的物品严禁和原料、半成品或成品一起储运。库房做好防火、防水工作，保持仓库内清洁、干燥。

1.9　成品、原材料运输车要保持良好的清洁卫生状况，装运出口前须经严格的清洗，必要时必须经检验检疫部门检验合格后方可出口。

1.10　每批成品须经严格检验，确保符合产品的品质卫生要求后才能出口。

1.11　运输工具包括厢式或带有篷布的汽车、火车、轮船。

1.12 运输车辆、集装箱不能用于运输有毒有害物质，使用前必须清洁和消毒。同时不得与其他货物用同一运输工具混装，大量出口时应使用专供运输食品的集装箱运输。

1.13 库房、运输人员必须保持良好的个人卫生习惯，有高度卫生方面的认识，坚决贯彻食品卫生制度。

1.14 运输原料或成品的车辆或集装箱的卫生情况由装卸工带班人员负责现场检查，不符合卫生要求的运输车辆或集装箱一律不能卸货或装货。

2 仓储及运输记录

物品的仓储有存量记录，成品出厂有出货记录，内容应包括批号、出货时间、地点、对象、数量等，以便发现问题，可迅速收回。

3 相关文件

《质量安全卫生手册·产品防护》

《库房管理制度》

《生产车间管理制度》

《装卸工管理制度》

4 相关记录

《防鼠记录》

《防蝇虫、蚂蚁执行记录》

《环境卫生检查评价记录表》

《车间卫生检查记录》

《库房卫生检查记录》

《纠正/预防措施报告》

《监（检）测设备校准记录表》

卫生标准操作程序（SSOP）

SSOP是加工企业为落实GMP而制定的对一般工序（关键控制点除外）中的危害进行卫生控制的操作程序。本SSOP模式依据美国21CFR part 110法规、CAC/RCP 1—1969，Rev.3（1997）的附录以及我国《出口食品生产企业卫生要求》的规定来编写完成的。

SSOP至少包括11项内容：

1. 水和冰的安全性
2. 食品接触表面的清洁和卫生
3. 防止交叉污染
4. 手的清洗、消毒及卫生间设施的维护
5. 防止污染物的危害
6. 有毒化合物的标记、贮藏和使用
7. 员工的健康
8. 防止害虫和灭鼠

9. 环境卫生

10. 检验检测卫生

11. 防止下脚料等污物对生产过程的污染

水的安全性

1　目的：确保水符合 GB 5749—85 规定的要求。

2　职责：本公司生产用水为城市管网供自来水，质量检验部门负责监督。

3　控制和监测

3.1　加工厂内的用水取自可靠的城市供水系统，并由城市水费单来表明水是安全的。每年应按国家饮用水标准对水质进行全项目分析两次。

监测频率：每年×次。

监测部门：质量检验部门。

3.2　加工厂的水系统是由被认可的承包商设计、安装和改装的，备有完整的供水网络图和污水排放管道分布图，管材选用镀锌钢管。加工车间水龙头进行了连续编号，不同用途的水管用标识加以区分。管道的设计能防止冷凝水下滴污染裸露的加工食品，同时防止饮用水管、非饮用水管和污水管间的交叉污染。水管管口高于水面 2 倍于水管直径的距离，水管道有一个死水区用以防止虹吸和水的倒流。洗手消毒用水的水龙头为非手动开关，生产用软管由食品级的材料制成。综合部每半年检查一次供水系统，确保管道无破裂，并拆除不需要的及末端堵塞的管道。污水的处理符合国家环保部门的规定和防疫的要求；车间地面有 1/100 的斜坡；清洗完台面、带盖的塑料筐（桶）等的废水直接排入地下管道；废水的流向是从清洁区向非清洁区流动。

监测频率：每半年一次或水管系统进行安装、改装时。

监测部门：综合部。

3.3　车间水龙头及固定进水装置已安装防虹吸装置。

监测频率：每班生产前。

监测部门：综合部。

4　纠正措施

4.1　城市供水系统发生故障、管道损坏或受污染时，应停止生产，判断何时发生故障或损坏，将本段时间内生产的产品进行安全评估，以保证食品的安全性，只有当水质符合国家饮用水标准时，才可重新生产。

4.2　工厂输水系统发生损坏时，应对输水管道系统采取纠正措施，并且只有当水质符合国家饮用水标准时，才可重新生产。

4.3　不能使用未安装防虹吸装置的水龙头和固定进水装置。

5　记录

《水质全项目检测报告》

《车间卫生检查记录》

《库房卫生检查记录》

《纠正/预防措施报告》

食品接触面的清洁与卫生

1 目的：确定和采取必要的卫生管理措施，以确保食品接触表面清洁，符合本SSOP模式所规定的要求。

2 职责：加工车间各班组负责本班组设备、工具、用具、手套、外衣的卫生控制，质控负责监督。

3 控制和监测

3.1 与食品直接接触的设备、工器具、容器等均采用不锈钢或无毒塑料制成，保证光滑易清洗、无毒、耐磨、耐腐蚀。车间地面、墙壁表面平滑，易于清洗和消毒。卫生监督员应对上述设备及设施进行检查，以确保是否充分清洁。

监测频率：每周一次。

监测部门：综合部。

3.2 产品接触面的清洗和消毒

3.2.1 换班间隙，应将设备上的附着物清理干净。

监测频率：每班开工前。

监测部门：生产部、综合部。

3.2.2 每天班前、班后对所有的设备、工器具包括中间产品运输使用的周转箱进行完整的清理，并采用自上而下的方法进行，特别是小的零部件和工具、用具不准放置于地面上，必须在台面上进行清理。然后由质管人员负责检查卫生清洁状况，并填写《车间卫生检查记录》。由综合部将清理程序和方法置于车间明显处，已经经过清理的工器具与未经清理的工器具应进行标识，特别是周转用容器。车间内在远离加工区域的适当位置设置完善的工器具清理场所。

监测频率：每班收工后。

监测部门：生产部、综合部。

3.2.3 班前用清水冲洗地面、墙面；每周对车间进行一次彻底的扫除（包括地面、墙面、门帘等）使其不留污垢，然后用200mg/L NaClO溶液消毒，并保持3min以上，最后用清水冲洗干净，车间的顶面、门窗、通风排气孔道上的网罩等应定期进行清洁。质管人员负责检查并填写《车间卫生检查记录》。

监测频率：每班开工前/每周一次。

监测部门：生产部、综合部。

3.2.4 员工应穿着干净的工作服、帽和鞋。手选桌挑选工序的工作人员还应穿戴干净的手套，企业管理人员在进入加工区时也应穿戴干净的工作服、帽和鞋。质管人员应监督员工手套的使用情况和工作服的清洁度，并填写《车间卫生检查记录》、《工作服清洗消毒记录》。

监测频率：每班开工前。

监测部门：生产部、综合部。

4 纠正措施

4.1 针对3.2.1/3.2.2/3.2.3：彻底清洗与食品接触的设备和管道表面。

4.2　针对3.2.4：对可能成为食品潜在污染源的手套、工作服进行消毒或更换。

4.3　针对3.2.1：不符合要求的，不得投入生产使用，并立即整改，直到达到要求为止。

4.4　针对3.2.2/3.2.3：生产过程中若工器具接触地面或受到污染时应重新清理一次。

5　记录附件

《车间卫生检查记录》

《库房卫生检查记录》

《工作服清洗消毒记录》

《纠正/预防措施报告》

防止交叉污染

1　目的： 保证按本SSOP模式所规定的方法作业，防止人流、物流的交叉等造成的污染。

2　职责： 生产部负责实施，综合部负责监督、检查。

3　监测和控制

3.1　加工作业区分为准清洁区、清洁区。

清洁区：精仁精加工区、包装区等。

准清洁区：原料预处理区、毛仁粗加工区等。

3.2　原料不能夹杂大量泥土和异物，符合原料验收标准。原料的装运工具保持卫生。原料验收人员负责检查原料及其装运工具的卫生。

监测频率：每次接收原料。

监测部门：生产部和采购部。

3.3　车间设施完好，设备布局合理并保持良好，预处理车间与加工车间、包装车间相隔断。原料、辅料、半成品、成品在加工、贮存过程中要严格分开，防止交叉污染。

监测频率：每班开工前/生产、储运过程中。

监测部门：生产部和综合都。

3.4　综合部质管员和工作人员都接受过食品安全卫生知识培训，企业管理人员对招聘的卫生监督员和工作人员进行上岗前的食品安全卫生知识和操作培训。

3.5　工作人员的操作应遵循以下规定：

3.5.1　进入车间的工作人员应穿着整齐洁净的工作衣、帽、鞋；不得戴首饰、项链、手表等可能掉入果仁、设备、包装容器中的物品；严禁染指甲和化妆。

3.5.2　开工前、每次离开工作台或被污染后，工作人员都应清洗并消毒手或手套。

3.5.3　与生产无关的个人物品不得带入生产车间内。

3.5.4　工作人员不得在生产车间内吃零食、嚼口香糖、喝饮料和吸烟等。

3.5.5　各工序的工作人员不得串岗。

3.5.6　工作人员在进入加工车间之前，应在被200mg/L次氯酸钠消毒液浸泡过的消毒脚垫上，对其工作鞋进行消毒。

3.5.7 加工结束后，所有的工作衣、工作帽统一交综合部监控人员进行清洗消毒。

3.5.8 每天保证对更衣室及工作衣帽用紫外灯消毒30分钟以上。

3.5.9 质管人员及时认真地监督每位工作人员的操作。

监测频率：每班开工前。

监测部门：综合部。

3.6 筛选后的残渣、杂质暂时贮存应置于带盖的塑料筐内，并及时运出车间。该容器用水冲洗干净后方可再次带入车间使用。综合部质管员负责监督检查残渣、杂质的清理情况和容器的卫生状况。

监测频率：每4小时一次。

监测部门：综合部。

3.7 污水的排放：厂区排放系统应畅通、无淤积，并设有污水处理系统，污水排放符合环保要求。车间内的地面有一定的坡度并设有明沟且明沟的侧面和底面平滑，以利于排水。车间内污水从清洁度高的区域流向清洁度低的区域，排水系统还设有防止污水倒流的装置。综合部质管员负责检查污水排放情况。

监测频率：每4小时一次。

监测部门：综合部。

3.8 车间内不同清洁区所用的工器具，配有明显不同的标识，以避免混用。综合部质管员应 检查是否正确使用。

监测频率：每班开工前。

监测部门：综合部。

4 纠正措施

4.1 针对3.2：拒收带有过多泥土、异物的原料。

4.2 针对3.3/3.5/3.6/3.7/3.8：综合部质管员应对可能造成污染的情况加以纠正，并要评估产品的质量。

4.3 针对3.4：新上岗的综合部质管员及员工应接受食品安全卫生知识培训和操作指导。

4.4 针对3.5：工作人员在工作衣帽穿戴，发、须防护，首饰佩戴，手套使用，手的清洗，进入车间时工作靴的消毒等方面存在问题，或将个人物品带入车间、在车间内吃喝，应对其及时予以纠正。

4.5 针对3.6：消除残渣、杂质，重新清洗消毒容器。

4.6 针对3.7：请维修人员对排水问题加以解决。

4.7 针对3.8：卫生监督员及时纠正工器具混用问题。

5 记录

《职工培训考核统计表》

《车间卫生检查记录》

《库房卫生检查记录》

《纠正/预防措施报告》

洗手和手的消毒及卫生间设施的维护

1　目的：确保直接接触食品的人员的洗手和手消毒的卫生。

2　职责：综合部负责设施的维护和监督。

3　监测和控制

3.1　在车间入口处和生产车间内设置洗手和手的消毒设施，车间入口处的消毒设施备有皂液和50mg/L NaClO消毒液及一次性纸巾，洗手、消毒设施的数量应与加工车间作业的工人数量相一致。洗手龙头为非手动开关，并有热水供应，出水为温水。洗手、消毒程序为：清水洗→皂液洗→清水洗→消毒→干手。综合部负责配制、更换消毒液以及检查洗手消毒设施和消毒液的浓度，并将洗手、消毒程序以文字形式置于洗手和消毒设施明显处。

监测频率：每班开工前。

监测部门：综合部。

3.2　工作人员的手，在接触过地面或拣过落地面的物料后必须重新进行清洗消毒。消毒程序：清水洗→皂液洗→清洗→消毒→干手。

监测频率：每班开工前/生产过程每4小时一次。

监测部门：生产部。

3.3　卫生间与更衣室、车间分开，其门不得正对车间门。

车间要设有与加工工人数量相适宜的更衣室，更衣室要与车间相连，个人衣物、鞋要与工作服、鞋分开放置，挂衣架应使挂上去的工作服与墙壁保持一定的距离，不与墙壁贴碰。更衣室要保持良好的通风和采光，室内安装紫外线灯对室内进行消毒。

卫生间内设有自动门，并且维护好卫生间的各种设施。卫生间应设有洗手池和热水、冷水供应。每15～20人设一个位置，采用蹲便器，配套设施包括冲水装置、手纸和纸篓、洗手消毒设备和干手设备。卫生间应通风良好，地面干燥，保持清洁卫生，光照充足，不漏水，有防蝇、防虫设施，进入卫生间前要脱下工作服和换鞋，方便之后要洗手和消毒。综合部每天对卫生间进行一次清洗消毒。

监测频率：每天一次。

监测部门：综合部。

4　纠正措施

4.1　针对3.1：综合部质管员负责更换洗手消毒设施和更换、调配消毒剂。

4.2　针对3.2：在综合部质管员监督下重新对手进行清洗消毒，并且给予处分或对其进行食品安全卫生的教育。

4.3　针对3.3：重新清洗消毒卫生间，必要时进行修补。

5　记录附件

《手消毒液、脚垫消毒液和工作服清洗消毒液配制记录》

《工作服清洗消毒记录》

《车间卫生检查记录》

《库房卫生检查记录》

《纠正/预防措施报告》

防止污染物的污染

1 目的：防止食品、食品接触面及食品包装材料受到润滑油、燃料、清洁剂、消毒剂及其他化学、物理和生物污染。

2 职责：各车间工段长负责贯彻实施，综合部质管员负责监督。

3 监测和控制

3.1 果仁生产加工企业所用的清洁剂、消毒剂和润滑剂都附有供货商的使用说明及质量合格证明，其质量应符合国家卫生标准，并须经质量检验部门验收合格后方可入库。综合部质管员负责检查清洁剂、消毒剂和润滑剂的验收情况。

监测频率：每批清洁剂、消毒剂和润滑剂。

监测部门：采购部和质量检验部门。

3.2 与产品直接接触的包装材料必须提供供货方的质量合格证明，其质量符合国家卫生标准，并须经质量检验部门验收合格后方可入库。综合部质管员负责检查包装物料的验收情况。

监测频率：每批包装材料。

监测部门：采购部和质量检验部门。

3.3 设备维护良好，无松动、无破损、无丢失的金属件。综合部质管员负责检查设备情况。

监测频率：每班开工前。

监测部门：生产部。

3.4 在果仁包装结束后应尽快加以标识并入库保存。成品库配有酒精温度计和空气湿度计，库内必须保持清洁，每天进行一次清理。

监测频率：包装结束/每天一次。

监测部门：库房和综合部。

3.5 生产加工时车间内出现大量灰尘的时候启动排风扇抽出灰尘。综合部质管员负责检查。

监测频率：生产中每4小时一次。

监测部门：综合部。

4 纠正措施

4.1 针对3.1/3.2：无合格证明的清洁剂、消毒剂、润滑剂和包装材料拒收。

4.2 针对3.3：必要时进行维修。

4.3 针对3.4：对违反库房管理和消毒规定的情况，应及时加以纠正。

4.4 针对3.5：车间应通风顺畅，集结有灰尘时应加大排风换气。

4.5 针对3.1/3.2：存放不当的包装材料和清洁剂等应正确存放。

5 编制化学品使用部门及场所的说明，形成《化学品清单》。

6 记录附件

《化学药品入库记录》

《化学药品出库记录》

《化学药品使用记录》

《熏蒸剂使用记录》附：集装箱熏蒸剂施放位置分布图

有毒化合物的正确标记、贮藏和使用

1　目的：防止有毒化合物直接或间接污染食品（产品），或对人造成伤害，保证有毒化合物安全的使用及处理。

2　职责：各部门负责保管使用。

3　控制和监测

3.1　生产加工中（清洗用、生产和实验室检测用的有关试剂等）使用的所有有毒化合物必须有生产厂商提供的产品合格证明或含有其他必要信息的文件。如果进货量小就由厂家自己的检验室抽检货物并出具验收单。

监测频率：每批有毒化合物。

监测部门：采购部和综合部。

3.2　所有有毒化合物应在明显位置标记并注明生产厂商名、使用说明。由专人保管，贮存于加工和包装区外的单独库房内，并不得与食品级的化学药品、润滑剂和包装材料共存于同一库房内。综合部品管员应检查其标签和仓库中的存放情况。

监测频率：每天一次。

监测部门：库房、综合部。

3.3　领用人必须向经过培训并经考核合格的保管员领用有毒化合物，领用人必须填写物料领用申请单，经部门主管以上批准，方可领用。保管员在领用时必须及时准确记录领用情况。综合部品管员负责检查。

监测频率：每天一次。

监测部门：库房、综合部。

4　纠正措施

4.1　针对3.1：无产品合格证明等资料的有毒化合物拒收。

4.2　针对3.2：标识或存放不当的应纠正。

4.3　针对3.3：未合理使用有毒化合物的工作人员应接受纪律处分或再培训；可能受到污染的产品应销毁。分装瓶标识不明显时应予以更正。

5　记录

《化学药品入库记录》

《化学药品出库记录》

《化学药品使用记录》

《车间卫生检查记录》

《库房卫生检查记录》

《纠正/预防措施报告》

员工的卫生控制

1 目的： 确保食品加工的安全卫生。

2 职责： 综合部负责组织卫生检查。

3 控制与监测

3.1 建立员工健康档案，从事加工、检验及生产管理人员经健康检查合格后方可进行工作，以后每年至少进行一次由县防疫中心组织的健康检查，必要时作临时检查。身体健康检查不合格者不允许上岗。

凡患有下列疾病者，调离加工岗位：

3.1.1 活动性肺结核；

3.1.2 传染性肝炎；

3.1.3 肠道性传染病及带菌者；

3.1.4 手有外伤者；

3.1.5 其他有碍食品卫生的疾病。

监测频率：每年一次/新招聘工人上岗前。

监测部门：生产部和综合部。

3.2 综合部品管员每天抽查，禁止患病或受外伤的员工上岗（每天开工前）。发现患病或受外伤的员工，生产部或综合部要令其停止操作，并经确认病情缓和或治愈后，方可上岗。

监测频率：每天开工前/生产中每4小时一次。

监测部门：生产部、综合部。

3.3 发现工作人员因健康可能导致产品污染时，应及时将可疑的健康问题汇报给食品安全小组组长。

3.4 加工人员进入车间前，要穿着专用的清洁的工作服，更换工作鞋（靴），戴好工作帽、头发不得外露。尤其是手选桌挑选、包装工段的工人，要戴口罩。为防止杂物混入产品中，工作服应该无明扣，并且前胸无口袋。工作服、帽不得由工人自行保管，要由综合部统一清洗消毒，每班开工前由综合部质管员统一发放。

3.5 参观者：进入生产车间的参观人员，应穿着防护性工作服并遵守上述个人卫生的要求，参观者不应直接接触产品。

4 纠正措施

4.1 针对3.1：生产人员体检发现患有传染病（肝炎、痞疾）等，立即令其离开生产加工场所，并督促积极治疗。

4.2 针对3.2：应对可能污染产品的患病工作人员调离原工作岗位或重新分配其做不接触产品的工作。

5 记录

《加工人员健康档案表》

《车间卫生检查记录》

《库房卫生检查记录》

《纠正/预防措施报告》

害虫的控制

1　目的：确保杜绝害虫。

2　职责：综合部负责厂区内害虫的控制及去除，并负责监督执行，各生产车间负责所管辖区内害虫的控制去除，综合部负责监督。

3　控制与监测

3.1　加工车间入口，全部设有塑料胶帘和自动门或风幕，车间与外界联系的排水沟全部设有水封式地漏，工厂建筑物地下通风口设有铁丝网，以防止鼠侵入，车间的窗户和通风口都装设有铁纱网，加工车间、库房和通风口、空调设有防鼠和捕鼠设施。上述各设施必须完好，以防鼠虫侵入。综合部品管员负责检查。

监测频率：每天开工前。

监测部门：生产部和综合部。

3.2　厂区和车间地面不应存在可招引鼠、虫的垃圾、废料等污物。生产区大门应关闭。综合部品管员负责检查有无鼠、虫的存在。综合部品管员应及时向企业管理人员报告鼠害状况。

监测频率：每天开工前。

监测部门：生产部和综合部。

3.3　环境捕鼠采用捕鼠笼（或鼠夹）。正常生产期间按灭鼠图在车间周围布置鼠笼，捕杀老鼠。每周就全厂的所有捕鼠点进行一次全面检查和布置，同时每年结合“爱国卫生运动”对全厂做一次全面的捕鼠活动。

监测频率：每周/每年一次。

监测部门：综合部、生产部、库房。

3.4　保持工厂道路的清洁，消除厂区的一切可能聚集、滋生蚊蝇的场所，冬春季每月一次，夏秋季每月两次，对上述场所喷洒杀虫剂，结果填写于《防蝇虫、蚂蚁执行记录》。在包装材料车间、生产车间入口处安装灭蝇灯，捕杀的飞虫每天进行一次清理。

监测频率：冬春季每月一次，夏秋季每月两次/每天一次。

监测部门：综合部和生产部。

4　纠正措施

4.1　针对3.1：完善防鼠、防虫的设施。

4.2　针对3.2：及时清理招引鼠、虫的垃圾、废料等污物。

4.3　针对3.3/3.4：定期捕灭鼠、虫。

5　记录附件

《防鼠记录》

《防蝇虫、蚂蚁执行记录》

《环境卫生检查评价记录表》

《车间卫生检查记录》

《库房卫生检查记录》
《纠正/预防措施报告》

环境卫生

1 目的：确保厂区环境清洁卫生。

2 职责：综合部负责监督。

3 控制和监测

3.1 厂区应无污染源、杂物，地面平整不积水，综合部品管员负责检查。
监测频率：每天一次。
监测部门：综合部。

3.2 应保持车间、库房干净卫生。综合部品管员负责检查。
监测频率：每天一次。
监测部门：综合部。

3.3 应每周进行一次清理打扫厂区和消除厂区杂草。综合部品管员负责检查。
监测频率：每周一次。
监测部门：综合部。

4 纠正措施

4.1 针对3.1：及时清理污染物、杂物，修整地面。

4.2 针对3.2：车间、库房发现污染物、异物及时清理。

4.3 针对3.3：定期清理打扫。

5 记录附件

《环境卫生检查评价记录表》
《车间卫生检查记录》
《库房卫生检查记录》
《纠正/预防措施报告》

防止下脚料、污物对生产过程的污染

1 目的：确保食品不再污染。

2 职责：车间工段长负责贯彻实施，综合部品管员负责监督。

3 控制和监控

3.1 生产当中各工段操作人员将生产当中的下脚料和污物放入带盖的塑料收集筐（桶）中，并标识清楚，同时负责将该带盖的塑料筐（桶）清洗干净后摆放在固定场所。综合部品管员负责检查。

监测频率：每班开工前后和生产中每4小时一次。

监测部门：生产部和综合部。

3.2 在生产过程中装有下脚料的带盖的塑料筐（桶）从规定的通道运输至垃圾车上，当天生产产生的废弃物必须当天运出厂区外。综合部品管员负责检查。

监测频率：生产中每4小时一次。

监测部门：生产部和综合部。

4　纠正措施

4.1　针对3.1/3.2：质管人员应对下脚料造成污染的情况加以纠正。

5　记录附件

《车间卫生检查记录》

《库房卫生检查记录》

《职工培训考核统计表》

《纠正/预防措施报告》

防止金属、石块、玻璃等恶性异物的危害

1　目的：将食品中金属、石块、玻璃等恶性异物造成的危害降低到可接受的范围内。

2　职责：车间工段长负责贯彻实施，综合部品管员负责监督。

2.1　质量检验部门对原料中的金属、石块、玻璃的控制指标列入原料接收准则中，并根据接收准则进行进货检验。如果发现采购原料的恶性异物的指标不符合原料接收准则的要求，应立即报告采购部经理，经过评估可采取退货或让步接收的方式处理。采用让步接收时应由质量检验部门、采购部、生产部三方进行评估，最后由食品安全小组组长作出处理意见，并填写《让步接收通知单》，一式三份：一份留采购部，作为以后供方评价的依据；一份留质量检验部门，以提醒质量检验部门对使用该批原料生产的产品加大抽样频率，重点加强检验，确保产品质量；另一份由生产部留存，以提醒生产部使用该批原料进行加工时应加强过程控制，适当调整工艺参数或要求，提醒重点工序的操作人员提高质量意识，以确保产品质量。

2.2　采购部在与供方签订合同时应将防止包括金属、石块、玻璃等恶性异物混入作为重要的控制内容对供方加以控制，当进货检验表明原料存在金属、石块、玻璃等恶性异物的指标不可接受，应积极与质量检验部门、生产部门合作妥善处理，包括退货，同时无论退货与否采购部都应将该情况加以记录，以作为评估供方的重要依据。

2.3　生产部当接收因金属、石块、玻璃等恶性异物指标不合格通过让步接收的原料进行生产时，生产部经理应凭《让步接收通知单》及时通知各工序负责人并通知相关岗位的操作人员，提醒他们在操作中适当调整工艺参数或要求，提高质量意识，以确保产品质量。

在正常情况下，生产部全体员工应严格按照《重点岗位作业指导书》和《生产车间管理制度》的要求进行操作，对重点设备定期进行维护和保养，对磁选设备的磁性定期进行确认，提高操作人员的质量意识，加强培训，以确保产品质量。

2.4　库房保管人员应严格按照《库房管理制度》的规定进行操作，及时对库房进行清理，防止异物在库房出现；随时关注库房玻璃防爆膜的完整程度，出现问题及时向综合部反映，进行更换或维修；严格执行散包、破包不得发货出厂的规定，出现散包、破包的产品必须退回车间进行重新加工方可出厂。对于在运输过程中散包的原料应单独存放，使用前应通知质量检验部门对原料的金属、石块、玻璃等恶性异物指标进行单独

检验，检验合格方可正常使用，否则退货或按上述让步接收程序加以控制。

2.5　搬运装卸人员在搬运或装卸过程中必须按《装卸工管理制度》进行操作，严禁野蛮装卸，严格执行散包、破包不得发货出厂的规定，出现散包、破包的产品必须退回库房，由库房复核退回车间重新加工方可出厂。

3　厂内玻璃设施、器皿的控制

应杜绝在接触产品的车间现场使用玻璃材料。在已采用玻璃窗的厂房采用粘贴防爆膜的　方式来控制，以此对原有的玻璃品进行有效管理，防止玻璃品破碎后进入产品。

在车间内玻璃品有窗玻璃、紫外灯、日光灯、灭蝇灯等，应采取防爆装置。对玻璃品要采取如下措施，以保证玻璃品对产品不构成任何危害。

3.1　玻璃、紫外灯、日光灯、灭蝇灯等编号，绘成玻璃品平面图，质量检验人员每天按照检查标准对玻璃品的清洁、完好情况进行检查，并记录。

3.2　对新安装的玻璃品要建立档案，安装前日光灯、紫外灯等要称重、记录，玻璃要量面积并称重、记录。

3.3　车间不允许用玻璃品盛装样品，质量检验部门留样用玻璃磨口瓶超过保存期的样品一律报废。

3.4　当紫外灯、日光灯、灭蝇灯等破碎时，必须将碎片收集到盘中，碎片称重作记录，并与原来完整玻璃品做比较。玻璃恢复要求记录存档。

3.5　窗户破碎时，要量面积，大块碎片要求称重及量厚度。碎片与残留玻璃相加的数据与整块玻璃进行比较，记录存档。整块玻璃重量的恢复要求记录存档。

其他玻璃和硬塑料破碎情况也要求以相同的方式处理。

4　控制和监测

4.1　质量检验部门按《检验标准及检验方法》进行检验。

监测频率：每批次。

监测部门：质量检验部门。

4.2　质量检验部门每天按照检查标准对玻璃品的清洁、完好情况进行检查，并记录。

5　纠正措施

5.1　针对2.1至2.5中任何部门的相关人员没有严格履行其职责的行为均应加以纠正，包括返工、重新加工。

6　记录附件

《原料检验报告》

《成品检验报告》

《纠正/预防措施报告》

《让步接收通知单》

《车间卫生检查记录》

《库房卫生检查记录》

《职工培训考核统计表》

《玻璃设备、器具档案》附：玻璃分布编号示意图

三、食品安全管理手册、程序文件及记录的编制

（一）食品安全管理体系文件的作用

组织建立食品安全管理体系的目的是为了控制食品安全危害，确保其提供给人类消费的食品是安全的。制定食品安全管理体系文件是建立和保持食品安全管理体系的基础，ISO 22000 标准 4.1 要求“组织应按本标准的要求建立有效的食品安全管理体系，并形成文件，加以实施和保持，必要时进行更新。”

1. 满足顾客要求和食品安全改进

2. 提供适宜的培训

3. 提供客观证据

4. 评价食品安全管理体系的有效性和持续适宜性

（二）食品安全管理体系文件的编制原则

1. 符合性原则

符合标准要求；

符合法律法规要求；

符合顾客要求。

2. 适宜性原则

符合组织实际，与组织的食品安全状况、结构特点、人员素质、资源配置、产品特点等相适宜；

针对不同的部门、不同活动编制，切忌编制任何部门都适用的文件。

3. 可操作性原则

职责分清、权限分明；

建立在原体系文件的基础上；

与实际相结合，能够做到，切忌追求食品安全管理体系的理想化；

对活动和过程的描述尽量量化、时间化。

4. 可检查性原则

便于作为检查食品安全管理体系文件实施情况的依据。

5. 简洁性原则

文件应简洁、精炼、便于理解；

用词准确、不能用模糊不清的术语。

6. 惟一性原则

惟一的食品安全管理体系；

每项食品安全管理活动只能有惟一的文件；

惟一的理解。

7. 协调性原则

与组织的其他管理规定相协调；

体系文件之间相互协调；

与有关技术标准、规范相互协调。

8. 灵活性原则

统一模式；

任何媒体均可；

范围及文件详细程度取决于组织实际情况。

9. 系统性原则

对产品质量形成全过程影响质量的全部因素实施控制。

10. 目的性原则

充分体现食品安全管理的要求，在保证所管理的活动符合要求的情况下，重点突出食品安全目的。如设备管理，在保证设备正常运行的同时，应注重在日常维护等方面保证食品安全的管理。

（三）食品安全管理体系文件类型

1. 在管理体系中常使用以下几种类型的文件

手册：向组织内部和外部提供关于管理体系的一致信息的文件。

计划：表述管理体系如何用于特定产品、项目或合同的文件。

规范：阐明要求的文件。

指南：阐明推荐的方法或建议的文件。

提供如何一致的完成活动和过程的信息文件，这类文件包括形成文件的程序、作业指导书和图样。

记录：为完成的活动或达到的结果提供客观证据的文件。

2. 标准要求的食品安全管理体系文件包括

形成文件的食品安全方针和相关目标的声明；

本准则要求的形成文件的程序和记录；

组织为确保食品安全管理体系有效建立、实施和更新所需的文件。

注意：由于标准没有强制要求必须要有食品安全管理手册，因此组织可根据需要决定是否编制。即使编制食品安全于册，组织也应注意不要照抄标准条款，以能提供相关提纲挈领的信息为主。

（四）典型食品安全管理体系文件结构

典型的文件结构将食品安全管理体系文件划分为三个层次（见图 5.3），但也有把记录单独作为一层，使体系文件划分为四个层次的情况。

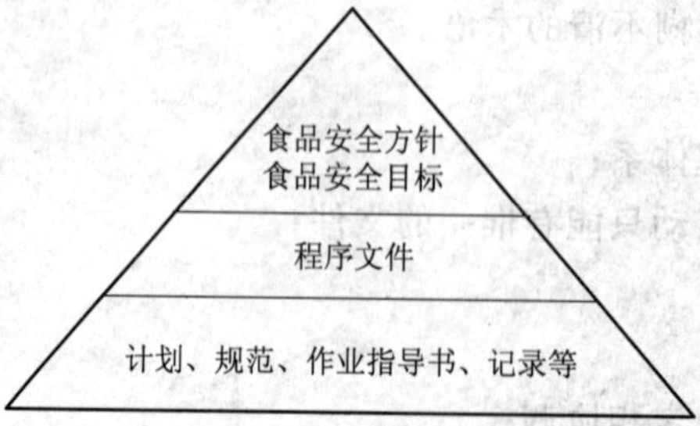

图 5.3 三层次文件结构

（五）食品安全管理手册

虽然ISO 22000标准没有规定组织必须编制食品安全管理手册，但为了便于管理，组织有可能编制食品安全管理手册。

食品安全管理手册是指规定组织食品质量管理体系的文件。对于规模大、产品复杂多样的组织，不同部门或分公司在食品安全管理方面的要求可能差别很大，因此食品安全管理手册可以分为总食品安全管理手册、部门/分公司/分产品种类的食品安全管理手册等几个层次。

1. 食品安全管理手册的作用

贯彻组织的方针、程序和要求。

描述和实施有效的管理体系。

作为管理体系审核的依据。

当条件变化时保证管理体系的连续性。

按管理体系要求及相应方法培训有关人员。

证实管理体系的符合性和有效性。

对外介绍管理体系等。

2. 食品安全管理手册的内容　通常包括如下内容：

封面：应标明组织名称、标题及编号、发布实施日期、手册版本号、受控状态标识等内容。

目录。

前言：介绍组织情况。

发布令：组织最高管理者发布实施的命令。

任命书：任命食品安全小组组长的文件。

目的和适用范围。

引用标准。

术语和定义。

手册的管理。

食品安全方针和目标。

食品安全管理组织结构及其职责。

食品安全管理要素的描述（包括或引用程序文件）。

附录。

（六）程序序文件及作业文件

程序是“为某项活动或过程所规定的途径”，而含有程序的文件称为程序文件。程序文件、作业指导书都是为组织提供如何一致地完成活动或过程的文件，因此程序文件与作业指导书没有本质的区别，划分文件层次只是为了文件管理的需要。

同手册一样，程序文件、作业指导书也没有统一格武要求，但作为一个组织，同一类文件最好保持同样的结构和风格。下面推荐一种常用的文件格式。

1. 目的和适用范围

本程序的目的是（WHY）……

本程序适用于……；不适用于……

2. 定义

给出本程序使用的特殊定义，若没有需要定义的术语，则在本标题下注明“无”

3. 引用文件

标明使用本程序文件所涉及的相关文件/资料。

4. 职责（WHO）

规定实施本程序的部门/人员及其职责、权限；

规定本程序实施过程中涉及的相关部门/人员及其职责、权限。

5. 方法步骤

按照活动的逻辑顺序一层层描述清楚实施活动的步骤和方法；

规定应做的事情（WHAT）；

明确每一活动的实施者（WHO）；

规定活动的时间（WHEN）（尽量避免使用定期、不定期之类用词）；

说明在何处实施（WHERE）；

规定具体实施办法（HOW）；

如何进行控制；

规定应产生、保留的记录；

例外、特殊情况的处理方式。

6. 相关记录

列出实施本程序的过程中产生的各种记录的名称及其编号。

7. 封面

程序文件的名称、编号、版本、受控号、审批人、实施日期等。

8. 标识

受控状态标识；

更改标识。

9. 更改页

对程序文件的更改状况进行记录。包括章节、页码、更改单号、更改人、更改日期等。

ISO 22000：2005 标准要求形成的文件如表 5.3 所示。

表 5.3　ISO 22000：2005 标准要求形成的文件

序号	标准条款	内　容
1	4.1　总要求	组织应确保控制所选择的任何可能影响终产品符合性且源于外部的过程，并应在食品安全管理体系中加以识别，并形成文件
2	4.2.1　总则	形成文件的食品安全方针和相关目标的声明
3	4.2.2　文件控制	应编制形成文件的程序

续表

序号	标准条款	内　容
4	4.2.3　记录控制	应编制形成文件的程序
5	5.2　食品安全方针	最高管理者应制定食品安全方针，形成文件并对其进行沟通
6	7.2　前提方案（PRPs）	文件宜规定如何管理前提方案中所包括的活动
7	7.3.1　总则	应收集、保持和更新实施危害分析所需的所有相关信息，形成文件，并保持记录
8	原料、辅料和与产品接触的材料	应在文件中对所有原料、辅料和与产品接触的材料予以描述，其详略程度应足以实施危害分析
9	7.3.3.2　终产品特性	终产品特性应在文件中予以规定，其详略程度应足以实施危害分析
10	7.3.4　预期用途	应考虑终产品的预期用途和合理的预期处理，以及非预期但可能发生的错误处置和误用，并将其在文件中描述，其详略程度应足以实施危害分析
11	7.4.4　控制措施的选择和评估	应在文件中描述所使用的分类方法和参数，并记录评估的结果
12	7.5　操作性前提方案（PRPs）的建立	操作性前提方案应形成文件
13	7.6.1　HACCP 计划	应将 HACCP 计划形成文件
14	7.6.3　关键控制点的关键限值的确定	关键限值选定的理由和依据应形成文件
15	7.6.5　监视结果超出关键限值时采取的措施	为适当处置潜在不安全产品，应建立和保持形成文件的程序，以确保评价后再放行（7.10.3）
16	7.10.1　纠正	应建立和保持形成文件的程序
17	7.10.2　纠正措施	组织应建立和保持形成文件的程序
18	7.10.3.1　总则	处理潜在不安全产品的控制要求、相关响应和授权应形成文件
19	7.10.4　撤回	组织应建立、保持形成文件的程序
20	8.4.1　内部审核	应在形成文件的程序中规定策划、实施审核、报告结果和保持记录的职责和要求
备注	1. 有 20 个条款要求形成文件，而不是必须形成 20 个文件 2. 要求编制形成文件的程序的条款有 7 个（3、4、15、16、17、19、20）	

（七）记录

记录作为一种特殊类型的文件，是指阐明所取得的结果或提供完成活动的证据的文件。记录可用于为可追溯性提供文件，并提供验证、预防措施纠正措施的证据。通常记录不需要控制版本。

1. 记录的编制要求

（1）内容完整、反映食品安全管理各项活动的全过程，体现文件要求；体现过程需要，不同的活动和过程需要不同的记录；不能有缺项。

（2）简单实用，能用一张表格的，尽量不用两张；不应出现与活动无关的内容；不应出现重复记录的内容。

（3）格式统一。

2. 记录编制方法

（1）记录的编制应与程序文件或工作文件同步进行，以保证记录与程序文件、工作文件协调一致，接口清楚。方法是首先将要记录的内容一一列出，然后根据所列内容编制表格，必要时可将表格附在相应文件后面。

（2）记录的编制提出总体规划要求，其内容包括：记录的数量、名称、编号、内容及审批程序。

（3）汇总所有记录表格，组织有关部门进行审核，并经授权人审批。

ISO 22000：2005 标准要求形成的记录如表 5.4 所示。

表 5.4　ISO 22000：2005 标准要求形成的记录

序号	标准条款	内　容
1	5.4　职责和权限	指定人员应有明确的职责和权限，以采取措施并予以记录
2	5.6.1　外部沟通	沟通记录应予以保持
3	5.8.1　总则	管理评审的记录应予以保持（4.2.3）
4	6.2.2　能力、意识和培训	保持培训和 6.2.2 b）、c）中所述措施的适当记录
5	7.2　前提方案	应保持验证和更改的记录
6	7.3.1　总则	应收集、保持和更新实施危害分析所需的所有相关信息，形成文件并保持记录
7	7.3.2　食品安全小组	应保持记录，以证实食品安全小组具备所要求的知识和经验（6.2.2）
8	7.3.5.1　流程图	经过验证的流程图应作为记录予以保持
9	7.4.2　危害识别和可接受水平的确定	7.4.2.1　应识别并记录与产品类别、过程类别和实际生产设施相关的所有合理预期发生的食品安全危害
10	7.4.2　危害识别和可接受水平的确定	7.4.2.3　确定的依据和结果应予以记录

续表

序号	标准条款	内　容
11	7.4.3　危害评估	应描述所采用的方法，并记录食品安全危害评估的结果
12	7.4.4　控制措施的选择和评估	应在文件中描述所使用的分类方法和参数，并记录评估的结果
13	7.5　操作性前提方案的建立	7.5　f）监视的记录
14	7.6.1　HACCP 计划	7.6.1　g）监视的记录
15	7.6.4　关键控制点的监视系统	监视系统应由相关程序、指导书和记录表格构成
16	7.8　验证策划	应记录验证的结果，且传达到食品安全小组
17	7.9　可追溯性系统	生产和交付记录；应按规定的期限保持可追溯性记录；在产品撤回时，也应按规定的期限保持记录
18	7.10.1　纠正	不符合操作性前提方案条件下生产的产品的评价应予以记录，所有纠正应由负责人批准并予以记录
19	7.10.2　纠正措施	7.10.2　f）记录所采用纠正措施的结果；纠正措施应予以记录
20	7.10.4　撤回	撤回的原因、范围和结果应予以记录，组织应通过应用适宜技术验证并记录撤回方案的有效性
21	8.3　监视和测量的控制	当不存在上述标准时，校准或检定的依据应予以记录 校正和检定结果记录应予以保持 当测量设备不符合时，组织应对该设备以及任何受影响的产品采取适当的措施。这种评估和相应措施的记录应予以保持
22	8.4.1　内部审核	应在形成文件的程序中规定策划、实施审核、报告结果和保持记录的职责和要求
23	8.4.3　验证活动结果的分析	分析的结果和由此产生的活动应予以记录
24	8.5.2　食品安全管理体系的更新	体系更新活动应以适当的形式予以记录和报告

四、食品安全管理体系的内部审核

（一）内部审核概述

内部审核，也称第一方审核，由组织自己或以组织的名义进行，用于管理评审和其他内部目的，可作为组织自我合格声明的基础。在许多情况下，尤其在小型组织内，可以由与受审核活动无责任关系的人员进行，以证实独立性。

1. 术语和定义

在 ISO19011：2002 质量和/或环境管理体系审核指南标准中，具体规定了与审核有关的术语和定义（请参阅附录）。术语之间的关系如图 5.4 所示。

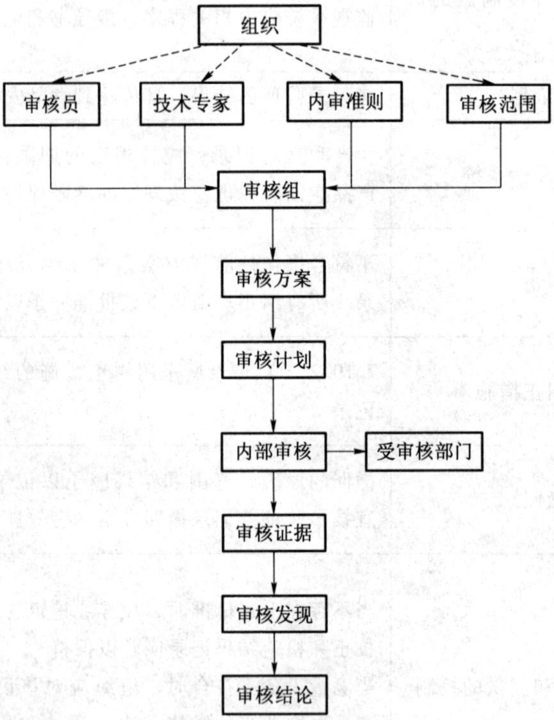

图 5.4 术语关系图

2. 管理体系审核类型

管理体系审核按照不同的分类依据可以分为不同的类型。在这里，按照管理体系审核的审核方来将其分为三类，即：

① 第一方审核：即内部审核，是由组织自己或以组织的名义进行，用于管理评审和其他内部目的，可作为组织自我合格声明的基础。

② 第二方审核：是顾客或其委托的第三方对组织的管理体系所进行的审核。第二方审核是顾客对供方的审核。顾客为了选择/复评其合格供方，往往要对其现有的或潜在的供方进行审核。这种审核由顾客派出审核人员或委托外部代理机构对供方的管理体

系进行审核。第二方审核的准则往往由顾客根据自身需要制定或提出。

③ 第三方审核：是指具有第三方性质的独立的、公正的认证机构对申请认证的组织进行的审核。第三方审核的目的是获得认证证书。

注：第二方审核和第三审核属于外审。

第一方、第二方、第三方审核的区别如表 5.5 所示。

表 5.5 第一方、第二方、第三方审核的区别

项目	第一方审核	第二方审核	第三方审核
审核目的	推动内部改进	选择、评定或控制供方	第三方认可机构派出审核员
执行者	组织内部或聘请人员	顾客自己或委托人	
审核准则次序（重点不同）	1. 体系文件 2. 体系标准 3. 法律法规 4. 顾客合同	1. 顾客合同 2. 体系标准 3. 法律法规 4. 体系文件	1. 体系标准 2. 法律法规 3. 体系文件 4. 顾客合同
审核范围	可扩展到所有内部管理要求	限于顾客关心的标准及要求所涉及的范围	根据申请的产品，由审核组长与受审核方共同确定
审核时间	灵活掌握	时间较短、供需双方约定	审核时间较短、按标准执行

3. 内部审核目的

① 判定组织所建立的管理体系是否符合标准的要求。

② 判定组织所建立的管理体系对法律、法规或其他要求的符合性。

③ 验证组织所建立的管理体系的适宜性和有效性。

④ 发现组织所建立的管理体系的需改进之处。

4. 内部审核准则

① ISO 22000：2005 标准。

② 组织建立的食品安全管理体系文件。

③ 适用于组织的有关国家/行业法律、法规或其他要求。

④ 有关合同条款。

5. 审核原则

① 公正性：对审核发现、审核结论、审核报告等应真实、准确地反映审核活动，不能掩盖事实，进行不公正的评价。

② 客观性：这是最为基本、主要的原则。要讲证据，不要凭感觉；要追溯实际，不要看表面现象。审核获取的客观证据必须基于事实，决不允许将主观意见作为结论的证据。

③ 独立性：审核员应独立于受审核的活动，并且不带偏见，没有利益上的冲突。审核员在审核过程中保持客观的心态，以保证审核发现和结论仅建立在审核证据的基础上。审核员不应审核自己的工作。

④ 以审核准则为准绳：审核不能脱离审核准则，审核员应在审核准则与审核证据比较核对后才能得出合格与否的结论。审核不能脱离已有的规定和要求。凡没有规定的不能强加于人。

⑤ 计划性：审核计划应策划充分，审核过程中应按照计划策划的安排实施审核，切不可在一些细枝末梢或与受审核方有争议的地方纠缠不休，影响审核进程。当遇到问题时，应及时与审核组长沟通，并将相关问题留待审核后进行讨论。

⑥ 保守秘密：审核员应诚信、正直、保守秘密。对于审核中接触到的与受审核方有关的信息，除在审核组内部沟通外，不得向第三方透露。

（二）内部审核策划

1. 年度内审计划

因组织每年的实际情况不同，而有必要对一年的内审进行策划，制定年度内审计划（审核方案）。年度审核计划的内容应包括审核目的、范围、依据、预定时间、每次审核所涉及部门等内容。

（1）制定年度审核计划的目的

保证内部审核实施的计划性，便于管理、监督和控制内部审核。

（2）分类

常见的年度内审计划有两类：一种是集中式年度内审计划，一种是滚动式。年度内审计划见表 5.6、表 5.7、表 5.8。

表 5.6　　集中式年度内审计划示例

×××公司 2012 年度内部审核计划

审核目的	评价体系运行的符合性、有效性
审核范围	公司管理体系内各部门的食品安全管理活动
审核依据	ISO 22000：2005 标准、公司体系文件、适用的法律法规、合同
审核安排	第一次审核：2012 年 5 月上旬，5 月下旬进行纠正措施的跟踪验证 第二次审核：2012 年 11 月上旬，11 月下旬进行纠正措施的跟踪验证
审核范围	根据申请的产品，由审核组长与受审核方共同确定
审核时间	审核时间较短、按标准执行

编制：　　　　审核：　　　　批准：　　　　实施日期：

对于集中式年度审核计划来讲，如果每年的策划基本一致，没有什么大的变动的话，可以将策划的结果直接在内审程序文件中予以规定（如规定每年进行几次内审，每一次的大体时间，并说明具体审核时间由食品安全小组组长根据公司实际和内审程序规定的时间范围内确定等），最终以提前下达审核通知/审核实施计划为准。

表 5.7　　以部门为主线的滚动式年度内审计划示例

部门	1月	2月	3月	4月	5月	6月	7月	8月	9月	10月	11月	12月
管理层				△								
办公室				△								
生产部				△								
品管部							△					
设备部							△					
食品安全小组							△					
采购部											△	
销售部											△	
仓库											△	

滚动式年度内审计划也可以根据标准的条款进行滚动安排，只不过将部门换成标准条款，并在月份栏中注明设计的部门而已。

表 5.8　　以条款为主线的滚动式年度内审计划示例

条款	4月	7月	11月
4.1	管理层、食品安全小组		
4.2	食品安全小组、办公室		
5.1		管理层	
5.2		管理层	
5.3		管理层、食品安全小组、办公室	
……			生产部
			品管部

对于建立了多个体系的组织来讲，可以同时策划对多个体系的内部审核（结合审核）。

2. 内部审核的时机和频次

（1）例行的常规审核。

（1）按预定的审核计划进行。

（2）次数至少每年一次/出口企业至少每年两次（覆盖全体系）。

（3）全年必须覆盖所有部门。

（4）审核频次要依据组织的实际情况以及前次审核发现问题的多少和严重程度决定。

（5）以能确保体系的正常运行和符合性、有救性、持续改进为最终目的。

特殊情况下的追加审核：

（1）发生了严重的质量问题。

(2) 相关方有严重的抱怨。

(3) 组织的领导层、隶属关系、内部机构、质量方针目标、生产工艺及现场等有较大的变更。

(4) 即将进行第二、三方审核。

(5) 获证证书即将到期，而又希望继续保持认证资格。

3. 内部审核时间

根据组织的规模等实际情况安排。

一般情况下，一个完整的内部审核可能要占用几周而不是几天，这是由于内部审核员需要充足的时间对组织内部众多的部门用大量的时间来发现、检查客观证据。

4. 内部审核资源准备

做好内部审核资源准备工作是搞好内部审核的关键。需要准备的必要资源包括：

① 人员。

② 设备、设施（如交通车辆、打印机等）。

③ 经费（培训及审核过程中的花费等）。

④ 时间。

⑤ 其他，如食宿安排等。

（三）现场审核前的活动

1. 内部审核流程

典型内部审核活动的概述如图 5.5 所示。

2. 审核计划

审核实施计划是组织对某次/某一时间内部审核活动的具体安排。审核组长负责编制审核计划。审核计划应当便于审核活动的日程安排和协调。

审核计划的详细程度应当反映审核的范围和复杂程度。审核计划应当有充分的灵活性，以允许更改。例如，随着现场审核活动的进展，审核范围的更改可能是必要的。

(1) 审核计划的内容

① 审核目的。

② 审核准则和引用文件。

③ 审核范围，包括确定受审核的组织单元和职能的单元及过程。

④ 进行现场审核活动的日期和地点。

⑤ 现场审核活动预期的时间和期限，包括与组织管理层的会议及审核组会议。

⑥ 审核组成员和向导的作用和职责。

⑦ 向审核的关键区域配置适当的资源。

适当时，审核计划还应当包括：

确定受审核方的代表；

审核报告的主题；

后勤安排（交通、现场设施等）；

保密事宜；

审核后续活动。

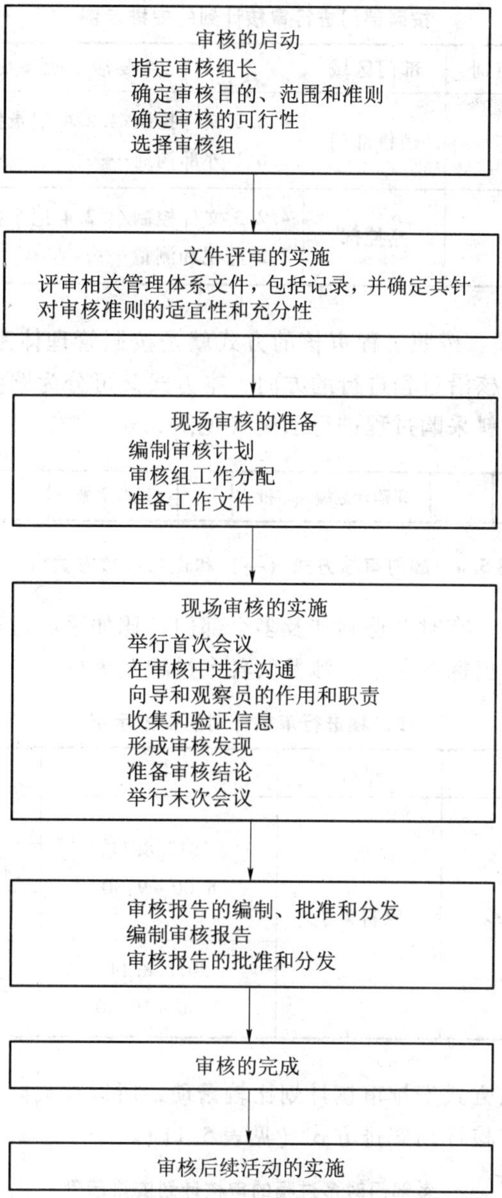

图 5.5　典型内部审核活动的概述

（注：虚线表示审核后续活动，通常不视为审核的一部分）

（2）常用的审核方式

审核的方式决定了内审计划的样式。常用的审核方式有：

① 按部门审核方式（见表 5.9）。这种方式是以部门为单位，根据部门所涉及的食品安全管理体系的过程进行审核。每个部门所涉及的过程，对于管理体系来讲，其实就是该部门各项活动所涉及的体系标准的条款（大过程）。比如对于生产部门，可能包括文件管理、记录管理、关键控制点的监控、纠偏等多个过程，那么在编制审核计划时，既要列出需审核的部门、时间、审核人员，还要列出该部门涉及的具体过程（标准条款）。

表 5.9 按照部门进行审核计划的安排示例

日期/时间	审核组别	部门区域	主要活动所涉及的标准条款
2012.6.28 7:30~11:00	A	销售部门	4.2.3 文件控制/4.2.4 记录控制/5.2 食品安全方针/5.6.1 外部沟通……
	B	品控部	4.2.3 文件控制/4.2.4 记录控制/5.2 食品安全方针/8.2 监视和测量……

② 按过程审核方式。按照过程审核的方式就是按照管理体系所涉及的各个过程的顺序进行审核。根据审核沿过程进行的方向，本方式又可分为顺向审核方式和逆向审核方式两种。下面针对原料采购过程进行示例（见图 5.6）：

图 5.6 顺向审核方式（→）和逆向审核方式（←）

按照过程进行审核，有时会遇到涉及多个部门，比如采购过程可能涉及基地部、品管部等。这时，可以列出标准条款、涉及的各个过程及审核的部门（见表 5.10）。

表 5.10 按过程进行审核计划的安排示例

审核小组	条款	过程	时间	分过程	部门
A	×.×.×	原料采购	2012.8.11 8:00~9:30	基地管理	基地部
				采购计划管理	基地部
				采购实施	基地部
			2012.8.11 9:40~10:30	采购产品验收	品管部

由于按照过程审核方式安排审核计划比较繁琐，所以在实际审核中还可以采用多部门对多过程的审核和审核计划安排方式（见表 5.11）。

表 5.11 多部门对多过程的审核计划安排示例

日期/时间	审核组别	部门/区域	主要活动及涉及的标准条款
2012.1.26 8:00~12:00	A	HACCP 小组、管理层	4.1 总要求、5.1 管理承诺、5.2 食品安全方针、5.4 职责权限、5.8 管理评审……
	B	质检部基地	4.2.3 文件控制/4.2.4 记录控制/5.2 食品安全方针/8.2 监视和测量/7.2.3 前提方案（采购）……

续表

日期/时间	审核组别	部门/区域	主要活动及涉及的标准条款

审核计划示例：

×××公司2012年度第一次内部审核实施计划

审核目的：验证公司食品安全管理体系自上次内部审核以来各部门的管理活动与标准以及公司体系文件的符合性、评价体系的有效性和适宜性。

审核范围：体系所涉及的所有部门的质量管理活动。

审核组：审核组长。

第一组组长：　　　　组员：

第二组组长：　　　　组员：

第三组组长：　　　　组员：

审核日期：2012年7月6~8日。

审核报告：2012年7月15日发布审核报告，发放范围为公司领导和各部门负责人。

纠正措施验证日期：2012年7月25~27日。

审核活动安排：

2012年7月6日

时间	第一组	第二组	第三组
8:00~8:30		首次会议	
8:30~11:30	品管部+条款	技术部+条款	生产部+条款
13:00~16:00	销售部+条款	安管部+条款	供应部+条款
16:00~17:00		审核组会议	

2012年7月7日　格式同上

2012年7月8日

8:00~11:30　整理审核记录，编制不符合项报告并确认

13:00~15:00　审核组会议

15:00~15:30　末次会议

在食品组织进行内审策划时，还可以考虑按照产品/生产线进行审核的思路。如果把一条生产线/一个品种看作一个单位，其审核计划也可以很容易的按照上述的审核思路进行安排，在此不进一步阐述。

3. 准备工作文件

审核组成员应当评审与其所承担的审核工作有关的信息，并准备必要的工作文件，

用于审核过程的参考和记录。这些工作文件可以包括：

核查表和审核抽样计划；

记录信息（例如：支持性证据，审核发现和会议的记录）的表格。

核查表和表格的使用不应当限制审核活动的内容，审核活动的内容可随着审核中收集信息的结果而发生变化。

工作文件，包括其使用后形成的记录，应至少保存到审核结束。审核组成员在任何时候都应当妥善保管涉及保密或知识产权信息的工作文件。

（1）核查表的编制要求

① 由审核计划安排的审核员结合被审核活动的内容编制。

② 核查表应按照过程展开，以利于实施审核。

③ 按过程审核时，鼓励依照“目标—策划—实现—测量与监视—改进”的过程方法编制核查表。

④ 抓住重点抽样有代表性。

⑤ 注意审核的过程的逻辑顺序，明确审核步骤。

⑥ 对核查表的内容应掌握，将核查表作为备忘录，不能照本宣科，生硬地进行你问我答的检查过程。

⑦ 考虑核查时间。

⑧ 根据审核具体情况调整或改变核查内容。

⑨ 最好不要每次都使用相同的核查表。

（2）核查表编制方法

核查表通常有过程核查表和部门核查表之分。但在实际审核中通常使用部门及过程的核查表，即针对某一部门按其所涉及的过程制定审核思路和方法。

① 确定部门的分管的“大”过程——标准条款，这些大过程包括部门主要的责任过程或相关过程。

② 针对每一“大”过程分析和确定其包含的“小”过程和流程。如体系主管部门的主要责任过程之一可能是 4.2.3 文件控制，则该大过程包括文件的分类、编制、标识、审批、发放、保持、更改、回收、销毁、定期评审等小过程。再针对每一小过程细分。

③ 确定核查项目及方法。责任过程核查内容应详尽、全面，相关过程只检查组织实施的内容。

④ 确定占用时间。

过程分解示例见图 5.7。

图 5.7 过程分解示例

（3）核查表的内容

核查的内容来自于审核准则，尤其是来自于组织的体系文件，并决定于识别的各项过程。内审员在编制核查表检查内容时，一定要结合受审核部门对应的标准条款及应执行的体系文件予以确定，只有这样才能保证审核具有针对性。

确定具体的核查方法——问谁、问什么、看什么、取多少样本等问题。

（4）合理抽样

在编制核查表时，应根据受审核部门活动的复杂性、时间性等进行抽样安排。

① 保证样本有一定的数量

如美国 FDA 水产品 HACCP 管理官员培训推荐记录抽样方法：

确定生产日的天数及具体日期；

将生产日的天数开平方根，所选天数不少于 12 天；

所选天数分配至生产的各个月。

② 有选择地选择最不良状况下的生产日期/时间

最不良状况包括：

季节性停工或情况变化后再开工；

HACCP 计划或相关体系文件修订后；

设备变更后；

人员变更后；

生产高峰期，特别是生产量超过设计能力时；

加班或劳动时间过长时；

在假期或周末时；

下班或交接班时等。

③ 要由审核员独立、随机抽取样本

在审核过程中要由审核员独立、随机抽取样本，而不能由受审核方随意选送样本。这并不是必须要内审员自己去动手取样，也可以由内审员点样，并由受审核方人员根据点样去取样。

核查表示例见表 5.12。

表 5.12　核查表示例

审核部门	体系部		
编制日期	A	审核员	
标准条款	核查的过程	核查项目及方法	占用时间
4.2.3	文件发放	从该部门的文件资料清单中抽取 X 份该部门文件，查看文件的发放范围是否事先确定并批准和是否有发放记录，发放记录的有关被发放部门是否与发放范围相一致	10 分钟

另外，需要准备的重要记录表格有签到表、核查记录表等。示例见表5.13、5.14。

表5.13 签到表示例

签到表

受审核方名称：

审核组长：

组员：

受审核方人员签名

首次会议	年 月 日		末次会议	年 月 日	
姓名	部门	职务	姓名	部门	职务

表5.14 核查记录表示例

核查记录表 第 页 共 页

受审核部门/人员		审核日期	年 月 日
审核/检查员		陪同人员	
认证领域/标准条款/检查内容	审核/检查记录		不符合

注：1. 仅在每个部门/区域的第1页上注明受审核部门及人员、审核员、陪同人员和审核日期。

2. 符合不作标记，不符合用“×”标记并在“不符合”栏目注明审核准则及不符合条款号。

（四）现场审核实施与审核报告

1. 现场审核实施阶段的内容

现场审核实施阶段以首次会议为开始，以末次会议为结束。该阶段的主要内容包括：

① 举行首次会议。

② 现场审核（收集和验证信息）。

③ 形成审核发现（不符合项）。

④ 审核组内部会。

⑤ 准备审核结论。

⑥ 举行末次会议。

2. 首次会议

(1) 首次会议的目的

应当与组织的管理层，或者（适当时）与受审核的职能或过程的负责人召开首次会议。首次会议的目的是：

① 确认审核计划。

② 简要介绍审核活动如何实施。

③ 确认沟通渠道。

④ 向受审方提供询问的机会。

(2) 首次会议的内容

参加会议人员签到，审核组长宣布会议开始。

介绍与会者，包括概述其职责。

确认审核目的、范围和准则。

确认审核日程以及相关的其他安排．如末次会议的日期和时间、审核组和管理层之间的中间会议以及任何新的变动。

实施审核所用的方法和程序，包括告知审核证据只是基于可获得的信息样本，因此在审核中存在不确定因素。

确认审核组和受审核方之间的正式沟通渠道。

确认在审核中将及时向受审核方通报审核进展情况。

确认已具备审核组所需的资源和设施。

确认有关保密事宜。

确认审核组工作时的安全事项、应急和安全程序。

确认向导的安排、作用和身份。

报告的方法，包括不符合的分级。

有关审核可能被终止的条件的信息。

对于审核的实施或结论的申诉系统的信息。

(3) 首次会议注意事项

审核组长主持。在未征得组长的同意前，其他成员不得发言。

审核组长应事先准备好会议程序，保证会议准时、简短、明了。

首次会议时间一般不得超过 30 分钟。

参加会议的人员应包括审核组全体成员、受审核部门负责人或代表。

若审核组长发现受审核某一重要人物未到场，应询问原因。

首次会议应致力于建立一个良好的审核“风格”和“氛围”。

3. 现场审核信息的收集和验证

在审核中，与审核目的、范围和准则有关的信息，包括与职能、活动和过程间接口有关的信息，应当通过适当的抽样进行收集并验证。只有可证实的信息方可作为审核的证据。审核证据应当予以记录。

审核证据基于可获得的信息样本。因此在审核中存在不确定因素，依据审核结论采取措施的人员应当意识到这种不确定性。

(1) 从收集信息到得出审核结论的过程

从收集信息到得出审核结论的过程见图 5.8。

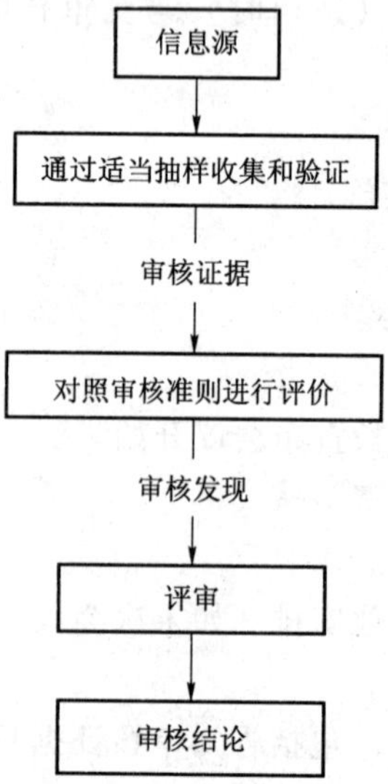

图 5.8 从收集信息到得出审核结论的过程

(2) 现场审核收集信息的方法

① 提问和交谈

注意多提问开放式问题，少提问回答“是/否”的封闭式问题。

a. 提问类型

开放式提问，如“请您告诉我 HACCP 计划制定的依据是什么？”这种提问方式是审核中最常用的，可发现复审对象的相关活动的符合性，对照审核准则做出判定。提问方式：“请告诉我……5W1H？”即 What（什么）、When（何时）、Where（何地）、Who（谁）、Why（为什么）、How（怎么办）。

封闭式提问，如“水质余氯检测是不是 4 小时一次？”这种提问方式常用于确认审核发现，尤其是疑点或不合格项，老练的审核员常用，并巧妙地与前一种提问方式穿插使用。

除开放式和封闭式两种常用的基本提问类型外，还有重复提问、假设提问、议论性提问等其他特殊的提问方式。对同一问题的重复提问或变换角度的重复提问是有经验审核员常用的手段。议论性提问使用时应谨慎，避免成为漫无边际的讨论，影响审核进度，甚至可能给审核工作带来负面作用。

b. 提问的要点

应明确目的和观点，并准确表达。

提问的注意事项：

要考虑被问者的背景，不为难人；

用平和的语调，切忌咄咄逼人；

适时表达其意，尽量消除交谈对象的紧张感；

不能建议或暗示某种答案；

不说有情绪的话；

不可连续发问；

努力理解回答，以便准确提出下一个问题。

c. 倾听

善于抓住重点，围绕检查表所计划的审核内容。

采取平等、真诚、专注、认真、耐心的态度。

及时做出成熟、职业的反应。

注意正面理解、鼓励发言，同时也应排除受审方有意干扰审核思路的言谈，将话题引入主题内容。

② 查阅文件和记录

应注意：

资料调阅速度、资料保管水平；

文件和记录控制要求的实施程序；

文件和记录内容的真实性、符合性、完整性、协调性。

③ 现场观察

观察对象为各类活动和周围工作环境与条件，包括人员、设施和设备、作业过程。

现场观察和小型会议时，注意各类人员的反应，判断审核真实性。

现场观察实际与法律法规（GMP、GAP 等）、HACCP 计划等文件规定的符合性。

④ 重复已完成的工作。

（3）信息源

所选择的信息源可以根据审核的范围和复杂程度而不同，可包括：

与员工及其他人员的面谈；

对活动、周围工作环境和条件的观察；

文件，例如：方针、目标、计划、程序、标准、指导书、执照和许可证、规范、图样、合同和订单；

记录，例如：检验记录、会议纪要、审核报告、方案监视的记录和测量结果；

数据的汇总、分析和绩效指标；

受审核方抽样方案的信息，抽样和测量过程控制程序的信息；

其他方面的报告，例如：顾客反馈、来自外部和供方等级的相关信息；

计算机数据库和网站。

（4）验证

验证的目的是为了确保所获得信息的真实性，能够作为审核证据，常用验证方法有：

比较与不同层次和职能人员的交谈结果；

比较交谈结果与文件规定或记录记载；
比较交谈结果与现场观察结果；
比较不同层次或不同类别的文件和记录；
比较文件规定与现场观察结果；
现场操作或演示。

4. 现场审核应注意的事项

(1) 以客观证据为准。

道听途说、未经证实或不能证实的情况不能成为审核证据。

(2) 抽样的代表性原则。

(3) 与受审核部门共同确认事实。

(4) 始终保待客观、公正、礼貌。

(5) 严守秘密。

(6) 做好记录。

5. 现场审核过程控制

(1) 控制审核进度和计划

① 按审核计划实施审核。

② 合理安排时间。

③ 利用检查表。

(2) 控制审核气氛

① 和谐、合作。

② 勿批评对方。

③ 避免争执。

(3) 控制审核结果

① 判定不符合以客观事实为基础，以审核准则为依据，避免主观。

② 受审核方确认。

③ 组内沟通，统一意见。

(4) 合理利用现场审核收集信息的方法

6. 核查记录表填写

核查记录表是审核员按照事先编制的核查表进行审核的记录，核查记录应：

(1) 体现核查项目（过程）/条款（记录审核思路、涉及的过程及涉及的标准条款）。

(2) 体现审核过程、审核方法、客观证据。

① 时间、地点。

② 访问、调查的对象。

③ 见证人。

④ 见到的事实/回答。

⑤ 合格的事实做简要记录，不合格事实做详细记录。

(3) 如现场审核中发现有可能导致不合格的线索，即使检查表中没有此项内容，也应记录、调查。

(4) 反映抽样情况、对抽取样本的审核发现，应具备可追溯性。

(5) 清晰、具体说明文件的名称及编号、物资名称、产品名称、岗位等。

(6) 必须当场填写并得到被审核部门的确认。

7. 不符合项

(1) 不符合项的类型

一般不符合项和严重不符合项。

① 一般不符合项

与管理体系标准要求和法律法规规定轻微不符，或违反管理体系要求的孤立的事件。

a. 对满足标准和体系文件的要求而言，是个别的、偶然的、孤立的、性质轻微的问题。

b. 对保证所审核区域体系的有效性而言，是次要问题。

② 严重不符合项

与管理体系标准要求和法律法规规定严重不符，或可能导致管理体系失效，或会产生严重后果。

a. 体系运行出现系统性失效（某一标准条款要求、某一关键过程重复失效）。

b. 体系运行出现区域性失效（某一部门、某一条款全面失效）。

(2) 不符合项判定原则

① 规定与实际相核对的原则。

② 以客观证据为依据的原则。

③ 最有效原则，便于有效整改。

④ 最直接原因原则：判定标准/体系文件条款应是导致不符合的最直接原因。

⑤ 合并同类项原则：相同不符合的问题合并开具。

(3) 不符合项报告的内容

① 受审核部门及负责人姓名。

② 审核员姓名和审核时间。

③ 审核依据：标准或文件的条款及内容。

④ 不符合事实的描述。

a. 写明 5W1H：

即 When，Where，Who，Why，What，How。

何时、何地、何人、为什么做、做什么、怎么做。

b. 写明标准/文件的条款号及内容。

⑤ 不符合类型。

⑥ 受审核部门对不符合事实的确认。

⑦ 建议采取纠正措施计划及完成时间。

⑧ 纠正措施完成情况及验证。

(4) 编写不符合项报告应注意的问题

① 注意准确描述不符合事实，包括时间、事件、地点、人物（一般不直接写人名

而写职务）。

② 语言简练，并有可重查性和可追溯性。

③ 判定不符合项的依据应符合不符合项的判定原则，便于受审核方理解和采取纠正措施。

④ 不符合项的事实应经过受审核方确认。

⑤ 不正确的不符合描述示例。

不正确的描述："发现有一温度计没有检定/校准状态标识。"

分析：这个不符合的事实描述不知道是哪个车间/地点、什么用途的哪一只温度计。

正确的描述："在包装车间用于测量包装车间温度的编号为 SZ0023 的温度计没有校准状态标识。"

⑥ 正确的不符合项描述示例。

事实：在品管部审核时发现，该部门不能提供关于产品××方面的×××法律法规文件。

依据：ISO 22000：2005 标准 4.2.2f）规定：确保相关的外来文件得到识别，并控制其分发。

8. 中间会

（1）介绍天（半天）的审核进展情况。

（2）口头报告阶段性审核中所发现的问题。

（3）与受审核部门交流、征求对审核工作的意见。

（4）检查工作进度、必要时调整审核计划。

9. 审核组内部会（末次会议前）

（1）审核不符合项报告。

（2）形成审核结论。

（3）确定末次会时间。

10. 末次会议

末次会议应当由审核组长主持，提出审核发现和结论。适当时，双方就受审核方提出的纠正和预防措施计划的时间表达成共识。

（1）出席会议的人员签到。

（2）感谢支持和合作。

（3）重申审核的目的、范围、依据和方法（重点强调抽样调查）。

（4）肯定各部门的优点、成绩。

（5）报告不符合项。

（6）结论。

（7）征求各部门的意见。

（8）请领导讲话。

（9）宣布会议结束。

11. 审核报告的编制、批准和分发

（1）审核报告的编制

审核组长应当对审核报告的编制和内容负责。

审核报告应当提供完整、准确和清晰的审核记录，并包括或引用以下内容：

① 审核目的。

② 审核范围，尤其是应当明确受审核的组织单元和职能的单元或过程以及审核所覆盖的时期。

③ 明确审核组长和成员。

④ 现场审核活动实施的日期和地点。

⑤ 审核准则。

⑥ 审核发现。

⑦ 审核结论。

适当时，审核报告可包括或引用以下内容：

① 审核计划。

② 受审核方代表名单。

③ 审核过程综述，包括所遇到的降低审核结论可靠性的不确定因素和（或）障碍。

④ 确认在审核范围内，已按审核计划达到审核目的。

⑤ 尽管在审核范围内，但没有覆盖到的区域。

⑥ 审核组和受审核方之间没有解决的分歧意见。

⑦ 如果审核目的有规定，对改进的建议。

⑧ 商定的审核后续活动计划（如果有）。

⑨ 关于内容保密的声明。

⑩ 审核报告的分发清单。

（2）审核报告的批准和分发

审核报告应当在商定的时间期限内提交。如果不能完成，应当通报延误的理由，并确定新的提交日期。

审核报告应当根据审核方案程序的规定注明日期，并经评审和批准。

经批准的审核报告应当分发给组织指定的接受者。

审核报告属组织所有，审核组成员和审核报告的所有接受者都应当尊重并保持审核的保密性。

12. 跟踪审核

（1）纠正措施是否在规定期限内完成。

（2）纠正措施的实施效果，包括是否实施了纠正，是否针对根本的原因采取了纠正措施。

（3）纠正措施实施过程中的有关记录、内容是否完整并按规定进行了控制。

（4）纠正措施的实施如果导致了有关体系文件的更改，这种更改是否按有关规定进行了控制。

五、食品安全管理体系的管理评审

管理评审对于一个组织管理体系的完善是至关重要的，很多的国内组织往往不能真正理解管理评审的作用，仅仅把管理评审看作是标准的一项要求，为了应付审核而不得不进行的一次管理评审会议。对为什么评审、如何评审、评审要解决什么问题了解不深，甚至根本没有了解。

（一）管理评审的目的和特点

1. 管理评审的目的

（1）管理评审是完善组织整个食品安全管理体系的需要

组织根据自身情况（适宜性）建立的食品安全管理体系，首先会考虑同认证标准的符合及满足相关方要求的程度（充分性），同时会考虑这个管理体系是否实现了自身管理的目标（有效性）。

但是组织本身是变化的，食品安全要求、社会发展情况、市场情况等都是动态的，在建立体系之初满足适宜性、充分性、有效性并不表示组织将一直满足要求，就一个组织来说，一年中面对不断变化的市场与顾客对食品安全的需求、国家新的法律法规出台、产品/服务标准的更新、技术研究与开发、相关方的满意度反馈、组织机构变更和重大人事调整、重大事件事故的发生、各类目标指标和改进活动的状况和结果、各类审核的结果、财务状况和社会、环境的变化等都将要求组织的食品安全管理体系做出相应的调整。也就是说组织的 ISO 22000 管理体系要不断完善，通过持续改进达到标准的要求。管理评审就是完善和修改食品安全管理体系的一个平台和手段。

（2）管理评审是总结过去，展望未来的重要手段

组织通过一定时间间隔的管理评审活动，就像国内组织经常搞的年终总结大会一样，从所有方面向最高管理者回顾一年来体系运行的方方面面，对发现的问题提出改进意见，并检查督促改进的落实。因此隔一段时间对管理的效果进行回顾、评价，总结经验教训、针对存在的问题、不足和薄弱环节寻找改进的方式方法，设定下一步的工作目标，是包括食品安全管理组织在内的每一个组织无论在任何社会、任何体制下都需要进行的必须性的工作。

（3）管理评审是标准的要求

标准 5.8 条款明确提出了管理评审的要求，进行管理评审当然也是认证的基本要求。

2. 管理评审的特点

（1）高层次性：最高管理者主持；参加人员为组织的决策层和各部门负责人。

（2）全局性：评审全局性和整体性的问题；评审对组织的发展具有重大影响的问题。

（3）长远性：谋求食品安全管理体系对组织在较长时间内发展的适应性。

（4）适应性：评价食品安全方针、目标和食品管理体系与组织外部环境、法规、变化趋势等因素的适应性；评价食品安全方针、目标和食品安全管理体系与组织内部环境的适应性，即评价是否与组织的实际相适应；通过适应性评审，发现组织需改进之处，实现食品安全管理体系的持续改进。

（5）战略性：用战略的眼光来审视包括方针、目标在内的整个活动是否有效。

（6）风险性：组织外部环境的多边性、不可控性和复杂性使组织通过管理评审而

做出的改进措施带有一定的风险。

（二）管理评审的实施

1. 管理评审策划

不同性质的组织、不同类型的最高管理者/层，开展管理评审活动的形式也会不同。

管理活动本身就具有动态变化的特点和多样性，一个有活力有竞争力的组织，高层管理的改进活动不会每年仅限于一次。

作为申请认证或已获得认证注册资格的组织应当在体系文件中正确、合理地规定“管理评审”的活动形式、类别和名称。管理评审的输入也不应仅仅是体系内各部门一个时间段内的工作成绩总结。体系内各部门的输入信息，应当用科学的统计数据反映食品安全目标的实现情况，体现未达到目标的原因分析，提出工作的改进建议。当然，管理体系的初始阶段以及初次接受体系审核的组织，第一次按照管理手册程序要求进行管理评审，评审议题就是针对内审结果来判断体系运行的适宜性、充分性和有效性，是可以认同并接受的。但是体系进入成熟运行阶段后，年复一年雷同的评审结论，是无法体现组织在市场竞争和经营发展中不断进行自我改进的。

2. 管理评审应关注的主要内容

管理评审是一个组织自我监督、自我完善管理机制的重要组成部分。因此，这项活动本身有其自身所需的特殊要求：

（1）最高管理者负责策划、组织，按计划的时间间隔进行管理评审。通常每年（12 个月内）至少一次，特殊情况应增加频次。管理评审的时机和时间，应根据实际情况而确定，年中、年末、认证机构外审之前都是进行管理评审的好时机。这种对管理体系绩效进行系统的回顾、评价、总结的评审活动，是寻找管理系统改进机会的最佳方式。

管理评审策划的时机一般在以下情况时：

新的体系运行 3 ~6 个月时；

第三方认证前；

食品安全管理体系发生重大变化时；

出现重大的食品安全事故或连续得到顾客对重要问题的投诉时；

最高管理者认为必要的其他情况。

（2）管理评审的任务是评价组织的食品安全方针、目标、管理体系运行情况、存在问题、改进机会和变更的需要；目的是确保管理体系的适宜性、充分性和有效性。

适宜性，是指评价管理体系策划结果实施后，是否符合组织的实际情况，是否具备适宜于内外环境变化的能力。如市场变化、顾客变化、法律法规的更新、新技术新设备的引进、组织机构的变化、产业结构的调整等。

充分性，是指评价管理体系是否满足市场、顾客、相关方、员工、社会当前和潜在的需求和期望，评价管理体系各个过程展开的充分性、资源利用的有效性、众多相互关联的过程的顺序是否明晰，职责是否全面有效落实，过程的输入输出和转化活动是否得到有效控制。

有效性，是指评价管理体系运行结果达到设定的目标的程度，包括食品安全方针和目标的实现，是对管理结果的度量。应该从顾客、产品的符合性、审核结果、员工、社会和相关方的反馈等方面进行判定。

（3）在体系文件中明确管理评审的形式、时机，评审输入信息的载体，输出的表达形式。

3. 管理评审的工作流程

管理评审工作流程见图5.9。

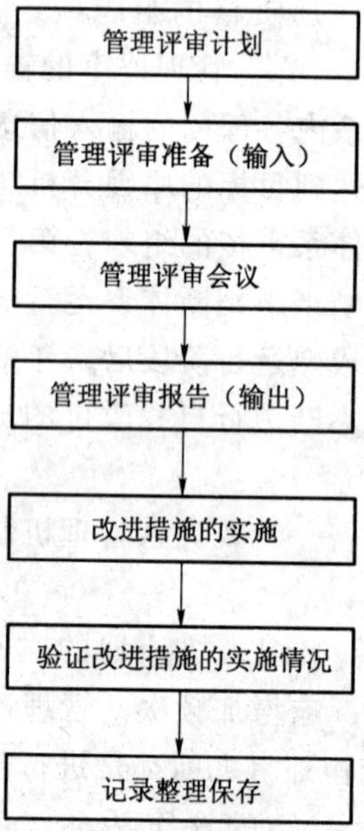

图5.9 管理评审工作流程

（1）计划

管理评审实施计划应列明本次管理评审的目的、参加人员、时间安排、评审依据、评审内容等。

（2）管理评审的输入

管理评审的输入应包括但不限于以下信息：

以往管理评审的跟踪措施；

验证活动结果的分析；

可能影响食品安全的环境变化；

紧急情况、事故和撤回；

体系更新活动的评审结果；

包括顾客反馈的沟通活动的评审；

外部审核或检验。

提交给最高管理着的资料的形式，应能使其理解所含信息与已声明的食品安全管理体系目标之间的关系。

（3）管理评审内容

不同时机下进行的管理评审，其内容和侧重点可有所不同，一般情况下包括：

食品安全方针、目标是否适宜，是否被员工理解并贯彻执行；

内部审核的有关情况及存在的问题，纠正措施的实施情况及顾客投诉的信息是否得到有效处理；

食品安全管理体系是否健全，是否满足标准的要求；

食品安全管理体系是否与质量方针和目标相适宜；

当前组织的管理情况、供方的控制情况、组织机构和资源的适宜性；

有关组织未来需求的战略策划的适宜性；

食品安全管理体系是否与外部环境、国家政策法规相协调；

顾客的需求和相关法律法规要求是否得到满足；

组织的资源是否得到充分利用或存在不足；

是否及时根据食品信息改进食品安全管理体系以提高产品安全；

组织机构、人员的职责、权限是否适宜；

如何改进食品安全管理体系，增强竞争力；

食品安全管理体系是否有效运行。

（4）管理评审的输出

管理评审的输出是最高管理者对组织的管理体系乃至经营宗旨做出的战略性决策或决定，表达方式一般是以书面报告的形式，通常一般习惯性的作为《管理评审报告》。这是一个组织在一个时间段内围绕最高管理者战略性决策开展各项管理、经营活动的重要依据。以书面报告的形式作为管理评审的输出，是一次完整的管理体系的 PDCA 循环的终点，也是下一轮循环的起点，对体系运行具有重要的指导意义。它包括了针对过程、产品安全的监视和测量结果，顾客、员工、社会和其他相关方的反馈，对食品的安全特性做出改进的决定。

管理评审的输出应包括与以下方面有关的任何决定和措施：

① 食品安全保证。

② 食品安全管理体系有效性的改进。

③ 资源需求。

④ 组织食品安全方针和相关的修订。

⑤ 管理评审报告的编写。

管理评审报告的编写实际也是描述管理评审 PDCA 循环的一个小过程，比如要先说明一下评审的时间、地点；再说明评审的目的、参加的人员；描述一下评审计划中要输入的内容；最后综述管理评审的整个议程（如主持者、发言者、发言内容等）对这次会议有一个总的评价和结论，表明存在的问题及需要改进的措施；最后注明评审报告发放的范围及编制、审核、批准、日期。

（5）管理评审提出问题的验证

① 对体系进行更新，包括危害分析、操作性前提方案和 HACCP 计划等内容。

② 确保体系运行必须控制的食品安全危害的最新信息。

③ 对改进后的食品安全管理体系进行有效性的验证。

④ 验证资源需求方面的适宜性和充分性。

⑤ 针对食品安全管理体系现状和变化的要求进行食品安全方针和目标的修订。

⑥ 收集客户反馈信息。

六、ISO 22000：2005 食品安全管理体系内容

ISO 22000：2005 食品安全管理体系总共有 8 个、5 大管理模块、28 点一级条款要求。其目次如下：

ISO 22000：2005 食品安全管理体系采用过程方法，包含管理职责、资源管理、安全产品的策划和实现、食品安全管理体系的确认、验证和改进等内容；同时又具有食品安全控制特点，如它要求管理者任命食品安全小组组长，并建立应急准备和响应程序等；充分体系了食品安全控制要求。

课后训练

学以致用

1. 食品安全管理体系建立的意义是什么？
2. 建立前提方案的目的是什么？
3. 食品安全管理体系文件的编制原则是什么？
4. 内部审核的目的是什么？
5. ISO 22000：2005 食品安全管理体系的主要内容有哪些？

知识拓展

ISO 22000 与 ISO 9001 体系之间的关系

（一）ISO 22000 与 ISO 9001 的相同点

（1）两套标准都是自愿采用的管理型的国际标准。

（2）遵循相同的管理系统原理，在组织内形成一套完整的、有效的文件化管理体系。

(3) 通过管理体系的建立、运行、监控和改进。对组织的产品、过程、活动及要素进行控制和优化，实现方针和承诺达到预期的目标。

(4) 结构和运行模式十分接近，按照 PDCA 循环，持续改进。

(5) 要素基本相同（如管理职责、文件控制、记录控制、能力、意识和培训、审核和管理评审等），均可能成为贸易的条件，消除贸易壁垒。

(二) ISO 22000 与 ISO 9001 的区别

1. ISO 9001

(1) 体系完整，属质量管理范畴，未规定应用的必备条件，强调产品质量能满足顾客要求。

(2) 范围较广，覆盖设计、开发、生产、安装与售后服务，应用于各种企业，无特殊监控事项，自愿性。

2. ISO 22000 体系

(1) 科学性逻辑性强，属质量控制范畴，企业必须依 HACCP 计划要求与法规生产产品，别无选择，须有前提方案——“良好生产规范（GMP）”基础，强调产品质量能满足顾客要求。

(2) 范围较窄，以生产全过程之监控为主，专业性强，适用于食品工业，具有特殊监控事项，逐渐成强制性。

对食品工业企业而言，将 ISO 9001 质量管理体系和 ISO 22000 食品安全管理体系进行有机整合，将食品安全管理体系的原则置于质量管理体系的系统管理之下，可起到相辅相成之功效。其管理体系和产品将同时满足标准或顾客要求，同时更进一步确保了消费者的安全，它们将为食品工业的卫生质量带来革命性的变化。

关键术语

食品安全管理体系　前提方案　内部审核　管理评审

参考文献

1. 张晓燕．食品安全与质量管理．北京：化学工业出版社，2010.
2. 中国检验认证集团山东公司．ISO22000 食品安全管理体系认证实施指南．北京：中国农业出版社，2006.
3. 贝惠玲．食品安全与质量控制技术．北京：科学出版社，2011.
4. 成晓霞，张国顺．食品安全控制技术．北京：中国轻工业出版社，2009.
5. 江汉湖．食品安全性与质量控制．北京：中国轻工业出版社，2012.
6. 曲径．食品安全控制学．北京：化学工业出版社，2011.
7. 贺国铭，王东东，谭一明．ISO22000：2005（GB/T 22000—2006）《食品安全管理体系》理解与应用．北京：中国农业出版社，2006.
8. 王世平．食品标准与法规．北京：科学出版社，2010.
9. 吴澎，赵丽芹，张淼．食品法律法规与标准．北京：化学工业出版社，2010.
10. 吴晓彤，王尔茂．食品法律法规与标准．北京：科学出版社，2009.
11. 钱志伟．食品标准与法规．北京：中国农业出版社，2008.
12. 蔡健，徐秀银．食品标准与法规．北京：中国农业大学出版社，2009.
13. 马丽卿，王云善，付丽．食品安全法规与标准．北京：化学工业出版社，2009.
14. 杜宗绪．食品标准与法规．北京：中国农质检出版社，中国标准出版社，2012.
15. 张建新，陈宗道．食品标准与法规．北京：中国轻工业出版社，2008.
16. 徐军玲，洪江龙．科技文献检索．上海：复旦大学出版社，2004.
17. 邓要武，王星华．科技信息检索．北京：北方交通大学出版社，2001.
18. 徐庆宁．科技检索与利用．上海：华东理工大学出版社，2004.
19. 穆安民．科技文献检索实用教程．重庆：重庆大学出版社 ，2003.
20. 安邦建．计算机网络信息检索．北京：北京师范大学出版社，2002.
21. 张水华，余以刚．食品标准与法规．北京：中国轻工业出版社，2010：22～27.
22. 宫智勇，刘建学，黄和．食品质量与安全管理．郑州：郑州大学出版社，2011：52～56.
23. 叶雪珠，王强等．我国与 CAC、日本鸡肉兽药残留限量标准比较分析．北京：中国畜牧杂志，2009（16）：28～32..
24. 张建新，刘金福，陈绍军．食品质量与安全管理．第二版．北京：中国农业大学出版社，2011：106～108.
25. 周才琼，陈宗道．食品标准与法规．北京：中国农业大学出版社，2008：264～267.
26. 王世平．食品标准与法规．北京：科学出版社，2010：65～69.
27. 刘雄，陈宗道．食品质量与安全．第二版．北京：化学工业出版社，2009：227～232.

28. 腾葳，柳琪，王磊．国内外食品安全卫生标准状况的比较研究．食品研究与开发，2006，27（6）：184～186.
29. 刘芳．从 CAC 标准制定程序看我国食品国家标准的制定．Journal of Henan Administrative Institute of Politics and Law，2006，21（3）：41～43.
30. 食品伙伴网：http：//www. foodmate. net.
31. 食品科技网：http：//www. tech-food. com.

工学结合新视野高职高专“十二五”规划教材

（一）基础课程

大学语文
高职实用英语（上册）
高职实用英语（下册）
西方经济学
计算机应用基础
计算机网络技术
C 语言程序设计
大学生职业生涯规划
大学生心理健康教程

（二）国际经贸

国际贸易实务
国际货运代理实务
报关实务
国际商法实务
国际商务英语
商检英语

（三）工商管理

管理学基础
商务礼仪实务与操作
市场预测与方法
管理心理学教程
公共关系
促销实务

（四）财会金融

财政与金融
会计电算化
经济法

（五）物流管理

物流基础
物流管理概论
仓储与配送管理实务
物流企业会计
物流信息技术
物流系统规划与设计
运输管理实务

（六）连锁经营

连锁企业市场营销
连锁企业物流管理实务
连锁企业采购管理
连锁超市经营管理与实务
连锁企业人力资源管理

（七）电子商务

电子商务概论
Internet 技术
电子商务安全
网络营销技术
数据结构
微机组装与维护
微机原理与接口技术
局域网组建与管理
网页制作技术
搜索引擎优化
网页设计

（八）旅游与酒店管理

导游实务
现代旅游管理法概论

（九）食品管理

发酵食品生产及管理
食品企业认证实务
食品保鲜与贮运管理
食品质量管理与安全控制
功能性食品技术